Dschuang Dsï

Das wahre Buch vom südlichen Blütenland

Dschuang Dsï

Das wahre Buch vom südlichen Blütenland

Aus dem Chinesischen ins Deutsche übertragen
und erläutert von

Richard Wilhelm

atmosphären

Quellen der Weisheit, Band 3

Neuausgabe

Der Atmosphären Verlag und der AT Verlag sind Unternehmen der AZ Mediengruppe

Umschlaggestaltung, Layout und Satz: Greenstuff, München
Titelmotiv: Jochen Grün, München
Druck und Bindearbeiten: Westermann Druck, Zwickau
Printed in Germany

ISBN 3-86533-014-2

www.atmosphaeren-verlag.de
www.at-verlag.ch

INHALT

Buch XII / Himmel und Erde

Buch XIII / Des Himmels SINN

Buch XIV / Des Himmels Kreislauf

Buch XV / Starre Grundsätze

Buch XVI / Verbesserung der Natur

Buch XVII / Herbstfluten

Buch XX / Der Baum auf dem Berge

Buch XXI / Tiën Dsï Fang

Buch XXII / Wanderungen der Erkenntnis

III. Verschiedenes

Buch XXV / Menschliche und Ewige Wahrheit

Buch XXVI / Außendinge

Buch XXVII / Gleichnisreden

Einleitung zur Originalausgabe

von Richard Wilhelm (1923)

Persönlichkeit des Verfassers

Über Dschuang Dsï's Lebensgeschichte berichtet Sï Ma Tsiën, Band 63 (biographischer Anhang No. 3) folgendes: »Dschuang Dsï stammte aus Mong (im heutigen Südwestschantung). Scin Rufname war Dschou. Er hatte eine Zeit lang ein Amt in der Stadt Tsi Yüan, die zu Mong gehörte[1]. Er war Zeitgenosse der Könige Hui von Liang (370–335 v.Chr.) und Süan von Tsi (342–324 v.Chr.) Er besaß überaus umfassende Kenntnisse, doch hielt er sich hauptsächlich an die Worte des Lau Dan. So schrieb er ein Werk, das über hunderttausend Worte enthält, die zum großen Teil aus Zitaten und Gleichnissen bestehen. Er schrieb das Buch vom alten Fischer[2], vom Räuber Dschï, vom ›Kisten aufbrechen‹, um die Schüler des Kung Dsï zu verhöhnen und die Lehren des Lau Dan zu erklären. Namen wie We Le Hü[3] und Gong Sang Dsï sind lauter freie Erfindungen, denen nichts Wirkliches zugrunde liegt; doch er war Meister des Stils. Durch Andeutungen und Schilderungen verstand er es, die Anhänger des Kung Dsï und Mo Di zu verhöhnen, daß auch die tüchtigsten Gelehrten seiner Zeit sich seiner nicht erwehren konnten. So ergötzte er sich an seinem prickelnden, fließenden Stil in stolzer Selbstgenügsamkeit. Darum konnten auch Fürsten und Könige und hohe Beamte sich seiner nicht bedienen[4].«

Die Bemerkungen des großen Geschichtsschreibers zeugen nicht von einer gründlichen Beschäftigung mit Dschuang Dsï's Schriften. Die Einzelbeispiele, die er aus ihnen zitiert, sind anfechtbar; doch haben wir keine anderen sicheren Nachrichten und müssen uns daher mit dem Wenigen begnügen. Dschuang Dsï ist ohnehin eine

Persönlichkeit, die uns aus ihrem eigenen Werk so lebendig entgegentritt, daß darüber äußere biographische Einzelheiten ganz von selber unwichtig erscheinen. Sein Leben war vorzugsweise innerlich, doch war er weit entfernt, als Eremit oder Sonderling die Welt zu fliehen. Er war verheiratet, und über das Verhältnis zu seiner Frau sind mancherlei Sagen im Umlauf. Bei ihrem Tode benimmt er sich etwas exzentrisch (vgl. XXVIII, 2). Da er keinen Wert darauf legte, als Fürstenknecht sein Brot zu verdienen (vgl. XVII, 10 und XVII, 19), herrschten offenbar in seiner Familie häufig recht dürftige Verhältnisse (vgl. XXVII, 13; XXVI, 2; XX, 6); doch war diese Misere des Lebens nicht imstande, seine Gelassenheit zu beeinträchtigen. Sein lebhafter Geist wußte den Verkehr mit ebenbürtigen Gegnern zu schätzen. So hat er sich mit dem bedeutendsten Sophisten seiner Zeit, Hui Dsï, häufig unterhalten, wobei es an scharfen Reden und Gegenreden nicht fehlte. Bezeichnend für die Art der beiden ist die Erzählung ihres ersten Zusammentreffens, die in den heute erhaltenen Schriften Dschuang Dsï's nicht steht, aber anderweitig überliefert ist. Hui Dsï habe zu Dschuang Dsï gesagt: »Ich habe mir eingebildet, ich werde heute einen Phönix sehen, statt dessen treffe ich nur eine kleine Schwalbe.« Darauf hätten sie sich gesetzt und beide gelacht. Nicht minder bezeichnend die andere Geschichte in Buch XXIV, 6, wie Dschuang Dsï am Grabe des alten Kampfgenossen vorbei kommt und es bedauert, daß er nun niemand mehr habe, um seinen Scharfsinn zu üben. Erwägung verdient auch die Überlieferung, daß Dschuang Dsï der konfuzianischen Schule wenigstens indirekt angehörte. Ein Jünger des Konfuzius, Dsï Hia, der den Meister um viele Jahre überlebte, hat sich lange Zeit in Dschuang Dsï's Heimat aufgehalten[5] und soll den Tiën Dsï Fang zum Schüler gehabt haben, der in Buch XXI, 1 erwähnt wird. Von diesem Tiän Dsï Fang nun soll Dschuang Dsï Unterricht gehabt haben. Diese Annahme hat etwas Plausibles an sich, da gerade die Frühling- und Herbstannalen, mit denen sich die Schule Dsï Hia's besonders abgegeben hat, bei Dschuang Dsï gelegentlich mit Achtung erwähnt werden. Dieser Zusammenhang mit Konfuzius geht aber nicht hinaus über eine objektive Kenntnisnahme der Traditionen, wie sie für einen umfassend gebildeten Mann der damaligen Zeit unumgänglich nötig war. Innerlich steht Dschuang Dsï dem Konfuzianismus vollkommen souverän gegenüber, und gerade der Umstand, daß er seine Lehren beherrschte und sie vergleichen konnte mit den zuweilen etwas dürftigen Resultaten, die sie in den Männern der Schule hervorbrachten, gibt seiner Kritik den schärfsten Stachel. Seine Selbständigkeit dem Konfuzianismus gegenüber erweist sich nicht nur darin, daß er die gerühmten Kulturträger der alten Zeit, die von Konfuzius als unerreichbare Vorbilder proklamiert worden sind, einen Yau, Schun und Yü, als Verfallserscheinungen auffaßt gegenüber dem paradiesischen Urzustande, der sein Ideal ist, sondern auch daran, daß er den Konfuzius selbst in der aller unbefangensten Weise kritisiert. Diese Kritik an Konfuzius kleidet er mit Vorliebe ein in die Form von Unterhaltungen des Meisters mit Laotse, in denen der Alte nicht sparsam ist an recht derben Belehrungen, die Konfuzius mit devoter Ehrerbietung aufzunehmen pflegt. Ob Dschuang Dsï für diese Geschichten irgend einen Anhaltspunkt in der Überlieferung hatte, oder ob sie einfach zu seinen berühmten »Gleichnissen« gehören, läßt sich von unserm heutigen Standpunkte aus nicht mehr entscheiden. Die Geschichte vom Narren von Tschu in Buch IV, 8, die in den Gesprächen des Konfuzius Buch XVIII, 5 ihre Parallele hat, sowie manche anderen derartigen Erzählungen lassen darauf schließen, daß er in dem Traditionsstoff über Konfuzius bewandert war. Dagegen scheint es, daß die von Sï Ma Tsiën erwähnte Begegnung des Konfuzius mit Laotse einfach eine Zusammenfassung der in Dschuang Dsï enthaltenen Stellen ist und nur insofern in Betracht kommt, als Sï Ma Tsiën mit der Möglichkeit rechnet, daß Dschuang Dsï eine tatsächliche Überlieferung derart zu Gebote stand. Vom orthodox konfuzianischen Lager aus hat man Dschuang Dsï vielfach den Vorwurf gemacht, daß er den Konfuzius verhöhne. Dieser Vorwurf erscheint ungerecht, wie Su Dung Po[6] zum erstenmal richtig betont hat. Nicht Konfuzius selber ist es, den Dschuang Dsï verhöhnt, sondern die Auswüchse, die seine Lehren in den Händen minderwertiger Schüler gezeitigt haben: leerer äußerlicher Formenkram, Vernachlässigung der tatsächlichen Fragen der Wirklichkeit und der wirklichen Bedürfnisse der Menschen, verbunden mit Arroganz und fortwährender Berufung auf die Autorität des Altertums, Schulgezänk und Streitereien unter Hintansetzung der Forderungen des Gewissens, kurz alle jene Dinge, die unter Tsin Schï Huang Di zu der großen Katastrophe, der sogenannten Bücherverbrennung, geführt haben[7]. Dem Meister selbst steht er vorurteilsfrei, aber mit aufrichtiger Achtung gegenüber. Er legt ihm Worte in den Mund, die reifste Erkenntnisse des Menschenlebens enthalten, und in Buch XXVII, 2 spricht er es Hui Dsï gegenüber aus, wie sehr er Konfuzius schätzt wegen seines unerreichten Einflusses auf die Gestaltung des Gesellschaftslebens. Aber auch sonst zeigt Dschuang Dsï seinen weiten Blick. Nichts von allem, was jene überaus reiche Zeit geistigen Lebens in China hervorgebracht hat, ist ihm entgangen, und unbefangen macht er von allem Gebrauch, was für seinen Zweck paßt, ohne sich deshalb jedoch irgend einer Richtung schlechthin zu verschreiben. Auch an Männern seiner eignen Richtung wie Liä Dsï oder Sung Yung Dsï (Meister Ehrenpracht, Buch 1,1) sieht er die schwachen Seiten, und selbst Laotse, mit dem er in allen wesentlichen Stücken vollkommen übereinstimmt, bleibt nicht ganz frei von Kritik (Buch III, 4). Leider sind wir heute noch nicht in der Lage, die geistige Richtung des ältesten China, die unter dem Namen Taoismus zusammengefaßt zu werden pflegt, und in der Laotse eine einzelne, wenn auch äußerst markante Etappe darstellt, in ihre Anfänge zurückzuverfolgen. Namentlich ist unsicher, ob nicht manches, was als uralteste Tradition erscheint, in Wirklichkeit auf außerchinesische Quellen zurückzuführen ist. Der Buddhismus, auf den man hinzuweisen pflegt, dürfte hierbei weit weniger in Betracht kommen als jene Lehren, die vorbuddhistisch sind und vielleicht ein gemeinsames Traditionsgut im ältesten Ostasien darstellen.

Das Werk

Für die eigentlichen theoretischen Lehren Dschuang Dsï's können wir auf die Einleitungen zu Laotse und Liä Dsï verweisen. Was Dschuang Dsï seine Besonderheit verleiht, sind nicht sowohl seine Anschauungen, als die Lebhaftigkeit seines Geistes, die Schärfe seines Denkens, der Umfang seines Wissens. Was bei Laotse in orakelhaften Sprüchen eines alten Sehers vor uns tritt, nimmt bei Dschuang Dsï wissenschaftliche Formen an, und die Beschäftigung mit den vielen philosophischen Zeitrichtungen hat ihn in seinem Einheitsstreben zu erkenntniskritischen Ergebnissen geführt, die dauernden Wert beanspruchen, gerade dadurch, daß sie die Grenzen möglicher Erkenntnis reinlich umschreiben und so das

Erlebnis in seiner unfaßbaren Wirklichkeit um so klarer heraustreten lassen. Das schwierige zweite Buch ist in diesem Sinne ein klassisches Werk der Erkenntnistheorie. Aber ähnlich wie Plato war Dschuang Dsï nicht bloß ein wissenschaftlicher Geist, sondern auch ein Dichter. Wie Plato seine Dialoge schrieb, um in Rede und Gegenrede die Bewegung des Denkens zu unmittelbarer Anschauung zu bringen, so schreibt auch Dschuang Dsï seine Dialoge. Die großen Dialoge in Buch XVII (Herbstfluten) und in Buch XXV, 10 (Gesellschaftsanschauung und SINN) sind Beispiele unter vielen. Ebenso finden sich auch dichterisch geschaute Gleichnisse und Allegorien, und von dem unübertrefflichen Hilfsmittel, bewegtes Denken plastisch darzustellen, dem Paradox, ist reichlicher Gebrauch gemacht. Kein Wunder, daß Dichter, wie Li Tai Bo, in späteren Jahrhunderten zu ihm zurückkehrten als zu ihrem Seelenverwandten. Auch Shakespeare und Michelangelo würden manches bei ihm gefunden haben, das sie verwandtschaftlich berührte, und selbst Nietzsche kann sich auf manche Vorgänge im Dschuang Dsï berufen. In China wurde Dschuang Dsï wegen seines Stils von jeher geschätzt, selbst von solchen, die ihn wegen seiner Anschauungen aufs strengste verdammten. Dieser Stil Dschuang Dsï's hat etwas Impressionistisches in seiner Art. Er ist konzis bis zum Äußersten, so daß er oft nur verständlich wird, wenn man die Anschauung, über die er redet, intuitiv erkannt hat. Kein Wunder daher, daß er dem Übersetzer manche Schwierigkeit bereitet. Das aphoristisch andeutungsweise Gegebene hat aber seine eignen Reize, und die Art, wie er den Gedanken zuweilen sozusagen in verschiedenen Ebenen übereinander darstellt, wo dann die Reflexe spielen wie von einem Licht, das von entgegengesetzten Spiegeln hin und hergeworfen wird, steht einzig da in der chinesischen Literatur. Auch in seinen Gleichnissen zeigt er oft diese Bewegung des Gedankens (vgl. z. B. Buch XIX, 6: der Opferpriester und die Schweine, wo die Reflexion fortwährend wechselt). All diese Hilfsmittel sind jedoch nicht Selbstzweck; sie dienen nur dazu, anzuregen und weiterzuführen. Dschuang Dsï ist kein Meister, auf dessen Worte sich schwören läßt. Er ist Ursprung einer Bewegung, und nur der hat ihn verstanden, der vom Wortlaut loskommt und die Bewegung in sich zu erzeugen vermag, die von seinen Worten ausgeht. Meisterhaft charakterisiert er selbst seine Methode in dem Nachwort Buch XXVII, 1.

Dschuang Dsï läßt sich wohl äußerlich einreihen unter die Denker des objektiven Idealismus. Er ist ein Glied in der großen Kette, die im westlichen Denken durch die Namen Heraklit, Bruno, Spinoza, Goethe, Schelling, Schopenhauer, Schleiermacher bezeichnet wird. Aber seine eigentliche Bedeutung beruht nicht sowohl darauf, daß er eine Weltanschauung vermittelt – im Gegenteil, er will gerade die Weltanschauungen zur Ruhe bringen (Buch II) –, sondern darin, daß er zu dem zentralen Erlebnis führen will, das jenseits des Denkens liegt und von der Wissenschaft nur unvollkommen erfaßt wird. Das ist die Ruhe im SINN, von der er redet. Dieses Erlebnis kann nur andeutungsweise umgrenzt werden; jeder begriffliche Ausdruck zerbricht notwendig bei der Anwendung selbst. Auch der SINN oder das Tao ist nur eine derartige Notbrücke – Ausdruck für Unausdrückbares –, denn dieses Erlebnis ist eben reine Innerlichkeit. Wiederholt werden in Dschuang Dsï die Verzückungszustände geschildert, die dieses mystische Erleben begleiten. Mit Vorliebe gebraucht er dann den Ausdruck: der Leib ist starr wie dürres Holz, die Seele ist wie tote Asche (vgl. Buch II, 1; XXII, 2; XXI, 4). Dieses Zurücktreten des Leiblichen und Seelischen ist die äußere Form, wenn der Geist entbunden ist zu jenseitigem Schauen. Die ganze Kraft Dschuang Dsï's beruht auf diesen mystischen Erlebnissen. Hier mündet die Bewegung, mag sie ausgehen, wo sie will. Das ist das Eine, auf das er nicht müde wird in hundert verschiedenen Formen hinzuweisen. Innerhalb der mystischen Richtung lassen sich zwei Typen unterscheiden. Der eine Typus ist das passive Sichhingeben an das große Eine. Dieser Typus ist in der christlichen Mystik der vorherrschende. Der andere Typus ist der des Magiers, der aus eigner Kraft sich emporschwingt ins Jenseits und die Gottheit sich aneignet. Am eindrucksvollsten wird dieser Typus dargestellt von Heraklit. Es ist kein Zweifel, daß Dschuang Dsï dieser letzteren, aktiven Art des Mystizismus zuzurechnen ist. Manche seiner Gestalten, wie der Umfassend Vollendete, Buch XI, 3, weisen direkt in diese Richtung. Es ist die Mystik des Aufschwungs, nicht des Versinkens, die wir bei Dschuang Dsï finden, und so kann es nicht Wunder nehmen, daß an der Spitze des ganzen Werkes jenes Gleichnis vom Vogel Rokh steht, dessen Weltenflug die Energie dieses Aufschwungs symbolisiert.

Die ersten sieben Bücher enthalten die Grundgedanken des ganzen Werkes. Sie zeigen die praktischen Folgen dieser souveränen Freiheit, die jenseits der Welt im Einen wurzelt. Diese Freiheit, die jedes Zweckes genesen ist, verleiht die unabhängig stolze Muße des Menschen, der unberührt ist von allem kleinen Wollen und Streben. Von hier aus umfaßt der Blick die Welt mit allen ihren Einzelheiten gleichmäßig. Jedes kommt zu seinem Recht, nichts wird einseitig bevorzugt. Hier ist man eins mit dem großen Herzschlag des Weltgeschehens, und wer im Besitz dieses Lebens ist, dem müssen alle Dinge zum Besten dienen. Hier ist aber auch die Quelle der Kraft, die für den Verkehr mit den Menschen nötig ist. Der Mensch, der selber frei ist, weiß auch andere gelten zu lassen. Er drängt sich nicht auf, er kann warten auf seine Zeit, und selbst wenn er diese Zeit nicht trifft, so ist er nicht unglücklich darüber. Besonders klar leuchtet diese Innerlichkeit hervor, wo sie zusammentrifft mit den Unzulänglichkeiten und Nöten des Lebens, an denen die Menschen zugrunde zu gehen pflegen. Ja, es ist geradezu von symbolischer Bedeutung, daß dieses Siegel des Geistes sich in gebrechlichem Leibe zeigt, daß dieser Schatz getragen wird in irdischen Gefäßen. Dieses Erlebnis ist aber notwendig verbunden mit dem Bewußtsein der Ewigkeit. Mit dem Abstreifen der Schranken des Ichs ist die Sterblichkeit ausgeschaltet. Darum werden von hier aus auch Leben und Tod nur zu Erscheinungen inmitten des großen Urgeschehens, und der Tod hat seine Bitternis verloren. Am Schluß des Werkes nimmt Dschuang Dsï sterbend von seinen Schülern Abschied. Er kehrt zurück ins große All, aus dem er hervorgegangen, und sein Leben wird eins mit dem von Himmel und Erde.

Zeitphilosophie

Da Dschuang Dsï durchweg im Zusammenhang mit der philosophischen Arbeit seiner Zeit steht, auch vielfach Zitate und Anspielungen enthält, die den Werken zeitgenössischer Philosophen entnommen sind, so ist zu seinem vollen Verständnis ein kurzer Abriß der Hauptrichtungen der chinesischen Philosophie im 4. und 3. vorchristlichen Jahrhundert unentbehrlich. Glücklicherweise ist uns ein solcher Abriß erhalten, der zwar lange nicht vollständig ist, aber doch recht wertvolle Fingerzeige enthält. Er ist den Werken des Dschuang Dsï als

33. Buch angehängt und wird sogar von manchen einheimischen Kommentatoren für Dschuang Dsï's eigne Arbeit gehalten. Die Art jedoch, wie Dschuang Dsï mit höchstem Lob erwähnt und beurteilt wird, während er auf der andern Seite doch wieder nur als eine Richtung neben andern genannt wird, ist ein deutliches Zeichen dafür, daß dieses Buch einer späteren Feder entstammt. Wir können uns daher darauf beschränken, seinen wesentlichsten Inhalt wiederzugeben. Nach einigen einleitenden Definitionen ist zunächst ein Überblick gegeben über die Art der Entstehung der verschiedenen philosophischen Richtungen. Dieser Überblick geht davon aus, daß die Alten den SINN in seinem vollen Umfang besessen und mit seiner Hilfe die Welt in Ordnung gehalten haben. Von hier aus wird eine doppelte Richtung der Weiterentwicklung angenommen: während von der einen Richtung die Dokumente des Altertums gesammelt wurden und dadurch jene Lehren des Altertums, soweit sie in diesen schriftlichen Urkunden einen Ausdruck gefunden, der Nachwelt erhalten blieben, ging auf der andern Seite eine mündliche Tradition der Lehre weiter. Um die schriftliche Tradition haben sich besondere Verdienste erworben die »Leute von Lu und Dsou« (d.h. Konfuzius und Mong Dsï), denen die Erhaltung der Bücher der Lieder, der Urkunden, der Riten, der Musik und der Frühling- und Herbstannalen zu verdanken ist. Diese Auffassung der konfuzianischen Schule als Abzweigung von der ursprünglichen Taolehre ist sehr interessant und entspricht sicher der Wirklichkeit ebenso wie die Charakterisierung dieser Richtung als einer vorwiegend historisch-literarischen. Weit ausführlicher werden nun die andern Richtungen behandelt, in die sich die mündliche Tradition der Lehre gespalten hat. Daß eine solche Spaltung überhaupt eintrat, wird darauf zurückgeführt, daß

im Verlauf des Zerfalls der öffentlichen Zustände der SINN, dessen inneren Besitz den Heiligen ausmacht und dessen äußere Betätigung den Herrscher und König kennzeichnet, verdunkelt wurde. Neigungen und individuelle Ansichten kamen auf. Jeder entnahm der Überlieferung, was ihm zusagte. Es bildeten sich Richtungen aus, von denen jede einen Teil der Wahrheit besaß, während keine einzelne mehr die ganze Wahrheit ihr eigen nannte. Die Aufzählung ist weit entfernt von Vollständigkeit. So werden die Staatsphilosophen (Guan Dschung und seine Nachfolger, Dsï Tschan, Dong Si usw., vgl. Liä Dsï IV, 11) nicht erwähnt, ebensowenig die Richtung, die sich mit der Ordnung der Verhältnisse von Ding und Bezeichnung beschäftigte, die Strafrechtslehrer, ferner der pessimistische Egoismus des Yang Dschu, ganz zu schweigen von den mancherlei Schulrichtungen, die sich im Konfuzianismus herausgebildet hatten. Erwähnt sind nur die Gesellschaftstheorie des Mo Di und seiner Schule, der Altruismus des Pong Mong, Tiën Piën und Schen Dau, der Idealismus des Laotse und Guan Yin Hi, dann Dschuang Dsï selbst und endlich anhangsweise der Sophist Hui Dsï.

Von Mo Di und seinem Schüler Kin Gu Li heißt es, daß sie die alte Einfachheit übertrieben haben, daß sie aus Sparsamkeitsrücksichten die Musik abgeschafft haben, daß es nach ihnen im Leben keinen Gesang und im Tode keine Trauerkleidung gab. Mo Di's Lehre war die Brüderlichkeit, der allgemeine Nutzen, die Verurteilung des Streits und Zorns, Liebe zum Lernen, umfassende Bildung und Gleichheit. Er wich ab von den Königen der alten Zeit und schaffte die Riten und Musik des Altertums ab … Mo Di wollte den Gesang aus dem Leben und die Trauerkleidung bei Todesfällen verbannt wissen. Statt der mehrfachen Särge des Altertums duldete

er nur einen drei Zoll starken Sarg aus weichem Holz ohne Sarkophag als allgemeine Regel. Indem er die Menschen diese Dinge lehrte, zeigte er einen Mangel an Menschenliebe; indem er selbst darnach sich richtete, zeigte er zum mindesten einen Mangel an Selbstliebe. Zwar ist daran die Lehre des Mo Di noch nicht zugrunde gegangen, aber immerhin muß man sich fragen, ob es der menschlichen Natur entspricht, alle Regungen der natürlichen Gefühle zu unterdrücken. Im Leben Mühsal, im Tode Kärglichkeit, in der Lehre die äußerste Einfachheit: das macht die Menschen traurig und elend, und es ist schwer, danach zu leben. Das ist wohl nicht die Lehre des berufenen Heiligen; denn es widerspricht allzu sehr den Gefühlen der Welt, und die Welt ist nicht imstande, das auszuhalten. Mo Di selbst mag wohl imstande gewesen sein, nach seinen Lehren zu leben, aber was soll die Welt damit anfangen? Eine Lehre, die sich allzusehr von den tatsächlichen Zuständen der Welt entfernt, ist weit davon, mit den Herrschern des Altertums in Einklang zu sein.
Mo Di berief sich für seine Lehre auf das Vorbild des großen Yü, der sein Leben in harter Arbeit für das Wohl der Gesamtheit aufgeopfert habe[8]. Er habe sich nicht gescheut, selbst mit Korb und Spaten zu arbeiten, um die Wasserläufe der Welt in Ordnung zu bringen. An den Beinen habe er sich die Haare abgescheuert. Er habe gebadet und sich gekämmt in wehendem Sturm und strömendem Regen, um die Grenzen aller Staaten festzulegen. Yü war ein großer Heiliger, und daß er also sich abmühte um die Welt, das nahmen sich die Anhänger des Mo Di zum Vorbild, indem sie härene und grobe Kleider trugen und hölzerne und stroherne Sandalen. Tag und Nacht gönnten sie sich keine Ruhe. So legten sie sich die äußersten Entbehrungen auf, indem sie spra-

chen: »Wer das nicht vermag, der wandelt nicht in den Wegen des großen Yü und ist nicht wert ein Schüler des Mo Di zu heißen.« Im folgenden wird dann noch ein Zweig der Schule des Mo Di behandelt, der hauptsächlich im Süden zu Hause war und in den Männern Ku Hu, Gi Tschï, Dong Ling Dsï seine Schulhäupter anerkannte. Dieser Zweig war von der praktischen Betätigung zu logischen und erkenntnistheoretischen Untersuchungen übergegangen. Es werden zwar nur spärliche Andeutungen gegeben von der Art dieser Arbeit, die wir aus andern Zusammenhängen ergänzen müssen. So wird erwähnt, daß sie miteinander disputiert über »Unterschied und Übereinstimmung von Hart und Weiß« und darüber, daß »Gerade und Ungerade einander nicht entgegengesetzt sei«.

Wir wissen, daß bei dem ersten dieser Themata (das anderweitig auch bezeichnet wird als »Auseinanderfallen der Begriffe Härte und Stein, der Begriffe Weiß und Pferd«) es sich offenbar darum handelte, den logischen Unterschied von Substanz und Qualitäten herauszustellen. Das Gebiet genuiner philosophischer Untersuchung war damit betreten. Allerdings äußerten sich ähnlich wie bei den Sophisten Griechenlands diese logischen Beschäftigungen vielfach in spielerischen Paradoxen. Man war sich der souveränen Macht des Denkens sehr bewußt; so konstruierte man absichtlich schwierige Rätselfragen, die scheinbar unlösbar waren, um durch eine plötzliche Gedankenwendung ein Licht auf das Dunkel der Frage zu werfen. Wie es in der griechischen Sophistik schließlich zu einer Übertreibung dieser Denkübungen kam, so daß alles zur Spiegelfechterei ausartete, so scheint auch diese Richtung in China in ähnliche Bahnen eingemündet zu sein. So kamen die Versuche, durch Projizierung der Begriffe in die Welt

der Wirklichkeit die Unterschiede der geraden und ungeraden Zahlen zu verwischen, wie es im »Ausgleich der Weltanschauungen« Buch II gegeißelt wird.
Mit dieser Richtung nehmen wir am besten die Denker zusammen, die in dem Überblick bei Dschuang Dsï erst am Schlusse stehen: Hui Dsï[9] und Gung Sun Lung[10]. Es heißt im Text über sie: »Hui Schï hatte viele Methoden. Seine Schriften füllten fünf Wagen. Seine Lehren waren widerspruchsvoll, seine Worte trafen nicht das Rechte. Über alle Dinge machte er sich der Reihe nach Gedanken. Er äußerte unter anderem: ›Das Größte, das nichts mehr außer sich hat, ist das Große Eine; das Kleinste, das nichts mehr innerhalb hat, ist das Kleine Eine (Atom). Diese (Atome) haben keine Ausdehnung und lassen sich daher nicht aneinander reihen, und doch erfüllen sie tausend Meilen. Der Himmel ist so niedrig wie die Erde (nicht räumlich von ihr getrennt). Ein Berg ist eben wie ein Sumpf (wenn man die entsprechenden Maßstäbe anlegt). Die Sonne steht sowohl im Mittag als im Abend (je nach dem Standpunkt des Beobachters). Ein Ding ist sowohl lebendig als tot (je nach dem Zeitpunkt der Betrachtung)[11]. Die Südgegend hat keine Grenzen und hat doch Grenzen. Wenn ich heute einen Punkt erreiche, so war ich schon vorher angekommen (in Gedanken)[12]. Verschlungene Ringe lassen sich lösen (begrifflich). Ich kenne die Mitte der Welt: sie ist nördlich vom Nordland Yen und südlich vom Südland Yüo (Jeder Punkt kann als Mitte der Welt betrachtet werden). Für den, der alle Dinge mit seiner Liebe umschließt, ist Himmel und Erde einerlei.‹ Auf diese Weise machte sich Hui Schï der ganzen Welt bekannt, und alle Sophisten kamen, um mit ihm zu disputieren und miteinander sich zu ergötzen.
›Im Ei sind Federn. Das Huhn hat drei Beine (2 Beine und Gehvermögen). Ying (die Hauptstadt von Tschu) be-

sitzt die Welt (weil der König von Tschu Herr der Welt genannt wurde). Einen Hund könnte man ebensogut Schaf nennen (weil alle Namen willkürlich sind). Ein Pferd hat Eier (aus denen die Jungen sich entwickeln). Der Frosch hat einen Schwanz (als Kaulquappe). Feuer ist nicht heiß (an sich). Der Berg hat einen Mund (Echo). Das Rad drückt nicht auf die Erde (sondern berührt sie nur in einem Punkt). Das Auge sieht nicht (sondern der Mensch). Der Finger berührt nicht, das Berühren hört nicht auf. Die Schildkröte ist länger als die Schlange (an Lebenszeit). Das Richtmaß ist nicht viereckig. Der Zirkel kann nicht für rund gelten. Die Axtöse umschließt nicht den Stiel. Der Schatten eines fliegenden Vogels bewegt sich nicht. Der schnellste Pfeil hat in seinem Fluge eine Zeit, da er weder fliegt noch ruht. Eine Dogge ist kein Hund (sondern ein Hund + besondere Merkmale). Ein gelbes Pferd und ein brauner Ochs sind drei (weil das Pferd sowohl durch seine Gestalt als durch seine Farbe vom Ochsen verschieden ist). Ein weißer Hund ist schwarz (in den Augen). Ein verwaistes Kalb hat nie eine Mutter gehabt (solange es eine Mutter hatte, war es nicht verwaist). Wenn man von einem Stab, der einen Fuß lang ist, jeden Tag die Hälfte wegnimmt, kommt man niemals zu Ende.‹
Die Sophisten debattierten über solche Dinge mit Hui Schï. Huan Tuan und Gung Sun Lung waren solche disputierenden Gesellen. Sie beschönigten die Gefühle der Menschen und änderten ihre Gedanken. Sie besiegten zwar den Mund der andern, aber gewannen nicht die innere Zustimmung der andern[13]«.
Es ist ein merkwürdiges Schauspiel, wie die Entwicklung des menschlichen Geistes an den verschiedensten Stellen auf einem bestimmten Punkte so parallele Erscheinungen erzeugt hat wie die Sophistik in Griechen-

land und China. Aber ebenso, wie es in Griechenland ernste Geister gab, die von den mutwilligen Ausschweifungen der Gedanken zurück ins Zentrum menschlichen Erlebens sich sammelten, so auch in China. Doch kehren wir zurück zu den taoistischen Schulen, deren eine in Mo Di und den Seinen sich so abseits entwickelt hatte.

Zwei andere sind noch genannt. Die eine ist die Richtung zur Einfachheit und zum Altruismus, die durch Sung Gien (oder Sung Yung Dsï = »Meister Ehrenpracht«, Buch I, 1) und Yin Wen (ca. 330 v. Chr.) vertreten ist. Die Leute dieser Richtung zeichneten sich durch eine besondere Kopfbedeckung aus. Diese Richtung hat merkwürdige Ähnlichkeit mit Tolstoj. Ihre Grundlehre war das »Nichtwiderstreben«. Es heißt von ihnen, daß sie die Tätigkeit der Seele eben in der Fähigkeit zum Dulden gesehen haben. »Sie suchten durch eine brennende Liebe die Menschen der Welt brüderlich zu vereinen. Die Bekämpfung der Lüste und Begierden war ihr Grundsatz. Wenn sie beschimpft wurden, hielten sie es nicht für Schande, nur darauf bedacht, die Menschen vom Streit zu erlösen. Sie verboten den Angriff und wollten Niederlegung der Waffen, um die Menschen vom Krieg zu erlösen[14]. Mit diesen Lehren durchzogen sie die ganze Welt. Sie ermahnten die Fürsten und belehrten die Untertanen. Wenn auch die Welt ihre Lehren nicht annehmen wollte, so blieben sie umso fester dabei und ließen sie nicht fahren. Es hieß von ihnen, daß Hoch und Niedrig es vermied, mit ihnen zusammenzukommen, daß sie aber mit Gewalt sich Zutritt verschafften.«

Das Urteil, das über diese Richtung gefällt wird, lautet dahin, daß sie sich zu viel um andere kümmerten und zu wenig um sich. Sie hätten lieber Hunger und Not erduldet, als die Erlösung der Welt aus den Augen verlo-

ren. Tag und Nacht hätten sie sich keine Ruhe gegönnt, ja selbst das Leben hätten sie in die Schanze geschlagen, um an der Erlösung der Welt zu arbeiten.
Die andere Richtung, die von Pong Mong, Tiën Piën, Schen Dau vertreten ist, scheint noch einen Schritt weiter gegangen zu sein. Es heißt von ihnen, daß ihr Hauptbestreben war, das Gleichgewicht der Dinge herzustellen. Sie sagten: »Der Himmel kann schirmen, aber nicht tragen; die Erde kann tragen, aber nicht schirmen. Der große SINN vermag zu umfassen, aber nicht zu beweisen. Alle Dinge haben ihre Möglichkeit und ihre Unmöglichkeit. Darum ist jede Wahl einseitig, jede Belehrung unzureichend, während der SINN nichts dahinten läßt.« Darum habe Schen Dau das Wissen verworfen und das Ich abgetan und sei nur der unabweisbaren Notwendigkeit gefolgt. Kühle Unabhängigkeit von der Außenwelt sei für ihn das Höchste gewesen. Er habe gesagt: »Ich weiß, daß ich nichts weiß.« Damit habe er das Wissen herabgesetzt und sei danach von andern verfolgt worden. Aber ohne Ehrgeiz und unabhängig, habe er sich von jeder amtlichen Tätigkeit ferngehalten und habe sich darüber lustig gemacht, wie die Welt die Weisen hochhalte. Frei und erhaben über alles Handeln, habe er die größten Heiligen der Welt verurteilt. Fest und unbeirrt im Innern, habe er sich von der Außenwelt umhertreiben lassen. Durch Enthaltung von aller Billigung und Mißbilligung habe er alle Verwicklung zu vermeiden gesucht. Er habe nicht die Weisen und Klugen zu Meistern genommen. Er habe nicht Zukunft und Vergangenheit erkennen wollen, sondern sei auf einsamer Höhe verharrt. Gestoßen nur sei er gewandelt, gezogen nur sei er gegangen, gleichsam als werde er von einem Wirbelwind getrieben, wie eine Feder, die umhergeweht wird, wie ein Mühlstein, der sich dreht. Er war so voll-

kommen in seiner Art, ohne der Mißbilligung ausgesetzt zu sein; in Ruhe und Bewe gung machte er nichts falsch oder verfehlt. Warum? Ein Wesen ohne Erkenntnis ist frei von dem Leid, das mit der Selbstbehauptung verbunden ist, und von den Verwicklungen, die mit dem Gebrauch des Wissens verbunden sind. In Ruhe und Bewegung richtet ein solcher sich nach den Naturgesetzen, darum bleibt er sein Leben lang frei von Lob. Darum sagte er: »Es bedarf nichts weiter als den Zustand des bewußtlosen Dings zu erreichen. Es bedarf nicht der Weisen und Heiligen.« Aber ein Erdklumpen verliert auch nie seinen Weg. Darum haben sich auch tatkräftige Menschen über ihn lustig gemacht und gesagt: »Die Lehren des Schen Dau sind nichts für die Lebenden, sondern geben seltsamerweise nur Gesetze für Tote ab.«

Piën Tiën (der angeblich aus dem Staate Tsi stammt) ging ebenfalls bei Pong Mong in die Lehre und erlangte die Unterweisung ohne Worte. Der Lehrer Pong Mongs hatte gesagt: »Die Lehrer des SINNS im Altertum waren auf dem Standpunkt angelangt, nichts zu billigen und nichts zu verwerfen.« Diese Ausführungen enthalten manches, was an Liä Dsï erinnert. Die Worte vom Himmel und der Erde, die nicht zu allem tauglich seien, sind in Liä Dsï 1,3 als Worte Liä Dsï's angeführt. Auch das vom Winde sich treiben lassen hat in Liä Dsï seine Parallele. Bei den spärlichen Nachrichten, die wir über alle hier erwähnten Personen haben (es existieren zum Teil Werke von ihnen, deren Authentizität jedoch nicht über jeden Zweifel erhaben ist), läßt sich sehr wenig darüber ausmachen, wie dieser Quietismus sich zu Liä Dsï verhält. Liä Dsï wird in Dschuang Dsï ja häufig verwendet. Zu denken gibt es, daß so gut wie alle Parallelstellen, die Dschuang Dsï mit Liä Dsï gemein hat, dem zweiten Buch von Liä Dsï entnommen sind. Nur Buch I

kommt noch vor und sonst einige Stellen, die aus einer beiden gemeinsamen dritten Quelle stammen können.
Außer diesen Richtungen des Taoismus werden in einem Abschnitte Laotse und Guan Yin Bi, der Grenzwart vom Schan-Gu-Paß, dem Laotse den Taoteking hinterlassen haben soll, ohne Vorbehalt rühmend erwähnt. Von Guan Yin Hi werden einige Worte angeführt: »Wer nicht verharrt in seinem Ich, dem stellt sich das Wesen der Dinge an sich dar. Seine Bewegungen sind wie die des Wassers, in seiner Ruhe ist er wie ein Spiegel, in seinem Verhalten mit der Außenwelt ist er wie das Echo. Er ist unsichtbar, wie verschwindend, und durchsichtig, wie klares Wasser. Mit allen Wesen lebt er in Eintracht, das Trachten nach Gewinn hat er verloren; er sucht nie andere zu überholen, sondern bleibt stets hinter den andern zurück.« Von Laotse finden sich eine Reihe mehr oder weniger freie Zitate aus Taoteking 28, 22 usw. angeführt.
Einen Abschnitt für sich bildet dann schließlich die Schilderung des Dschuang Dsï, die unzweifelhaft aus der Hand eines begeisterten Jüngers stammt und ihn als den Höhepunkt der Entwicklung des Taoismus feiert.
Es wurde schon erwähnt, daß die konfuzianischen Schulrichtungen in diesem Überblick nur zu Anfang gestreift werden. Der Hauptvertreter des Konfuzianismus unter Dschuang Dsï's Zeitgenossen, Mong Dsï (Mencius), wird in Dschuang Dsï's Schriften kein einziges Mal genannt, ebenso wie wir in Mong Dsï's Schriften vergeblich nach einer Nennung von Dschuang Dsï's Namen suchen. Diese Tatsache fällt um so mehr auf, als die Werke der beiden unzweifelhaft derselben Zeit angehören. Der ganze Vorrat an historischen Zitaten und Zeitanschauungen ist derselbe, und bei aller Verschiedenheit zwischen dem kristallen klaren Fluß der Rede bei

Mong Dsï und dem schäumend blitzenden Stil des Dschuang Dsï zeigen sich doch manche Berührungspunkte. Und sie haben ja zeitweise sogar in derselben Stadt gelebt. Dschuang Dsï war aus dem Staate We im Westen des damaligen China und scheint auch zuweilen in dessen Hauptstadt Liang gelebt zu haben, und Mong Dsï's Werke beginnen mit einer Erzählung seines Aufenthaltes in dieser Stadt. Was beiden Denkern gemein ist, das ist die zentrale Stellung ihrer Arbeit. Wie alle ganz Großen haben auch sie den Stoff des Daseins sozusagen vom Zentrum aus angefaßt: sich fernhaltend von allen Verschrobenheiten und Extremen. Bei Dschuang Dsï ist es die objektive Überschau über das ganze Dasein vom Standpunkt der Ewigkeit aus, der objektive Idealismus, der auch einem Goethe die Augen geöffnet. Bei Mong Dsï umgekehrt ist die Wurzel des Idealismus im Subjekt, das sich entsprechend den ihm innewohnenden autonomen Gesetzen eine Welt der gesellschaftlichen Ordnung in das Chaos der Ungewißheit hineinbaut, ein Standpunkt, wie wir ihn, wenn wir Zeit und Personenunterschiede beiseite lassen, bei Kant und Schiller finden.

Die deutsche klassische Geisteskultur ist eine Frucht des Zusammentreffens dieser beiden Richtungen in Goethe und Schiller. Nicht leicht ist es, daß diese beiden Seiten des großen Gegensatzes sich finden. Um ein Haar wären Goethe und Schiller in dem kleinen Weimar auch unbekannt aneinander vorbeigegangen. Was wäre dann wohl aus unserer klassischen Kultur geworden? In China ist der Fall eingetreten. Dschuang Dsï und Mong Dsï, der objektive und der subjektive Idealismus, blieben sich dauernd fremd. Die Folge war, daß der Taoismus, der stählenden Kraft starker Imperative entbehrend, sich immer mehr verflüchtigte in Wunderlichkeiten und Aberglauben, und der Konfuzianismus, ohne die belebende Fülle der weiten Gegensätze, erstarrte in einem System strenger Formen, aus denen immer mehr das Leben wich.

Text

Wenn wir von der Autorschaft eines alten chinesischen Buches reden, so müssen wir andere Maßstäbe anlegen als in unserer Zeit. Man muß mehr an die mittelalterlichen Epen oder die Malerwerkstätten älterer Zeit denken, um ein Analogon zu finden. Gewiß ist, daß wir im Dschuang Dsï einer Persönlichkeit von stilistischer Kühnheit und unnachahmlicher Eigenart begegnen. Das Buch unterscheidet sich darin wesentlich von Liä Dsï, in dem wir weit mehr den Überlieferungsstoff einer ganzen Zeit als einen überragenden Meister vor uns haben. Aber dennoch wäre es verkehrt, wenn wir die unter Dschuang Dsï's Namen überlieferten Schriften unbesehen als seine direkte Arbeit annehmen wollten. Gewisse Bedenken, die bei chinesischen Kommentatoren gegen einzelne Stücke geäußert wurden, sind jeweils in den Vorbemerkungen zu den einzelnen Büchern erwähnt. Auch ist bei der Auswahl des Gegebenen auf den Gesichtspunkt der Authentie Rücksicht genommen. Dennoch ist absichtlich auch manches, was sicher nicht in der vorliegenden Gestalt auf Dschuang Dsï zurückgeht, aufgenommen worden, um ein Bild zu geben, wie es um Dschuang Dsï aussah, wie seine Wirkungen in verschiedene Richtungen sich ausbreiten, von denen sie im chinesischen Geistesleben der Nachzeit immer weitere Kreise ziehen.
Wäre Dschuang Dsï ein Werk der konfuzianischen Schule, so hätten wir uns wahrscheinlich auch bei ihm mit einem Bericht über den Schaden, den die große Bü-

cherverbrennung des Tsin Schi Huang Di ihm angetan, auseinanderzusetzen. Denn es ist klar, daß das Werk in seinem heutigen Zustand dieselben Schicksale durchlebt hat, die frommer Eifer bei konfuzianischen Werken dem schuldigen Haupt des großen Empörers auf dem Thron zuzuschreiben gewohnt ist. Da dies nun nicht der Fall ist, so zeigt unser Buch um so deutlicher das Schicksal der Werke, die den Wandel der Schriftzeichen, der im dritten vorchristlichen Jahrhundert vor sich gegangen ist, überstanden haben. Das Buch, wie es heute vorliegt, weicht von dem zur Zeit der Han-Dynastie vorhandenen, nunmehr verlorenen Exemplar wesentlich ab. Die Kataloge jener Zeit sprechen von einem Werk von 52 Kapiteln; heute sind uns nur 33 erhalten. Wohl sind da und dort noch Zitate aufbewahrt die den Stempel des Stils von Dschuang Dsï an sich tragen. Es ließe sich aus diesen Resten noch fast ein Buch mittleren Umfangs zusammenstellen. Anderes ist vielleicht noch da, aber unkenntlich, das nach chinesischen Berichten Ähnlichkeit mit Traumbüchern, mit Märchen und Sagen, wie wir sie im »Kanon der Berge und Meere« und sonst finden, gehabt haben soll. Man ist fast versucht, an manche Abschnitte, die sich heute im Liä Dsï finden, zu denken. Wie dem auch sei: aus dem heute Vorhandenen läßt sich ein zureichendes Bild der Eigenart Dschuang Dsï's gewinnen.

Die heutigen Ausgaben gehen zurück auf eine Arbeit eines Herausgebers aus dem dritten oder vierten nachchristlichen Jahrhundert, Huang Siu, der unter der Dsin-Dynastie lebte. Sein Werk geriet unvollendet in die Hände Go Siang's (ca. 312 n. Chr.), der es nach eigenem Gutdünken vollendete und unter seinem Namen erscheinen ließ. Sein Kommentar besteht aus Ausführungen taoistischen Inhalts, zu denen er durch Dschuang

Dsï's Text angeregt wurde. Spötter pflegen von ihm zu sagen, daß Go Siang den Dschuang Dsï kommentiert habe, aber ebenso Dschuang Dsï als Kommentar zu Go Siang betrachtet werden könne. Zur Zeit der Tang-Dynastie blühte der Taoismus, und Dschuang Dsï wurde modern. Selbst Kinder auf der Straße sollen zu jenen Zeiten Dschuang Dsï zitiert haben! Sein Geburtsort Mong trug um jene Zeit den Namen Nan Hua (südliches Blütenland). Deshalb bekam er im Jahre 742 auf kaiserliche Anordnung den Titel: »Der wahre Mensch vom südlichen Blütenland«, und sein Buch wurde als »Das wahre Buch vom südlichen Blütenland« bezeichnet. Unter der Sung-Dynastie im Jahre 1078 wurde in seinem Heimatort Mong ein Ahnentempel für ihn errichtet, dessen Stiftungsurkunde von dem bekannten Schriftsteller Su Dung Po herrührt. In dieser Stiftungsurkunde ist es, wo Su Dung Po (unseres Erachtens mit Recht) die Authentie der Bücher XXVIII–XXXI, die sich schon durch ihre Überschriften von ihrer Umgebung unterscheiden, in Zweifel zog[6].
Das »wahre Buch vom südlichen Blütenland« zerfällt heutzutage in drei Teile: Buch I–VII, der »innere« Abschnitt, der nach chinesischer Tradition aus Dschuang Dsï's Hand stammt und dessen Überschriften die Inhaltsangaben enthalten, die von ihm selbst gesetzt seien; Buch VIII–XXII, der »äußere« Abschnitt, Ausführungen zu den sieben ersten Büchern enthaltend; und – sachlich wenig davon verschieden – Buch XXIII–XXXIII (XXVII), der »vermischte« Abschnitt.

Für die vorliegende Übersetzung wurden benützt:

I. Chinesische Werke

1. Dschuang Dsï Go Siang Dschu. Go Siangs Kommentar zu Dschuang Dsï. Ausgabe aus der Ming-Dynastie.
2. Nan Hua Dschen Ging Pang Dschu Ping Lin. Kommentar von Fang Hü Ming. Ausgabe von 1594.
3. Dschuang Dsï Yo Gië. Kommentar von Liu Hung Dien (verwendet die besten älteren Kommentare). Ausgabe von 1865.
4. Dschuang Dsï Gië. Kommentar von Wu Schï Schang. Ausgabe von 1726.
5. Dschuang Dsï Gië. Kommentar von Wang Fu Dschï. Ausgabe von 1866.

II. Europäische Werke

1. von der Gabelentz, G. Die Sprache des Čuang Tsï. Leipzig 1888.
2. Giles, H. Chuang Tsŭ, Mystic, Moralist and Social Reformer. London 1889.
3. Legge, J., The Sacred Books of China. Part I.II. (aus Max Müllers Sacred Books of the East, vol. XXXIX and XL), Oxford 1891.

Giles gibt eine recht lesbare Übersetzung, doch stark subjektiv gefärbt. An manchen schwierigen Stellen gibt er mehr Vermutung als Übersetzung. In den erklärenden Anmerkungen beschränkt er sich aufs Nötigste. Legge hat mehr Akribie. Doch steht er dem Autor zu wenig sympathisch gegenüber, um ihn voll würdigen zu können. Der mißlungene Übersetzungsversuch von Balfour konnte außer Betracht bleiben, ebenso wie auch die Auswahl in C. de Harlez, Textes Taoistes, Paris 1891, kaum etwas Neues bietet. Erwähnt sei noch, daß eine hübsche Auswahl aus Giles' Übersetzung in deutscher Sprache von Martin Buber herausgegeben ist, die namentlich durch ihr geistvolles Nachwort Beachtung verdient. Eine deutsche Übersetzung von D. E. Faber, die erste Übersetzung Dschuang Dsï's in eine europäische Sprache, wurde leider der Raub der Flammen, ehe sie gedruckt werden konnte.

Transkription

Die Umschreibung der chinesischen Zeichen schließt sich an das von der Versammlung deutscher Lehrer in China im Sommer 1911 angenommene Wilhelm-Lessing'sche System an. Für Konfuzius und Laotse sind, weil es sich um allbekannte Namen handelt, abgesehen von der eigentlichen Übersetzung, die gebräuchlichen Wortformen beibehalten. In der Übersetzung selbst werden sie – um Verwirrungen zu vermeiden – durchgängig als Kung Dsï und Lau Dan bezeichnet.

I

Esoterisches
Die Grundlagen

Buch I

Wandern in Muße

Vorbemerkung

Dieses erste Buch enthält sozusagen die Exposition des Ganzen. Es schildert den Menschen, der sich frei machte von allem Irdischen und in dieser Freiheit die große Ruhe gefunden hat, jenseits des Schicksals in seliger Muße.

Mit einem großartigen Aufschwung wird im 1. Abschnitt dieses Bild und sein Gegensatz, der kleine alltägliche Mensch, gezeichnet: erst im Gleichnis vom Vogel Rokh und der Wachtel, dann in Stufen vom praktisch brauchbaren Menschen über den »höheren Menschen« zum Übermenschen, der als höchster Mensch, geistiger Mensch und berufener Heiliger bezeichnet ist.

Der 2. Abschnitt bringt die erste Illustration in der Unterredung des größten Herrschers der Sage und des noch größeren Verborgenen.

Der 3. Abschnitt enthält eine Unterhaltung mythischer Personen über eine Stelle aus Liä Dsï, die ebenfalls die Erhabenheit jener überweltlichen Freiheit über die nur beschränkt anwendbare Tauglichkeit zum Ausdruck bringt.

Der 4. und 5. Abschnitt endlich schildern Gespräche des Dschuang Dsï mit seinem berühmten Zeitgenossen und Landsmann, dem großen Sophisten und Logiker Hui Schï, die in humorvoller Weise zeigen, wie das Große notwendig unpraktisch für den Alltag ist. Die beiden Abschnitte sind zugleich eine Ausführung zu Laotse, Taoteking, Abschnitt 67.

Ein feiner Zug der Komposition ist es, daß im ganzen

Buch nicht ein einziges Mal der SINN (Tao) genannt wird, der doch von Anfang bis zu Ende zwischen den Zeilen steht.

1. Der Vogel Rokh und die Wachtel

Im baumlosen Norden ist ein abgrundtiefes Meer: der Himmelssee. Dort lebt ein Fisch, der ist wohl tausend Meilen breit, und niemand weiß, wie lang er ist. Er heißt Leviathan[1]. Dort ist auch ein Vogel. Er heißt der Rokh[2]. Sein Rücken gleicht dem Großen Berge[3]; seine Flügel gleichen vom Himmel herabhängenden Wolken. Im Wirbelsturm steigt er kreisend empor, viel tausend Meilen weit bis dahin, wo Wolken und Luft zu Ende sind und er nur noch den schwarzblauen Himmel über sich hat. Dann macht er sich auf nach Süden und fliegt nach dem südlichen Ozean.
Eine flatternde Wachtel verlachte ihn und sprach: »Wo will der hinaus? Ich schwirre empor und durchstreiche kaum ein paar Klafter, dann laß ich mich wieder hinab. Wenn man so im Dickicht umherflattert, so ist das schon die höchste Leistung im Fliegen. Aber wo will der hinaus?«
Das ist der Streit zwischen groß und klein. Da ist wohl einer, dessen Wissen ausreicht, um Ein bestimmtes Amt zu versehen, der durch seinen Wandel Eine bestimmte Gegend zusammenhalten kann, dessen Geistesgaben für Einen bestimmten Herrn passen, um in Einem bestimmten Land Erfolg zu erzielen. Der wird sich selber ebenso vorkommen wie diese Wachtel.
Aber Meister Ehrenpracht[4] hinwiederum hat sich über diese Leute lustig gemacht. Wenn die ganze Welt ihn lobte, so ließ er sich nicht davon beeinflussen; wenn die ganze Welt ihm Unrecht gab, so ließ er sich nicht dadurch beirren. Er war ganz sicher über den Unterschied

des Inneren und Äußeren und vermochte klar zu unterscheiden die Grenzen (zwischen dem, was wirklich als) Ehre und (dem, was wirklich als) Schande (zu betrachten ist). Aber dabei blieb er stehen. Wohl war er der Welt gegenüber unabhängig, aber es fehlte ihm doch noch die Kraft der Beständigkeit.

Da war ferner Liä Dsï[5], der sich vom Winde treiben lassen konnte mit großartiger Überlegenheit. Nach fünfzehn Tagen erst kehrte er zurück. Er war dem Streben nach dem Glück gegenüber vollständig unabhängig; aber obwohl er nicht auf seine Beine angewiesen war, war er doch noch von Dingen außer ihm abhängig. Wer es aber versteht, das innerste Wesen der Natur sich zu eigen zu machen und sich treiben zu lassen von dem Wandel der Urkräfte, um dort zu wandern, wo es keine Grenzen gibt, der ist von keinem Außending mehr abhängig.

So heißt es: der höchste Mensch ist frei vom Ich; der geistige Mensch ist frei von Werken; der berufene Heilige ist frei vom Namen.

2. Der Kaiser und der Heilige

Der heilige Herrscher Yau wollte das Reich an Freigeber[6] abtreten und sprach: »Wenn Sonne und Mond aufgehen und man löscht die Fackeln nicht aus, so werden sie doch schwerlich gegen den Schein (des großen Himmelslichtes) aufkommen können. Wenn der Spätregen fällt und man wollte doch fortfahren mit Begießen und Bewässern, so würde das der großen Nässe gegenüber verschwendete Mühe sein. Wenn Ihr erst auf dem Throne seid, so wird das Reich in Ordnung sein, und ich sehe selbst, daß es verfehlt wäre, wenn ich noch weiter mich damit abgeben wollte. Darum bitte ich Euch, das Reich zu übernehmen!«

Freigeber sprach: »Ihr habt das Reich geordnet. Da nun das Reich bereits in Ordnung ist, so würde ich es nur um des Namens willen tun, wenn ich Euch ablösen wollte. Der Name ist der Gast der Wirklichkeit. Sollte ich etwa die Stellung eines Gastes einnehmen wollen? Der Zaunkönig baut sein Nest im tiefen Wald, und doch bedarf er Eines Zweiges nur. Der Maulwurf trinkt im großen Fluß, und doch bedarf er nur so viel, um seinen Durst zu stillen. Geht heim! Laßt ab, o Herr! Ich habe nichts mit dem Reich zu schaffen. Selbst wenn der Koch die Küche nicht in Ordnung hielte, wird doch der Opferpriester nicht seine Pokale und Schalen im Stiche lassen, um ihn abzulösen.«

3. Verborgene Seligkeit

Giën Wu[7] fragte den Liën Schu[8] und sprach: »Ich hörte Worte von Dsië Yü[9], die waren groß, aber unanwendbar. Sie verloren sich in überstiegenen Höhen. Ich wurde beunruhigt durch seine Worte, denn sie waren wie die Milchstraße ohne Ziel und Ende. Sie gingen ihre eigenen Pfade, fernab von allen menschlichen Verhältnissen.«
Liën Schu sprach: »Wie lauteten denn seine Worte?«
»Er sagte, fern auf dem Gu Schê[10] Berge wohnten selige Geister. Ihr Leib sei kühl wie Eis und Schnee; sie seien zart wie Jungfrauen; sie lebten nicht von Brot und Korn, sondern schlürften den Wind und tränken den Tau; sie führen auf Wind und Wolken und ritten auf fliegenden Drachen weit hinaus jenseits der Welt. Ihr Geist sei so gesammelt, daß sie die Natur vor Seuche und Krankheit bewahren könnten und Jahr für Jahr das Korn zur Reife komme. Das scheint mir verrückt, und ich glaube es nicht.«
Liën Schu sprach: »Nun wohl! Einem Blinden kann man

nicht den Anblick eines Kunstwerks verschaffen. Einem Tauben kann man nicht die Klänge von Musik vernehmbar machen. Es gibt aber nicht nur leiblich Blinde und Taube, sondern es gibt auch solche, die es an Erkenntnis sind. Und deine Worte zeigen, daß du auch dazu gehörst.
Der Einfluß eines Menschen jener Art durchdringt die ganze Schöpfung. Wie könnte er, weil ein einzelnes Geschlecht in seiner Verwirrung ihn anruft, sich damit abmühen, die Ordnung des Reichs zu seiner Aufgabe zu machen? Einem solchen Menschen kann nichts in der Welt etwas anhaben. Eine Sintflut, die bis an den Himmel reicht, kann ihn nicht ertränken, und Gluten der Hitze, in denen Metalle und Steine zerschmelzen und die Erde und die Berge verdorren, können ihn nicht brennen. Aus dem Staub und der Spreu, die von seinem Wesen abfallen, könnte man noch die größten Männer[11] formen. Wie sollte der gewillt sein, die Außenwelt als seine Sache anzusehen!«
Ein Mann aus Sung handelte mit Seidenhüten und ging damit zu den Wilden im Süden. Die Wilden[12] aber trugen kurzgeschorenes Haar und tätowierten ihren Leib. Sie hatten keinen Bedarf dafür.
Yau hatte alles Volk unter dem Himmel beherrscht und die ganze Welt zum Frieden gebracht. Da ging er hin, um die vier Vollkommenen in den fernen Gu Schê Bergen zu besuchen. Als er von dort über den Grenzfluß[13] zurückgekommen war, da verlor sich sein Reich vor seinem verzückten Auge.

4. Der große Kürbis

Hui Dsï[14] redete zu Dschuang Dsï und sprach: »Der König von We[15] schenkte mir Samen von einer großen Kürbisart. Ich säte sie aus, und als sie ausgewachsen waren, da trugen sie Früchte, die wohl fünf Eimer Saft enthielten. Sie waren so plump, daß ich sie nicht allein aufheben konnte. Ich schnitt sie auseinander, um Schöpfgefäße daraus zu machen, aber die Kürbisse fielen in sich zusammen, so daß man nichts mit ihnen schöpfen konnte. Sie hatten nichts als ihre ungeheure Größe. Ich habe sie wegen ihrer Unbrauchbarkeit zerschlagen.«

Dschuang Dsï sprach: »Herr, Ihr seid wirklich ungeschickt, Großes zu verwenden! Es war einmal ein Mann in Sung[16], der verstand es, eine Salbe zu bereiten, durch die die Hände nicht rissig wurden. Seine Nachkommen betrieben von Geschlecht zu Geschlecht das Handwerk des Seidenwaschens. Ein Fremder hörte davon und bot ihnen hundert Lot Silber für das Mittel an. Da versammelten sie die ganze Familie zur Beratung und sprachen: ›Wir sind nun schon seit vielen Generationen Seidenwäscher und verdienen dabei kaum ein paar Lot Silber. Nun können wir in einem Augenblick hundert Lot verdienen; wir wollen ihm das Mittel doch verkaufen.‹ So erhielt es der Fremde. Er teilte es dem König von Wu[17] mit. Der hatte gerade Krieg mit Yüo[18]. Der König von Wu ernannte ihn nun zum Befehlshaber, und er lieferte den Leuten von Yüo im Winter eine Schiffsschlacht, in der die Leute von Yüo gänzlich geschlagen wurden. Es wurde ihnen ein Stück Land abgenommen, und er wurde damit belehnt. Das Mittel, die Hände vor dem Rissigwerden zu schützen, war das gleiche. Aber die Verschiedenheit der Anwendung bewirkte, daß der eine ein Lebensfürst wurde, während die andern es nicht weiter gebracht hatten als zum Seidenwaschen.

Da Ihr nun so große Kürbisse hattet, warum habt Ihr nicht daran gedacht, große Schwimmtonnen daraus zu machen, um über Flüsse und Seen damit zu fahren, statt daß Ihr Euch nur darüber geärgert habt, daß die Kürbisse zusammenfielen, so daß man nichts mit ihnen schöpfen konnte? Da scheint Ihr wohl Gestrüpp im Kopf gehabt zu haben!«

5. Der unnütze Baum

Hui Dsï[14] redete zu Dschuang Dsï und sprach: »Ich habe einen großen Baum. Die Leute nennen ihn Götterbaum[19]. Der hat einen Stamm so knorrig und verwachsen, daß man ihn nicht nach der Richtschnur zersägen kann. Seine Zweige sind so krumm und gewunden, daß man sie nicht nach Zirkel und Winkelmaß verarbeiten kann. Da steht er am Weg, aber kein Zimmermann sieht ihn an. So sind Eure Worte, o Herr, groß und unbrauchbar, und alle wenden sich einmütig von ihnen ab.«
Dschuang Dsï sprach: »Habt Ihr noch nie einen Marder gesehen, der geduckten Leibes lauert und wartet, ob etwas vorüberkommt? Hin und her springt er über die Balken und scheut sich nicht vor hohem Sprunge, bis er einmal in eine Falle gerät oder in einer Schlinge zugrunde geht. Nun gibt es aber auch den Grunzochsen. Der ist groß wie eine Gewitterwolke; mächtig steht er da. Aber Mäuse fangen kann er freilich nicht. Nun habt Ihr so einen großen Baum und bedauert, daß er zu nichts nütze ist. Warum pflanzt Ihr ihn nicht auf eine öde Heide oder auf ein weites leeres Feld? Da könntet Ihr untätig in seiner Nähe umherstreifen und in Muße unter seinen Zweigen schlafen. Nicht Beil noch Axt bereitet ihm ein vorzeitiges Ende, und niemand kann ihm schaden. Daß etwas keinen Nutzen hat: was braucht man sich darüber zu bekümmern!«

Buch II

Ausgleich der Weltanschauungen

Vorbemerkung

Der Ausgleich der Weltanschauungen, der in diesem Buche gegeben wird, ist eine großzügige Auseinandersetzung des objektiven Idealismus Dschuang Dsï's mit den philosophischen Gedanken seiner Zeit. Das Buch ist eines der berühmtesten in Dschuang Dsï's Werk. Allerdings gehört es mit zu der schwersten Kost der chinesischen philosophischen Literatur. Der Grundgedanke ist klar. Gegenüber den vielen Weltanschauungen, die alle von einem bestimmten Punkt in der Wirklichkeit ausgehen und darum notwendig sich in unlösbare Widersprüche verwickeln, sieht er die Lösung nicht in dem Zusammenordnen der einzelnen Fälle nach Ähnlichkeit oder Gleichheit, das für ihn immer etwas bloß Willkürliches hat, sondern in dem großen Zusammenschauen aller Lebenserfahrungen als einzelner Teile in dem großen Weltzusammenhang. Dieser Weltzusammenhang ist nicht etwas Jenseitiges. Der Rekurs in das Jenseits der Zeit und des räumlichen Daseins führt nur zu Denkwidersprüchen, und auch die feinste Abstraktion führt nicht über die Schwierigkeiten hinaus. Vielmehr ist die Lösung gegeben in der Einheit, die alles Bestehende durchdringt und umfaßt und in der sich die Widersprüche restlos zusammenordnen lassen.

Der 1. Abschnitt gibt die Lösung in bildhafter Anschauung. Das Brausen des Windes und seine verschiedenartigen Äußerungen, dieses Orgelspiel der Erde, geht in all seiner Mannigfaltigkeit zurück auf eine einheitliche Kraft, die alle diese Äußerungen erst ermöglicht. Diese überweltliche Kraft inmitten und hinter den Kräften der Natur wird in dem Bilde geschildert, das auch uns geläufig ist durch die Stelle im Johannesevangelium: »Der Wind bläset, wo er will, und du hörest sein Sausen wohl; aber du weißt nicht, von wannen er kommt und wohin er fährt.«

Der 2. Abschnitt stellt dann das eigentliche Problem in seiner vollen Schärfe auf: die Relativität auch des inneren Lebens infolge seiner Verstrickung mit der Außenwelt, einer Verstrickung, die doch nicht etwa willkürlich vermieden werden kann, sondern eine selbstverständliche Äußerung alles Lebens ist. Diese Verstrickung bleibt bestehen, trotzdem das geistige Prinzip als ordnende und beherrschende Einheit in der Form eines Postulats festgehalten werden muß. Da es sich dabei aber um eine dem Verstand unerreichbare Vernunftidee handelt, so dient dieses Postulat vielmehr nur dazu, den Konflikt zu verschärfen, und unentwirrbares Dunkel scheint jeden Lösungsversuch unmöglich zu machen. Dem Abschnitt ist eine Art Motto vorangestellt, das sich höchst wahrscheinlich auf alle folgenden Abschnitte mit bezieht.

Der 3. Abschnitt geht nun energisch vor gegen die Lösungsversuche der Zeitphilosophie. Auf die Stufe des naiven Denkens war in China ähnlich wie in Griechenland eine sophistische Zeit gefolgt, die die Souveränität des denkenden Subjekts proklamierte und ihre Weisheit in die Form paradoxer Sätze zu kleiden liebte. Ein solches Paradoxon ist der Satz: »Heute mache ich mich auf ins Südland und bin doch schon lange dort (sc. weil mit dem Entschluß zur Reise der Geist schon am Ziel ist – Priorität des Zwecks – und die darauf folgende Ausführung des Entschlusses nur nachträglich die kausale Reihenfolge hinzubringt). »Dieser zersetzenden Auflösung tritt Dschuang Dsï ähnlich energisch gegenüber wie

Kant dem Skeptizismus eines Hume, da durch eine derartige Zersetzung das Denken in Gefahr ist, jeden Sinn zu verlieren. Wie aber läßt es sich überhaupt erklären, daß die verschiedenen Denker zu so verschiedenen Resultaten kommen (man denke nur an die Polemik des Mong Dsï gegen Mo Di)? Der Grund ist die subjektive Bedingtheit, infolge deren jeder nur von dem einmal eingenommenen »Standpunkt« aus seine Urteile fällt. Darum haben andere den Versuch gemacht, die Gegensätze zeitlich hintereinander zu ordnen, so daß entgegengesetzte Prädikate von derselben Substanz ausgesagt werden können, nur eben zu verschiedenen Zeiten. Aber auch dieser Versuch führt über die Relativität nicht hinaus. Deshalb ist die Lösung zu suchen im Anschauen dieser Gegensätze sub specie aeternitatis. Von dieser Anschauung aus lassen sich jeweils die beiden Seiten eines Gegensatzes in ihrer ewigen Bedeutung würdigen. Das ist die »Erleuchtung«, in der Dschuang Dsï den Ausweg findet.

Der 4. Abschnitt beschäftigt sich mit den logischen Künsten der Philosophen, die einen Ausweg aus den Schwierigkeiten darin suchten, daß sie die Begriffe von den Gegenständen völlig loslösen wollten, indem sie z.B. behaupteten, erst müsse der Begriff des Fingers da sein, ehe ein Ding als Finger bezeichnet werden könne. Ohne den Begriff des Fingers gebe es keinen Finger. Oder: der Begriff des Pferdes beziehe sich nur auf die Gestalt; die weiße Farbe sei etwas, das zu dem Begriff des Pferdes hinzutrete, so daß ein weißes Pferd nicht unter den Begriff des Pferdes falle. Auf diese Weise wurde ebenfalls alles Bestehende aufgelöst in ein äußerliches Ineinandersein getrennter Begriffe. Was Dschuang Dsï an diesen Methoden aussetzt, ist einerseits, daß sie in sophistischer Weise konträren und kontradiktorischen Gegen-

satz verwechselten, andrerseits, daß sie dem Bestand der Erfahrung mit subjektiver Willkürlichkeit gegenübertraten und dadurch bloß Verwirrung schufen. Dagegen sind nach seiner Anschauung die Gegensätze innerhalb der Welt der Erfahrung anzuerkennen und können erst in einer höheren Einheit aufgehoben werden. Die Gegensätze von einem Einzelstandpunkt innerhalb der Erfahrung durch bloße Abstraktion aufheben zu wollen führt nur zur Selbsttäuschung, wie an der aus Liä Dsï genommenen Geschichte von der Affenfütterung erläutert wird.
Der 5. Abschnitt führt denselben Gedanken in anderer Form aus. Die ideale Welt jenseits der Sonderbestimmtheiten erhält ihre Wirklichkeit nur durch diese Bestimmtheiten, ähnlich wie die im Geist erlauschte Musik an sich der äußerlich bestimmten Darstellung auf Musikinstrumenten bedarf, um in die erfahrbare Welt einzutreten. Jeder Versuch, von einem einseitig subjektiven Standpunkt aus Verständigung mit der Außenwelt zu finden, muß notwendig scheitern. Die Ideen sind der verstandesmäßigen Erkenntnis unzugänglich. Der Flimmerglanz der Ahnung ist das einzige Erreichbare, während der Erfahrung gegenüber die Beruhigung beim allgemein Anerkannten der einzige Weg ist, um mit der Umwelt auszukommen.
Der 6. Abschnitt weist die Widersprüche nach, die daraus entstehen, wenn man die Relativität dadurch zu beseitigen sucht, daß man das Einzelding als etwas Absolutes nimmt. So kommt man wohl dahin, daß jedes Ding absolut groß oder klein ist, daß das Ich, das die Welt setzt, mit der Welt identifiziert werden kann. Aber da alle diese Denkoperationen mit Hilfe der begrifflichen Bezeichnungen ausgeführt werden müssen, so kommt durch den Begriff immer eine Zweiheit zu den letzten gedachten Einheiten hinzu, so daß man sich in unlös-

baren Widersprüchen verfängt, wenn man auf diese Weise den Begriff dem Sein beiordnet. Es handelt sich hier um eine ähnliche Argumentation wie die, mit der Kant der Möglichkeit eines ontologischen Gottesbeweises gegenübertrat.

Der 7. Abschnitt zeigt den Weg zum Frieden, indem man unterscheidet zwischen der transzendenten Welt, der gegenüber man sich von allem Beweisenwollen fernzuhalten hat, da es hier nur Postulate, aber keine beweisbaren Wahrheiten gibt, und der Welt der Erfahrung, wo die Gegensätze notwendig sind. Um von diesen Gegensätzen frei zu bleiben, gibt es keinen andern Weg als das Festhalten an dem »verborgenen Glanz«, das auf alles subjektive Hervortreten verzichtet und sich eins weiß mit dem Grundsinn des Daseins. Durch das Gegenbeispiel des großen Herrschers Yau, der nicht Ruhe fand, weil er die Gedanken an seine Feinde in einseitiger Weise festhielt, wird diese Praxis demonstriert. Die Abschnitte 8–12 geben wieder Gleichnisse zu diesen Gedanken.

Der 8. Abschnitt zeigt die Verschiedenheit der Wertungen in ihrer Abhängigkeit von der Natur der verschiedenen Wesen.

Der 9. Abschnitt sieht in der Verschiedenartigkeit der subjektiven Wertungen nur Traumeswirren, da ein fester Maßstab zu ihrer Bestimmung fehlt.

Der 10. Abschnitt zeigt die Unlösbarkeit jeder Meinungsverschiedenheit, da kein unzweifelhaftes Kriterium vorhanden ist.

Der 11. Abschnitt bringt die hübsche Geschichte vom Schatten und Halbschatten, die die Bedingtheit alles Daseins illustriert, der 12. Abschnitt endlich das berühmte Gleichnis vom Traum des Dschuang Dsï, das den unentwirrbaren Widerstreit zwischen Wachen und Traum zur Anschauung bringt.

1. Das Orgelspiel des Himmels

Meister Ki von Südweiler[1] saß, den Kopf in den Händen, über seinen Tisch gebeugt da. Er blickte zum Himmel auf und atmete, abwesend, als hätte er die Welt um sich verloren.
Ein Schüler[2] von ihm, der dienend vor ihm stand, sprach: »Was geht hier vor? Kann man wirklich den Leib erstarren machen wie dürres Holz und alle Gedanken auslöschen wie tote Asche? Ihr seid so anders, Meister, als ich Euch sonst über Euren Tisch gebeugt erblickte.«
Meister Ki sprach: »Es ist ganz gut, daß du darüber fragst. Heute habe ich mein Ich begraben. Weißt du, was das heißt? Du hast vielleicht der Menschen Orgelspiel gehört, allein der Erde Orgelspiel noch nicht vernommen. Du hast vielleicht der Erde Orgelspiel gehört, allein des Himmels Orgelspiel noch nicht vernommen.«
Der Jünger sprach: »Darf ich fragen, wie das zugeht?«
Meister Ki sprach: »Die große Natur stößt ihren Atem aus, man nennt ihn Wind. Jetzt eben bläst er nicht; bläst er aber, so ertönen heftig alle Löcher. Hast du noch nie dieses Brausen vernommen? Der Bergwälder steile Hänge, uralter Bäume Höhlungen und Löcher: sie sind wie Nasen, wie Mäuler, wie Ohren, wie Dachgestühl, wie Ringe, wie Mörser, wie Pfützen, wie Wasserlachen. Da zischt es, da schwirrt es, da schilt es, da schnauft es, da ruft es, da klagt es, da dröhnt es, da kracht es. Der Anlaut klingt schrill, ihm folgen keuchende Töne. Wenn der Wind sanft weht, gibt es leise Harmonien; wenn ein Wirbelsturm sich erhebt, so gibt es starke Harmonien. Wenn dann der grause Sturm sich legt, so stehen alle Öffnungen leer. Hast du noch nie gesehen, wie dann alles leise nachzittert und webt?«
Der Jünger sprach: »Der Erde Orgelspiel kommt also

einfach aus den verschiedenen Öffnungen, wie der Menschen Orgelspiel aus gleichgereihten Röhren kommt. Aber darf ich fragen: wie ist das Orgelspiel des Himmels?« Meister Ki sprach: »Das bläst auf tausenderlei verschiedene Arten. Aber hinter all dem steht noch eine treibende Kraft, die macht, daß jene Klänge sich enden, und daß sie alle sich erheben. Diese treibende Kraft: wer ist es?«

2. Verstrickungen der Außenwelt

»Große Weisheit macht sicher und frei,
Kleine Weisheit ist Tyrannei.
Große Rede: glänzende Pracht.
Kleine Rede nur Worte macht.«

Im Schlafe pflegt die Seele Verkehr[3]. Im Wachen öffnet sich das körperliche Leben wieder und beschäftigt sich mit dem, was ihm begegnet, und die widerstreitenden Gefühle erheben sich täglich im Herzen. Die Menschen sind verstrickt, hinterlistig, verborgen. Aus Furcht vor kleinen Übeln beben sie ängstlich; ist Großes zu fürchten, so werden sie gänzlich verstrickt. Bald fahren sie zu, wie der Bolzen von der Armbrust schnellt: das nennt man Richter sein über Recht und Unrecht. Bald verharren sie auf etwas wie auf einem beschworenen Vertrag: das nennt man seine Überlegenheit festhalten. Unaufhaltsam wie das Sterben im Herbst und Winter zehren sie täglich immer mehr ihre Kraft auf. Sie ertrinken in ihren Taten, also daß jede Umkehr für sie unmöglich wird. Sie sind zur Unfreiheit verdammt, wie mit Stricken gebunden; so sind sie eingefahren in ihre alten Geleise. Und ist das Herz dann erst dem Tode nahe, läßt es sich nicht zum lichten Leben wiederbringen. Lust und

Zorn, Trauer und Freude, Sorgen und Seufzer, Unbeständigkeit und Zögern, Genußsucht und Unmäßigkeit, Hingegebensein an die Welt und Hochmut entstehen wie die Töne in hohlen Röhren, wie feuchte Wärme Pilze erzeugt. Tag und Nacht lösen sie einander ab und tauchen auf, ohne daß (die Menschen) erkennen, woher sie sprossen. Genug! Genug! Früh und spät besitzen wir jenes Etwas, von dem sie in ihrem Entstehen abhängig sind. Ohne jenes Etwas gibt es kein Ich. Ohne Ich gibt es nichts, das sie erfassen könnte. So ist es uns also ganz nahe, wenn wir auch nicht seine Wirkungsart erkennen können. Man muß wohl einen wahren Leiter annehmen, obwohl wir keine äußere Spur von ihm zu erfassen vermögen. Man kann entsprechend seinem eigenen Glauben an ihn handeln, aber nicht seine Gestalt sehen. Er hat Bewußtsein, aber hat keine Gestalt.
Da ist mein Leib mit allen seinen Gliedern und Teilen. Welchem nun (von euch Gliedern) soll ich mich am nächsten fühlen? Ihr alle möchtet es gerne? – Dann haben also (die eigenen Körperteile) wohl auch ein Selbst? So sind sie mir gegenüber wie Knechte und Mägde. Aber Knechte und Mägde können nicht einander regieren. Oder besteht zwischen ihnen das Verhältnis von Herren und Knechten? Es muß aber wohl noch ein wahrer Herr da sein. Ob man sein Wesen zu ergründen sucht oder nicht, das fördert oder beeinträchtigt nicht seine Wahrheit. Von dem Zeitpunkt ab, da wir eine festgeprägte Form empfangen haben, bleibt er bestehen bis zum Ende. Aber wenn wir uns mit der Außenwelt beständig ritzen und reiben, so geht (das Leben) zu Ende, als flögen wir dahin, und niemand kann es aufhalten. Ist das nicht traurig? Das ganze Leben sich abmühen, ohne einen fertigen Erfolg zu sehen, sich quälen in erschöpfendem Dienst und nicht wissen, wohin es führt: ist das nicht zu

beklagen? Die Leute reden von Unsterblichkeit, aber was hat das für einen Wert? Wenn der Leib sich auflöst, so wird auch die Seele davon betroffen; ist das nicht aufs tiefste zu beklagen? Ist das Menschenleben wirklich so vom Dunkel umhüllt, oder bin ich nur allein im Dunkeln? Und gibt es andere, die nicht im Dunkel sind?

3. Sub specie aeternitatis

Wer sich an seine festgeprägten Gefühle hält und sich danach richtet, der ist mit sich immer im reinen. Was braucht der sich auf andrer Erkenntnisse zu verlassen? Er wird immer (bestimmte Ansichten) haben, die sich ganz von selbst in seiner Seele bilden. Auch der Tor hat solche Ansichten. Wer aber (dieses naive Selbstbewußtsein verloren hat und) ohne solche festgeprägten Gefühle sich über Recht und Unrecht auslassen will, der macht es, wie es in dem Rätselworte heißt: »Heute mache ich mich auf ins Südland und bin doch schon lange dort.« Ein solcher gibt das Nichtwirkliche für wirklich aus. Wenn aber einer das Nichtwirkliche für wirklich ausgibt, dann hört auch für den größten Weisen die Erkenntnis auf. Was soll ich mich da noch weiter damit beschäftigen?
Worte sind doch kein bloßer Hauch! Wer redet, muß auch etwas zu sagen haben. Wenn einer alles, was er redet, absichtlich im Unbestimmten läßt: hat er dann wirklich etwas zu sagen, oder hat er nicht viel mehr nichts zu sagen? Er meint wohl, daß seine Worte verschieden sind vom Piepen eines Kückens. Ist da wirklich ein solcher Unterschied, oder ist da kein Unterschied?
Wie kann aber der SINN des Daseins so verdunkelt werden, daß es einen wahren und einen falschen gibt? Wie können die Worte so umnebelt werden, daß es Recht und

Unrecht gibt? Wohin soll denn der SINN des Daseins gehen, so daß er zu existieren aufhörte? Wie können denn Worte überhaupt existieren, während sie eine Unmöglichkeit enthalten? Der SINN wird verdunkelt, wenn man nur kleine fertige Ausschnitte des Daseins ins Auge faßt; die Worte werden umnebelt durch Phrasenschmuck. So kommt es zu den gegenseitigen Verurteilungen der verschiedenen Philosophenschulen[4]. Was der andere verneint, bejaht man; was jener bejaht, verneint man. Weit besser als das Streben, jedem Nein des anderen ein Ja und jedem Ja des andern ein Nein entgegenzusetzen, ist der Weg der Erleuchtung. Es gibt kein Ding, das nicht vom Standpunkt des Nicht-Ichs aus angesehen werden könnte. Es gibt auch kein Ding, das nicht vom Standpunkt des Ichs aus angesehen werden könnte. Nur daß ich die Dinge vom Standpunkt des Nicht-Ichs aus nicht sehen kann, sondern nur vorstellungsmäßig darum wissen kann. So wird nun von Menschen behauptet, daß das Nicht-Ich aus dem Ich hervorgehe und daß das Ich seinerseits vom Nicht-Ich bedingt werde. Das ist die Theorie von der gegenseitigen Erzeugung dieser Gegensätze in der Zeit. Nun wohl! So kommt man darauf, daß das, was nun lebt, im Lauf der Zeit stirbt; was nun tot ist, im Lauf der Zeit lebt; was nun möglich ist, im Lauf der Zeit unmöglich wird; was nun unmöglich ist, im Lauf der Zeit möglich wird; und daß dadurch die Bejahung und die Verneinung einer Behauptung jeweils begründet wird. (Damit kommt man aber über die Relativität nicht hinaus.) Deshalb macht sich der Berufene frei von dieser Betrachtungsweise und sieht die Dinge an im Lichte der Ewigkeit. Allerdings bleibt er subjektiv bedingt. Aber das Ich ist auf diese Weise zugleich Nicht-Ich, das Nicht-Ich ist auf diese Weise zugleich Ich. So zeigt sich, daß von zwei entgegengesetzten Betrachtungsweisen jede in gewissem Sinne Recht und in gewissem Sinne Unrecht hat. Gibt es nun auf diesem Standpunkt in Wahrheit noch diesen Unterschied von Ich und Nicht-Ich, oder ist in Wahrheit dieser Unterschied von Ich und Nicht-Ich aufgehoben? Der Zustand, wo Ich und Nicht-Ich keinen Gegensatz mehr bilden, heißt der Angelpunkt des SINNS. Das ist der Mittelpunkt, um den sich nun die Gegensätze drehen können, so daß jeder seine Berechtigung im Unendlichen findet. Auf diese Weise hat sowohl das Ja als das Nein unendliche Bedeutung. Darum habe ich gesagt: es gibt keinen besseren Weg als die Erleuchtung.

4. Der SINN und die Welt

Mit Hilfe (des Begriffs) eines Fingers[5] nachweisen zu wollen, daß ein (als) Finger (bezeichnetes Ding) kein Finger ist, kommt der Methode nicht gleich, die mit Hilfe (des Begriffs) des Nicht-Fingers nachweist, daß ein (als) Finger (bezeichnetes Ding) kein Finger ist. Mit Hilfe (des Begriffs) eines Pferdes nachweisen zu wollen, daß ein (als) Pferd (bezeichnetes Ding) kein Pferd ist, kommt der Methode nicht gleich, die mit Hilfe (des Begriffs) des Nicht-Pferdes nachweist, daß ein (als) Pferd (bezeichnetes Ding) kein Pferd ist. Mit der ganzen Welt verhält es sich ebenso wie mit dem einen Finger; mit allen Dingen verhält es sich ebenso wie mit dem einen Pferd. Was möglich ist, ist möglich; was unmöglich ist, ist unmöglich. Ein Weg bildet sich dadurch, daß er begangen wird; die Dinge erhalten ihr So-Sein dadurch, daß sie benannt werden. Worin besteht das So-Sein? Das So-Sein besteht eben im So-Sein. Worin besteht das Nicht-So-Sein? Das Nicht-So-Sein besteht eben im Nicht-So-Sein. Die Dinge haben notwendig ihr So-Sein; die Dinge haben notwendig ihre Möglichkeit. Kein Ding ist ohne So-Sein; kein Ding ist ohne Möglichkeit. Darum, was vom Standpunkt des Ichs aus ein Querbalken ist oder ein Längsbalken, Häßlichkeit oder Schönheit[6], Größe oder Gemeinheit, Übereinstimmung oder Abweichung: im SINN sind diese Gegensätze aufgehoben in der Einheit. In ihrer Geschiedenheit haben sie ihr Bestehen; durch ihr Bestehen kommen sie zum Vergehen. Alle Dinge, die jenseits sind vom Bestehen und Vergehen, kehren zurück zur Aufhebung in der Einheit. Aber nur der Schauende kennt diese Aufhebung in der Einheit. Er entfaltet keine Tätigkeit vom Standpunkt seines Ichs aus, sondern beruhigt sich beim allgemein Anerkannten. Das allgemein Anerkannte ermöglicht (ungehinderte Tätigkeit), diese Tätigkeit ermöglicht Fortschritt ohne Haften, dieser Fortschritt führt zur Erlangung des LEBENS; wer das LEBEN erlangt hat, der ist am Ziel. Zu Ende ist für ihn die subjektive Bedingtheit. Er ist zu Ende und weiß nichts mehr vom So-Sein; das ist der SINN. Wer seinen Geist abmüht, um die Einheit (aller Dinge) zu erklären, ohne ihre Gemeinsamkeit zu erkennen, dem geht's, wie es in der Geschichte heißt: »Morgens drei«. Was bedeutet dieses »Morgens drei«? Es heißt: Ein Affenvater brachte (seinen Affen) Stroh und sprach: »Morgens drei und abends vier.« Da wurden die Affen alle böse. Da sprach er: »Dann also morgens vier und abends drei.« Da freuten sich die Affen alle. Ohne daß sich begrifflich oder sachlich etwas geändert hätte, äußerte sich Freude oder Zorn bei ihnen. Die Affen waren eben auch in subjektiver Bedingtheit befangen. Also macht es der Berufene in seinem Verkehr mit den Menschen. Er befriedigt sie mit Ja und Nein, während er innerlich ruht im Ausgleich des Himmels: das heißt beides gelten lassen.

Die Männer des Altertums führten ihre Erkenntnis weiter bis zu einem letzten Ausgangspunkt. Was war dieser Ausgangspunkt? – Sie nahmen einen Zustand an, da die Existenz der Dinge noch nicht begonnen hatte. Damit ist in der Tat der äußerste Punkt erreicht, über den man nicht hinausgehen kann. Die nächste Annahme war, daß es zwar Dinge gab, aber ihre Getrenntheit noch nicht begonnen hatte. Die nächste Annahme war, daß es zwar in gewissem Sinn Getrenntheiten gab, aber Bejahung und Verneinung noch nicht begonnen hatten. Durch die Entfaltung von Bejahung und Verneinung verblaßte der SINN. Durch die Verblassung des SINNS verwirklichte sich einseitige Zuneigung. Gibt es nun in Wahrheit eine solche Verwirklichung und Verblassung, oder gibt es in Wahrheit keine solche Verwirklichung und Verblassung? Die Welt der Wirklichkeit, in der der SINN verblaßt ist, sie gleicht der Musik, die den Saiten entströmt. Die Welt aber jenseits der Wirklichkeit und Verblassung des SINNS, sie gleicht der Musik, die nicht mit Saiten hervorgebracht wird.

Es gab so manche Meister[7], die es weit gebracht hatten in ihrer Kunst und sich ihr ganzes Leben damit beschäftigten. Sie hatten ein Interesse daran, anders zu sein als die andern, und hatten ein Interesse daran, die andern aufzuklären. Aber die andern besaßen nicht die Klarheit, daß sie hätten aufgeklärt werden können. Darum verloren sie sich schließlich in die Irrtümer logischer Spitzfindigkeiten, und ihre Schüler verstrickten sich schließlich in die Fäden ihrer Worte und brachten es ihr ganzes Leben lang zu nichts Wirklichem. Wenn man das als wirklichen (Erfolg) bezeichnen kann, so ist auch mein Ich etwas Wirkliches. Wenn man das aber nicht als wirklichen (Erfolg) bezeichnen kann, so sind Ich und Welt beide nichts Wirkliches. Darum ist es der Flimmerglanz der Ahnung, was der Berufene ersehnt. Er entfaltet keine Tätigkeit vom Standpunkt des Ichs aus, sondern beruhigt sich beim allgemein Anerkannten. Das ist der Weg zu (wahrer) Erleuchtung.

6. Begriff und Sein

Nun gibt es noch eine Theorie. Ich weiß nicht, ob sie mit den eben genannten von derselben Art ist oder nicht. Aber einerlei, ob sie von derselben Art ist oder nicht, sie ist eine Theorie neben andern und daher von jenen andern nicht verschieden. Wie dem auch sei, wir wollen versuchen, sie auszusprechen.

Gibt es einen Anfang, so gibt es auch eine Zeit, da dieser Anfang noch nicht war, und weiterhin eine Zeit, die der Zeit, da dieser Anfang noch nicht war, vorangeht. Gibt es Sein, so geht ihm das Nicht-Sein voran, und diesem Nicht-Sein geht eine Zeit voran, da auch das Nicht-Sein noch nicht angefangen hatte, und weiterhin eine Zeit, da der Nicht-Anfang des Nicht-Seins noch nicht angefangen hatte. Unvermittelt tritt nun das Nicht-Sein in die Existenz, ohne daß man sagen könnte, ob dieses Sein des Nicht-Seins dem Sein zuzurechnen ist oder dem Nicht-Sein. Nun habe ich aber einen Ausdruck dafür, ohne daß man sagen könnte, ob das, was ich damit ausdrücke, in Wahrheit einen Sinn hat oder keinen Sinn hat. Hierher gehören jene Aussprüche wie: »Auf der ganzen Welt gibt es nichts Größeres als die Spitze eines Flaumhaares« und: »Der Große Berg ist klein«. »Es gibt nichts, das ein höheres Alter hätte als ein totgeborenes Kind« und: »Der alte Großvater Pong (der seine sechshundert Jahre gelebt hat) ist in frühester Jugend gestorben«. Himmel und Erde entstehen mit mir zugleich, und alle Dinge sind mit mir eins. Da sie nun Eins *sind*, kann es nicht noch außerdem ein *Wort* dafür geben; da sie aber andererseits als Eins *bezeichnet* werden, so *muß* es noch außerdem ein Wort dafür geben. Das Eine und das Wort sind zwei; zwei und eins sind drei. Von da kann man fortmachen, daß auch der geschickteste Rechner nicht folgen kann, wieviel weniger die Masse der Menschen! Wenn man nun schon vom Nicht-Sein aus das Sein erreicht bis zu drei, wohin kommt man dann erst, wenn man vom Sein aus das Sein erreichen will! Man erreicht nichts damit. Darum genug davon!

7. Jenseits der Unterschiede

Die Begrenzungen sind nicht ursprünglich im SINN des Daseins begründet. Die festgelegten Bedeutungen sind nicht ursprünglich den Worten eigentümlich. Die Unterscheidungen entstammen erst der subjektiven Betrachtungsweise. Ich will die Unterscheidungsgründe nennen: Rechts und Links, Beziehungen und Pflichten, Teilen und Beweisen, Widerspruch und Gegenwirkung. Das nennt man die acht Kategorien[8]. Außerhalb der Welt der Räumlichkeit (gibt es Ideen, die) der Berufene festhält, ohne sie zu beschreiben. Innerhalb der Welt der Räumlichkeit (gibt es Ideen, die) der Berufene beschreibt, ohne sie zu beurteilen. Im Verlauf der Geschichte[9] (gibt es Taten, die) der Berufene beurteilt, ohne beweisen zu wollen. Im Geteilten gibt es Unteilbares. In den Beweisen gibt es Unbeweisbares. Was heißt das? Der Berufene hat (die Wahrheit) als innere Überzeugung, die Menschen der Masse suchen sie zu beweisen, um sie einander zu zeigen. Darum heißt es: Wo bewiesen wird, da fehlt die Anschauung. Der große SINN bedarf nicht der Bezeichnung; großer Beweis bedarf nicht der Worte; große Liebe ist nicht liebevoll; große Reinheit ist nicht wählerisch; großer Mut ist nicht tollkühn. Ist der SINN gleißend, so ist es nicht der SINN; sucht man mit Worten zu beweisen, so erreicht man nichts; ist die Liebe korrekt, so bringt sie nichts fertig; ist die Reinheit allzu rein, so ist sie nicht wahrhaft; zeigt sich der Mut tollkühn, so bringt er nichts fertig. Diese fünf Dinge sind auf der Grenze zwischen der in sich geschlossenen (himmlischen Welt) und der kantigen[10] (wirklichen Welt). Darum: mit seinem Erkennen haltmachen an der Grenze des Unerforschlichen ist das Höchste. Wer vermag zu erkennen den unaussprechlichen Beweis, den unsagbaren SINN? Diese zu erkennen vermögen heißt des Himmels Schatzhaus besitzen. Dann strömt es uns zu, und wir werden nicht voll. Es fließt aus uns hervor, und wir werden nicht leer, und wir wissen nicht, von warmen es kommt: das ist das verborgene Licht. So fragte vor alters Yau den Schun und sprach: »Ich möchte einige rebellische[11] Fürsten bestrafen. Nun sitz ich auf meinem Thron und werde den Gedanken an sie nicht los. Woher kommt das?« – Da sprach Schun: »Diese Fürsten fristen ihr Dasein gleichsam inmitten dichten Gestrüpps. Wie solltest du von ihnen nicht loskommen? Vor alters gingen zehn Sonnen gleichzeitig auf, und alle Dinge waren im Licht; um wieviel mehr sollte geistiges Leben der Sonne überlegen sein!«

8. Wer hat recht?

Lückenbeißer[12] fragte Keimwalter[12]: »Wißt Ihr, worin die Welt mit dem Ich übereinstimmt?«
Er sprach: »Wie sollte ich das wissen?«
»Wißt Ihr, was Ihr nicht wißt?«

Er sprach: » Wie sollte ich das wissen?«
»Dann gibt es also kein Wissen der Dinge?«
Er sprach: »Wie sollte ich das wissen? Immerhin, ich will versuchen, darüber zu reden! Woher weiß ich, daß das, was ich Wissen nenne, nicht Nicht-Wissen ist? Woher weiß ich, daß das, was ich Nicht-Wissen nenne, nicht Wissen ist? Nun will ich dich einmal fragen. Wenn die Menschen an einem feuchten Ort schlafen, so bekommen sie Hüftweh, und die ganze Seite stirbt ab; geht es aber einem Aale ebenso? Wenn sie auf einem Baume weilen, so zittern sie vor Furcht und sind ängstlich besorgt; geht es aber einem Affen ebenso? Wer von diesen drei Geschöpfen nun weiß, welches der richtige Wohnort ist? Die Menschen nähren sich von Mastvieh; die Hirsche nähren sich von Gras; der Tausendfuß liebt Würmer, und der Eule schmecken Mäuse. Welches dieser vier Geschöpfe weiß nun, was wirklich gut schmeckt? Die Paviane gesellen sich zu Äffinnen, die Hirsche zu Hindinnen, die Aale schwimmen mit den Fischen zusammen, und schöne Frauen[13] erfreuen der Menschen Augen. Wenn die Fische sie sehen, so tauchen sie in die Tiefe; wenn die Vögel sie sehen, so fliegen sie in die Höhe; wenn die Hirsche sie sehen, so laufen sie davon. Welches von diesen Geschöpfen weiß nun, was wahre Schönheit unter dem Himmel ist? Von meinem Standpunkt aus gesehen sind die Grundsätze von Sittlichkeit und Pflicht, die Pfade von Bejahung und Verneinung unentwirrbar verwickelt. Wie sollte ich ihre Unterscheidung erkennen?« Lückenbeißer sprach: »Ihr kennt nicht Nutzen und Schaden; kennt aber auch der höchste Mensch nicht Nutzen und Schaden?« Keimwalter sprach: »Der höchste Mensch ist Geist. Wenn das große Meer im Feuer aufginge, vermöchte es ihm nicht heiß zu machen; wenn alle Ströme gefrören, vermöchte ihm

das nicht kalt zu machen; wenn heftiger Donner die Berge zerrisse und der Sturm den Ozean peitschte, vermöchte ihm das nicht Schrecken einzuflößen? Einer, der also ist, der fährt auf Luft und Wolken; er reitet auf Sonne und Mond und wandelt jenseits der Welt. Leben und Tod können sein Selbst nicht verändern. Was erst sollten ihm da die Gedanken an Nutzen und Schaden sein!«

9. Leben und Traum

Meister Blinkeblick[14] fragte den Alten am Baume[15] und sprach: »Ich habe den Meister[16] sagen hören, solche Worte wie: ›Der Berufene geht nicht an seine Geschäfte mit Eifer, er wendet sich nicht dem Nutzen zu und kehrt sich nicht vom Schaden ab; es freut ihn nicht zu streben, und er folgt nicht dem Pfad; ohne zu reden, redet er, redend redet er nicht; er wandelt jenseits vom Staub und Schmutz der Welt‹, seien Worte wie wilde Wellen; ich aber halte sie für geheimen SINNS Befolgung. Was haltet Ihr, mein Meister, davon?«
Der Alte am Baume sprach: »Das sind Worte, deren Hören selbst den Herrn der gelben Erde verwirren könnte, wie sollte Kung (Konfuzius) imstande sein, sie zu erkennen? Außerdem bist du zu voreilig in deinen Erwartungen. Du siehst das Ei und willst schon den Hahn krähen hören. Du siehst die Armbrust und begehrst schon gebratene Eulen. Ich will einmal ganz harmlos zu dir von diesen Dingen reden, und du höre ganz harmlos zu! Wer steht zur Seite von Sonne und Mond und vermag das Weltall unter seinen Arm zu fassen? Er hält geschlossen seine Lippen, bringt zurecht seine Unklarheiten und Verwirrungen und ehrt seine Sklaven. Die Menschen der Masse mühen sich ab. Der Berufene ist einfältig und schlicht; er faßt die Jahrtausende zusammen,

und das Eine vollendet sich in seiner Reinheit. Alle Dinge kommen an ihr Ende, und er vereinigt sie in seinem Ich miteinander. Wie kann ich wissen, daß die Liebe zum Leben nicht Betörung ist? Wie kann ich wissen, daß der, der den Tod haßt, nicht jenem Knaben gleicht, der sich verirrt hatte und nicht wußte, daß er auf dem Weg nach Hause war?
Gi von Li[17] war die Tochter des Grenzwarts von Ai. Als der Fürst von Dsïn[18] sie eben erst genommen hatte, da weinte sie bitterlich, also daß die Tränen ihr Gewand feuchteten. Als sie aber dann zum Palast des Königs kam und die Genossin des Königs wurde, da bereute sie ihre Tränen. Wie kann ich wissen, ob die Toten nicht ihren früheren Kampf ums Dasein bereuen?
Im Traume mag einer Wein trinken, und morgens erwacht er zu Tränen und Klage; im Traume mag einer klagen und weinen, des Morgens geht's zum fröhlichen Jagen. Während des Traumes weiß er nicht, daß es ein Traum ist. Im Traume sucht er den Traum zu deuten. Erwacht er, dann erst bemerkt er, daß er geträumt. So gibt es wohl auch ein großes Erwachen, und danach erkennen wir diesen großen Traum. Aber die Toren halten sich für wachend nnd maßen sich an zu wissen, ob sie in Wirklichkeit Fürsten sind oder Hirten. Kung und du, ihr seid beide Träumende. Daß ich dich einen Träumenden nenne, ist auch ein Traum. Solche Worte nennt man paradox. Wenn wir aber nach zehntausend Geschlechtern einmal einem großen Berufenen begegnen, der sie aufzulösen vermag, so ist es, als wären wir ihm zwischen Morgen und Abend begegnet.«

10. Lösung von Meinungsverschiedenheiten

Angenommen, ich disputierte mit dir; du besiegst mich, und ich besiege dich nicht. Hast du nun wirklich Recht? Hab' ich nun wirklich Unrecht? Oder aber ich besiege dich, und du besiegst mich nicht. Habe ich nun wirklich Recht und du wirklich Unrecht? Hat einer von uns Recht und einer Unrecht, oder haben wir beide Recht oder beide Unrecht? Ich und du, wir können das nicht wissen. Wenn die Menschen aber in einer solchen Unklarheit sind, wen sollen sie rufen, um zu entscheiden[19]? Sollen wir einen holen, der mit dir übereinstimmt, um zu entscheiden? Da er doch mit dir übereinstimmt, wie kann er entscheiden? Oder sollen wir einen holen, der mit mir übereinstimmt? Da er doch mit mir übereinstimmt, wie kann er entscheiden? Sollen wir einen holen, der von uns beiden abweicht, um zu entscheiden? Da er doch von uns beiden abweicht, wie kann er entscheiden? Oder sollen wir einen holen, der mit uns beiden übereinstimmt, um zu entscheiden? Da er doch mit uns beiden übereinstimmt, wie kann er entscheiden?

So können also ich und du und die andern einander nicht verstehen, und da sollten wir uns von etwas, das außer uns ist, abhängig machen[20]? Vergiß die Zeit! Vergiß die Meinungen! Erhebe dich ins Grenzenlose! Und wohne im Grenzenlosen!

11. Schatten und Halbschatten

Die Ränder des Schattens[21] fragten den Schatten und sprachen: »Bald bist du gebückt, bald bist du aufrecht; bald bist du zerzaust, bald bist du gekämmt; bald sitzest du, bald stehst du auf; bald läufst du, bald bleibst du stehen. Wie geht das zu?«

Der Schatten sprach: »Alterchen, Alterchen, wie fragt Ihr oberflächlich! Ich bin, aber weiß nicht, warum ich bin. Ich bin wie die leere Schale der Zikade, wie die abgestreifte Haut der Schlange. Ich sehe aus wie etwas, aber ich bin es nicht. Im Feuerschein und bei Tag bin ich kräftig. An sonnenlosen Orten und bei Nacht verblasse ich. Von dem andern da (dem Körper) bin ich abhängig, ebenso wie der wieder von einem andern abhängt. Kommt er, so komme ich mit ihm. Geht er, so gehe ich mit ihm. Ist er stark und kraftvoll, so bin ich mit ihm stark und kraftvoll. Bin ich stark und kraftvoll, was brauche ich dann noch zu fragen?«

12. Schmetterlingstraum

Einst träumte Dschuang Dschou, daß er ein Schmetterling sei, ein flatternder Schmetterling, der sich wohl und glücklich fühlte und nichts wußte von Dschuang Dschou. Plötzlich wachte er auf: da war er wieder wirklich und wahrhaftig Dschuang Dschou. Nun weiß ich nicht, ob Dschuang Dschou geträumt hat, daß er ein Schmetterling sei, oder ob der Schmetterling geträumt hat, daß er Dschuang Dschou sei, obwohl doch zwischen Dschuang Dschou und dem Schmetterling sicher ein Unterschied ist. So ist es mit der Wandlung der Dinge.

Buch III

Pflege des Lebensprinzips

Vorbemerkung

Das Buch von der Pflege des Lebensprinzips gibt die praktische Anwendung der im letzten Buch gewonnenen Grundsätze. Das Prinzip, genauer: der Herr des Lebens, ist der SINN. Seine Pflege besteht in der Fügsamkeit unter seine großen Gesetze, die dem Einzel-Ich nicht gestattet, sich auf Kosten des Naturzusammenhangs breit zu machen.

Der 1. Abschnitt stellt die These des stillen Bescheidens auf.

Der 2. Abschnitt gibt ein Gleichnis über die Wirkungen der fügsamen Anpassung an die Gesetze der Natur am Beispiel eines Schlächters, der sein Messer zu schonen versteht, weil er sich der anatomischen Struktur der Tiere zu fügen weiß.

Der 3. Abschnitt zeigt einen Menschen, der, für die Einsamkeit bestimmt, sich dieser Fügung widersetzen wollte und durch Verlust des Fußes erst zur rechten Stellung kam, ein Anklang an die Stelle Matth. 5, 30: »Ärgert dich deine rechte Hand, so haue sie ab und wirf sie von dir. Es ist dir besser, daß eines deiner Glieder verderbe und nicht der ganze Leib in die Hölle geworfen werde.«

Der 4. Abschnitt gibt ein sehr interessantes Bild vom Tode Laotses, in dem das menschliche Fühlen als Fehler erscheint. Die Trauer, die um Laotse sich erhob, zeigt, daß er sich noch nicht ganz frei gemacht hatte von seiner Umgebung. Ein kurzes Wort zum Schluß über die Unsterblichkeit des Geistigen beim Tode ist von manchen chinesischen Kommentatoren – wohl mit Unrecht – für buddhistisch beeinflußt erklärt worden.

1. Stilles Bescheiden

Unser Leben ist endlich; das Wissen ist unendlich. Mit dem Endlichen etwas Unendlichem nachzugehen ist gefährlich. Darum bringt man sich nur in Gefahr, wenn man sein Selbst einsetzt, um die Erkenntnis zu erreichen. Dem Gutestun folgt der Ruhm nicht auf dem Fuße nach; dem Übeltun folgt die Strafe nicht auf dem Fuße nach. Wer es aber versteht, die Verfolgung der Hauptlebensader zu seiner Grundrichtung zu machen, der ist imstande, seinen Leib zu schützen, sein Leben völlig zu machen, den Nächsten Gutes zu tun und seiner Jahre Zahl zu vollenden.

2. Der Koch

Der Fürst Wen Hui[1] hatte einen Koch, der für ihn einen Ochsen zerteilte. Er legte Hand an, drückte mit der Schulter, setzte den Fuß auf, stemmte das Knie an: ritsch! ratsch! – trennte sich die Haut, und zischend fuhr das Messer durch die Fleischstücke. Alles ging wie im Takt eines Tanzliedes[2], und er traf immer genau die Gelenke.
Der Fürst Wen Hui sprach: »Ei, vortrefflich! Das nenn' ich Geschicklichkeit!« Der Koch legte das Messer beiseite und antwortete zum Fürsten gewandt: »Der SINN ist's, was dein Diener liebt. Das ist mehr als Geschicklichkeit. Als ich anfing, Rinder zu zerlegen, da sah ich eben nur Rinder vor mir. Nach drei Jahren hatte ich's so weit gebracht, daß ich die Rinder nicht mehr ungeteilt vor mir sah. Heutzutage verlasse ich mich ganz auf den Geist und nicht mehr auf den Augenschein. Der Sinne Wissen hab' ich aufgegeben und handle nur noch nach den Regungen des Geistes. Ich folge den natürlichen Linien nach, dringe ein in die großen Spalten und fahre

den großen Höhlungen entlang. Ich verlasse mich auf die (anatomischen) Gesetze. Geschickt folge ich auch den kleinsten Zwischenräumen zwischen Muskeln und Sehnen, von den großen Gelenken ganz zu schweigen.
Ein guter Koch wechselt das Messer einmal im Jahr, weil er *schneidet.* Ein stümperhafter Koch muß das Messer alle Monate wechseln, weil er *hackt.* Ich habe mein Messer nun schon neunzehn Jahre lang und habe schon mehrere tausend Rinder zerlegt, und doch ist seine Schneide wie frisch geschliffen. Die Gelenke haben Zwischenräume; des Messers Schneide hat keine Dicke. Was aber keine Dicke hat, dringt in Zwischenräume ein – ungehindert, wie spielend, so daß die Klinge Platz genug hat. Darum habe ich das Messer nun schon neunzehn Jahre, und die Klinge ist wie frisch geschliffen. Und doch, so oft ich an eine Gelenkverbindung komme, sehe ich die Schwierigkeiten. Vorsichtig nehme ich mich in acht, sehe zu, wo ich haltmachen muß, und gehe ganz langsam weiter und bewege das Messer kaum merklich – plötzlich ist es auseinander und fällt wie ein Erdenkloß zu Boden. Dann stehe ich da mit dem Messer in der Hand und blicke mich nach allen Seiten um. Ich zögere noch einen Augenblick befriedigt, dann reinige ich das Messer und tue es beiseite.« Der Fürst Wen Hui sprach: »Vortrefflich! Ich habe die Worte eines Kochs gehört und habe die Pflege des Lebens gelernt.«

3. Des Himmels Fügung

Gung-Wen Gien[3] sah einen Mann, dem der linke Fuß abgehackt war, und sprach erschrocken: »Was ist das für ein Mensch! Warum ist er ein Krüppel? Ist das des Himmels Werk, oder haben es die Menschen ihm angetan?« – Dann fügte er hinzu: »Es kommt vom Himmel, nicht von Menschen. Als der Himmel diesem Mann das Leben gab, wollte er, daß er einsam sei. So lang er in seinem Äußeren war wie andere Menschen, hatte er sich unter andere gemischt. Daran erkenne ich, daß sein Los vom Himmel kommt, nicht von Menschen. Der Sumpffasan muß zehn Schritte gehen, ehe er einen Bissen Nahrung findet, und hundert Schritte, ehe er einmal trinkt; aber er begehrt nicht darnach, in einem Käfig gehalten zu werden. Obwohl er dort alles hätte, was sein Herz begehrt, gefällt es ihm doch nicht.«

4. Der Tod des Laotse

Lau Dan (Laotse) war gestorben. Tsin Schï[4] ging hin, um sein Beileid zu bezeugen. Er stieß drei Klagelaute aus und kam wieder heraus.
Ein Jünger fragte ihn: »Wart Ihr nicht unseres Herrn Freund?«
Er sagte: »Wohl.«
»Ist es Euch dann genug, auf diese Weise Euer Beileid zu bezeugen?«
Er sprach: »Ja! Anfangs hielt ich dafür, daß er unser Mann sei, und nun ist es doch nicht so. Als ich vorhin hineinging, um zu klagen, da beweinten ihn die Alten, als weinten sie um einen Sohn, und die Jungen weinten, als trauerten sie um eine Mutter. Um sie so fest an sich zu binden, muß er Worte gesprochen haben, die er nicht hätte sprechen sollen, und Tränen geweint haben, die er nicht hätte weinen sollen. Das ist aber ein Abweichen von der himmlischen Natur, das nur die menschlichen Gefühlserregungen vermehrt, so daß man die anvertrauten Gaben (Gottes) vergißt. Diesen Zustand nannten die Alten: die Strafe für das Verlassen der himmlischen Natur.

Der Meister kam in diese Welt, als seine Zeit da war. Der Meister ging aus dieser Welt, als seine Zeit erfüllt war. Wer auf seine Zeit wartet und der Erfüllung harrt, über den haben Freude und Trauer keine Macht mehr. Diesen Zustand nannten die Alten: die Lösung der Bande durch Gott.«
Was wir ein Ende nehmen sehen, ist nur das Brennholz. Das Feuer brennt weiter. Wir erkennen nicht, daß es aufhört.

Buch IV

In der Menschenwelt

Vorbemerkung

Nach den praktischen Folgerungen für das persönliche Leben kommt in dem Buch »In der Menschenwelt« eine Reihe von praktischen Darlegungen darüber, wie der Mensch, der den SINN in sich zur Herrschaft bringen will, in dem Verkehr mit anderen Menschen, dem er sich doch nicht entziehen kann, ohne Schädigung des eigenen Inneren davonkommt. »In der Welt, aber nicht von der Welt« ist die Devise, die sich über dieses Buch setzen ließe. Dem Konfuzius ist eine Reihe dieser Ausführungen in den Mund gelegt.

Die drei ersten Abschnitte behandeln das schwierigste der sozialen Probleme des chinesischen Altertums, insofern es am meisten persönliche Gefahren mit sich bringen konnte, wenn man den rechten Weg verfehlte: das Verhältnis zum Fürsten.

Der 1. Abschnitt ist ein längeres Gespräch des Konfuzius mit seinem Lieblingsjünger Yen Hui über die Frage, wie man einen Fürsten zum Guten zu beeinflussen vermöge. Alle Methoden, die Yen Hui vorbringt, deckt Konfuzius als verfehlt auf, um schließlich das »Fasten«, das Loskommen von allem eigenen Selbstwollen, als Ausweg zu zeigen. Erst der, der für sich selbst nichts mehr erreichen will, ist fähig, in den »Zwinger« der Menschenwelt einzutreten und zu wirken, wo sich Gelegenheit bietet, da er ebenso imstande ist, auf die Wirkung zu verzichten, wenn es nicht geht. Dieser Gedanke ist ähnlich in Kungfutse-Gespräche, Buch VII, 10 (pag. 65) ausgesprochen.

Der 2. Abschnitt ist ebenfalls eine Unterhaltung des Konfuzius, diesmal mit einem Minister des halbbarbarischen Südreichs Tschu, der eine schwierige politische Mission in dem Staate Tsi (N.O. Schantung) zu vollbringen hat. Die Lösung der Schwierigkeit besteht in der einfachen Unterordnung unter das Vernunftgebot der Pflicht, dessen Erhabenheit auch das Opfer des eigenen Lebens unter Umständen leicht macht. Durch diese Ausschaltung alles persönlichen Wünschens ist dann die Situation gegeben, die jene sachliche Besonnenheit, wie sie für derartige Lebenslagen unbedingt erforderlich ist, ermöglicht.

Der 3. Abschnitt bringt eine Unterhaltung des Konfuzius-Jüngers Gü Be Yü (der noch heute im Konfuziustempel seinen Platz hat) mit Yen Ho aus Lu über Prinzenerziehung. Die Grundsätze, die hier ausgesprochen werden, haben eine seltsam genaue Befolgung gefunden in dem Verhältnis Goethes zu Karl August. Goethes Betragen in der unendlich schwierigen Situation, die er in dem Gedichte »Ilmenau« schildert, ließe sich nicht besser beschreiben als mit diesen Worten des alten chinesischen Philosophen.

Der 4. und 5. Abschnitt geben parallele Gleichnisse von Bäumen, die dadurch, daß sie für den gemeinen Gebrauch nicht tauglich waren, sich vor frühzeitiger Vernichtung zu wahren wußten, während der 6. Abschnitt das Gegenstück dazu gibt in dem Gleichnis der brauchbaren Bäume, deren Brauchbarkeit ihren Untergang herbeiführt.

Der 7. Abschnitt gibt ein Beispiel eines Krüppels, dessen »Unbrauchbarkeit« ihn schützt.

Der 8. Abschnitt endlich, eine Parallelstelle zu Kungfutse-Gespräche, Buch XVIII, 5 (pag. 203), führt denselben Gedanken in dem Lied des Narren von Tschu aus, dem noch einige allgemeine Sätze über den Hauptgedanken des Buches angehängt sind.

1. Bekehrungsversuche

Yen Hui[1] kam zu Kung Dsï, um sich zu verabschieden.
Kung Dsï fragte: »Wohin willst du?«
Er sprach: »Ich will nach We[2].«
Kung Dsï sprach: »Was willst du dort?«
Er sprach: »Ich höre sagen, daß der Fürst von We, der im besten Mannesalter steht, eigenwillig ist in seinen Handlungen, daß er das Herrschen zu leicht nimmt und seine Fehler nicht einsieht. Leichten Herzens läßt er die Leute töten. Die Leichname liegen in seinem Reich umher, unzählbar wie das Heu auf den Wiesen, und das Volk ist hilflos. Nun habe ich Euch, Meister, sagen hören: ›Ein Reich, das in Ordnung ist, mag man meiden; ein Reich, das in Verwirrung ist, muß man suchen. Vor der Tür des Arztes sind viele Kranke.‹ Nun will ich das, was ich gelernt, anwenden, um einen Rat zu ersinnen, daß vielleicht jenem Reich geholfen werden kann.«
Kung Dsï sprach: »Ach, du gehst im Leichtsinn hin und wirst dir nur Strafe zuziehen. Der SINN liebt nicht Geschäftigkeit. Geschäftigkeit führt zur Überlastung; Überlastung führt zur Unruhe; Unruhe führt zu Sorgen, und mit Sorgen ist man rettungslos verloren. Die höchsten Menschen der alten Zeit behielten (den SINN) für sich, und dann erst suchten sie ihn unter den Menschen aufrecht zu erhalten. Wenn man mit sich selbst noch nicht im reinen ist, wie will man da noch Zeit finden, sich mit dem Wandel von Tyrannen abzugeben!
Und weißt du denn nicht, wie es kommt, daß der Geist vergeudet wird und leerer Wissenskram sich hervordrängt? Der Geist vergeudet sich im Namen, und das

Wissen drängt sich hervor im Streiten. Die Namen führen zu Eifersucht, und das Wissen ist nur ein Werkzeug des Streites. Beide sind üble Werkzeuge, die nicht ans Ziel des Weges führen. selbst wenn du des Geistes Fülle hast und stark im Glauben bist, wenn dein Name berühmt ist auch ohne Streit: das heißt noch nicht, der Menschen Seele und Herzen ergründen. Und wenn du so gewaltsam Maßstäbe von Liebe und Pflicht einem Tyrannen gegenüber anwendest, so setzest du durch die Fehler des andern nur deine eigenen Vorzüge ins Licht. Das heißt man andere verletzen. Wer aber andere verletzt, der wird hinwiederum von den andern verletzt werden. Und du bist in Gefahr, von andern verletzt zu werden. Außerdem stellt er sich vielleicht so, als liebe er Würdigkeit und hasse Untauglichkeit. Wie willst du dann zum Ausdruck bringen, daß du es anders meinst? Du kommst ungerufen; so wird er als Herrscher seine Stellung benützen, um dir den Triumph zu entreißen. Du müßtest dann verlegen stehen und blinzeln, durch deine Miene müßtest du ihn besänftigen; durch deine Worte müßtest du (seine Äußerungen) bestätigen; du müßtest dich in deiner Art ihm anpassen und würdest ihn in seiner Gesinnung nur bestärken. Das hieße Öl ins Feuer gießen und Wasser durch Wasser vertreiben wollen. Dadurch wird die Sache nur schlimmer. Wenn du erst anfangen müßtest, ihm nach dem Munde zu reden, dann wäre gar kein Ende mehr abzusehen. Willst du leichtsinnig guten Rat mißachten, so wirst du sicher vor des Tyrannen Thron es mit dem Leben büßen.
Vor alters hatte der Tyrann Gië[3] den Guan Lung Fong und der Tyrann Dschou (Sin)[4] den Prinzen Bi Gan getötet. Die Ermordeten waren beide Leute von sittlichem Streben, die Mitleid hatten mit den Untertanen jener Fürsten. Um des Volkes willen widersetzten sie sich den

Herrschern, und jene Fürsten unterdrückten sie gerade wegen ihrer Sittlichkeit. Sie wurden Märtyrer des guten Namens.
Auf der andern Seite war der heilige Yau; der griff die aufrührerischen Staaten Tsung Dschï[5] und Sü Au an. Und der heilige Yü, der griff den Fürsten von Hu[6] an. Die Staatskassen erschöpften sich, Menschenleben wurden geopfert, und der Krieg hörte nicht auf. Und schließlich kamen sie in ihrem Streben nach der (Annäherung der) Wirklichkeit (an das Ideal) zu keinem Ende. So ging es jenen (Leuten des Altertums), die Namen und Wirklichkeit versöhnen wollten. Weißt du denn nicht, daß Name und Wirklichkeit in Übereinstimmung zu bringen selbst die Heiligen nicht fertig brachten? Wie viel weniger du!
Immerhin, du hast dir sicher ein Mittel ausgedacht. Laß es mich hören.«
Yen Hui sprach: »Ernst und demütig, eifrig und einfältig sein: kann so (das Werk) gelingen?«
Kung Dsï sprach: »Das ist völlig ausgeschlossen. Solche Leute haben etwas Imponierendes in der Art, wie sie die Äußerungen ihres Wesens und ihrer Gedanken zutage treten lassen. Sie sind unberechenbar in ihren Launen. Niemand wagt ihnen zu widersprechen. Durch den Eindruck, den sie auf die Menschen machen, suchen sie sich in ihrer Gesinnung zu bestärken. Man kann von ihnen sagen, daß sie selbst für fortdauernde, allmähliche Einflüsse unzugänglich sind; wieviel mehr also für einen solchen grundsätzlichen Versuch der Einwirkung! So wird jener auf seinem Standpunkt beharren und sich nicht bessern lassen. Äußerlich wird er zustimmen, aber im Innern sich nicht demütigen. Da ist nichts zu machen.«
Yen Hui sprach: »So will ich innerlich unbeugsam sein und äußerlich mich beugen. Ich will mich auf die ferti-

gen Vorbilder des Altertums berufen.
Wer innerlich unbeugsam ist, ist ein Diener des Himmels. Wer ein Diener des Himmels ist, der weiß, daß der Himmelssohn und er selbst in gleicher Weise vom Himmel als Kinder angesehen werden. So richte ich meine Worte gleichsam nur an mich selber und brauche nicht ängstlich besorgt zu sein, ob die Menschen sie gut finden oder nicht gut finden. Auf diese Weise bin ich vor der Welt gleichsam ein Kind. Das heißt des Himmels Diener sein.
Wer äußerlich sich beugt, ist ein Diener der Menschen. Unter Fürstendienern ist es Brauch, sich zu erheben, niederzuknien, die Hände zu falten: was alle Menschen tun, sollte ich wagen, das nicht zu tun? Wenn man aber tut, was die andern Menschen tun, so werden uns die Menschen nicht tadeln. Das heißt ein Diener der Menschen sein.
Wer sich auf die fertigen Vorbilder des Altertums beruft, der ist ein Diener der Vorzeit. Er mag in seinen Worten Zurechtweisungen erteilen: sein Rat hat dennoch einen festen Halt, weil er vom Altertum überliefertes Gut ist, nicht eigener Besitz. So kann man geradeheraus reden, ohne sich verhaßt zu machen. Das heißt ein Diener der Vorzeit[7] sein.
Wird es auf diese Weise gehen?«
Kung Dsï sprach: »Das ist völlig ausgeschlossen. Es sind zu viel Reformpläne und zu wenig Überlegung dabei. Du kannst wohl fest bleiben auf diese Weise, ohne dir Strafe zuzuziehen; dennoch ist es besser, du gibst es auf. Denn auch dieser Weg ist nicht ausreichend, jenen umzuwandeln, (daß er das Gefühl dabei hat,) als folge er den Regungen seines eigenen Herzens.« Yen Hui sprach: »Dann habe ich nichts mehr vorzubringen. Darf ich um einen Rat bitten?«

Kung Dsï sprach: »Faste! – Ich will dir sagen, wie ich's meine. Wer handelt im Vertrauen auf die (Fähigkeiten), die er hat, der hat es leicht. Das Leichthaben aber ist nicht nach dem Willen des erhabenen Himmels.«
Yen Hui sprach: »Ich bin von Hause aus arm; schon mehrere Monate lang habe ich keinen Wein mehr getrunken und keine Fleischspeisen mehr gegessen. Kann man das als Fasten bezeichnen?«
Jener sprach: »Das ist das Fasten des Opferbrauchs, nicht das Fasten des Herzens.«
Yen Hui sprach: »Darf ich fragen, was das Fasten des Herzens ist?« Kung Dsï sprach: »Dein Ziel sei Einheit! Du hörst nicht mit den Ohren, sondern hörst mit dem Verstand; du hörst nicht mit dem Verstand, sondern hörst mit der Seele. Das äußere Hören darf nicht weiter eindringen als bis zum Ohr; der Verstand darf kein Sonderdasein führen wollen, so wird die Seele leer und vermag die Welt in sich aufzunehmen. Und der SINN ist's, der diese Leere füllt. Dieses Leersein ist Fasten des Herzens.«
Yen Hui sprach: »Daß ich noch nicht imstande bin, diesen Weg zu gehen, kommt wohl eben davon her, daß ich als Yen Hui existiere. Vermöchte ich ihn zu gehen, so wäre meine Existenz aufgehoben. Das ist wohl mit der Leere gemeint?«
Der Meister sprach: »Du hast's erfaßt. Ich will es dir erklären. Wenn du diesen Standpunkt erreicht hast, dann kannst du in den Zwinger (der Menschenwelt) eintreten und darin wandeln, ohne daß du ihnen äußerlich zu nahe trittst. Findest du Einlaß, so singe dein Lied; findest du keinen Einlaß, so halte ein! Nicht von außen her durch die Tür, nicht mit Gewaltmitteln und Giften (kommst du zu den Menschen). Du bist ihr Hausgenosse und wohnst unter ihnen, als könnte es gar nicht anders sein. Auf diese

Weise kannst du vielleicht etwas erreichen. Seine Spuren verwischen ist leicht; nicht die Erde zu berühren beim Wandeln ist schwer. Als Abgesandter eines menschlichen Herrn mag man auch zum Truge greifen; der Himmel aber duldet in seinem Dienst keinen Trug.
Du weißt, daß es möglich ist, mit Flügeln zu fliegen, aber du hast noch nicht davon gehört, wie man ohne Flügel fliegen kann. Du kennst die Weisheit, die aus der Erkenntnis entspringt; aber du hast noch nicht davon gehört, daß man auch ohne Erkenntnis weise sein kann. Sieh dort die Öffnung in der Wand! Das ganze leere Zimmer wird dadurch erhellt. (Wer so ist), bei dem verweilen Glück und Segen, aber sie bleiben nicht auf ihn beschränkt. Von einem solchen mag man sagen, daß er imstande ist, alle Fernen zu durchdringen, während er ruhig an seinem Platze verweilt. Er gebraucht sein inneres Auge, sein inneres Ohr, um die Dinge zu durchdringen, und bedarf nicht verstandesmäßigen Erkennens. Zu einem solchen kommen die Unsichtbaren, um bei ihm Wohnung zu machen, wieviel mehr erst die Menschen. Auf diese Weise vermag man die Welt zu wandeln. Diese Einflüsse waren es, die selbst die Heiligen der Vorzeit ihr Leben lang gebunden hielten; wieviel mehr erst sind gewöhnliche Sterbliche davon abhängig.«

2. Der Gesandte

Dsï Gau[8], der Herzog von Schê, war im Begriff, als Gesandter nach dem Staate Tsi zu gehen.
Da befragte er den Kung Dsï und sprach: »Der Auftrag, den mir mein König gegeben hat, ist äußerst schwierig. Die Behandlung, die mir als Gesandter in Tsi zuteil werden wird, wird zwar an äußerlichen Ehrenbezeugungen nichts zu wünschen übrig lassen; aber die Verhandlun-

gen werden nicht vorwärts gehen. Kann man selbst einem gewöhnlichen Menschen nichts gegen seinen Willen abnötigen, wieviel weniger einem Fürsten! Ich bin sehr in Aufregung darüber. Ihr, o Meister, habt mir einst gesagt: Bei allen Geschäften, groß oder klein, wird man sich des Erfolges freuen können, wenn man den rechten SINN nicht vermissen läßt. Andernfalls wird man, wenn das Werk nicht gelingt, in seiner Stellung Schaden erleiden.
Erzwingt man aber das Gelingen, so wird man Schaden nehmen an seiner Gesundheit, und nur der, der die Kräfte des LEBENS besitzt, wird es fertig bringen, ohne Schaden zu bleiben beim Gelingen und Mißlingen. Ich halte mich bei meiner Nahrung im allgemeinen an die Einfachheit und bin nicht wählerisch. Ich bin ein Mensch, der auch bei heißem Wetter nicht auf Kühlung aus ist. An dem Tage aber, an dem ich in der Frühe den Befehl erhalten hatte, mußte ich abends Eiswasser trinken, so heiß war mir's geworden. Ich habe die eigentliche Erledigung der Geschäfte noch gar nicht begonnen und habe schon Schaden genommen an meiner Gesundheit. Gelingt das Werk nun nicht, so werde ich noch dazuhin Schaden erleiden in meiner Stellung. Das ist doppelter (Schaden) und mehr, als einer, der seinem Herrn dient, auf sich nehmen kann. Wißt Ihr, Meister, mir nicht einen guten Rat?«
Kung Dsï sprach: »Zwei große Gebote gibt es auf Erden. Das eine ist das Gebot der Natur, das andere ist das Gebot der Pflicht. Die Liebe des Sohns zu seinen Eltern ist Gebot der Natur; sie läßt sich nicht aus dem Herzen reißen. Der Gehorsam des Beamten gegen seinen Fürsten ist Pflicht, die uns, wohin wir gehen, zur Seite bleibt. Groß nenne ich die Gebote, weil man sich ihnen nirgends auf der ganzen Welt entziehen kann. Darum zeigt

sich die höchste Kindesliebe darin, daß man sich im Dienst der Eltern befriedigt fühlt, ganz unbekümmert um die äußeren Umstände, und völlige Treue darin, daß man sich im Dienst des Fürsten befriedigt fühlt, ganz unbekümmert um die Sendung, die wir zu vollbringen haben. Die höchste Tugend der Unterwerfung unter das Gebot der Pflicht äußert sich darin, daß man sich selbst (den Geboten) der eigenen Vernunft unterwirft und seine Befriedigung findet in der Erkenntnis ihrer unbedingten Verpflichtung, ohne sich durch Leid oder Freude, die sich vor unseren Augen zeigen, irre machen zu lassen. Jedes Glied der menschlichen Gesellschaft hat als Beamter oder Sohn solche unbedingten Verpflichtungen. Wer sich darnach in seinen Taten richtet und darüber sein eigenes Leben verleugnet, hat keine Muße mehr, auf die Stimme des Selbsterhaltungstriebs oder der Furcht vor dem Tode zu hören. In dieser Gesinnung mögt Ihr immerhin an Eure Arbeit gehen.

Darf ich außerdem Euch meine Erfahrungen mitteilen. Bei der Vermittlung des Verkehrs zwischen Staaten kommt es darauf an, daß man dem eigenen Staate gegenüber sich treu verbunden weiß und dem andern Staat die Botschaft gewissenhaft übermittelt. Zur Übermittlung der Botschaft bedarf es eines Gesandten. Die schwierigsten Botschaften auf der ganzen Welt sind die Mitteilungen gegenseitiger Verstimmung. Handelt es sich um Freundschaftsbezeugungen, so übertreibt man leicht die freundschaftlichen Beteurungen; handelt es sich um Mißstimmung, so übertreibt man leicht die Ausdrücke der Abneigung. Jede Art von Übertreibung aber ist Unwahrheit. Durch Unwahrheit aber erregt man statt des Glaubens Argwohn, und Argwohn bringt den Überbringer der Botschaft in Gefahr. Darum lautet eine Maxime: Beschränke dich auf Übermittlung der Tatsachen und

halte dich von überflüssigen Worten fern, so wirst du es recht machen!
Noch etwas: Bei Ringkämpfern kann man beobachten, daß sie anfangs ganz offen und ehrlich zuwege gehen, aber schließlich kommt es meist zu hinterlistigen Angriffen. Wenn sie in Aufregung kommen, lassen sie sich leicht zu unerlaubten Kniffen hinreißen. Bei Zechgelagen geht es anfangs ganz ordentlich und manierlich zu, aber schließlich kommt es meist zu unordentlichen Auftritten. Wenn die Leute in Aufregung kommen, führt das Vergnügen zum Übermaß. So geht's bei allen Sachen: anfangs ist man aufrichtig, aber schließlich wird man meist gemein. Aus kleinen Ursachen entstehen große Folgen. Es fallen Worte, die dem Winde gleichen, der die Wellen erregt, und was dabei herauskommt, ist Verlust an Sachlichkeit. Wind und Wellen sind leicht erregt, Verlust der Sachlichkeit bringt leicht Gefahr. Dann stellt man im Ärger unbegründete Behauptungen hin; es folgen Spitzfindigkeiten und einseitige Ansichten, wie ein Tier, das dem Tode nahe ist, nicht auf seine Laute achtet, sondern wilde Schreie ausstößt. Dadurch entsteht auch im andern Teil der Haß. Treibt man einen zu sehr in die Enge, so ist die sichere Folge davon, daß jener auch mit Übelwollen uns begegnet, ohne daß man weiß, wie es zugeht. Hat man aber auf diese Weise die klare Erkenntnis der Lage verloren: wer will sagen, was dann das Ende sein wird! Darum heißt eine Maxime: Weiche nicht ab von deinem Auftrag; suche nichts voreilig zustande zu bringen! Über seine Richtlinie hinausgehen ist Übertriebenheit; Abweichen von dem Auftrag und voreiliges Bestreben, zu einem Abschluß zu kommen, gefährdet die Lage. Der Wert eines guten Abkommens beruht auf seiner Dauer. Ist aber Unheil angerichtet, so läßt es sich nicht mehr ändern: das mahnt zur Vorsicht.

Nun aber braucht Ihr in der gegebenen Lage einfach Eurem Gefühl zu folgen und Euer Gewissen zu befriedigen, indem Ihr tut, was Ihr nicht lassen könnt. Das Beste, was Ihr tun könnt, um dem Befehl Eures Fürsten nachzukommen, ist, daß Ihr Euer Leben in die Schanze schlagt; darin besteht die ganze Schwierigkeit.«

3. Fürstenerziehung

Yen Ho[9] war im Begriff, die Stelle eines Erziehers beim ältesten Sohne des Fürsten Ling von We[10] anzutreten. Da befragte er den Gü Be Yü und sprach: »Mein künftiger Zögling ist ein Mensch, der einen natürlichen Hang zum Bösen hat. Läßt man ihn ohne Einschränkung machen, so wird der Staat dadurch gefährdet; handelt man mit ihm nach festen Grundsätzen, so bringt man seine eigene Person in Gefahr. Sein Verstand reicht aus, um die Fehler der anderen ausfindig zu machen; aber er merkt nicht, wodurch er sie zu jenen Fehlern veranlaßt. Was soll ich unter diesen Umständen machen?«
Gü Be Yü[11] sprach: »Du hast mit deiner Frage das Richtige getroffen. Sei vorsichtig, hüte dich, sei korrekt in deinem Benehmen! Der beste Weg ist es, im äußeren Benehmen auf ihn einzugehen, dabei in der inneren Gesinnung unbeirrbar zu bleiben. Immerhin, beides hat seine Schwierigkeiten. Wenn du äußerlich auf ihn eingehst, darfst du doch nicht mitmachen wollen; deine innere Unbeirrbarkeit darf sich niemals äußern wollen. Ließest du dich, indem du äußerlich auf ihn eingehst, dazu hinreißen, bei seinen Taten mitzumachen, so wäre es endgültig um dich geschehen; würdest du deine innere Festigkeit äußerlich hervorkehren, so würde er bald in dir nur den abscheulichen Popanz sehen. Darum, benimmt er sich als Kind, so sei ein Kind mit ihm; schlägt

er über die Stränge, so tue mit; ist er überschäumend (in Jugendmut), so sei du ebenso! Auf diese Weise kommst du in innere Verbindung mit ihm, so daß du ihn zum Rechten leiten kannst.
Kennst du nicht die Geschichte von der Gottesanbeterin[12], die zornig ihre Arme ausstreckte, um den Wagen aufzuhalten, ohne zu bedenken, daß das über ihre Kräfte ging? So geht es denen, die ihre Kräfte überschätzen. Sei vorsichtig, hüte dich! Durch Einbildung und Selbstüberschätzung zieht man sich Widerwillen zu und bringt sich in Gefahr.
Kennst du nicht die Geschichte, daß, wer Tiger füttert[13], sich hüten soll, ihnen lebende Tiere zu geben, um der Wut willen, die beim Töten erwacht? Man muß sich hüten, ihnen ganze Tiere zu geben, um der Wut willen, die beim Zerreißen erwacht. Man muß zur Zeit ihren Hunger stillen, um zum voraus ihrer Wut zu begegnen. Die Tiger sind wohl ihrer Gattung nach vom Menschen verschieden, und doch: daß sie gegen ihre Pfleger zutraulich sind, entspricht ihrer Natur. Wenn sie daher töten, so kommt es daher, daß sie gereizt wurden.
Da war ein anderer, der hatte ein Pferd, um das er so zärtlich besorgt war, daß er ihm für alle seine natürlichen Bedürfnisse besondere Gefäße untergestellt hatte. Als einmal eine Bremse es belästigte und der Stallknecht unvermittelt nach ihr schlug, da riß das Pferd sich los und zerbrach sein Kopf- und Brustgeschirr.
So taucht oft plötzlich ein Gefühl der Abneigung auf, vor dem die ganze frühere Anhänglichkeit verschwindet: Grund genug zur Vorsicht!«

4. Der alte Eichbaum

Der Zimmermann Stein wanderte nach Tsi. Als er nach Kü Yüan[14] kam, sah er einen Eichbaum am Erdaltar, so groß, daß sein Stamm einen Ochsen verdecken konnte; er maß hundert Fuß im Umfang und war fast so hoch wie ein Berg. In einer Höhe von zehn Klafter erst verzweigte er sich in etwa zehn Äste, deren jeder ausgehöhlt ein Boot gegeben hätte. Er galt als eine Sehenswürdigkeit in der ganzen Gegend. Der Meister Zimmermann sah sich nicht nach ihm um, sondern ging seines Weges weiter, ohne innezuhalten. Sein Geselle aber sah sich satt an ihm; dann lief er zu Meister Stein und sprach: »Seit ich die Axt in die Hand genommen, um Euch nachzufolgen, Meister, habe ich noch nie ein so schönes Holz erblickt. Ihr aber fandet es nicht der Mühe wert, es anzusehen, sondern gingt weiter, ohne innezuhalten: weshalb?«

Jener sprach: »Genug! Rede nicht davon! Es ist ein unnützer Baum. Wolltest du ein Schiff daraus machen, es würde untergehen; wolltest du einen Sarg daraus machen, er würde bald verfaulen; wolltest du Geräte daraus machen, sie würden bald zerbrechen; wolltest du Türen daraus machen, sie würden schwitzen; wolltest du Pfeiler daraus machen, sie würden wurmstichig werden. Aus dem Baum läßt sich nichts machen; man kann ihn zu nichts gebrauchen: darum hat er es auf ein so hohes Alter bringen können.«

Der Zimmermann Stein kehrte ein. Da erschien ihm der Eichbaum am Erdaltar im Traum und sprach: »Mit was für Bäumen möchtest du mich denn vergleichen? Willst du mich vergleichen mit euren Kulturbäumen wie Weißdorn, Birnen, Orangen, Apfelsinen und was sonst noch Obst und Beeren trägt. Sie bringen kaum ihre Früchte

zur Reife, so mißhandelt und schändet man sie. Die Äste werden abgebrochen, die Zweige werden geschlitzt. So bringen sie durch ihre Gaben ihr eigenes Leben in Gefahr und vollenden nicht ihrer Jahre Zahl, sondern gehen auf halbem Wege zugrunde, indem sie sich selbst von der Welt solch schlechte Behandlung zuziehen. So geht es überall zu. Darum habe ich mir schon lange Mühe gegeben, ganz nutzlos zu werden. Sterblicher! Und nun habe ich es so weit gebracht, daß mir das vom größten Nutzen ist. Nimm an, ich wäre zu irgend etwas nütze, hätte ich dann wohl diese Größe erreicht? Und außerdem, du und ich, wir sind beide gleichermaßen Geschöpfe. Wie sollte ein Geschöpf dazu kommen, das andere von oben her beurteilen zu wollen! Du, ein sterblicher, unnützer Mensch, was weißt denn du von unnützen Bäumen!«
Der Meister Stein wachte auf und suchte seinen Traum zu deuten.
Der Geselle sprach: »Wenn doch seine Absicht war, nutzlos zu sein, wie kam er dann dazu, als Baum beim Erdaltar zu dienen?«
Jener sprach: »Halte den Mund, rede kein Wort mehr darüber! Er wuchs absichtlich da, weil sonst die, die ihn nicht kannten, ihn mißhandelt hätten. Wäre er nicht Baum am Erdaltar, so wäre er wohl in Gefahr gekommen, abgehauen zu werden. Außerdem ist das, wozu er dient, von dem Nutzen all der andern Bäume verschieden, so daß es ganz verkehrt ist, auf ihn die (gewöhnlichen) Maßstäbe anwenden zu wollen!«

5. Der knorrige Baum

Meister Ki vom Südweiler[15] wanderte zwischen den Hügeln von Schang[16]. Da sah er einen Baum, der war grö-

ßer als alle andern. Tausend Viergespanne hätten in seinem Schatten Platz finden können.
Der Meister Ki sprach: »Was für ein Baum ist das! Der hat gewiß ganz besonderes Holz.«
Er blickte nach oben, da bemerkte er, daß seine Zweige krumm und knorrig waren, so daß sich keine Balken daraus machen ließen. Er blickte nach unten und bemerkte, daß seine großen Wurzeln nach allen Seiten auseinandergingen, so daß sich keine Särge daraus machen ließen. Leckte man an einem seiner Blätter, so bekam man einen scharfen, beißenden Geschmack in den Mund; roch man daran, so wurde man von dem starken Geruch drei Tage lang wie betäubt.
Meister Ki sprach: »Das ist wirklich ein Baum, aus dem sich nichts machen läßt. Dadurch hat er seine Größe erreicht. Oh, das ist der Grund, warum der Mensch des Geistes unbrauchbar für das Leben ist.«

6. Das Leiden der Brauchbarkeit

In Sung ist ein Platz namens Dornheim[17]. Dort gedeihen Katalpen, Zypressen und Maulbeerbäume. Die Bäume nun, die ein oder zwei Spannen im Umfang haben, die werden abgehauen von den Leuten, die Stäbe für ihre Affenkäfige wollen. Die, die drei, vier Fuß im Umfang haben, werden abgehauen von denen, die nach Balken suchen für prächtige Häuser. Die mit sieben, acht Fuß Umfang werden abgehauen von den vornehmen und reichen Familien, die Bretter für ihre Särge suchen. So erreichen sie alle nicht ihrer Jahre Zahl, sondern gehen auf halbem Wege zugrunde durch Axt und Beil. Das ist das Leiden der Brauchbarkeit.
In einem alten Opferbuch[18] heißt es, daß Rinder mit weißen Stirnen, Schweine mit langen Rüsseln und Men-

schen, die an Geschwüren leiden, dem Flußgott nicht geopfert werden dürfen. Alle Priester wissen das und halten jene Eigenschaften darum für unheilvoll. Der Mann des Geistes aber hält gerade sie für segensreich.

7. Der Krüppel

Es war einmal ein Krüppel mit Namen Schu[19]. Der war so verwachsen, daß ihm das Kinn bis auf den Nabel reichte. Seine Schultern waren höher als der Kopf, sein Haarknoten stand zum Himmel empor, die Eingeweide waren alle nach oben verdreht, und seine Beine waren an den Rippen angewachsen. Als Schneider und Waschmann verdiente er genug, um davon zu leben; durch Getreide-Sieben erwarb er sich so viel, daß er zehn Menschen davon ernähren konnte.

Wurde von oben her eine Aushebung von Soldaten ausgeschrieben, so stand jener Krüppel dabei und fuchtelte mit den Armen; waren für die Regierung schwere Fronden zu leisten, so wurde dem Krüppel wegen seiner dauernden Untauglichkeit keine Arbeit zugewiesen. Wenn dagegen die Regierung Getreide unter die Armen verteilte, so bekam der Krüppel drei Scheffel und zehn Bündel Reisig. So diente ihm seine körperliche Verkrüppelung dazu, um seinen Lebensunterhalt zu finden und seiner Jahre Zahl zu vollenden. Wieviel mehr wird der davon haben, der es versteht, Krüppel zu sein im Geiste!

8. Das Lied des Narren

Kung Dsï ging nach Tschu[20]. Da ging der Narr von Tschu, Dsië Yü, an seiner Tür vorüber und sprach:

»Phönix! Phönix!
Täglich wird es trüber.
Zukunft will nicht kommen.
Altes ist vorüber.

Hat die Welt SINN,
Der Heil'ge wirkt.
Fehlt der Welt SINN,
Der Heil'ge sich birgt.
Heutigen Tags
Ist alles verwirkt.
Glück ist so federleicht:
Nie wird's gefangen;
Unglück so erdenschwer;
Nie wird's umgangen.

Niemals, Niemals
Teile dich mit!
Fährlich, fährlich
Ist jeder Schritt!
Dornen! Dornen!
Hemmt nicht den Lauf!
Irren! Wirren!
Haltet nicht auf!«

Der Baum auf dem Berge beraubt sich selbst; das Öl in der Lampe verzehrt sich selbst. Der Zimtbaum ist eßbar, drum wird er gefällt; der Lackbaum ist nützlich, drum wird er zerspellt. Jedermann weiß, wie nützlich es ist, nützlich zu sein, und niemand weiß, wie nützlich es ist, nutzlos zu sein.

Buch V

Das Siegel des völligen Lebens

Vorbemerkung

»Das Siegel des völligen Lebens« zeigt die äußeren Wirkungen der Kräfte des LEBENS, wenn sie im Inneren zur vollen Gestaltung gekommen sind. Der Ausdruck für »Siegel« bedeutet im Chinesischen eigentlich zwei Täfelchen aus Bambus oder Bronze, die genau ineinander passen und als Erkennungszeichen dienten bei Überbringung wichtiger Nachrichten. In derselben Weise hat die Kraft des inneren LEBENS ihr Erkennungszeichen in dem Einfluß, der von ihr auf andere Menschen in spontaner Weise ausgeübt wird. Die Beispiele sind alle absichtlich so gewählt, daß die äußere Gestalt der Besitzer des LEBENS ein direktes Hindernis bildet, dessen Überwindung jene Kräfte in um so hellerem Lichte strahlen läßt.

Der 1. Abschnitt gibt die Geschichte des Krüppels Wang Tai, dessen Einfluß so groß ist, daß seine äußere Mißgestalt darüber verschwindet.

Der 2. Abschnitt führt in die Umgebung des Be Hun Wu Jen, der als älterer Freund Liä Dsï's schon aus dem »Wahren Buch vom quellenden Urgrund« bekannt ist. Ein Sträfling beschämt einen Minister unter seinen Mitjüngern, indem er diesem zeigt, wie das Streben nach innerer Läuterung das Äußere vergessen mache.

Der 3. Abschnitt endlich zeigt einen ähnlichen Krüppel aus eigner Schuld, durch dieses Streben selbst dem Konfuzius überlegen.

Der 4. Abschnitt bringt körperliche Häßlichkeit, die überstrahlt wird von dem Licht innerer Schönheit.

Der 5. Abschnitt schildert, von einem ähnlichen Beispiel ausgehend, die Erhabenheit des Berufenen über die äußerlichen Tugenden und Begabungen des Lebens.
Der 6. Abschnitt endlich zeigt Dschuang Dsï wieder im Gespräch mit dem Sophisten Hui Dsï, dessen Spitzfindigkeiten er durch die klare Aufstellung des Ideals ohne Widerlegungsversuche entgegentritt.

1. Konfuzius und der häßliche Mensch

Im Staate Lu lebte ein Mann mit Namen Herr des Buckels[1] (Wang Tai), der nur Ein Bein hatte. Die Schüler, die ihm nachfolgten, waren ungefähr ebenso zahlreich wie die Kung Dsï's.
Da befragte einst Tschang Gi[2] den Kung Dsï und sprach: »Der Herr des Buckels ist ein Krüppel, und doch sind seine Schüler so zahlreich, daß ihm die eine Hälfte der Leute von Lu zufällt, wie Euch die andere. Er ist mit ihnen zusammen, ohne sie zu belehren oder mit ihnen zu reden, und doch geht keiner von ihm weg, ohne reichen Gewinn davonzutragen. Gibt es denn wirklich eine Belehrung ohne Worte, eine unsichtbare Beeinflussung des Inneren? Zu welcher Art von Menschen gehört der Mann?«
Kung Dsï sprach: »Jener Meister ist ein Berufener. Ich habe es mir gerade vorgenommen und bin nur noch nicht dazugekommen, ihn zu meinem Lehrer zu machen. Wieviel mehr sollten die es tun, die noch nicht einmal so weit sind wie ich! Die ganze Welt möchte ich ihm zur Nachfolge zuführen.« Tschang Gi sprach: »Jener ist ein Krüppel und ist selbst Euch über, Meister; wie weit muß er da erst den gewöhnlichen Menschen voran sein. Welche Gesinnung muß einer haben, um es dazu bringen zu können?«

Kung Dsï sprach: »Leben und Tod sind wohl wichtige Dinge, und doch können sie ihm nichts anhaben. Wenn Himmel und Erde zusammenstürzen würden, so brächte auch das ihm keinen Verlust. Er hat die unmittelbare Erkenntnis gewonnen und kann daher nicht mehr durch die Erscheinungen fortgerissen werden. Er beherrscht der Dinge Wandel, denn er besitzt ihren Urborn.«
Tschang Gi sprach: »Was heißt das?«
Kung Dsï sprach: »Vom Standpunkt der Sonderung betrachtet gibt es Einzeldinge wie Leber und Galle, wie das Reich Tschu und das Reich Yüo; vom Standpunkt der Gemeinsamkeit betrachtet sind alle Wesen Eins. Wer es so weit gebracht hat, der ist in seiner Erkenntnis nicht mehr angewiesen auf die besonderen Sinneseindrücke von Auge und Ohr, sondern sein Herz wandelt dort, wo das LEBEN Einklang der Dinge schafft. Er sieht die große Einheit und sieht hinweg über die Unvollkommenheit. So betrachtet jener Mann den Verlust seines Fußes, als hätte er einfach ein Stück Erde zurückgelassen.«
Tschang Gi sprach: »Jener Mensch arbeitet nur an sich selbst; aus seiner Erkenntnis gewinnt er seine Gesinnung; aus seiner Gesinnung gewinnt er die Beständigkeit seiner Stimmung. Wie kommt es nun, daß auch die andern so viel von ihm halten?«
Kung Dsï sprach: »Der Mensch besieht sein Spiegelbild nicht im fließenden Wasser, sondern im stillen Wasser. Nur Stille kann alle Stille stillen.
Auserwählte der Erde sind Kiefern und Zypressen, darum sind sie allein im Winter wie im Sommer grün. Ein Auserwählter des Himmels war Schun, der Vollkommene; er hatte das Glück, durch Vervollkommnung seines Lebens das Leben aller anderen vervollkommnen zu können. Die Bewahrung dieser uranfänglichen Vollkommenheit zeigt sich in ihren Früchten als Furchtlo-

sigkeit. Ein einziger tapferer Held vermag es einzudringen in neun feindliche Heere; das Streben nach Ruhm ist ihm der Ansporn zu solcher Tat. Wie erst wird ein solcher sein, der die Welt beherrscht und die ganze Natur in sich beherbergt! Der weilt als Gast in seinem Leib, und was Augen und Ohren ihm bieten, ist ihm ein Gleichnis. Die Einheit ist die Erkenntnis, die er besitzt und die seinen Geist unsterblich macht. Er wählt sich seine Zeit, wann er von hinnen fahren will. Die Menschen laufen ihm zu, aber wie sollte er gewillt sein, die Beschäftigung mit der Welt als seine Sache anzusehen!«

2. Der Minister und der Sträfling

Es lebte ein Mann namens Schen Tu Gia[3], dem zur Strafe die Füße abgehackt worden waren. Er besuchte zusammen mit Dsï Tschan[4] (dem Minister) von Dschong den Unterricht des Be Hun Wu Jen[5].
Dsï Tschan redete Schen Tu Gia an und sprach: »Wenn ich zuerst hinausgehe, so bleibe du hier; wenn du zuerst hinausgehst, so will ich hier bleiben!« Des andern Tages aber, als die Schüler sich versammelten, da setzte sich jener wieder mit ihm auf dieselbe Matte.
Dsï Tschan sprach abermals zu ihm: »Ich habe dir doch gesagt, wenn ich zuerst hinausgehe, sollst du solange warten, wenn du zuerst hinausgehst, wolle ich solange warten. Nun will ich hinaus, willst du jetzt hier bleiben oder nicht? Außerdem bin ich Minister. Wenn du nun einen Minister siehst und ihm nicht aus dem Wege gehst, heißt das etwa, daß du dich dem Minister gleichstellen willst?«
Schen Tu Gia antwortete: »Sollten im Hause unseres Meisters wirklich solche Rangunterschiede in Frage kommen? Ihr tut Euch etwas zugute darauf, daß Ihr Mi-

nister seid, und verachtet darum die andern. Ich habe sagen hören, wenn ein Spiegel blank sei, so nehme er Staub und Schmutz nicht an; nehme er Staub und Schmutz an, so sei er nicht blank. Wenn man lang mit einem Würdigen zusammenlebt, so wird man frei von Fehlern. Nun habt Ihr Euch unserem Meister angeschlossen, um durch ihn größer zu werden. Wenn Ihr dabei nun dennoch solche Reden führt, so ist das wohl als Fehler zu bezeichnen.«

Dsï Tschan sprach: »Du wärst imstande, mit dem Erzvater Yau zu streiten, wer besser sei. Ich schätze, du besitzest nicht Geist genug, um in dich zu gehen.«

Schen Tu Gia sprach: »Derer, die ihre Fehler beschönigen und behaupten, sie hätten die Strafe (des Fußabhackens) nicht verdient, sind viele; derer aber, die ihre Fehler nicht beschönigen und zugeben, daß sie jene Strafe verdient haben, sind wenige. Aber zu erkennen, daß es ein unvermeidliches Schicksal war und sich mit diesem unvermeidlichen Schicksal zufrieden zu geben, das vermag nur einer, der Geist hat. Wer sich mitten vor dem Ziel eines Bogenschützen[6] herumtreibt, der muß damit rechnen, daß er getroffen wird; denn die Mitte ist der Platz, da jener trifft. Wird er nicht getroffen, so ist es Schicksal. Ich bin schon vielen begegnet, die sich im Besitz ihrer beiden Füße über mich, dem sie abgehackt worden sind, lustig gemacht haben. Früher brauste ich auf und wurde zornig; seit ich aber zu unserem Meister gekommen bin, habe ich das aufgegeben und bin in mich gegangen. Ohne daß ich es merkte, hat der Meister mich reingewaschen durch seine Güte. Ich folge dem Meister schon seit neunzehn Jahren nach, und noch nie ist es mir zum Bewußtsein gekommen, daß ich ein Krüppel bin. Nun wandelt Ihr gemeinsam mit mir auf diesem Boden des inneren Lebens und wollt mich wieder hinauszerren auf das Gebiet der körperlichen Außenwelt. Tut Ihr damit nicht Unrecht?« Dsï Tschan kam in Verlegenheit und sprach mit veränderten Mienen: »Es bedarf keiner weiteren Worte mehr.«

3. Zehenlos Fürstenberg bei Konfuzius und Laotse

Im Staate Lu lebte ein Mann mit abgeschnittenen Zehen namens Zehenlos Fürstenberg (Schu Schan von Dschï)[7]. Der kam auf den Fersen gehumpelt, um Kung Dsï aufzusuchen.

Kung Dsï sprach: »Durch Eure Unvorsichtigkeit in vergangenen Tagen habt Ihr Euch so ins Unglück gebracht. Was hat es für einen Wert, jetzt zu mir zu kommen?«

Zehenlos sprach: »Ich verstand es nicht, achtzugeben, und war leichtsinnig in meinem Wandel, darum habe ich mich um meine Füße gebracht. Wenn ich nun komme, so geschieht das, weil ich noch etwas habe, das wertvoller ist als meine Füße und das ich vollkommen zu machen trachte. Es gibt niemand, den der Himmel nicht schirmt, den die Erde nicht trägt. Und ich dachte, Ihr seiet wie Himmel und Erde. Wie konnte ich wissen, dass Ihr so einer seid, Meister!«

Kung Dsï sprach: »Ich bin unhöflich gewesen. Wollt Ihr nicht, bitte, eintreten, daß ich Euch lehre, was ich weiß.«

Aber Zehenlos ging weg.

Kung Dsï sprach: »Nehmt ihn zum Beispiel, meine Jünger! Dieser Zehenlos ist ein Verbrecher, dem man die Füße abgehauen, und dennoch trachtet er zu lernen, um seine früheren Missetaten wieder gut zu machen. Wieviel mehr müssen sich da erst die Mühe geben, deren Tugend noch unversehrt ist!“

Zehenlos redete (über die Sache) mit Lau Dan (Laotse) und sprach: »Dieser Kung Kiu (Konfuzius) hat es doch

noch nicht zur Vollkommenheit gebracht. Was braucht er dieses höfliche Getue mit seinen Schülern! Er ist eifrig bestrebt, sich den Namen eines ganz besonders klugen und spitzfindigen Menschen zu erwerben, ohne zu wissen, daß der Vollkommene darin nur Fesseln und Bande sieht.«
Lau Dan sprach: »Wäre es nicht möglich gewesen, ihn von diesen Fesseln frei zu machen, indem du ihm zeigtest, wie Leben und Tod auf einer Linie liegen, wie Mögliches und Unmögliches durch einen Faden verbunden sind?« Zehenlos sprach: „(Die Fesseln, die er trägt,) sind eine Strafe des Himmels; es ist unmöglich, ihn davon frei zu machen.«

4. Großer Geist in gebrechlichem Leib

Fürst Ai[8] von Lu befragte den Kung Dsï und sprach: »Im Staate We[9] gibt es einen häßlichen Menschen namens (Ai Tai To) der elende Bucklige[10]. Die Männer, die mit ihm zusammenleben, sind ihm zugetan und können sich nicht von ihm trennen. Die Mädchen, die ihn sehen, bitten ihre Eltern und sagen: ›Lieber als die Ehefrau eines anderen Mannes will ich eine Nebenfrau des Meisters sein.‹ Er hat schon über ein Dutzend, und es hört noch immer nicht auf. Dabei hat man noch niemals gehört, daß er sich besonders hervortut. Er lebt immer mit den Leuten im Frieden: das ist alles. Er sitzt auf keinem Fürstenthron, daß er die Leute vom Tode erretten könnte; er besitzt nicht Geld und Gut, daß er den Leib der Menschen voll und rund machen könnte. Dazuhin ist er von einer erschreckenden Häßlichkeit und besitzt kein außergewöhnliches Wissen. Und dennoch drängen sich Männlein und Weiblein um ihn. Er muß sicher etwas ganz Besonderes an sich haben. Ich ließ ihn rufen und betrach-

tete ihn: er war tatsächlich von einer erschreckenden Häßlichkeit. Er lebte in meiner Umgebung kaum einen Monat lang, da kam er mir schon ganz menschlich vor, und ehe ein Jahr um war, hatte ich Vertrauen zu ihm gefaßt. Und da ich gerade keinen Kanzler im Staate hatte, so bot ich ihm die Lenkung des Staates an. Zögernd sagte er zu und unentschlossen, als wollte er lieber ablehnen. Ich war beschämt, aber schließlich gelang es mir, ihm die Lenkung des Staates zu übergeben. Kurz darauf aber verließ er mich und ging. Ich war traurig wie bei einem Todesfall, und es war mir, als hätte ich niemand mehr, mit dem ich mich zusammen meines Reiches freuen könnte. Was ist das für ein Mensch?«
Kung Dsï sprach: »Ich war einmal auf einer Gesandtschaft im Staate Tschu[11]. Da erblickte ich zufällig einen Wurf junger Schweinchen, die an ihrer toten Mutter tranken. Nach einer Weile aber blinzelten sie sie an, dann ließen alle sie liegen und liefen weg, denn ihre tote Mutter blickte sie nicht mehr an, und sie war ihnen fremd geworden. Was sie an ihrer Mutter geliebt hatten, war nicht der Körper, sondern das, was den Körper belebte[12]. Nun braucht der elende Bucklige nicht zu reden und findet schon Glauben; er braucht keine Taten zu tun und wird geliebt; er bringt die Fürsten dazu, daß sie ihm ihr eigenes Reich übergeben und nur besorgt sind, er möchte es nicht annehmen. Das zeigt, daß seine Naturanlagen völlig sind und daß sein Geist sich nur nicht in der äußeren Gestalt ausprägt.«
Der Fürst Ai fragte: »Was soll das heißen, daß seine Naturanlagen völlig seien?"
Kung Dsï sprach: »Geburt und Sterben, Leben und Tod, Erfolg und Mißerfolg, Armut und Reichtum, Würdigkeit und Unwürdigkeit, Lob und Tadel, Hunger und Durst, Hitze und Kälte wechseln in den Ereignissen mit-

einander ab, wie es dem Gang des Schicksals entspricht. Darum ist es nicht der Mühe wert, durch diese Dinge den inneren Einklang stören zu lassen; man darf sie nicht eindringen lassen in die Behausung der Seele. Wer es vermag, mit diesem inneren Einklang sein ganzes Leben im voraus zu durchdringen und seine Freudigkeit nie verliert; wer Tag und Nacht ohne Unterbrechung der Welt diese Frühlingsmilde zeigt und so entgegennimmt, was der Zeit entsprechend in seinem Herzen entsteht: der beweist die Völligkeit seiner Naturanlagen.«
»Was bedeutet es, daß der Geist sich nicht in der äußeren Gestalt ausprägt?« (fragte der Fürst).
Kung Dsï sprach: »Nichts kommt an ebenmäßiger Ruhe dem stillen Wasser gleich: Das kann man zum Vorbild nehmen. Wer sein Inneres wahrt, daß es nicht überfließt nach außen hin, der hat den Geist, der die Bildung des inneren Einklangs zustande bringt. Wessen Geist sich nicht äußerlich ausprägt, der bleibt in ungestörtem Einklang mit der Natur.«
Einige Tage darauf erzählte der Fürst Ai den Vorfall dem Min Dsï Kiën[13] (einem Schüler Kungs) und sprach: »Früher dachte ich, daß der Herrscher auf dem Throne, der sich auf dem Laufenden hält über den Zustand seines Volks und Sorge trägt, daß es nicht Schaden nimmt an seinem Leben, seiner höchsten Pflicht genüge. Seit ich nun diese Worte vom vollkommenen Menschen gehört habe, fürchte ich, daß ich doch nicht auf dem rechten Wege bin, daß ich mein eignes Leben zu leicht nehme und mein Reich zu Schaden bringe. Ich stehe zu Kung Kiu nicht wie der Fürst zu seinem Diener, wir sind Freunde im Geist!«

5. Himmel auf Erden

Es war einmal ein Mann, der hatte einen Kropf, so groß wie ein irdener Topf. Der stand im Dienst des Fürsten Huan[14] von Tsi. Der Fürst Huan war so von ihm eingenommen, daß ihm die Hälse der normalen Menschen alle zu dünn vorkamen. So lassen geistige Vorzüge über körperliche Gebrechen hinwegsehen. Wenn Leute das nicht übersehen, was man übersehen sollte, und übersehen dagegen das, was man nicht übersehen darf, das ist wirkliches Übersehen. So wandelt der Berufene im Lande der Freiheit. Das Wissen betrachtet er als vom Übel; gegebenes Wort betrachtet er als Leim; Tugend betrachtet er als Mittel zu äußerem Gewinn, und gute Werke betrachtet er als Handelsware. Der Berufene schmiedet keine Pläne: wozu bedarf er da des Wissens? Er kennt nicht Bruch noch Trennung: wozu bedarf er da des Leimes? Er kennt keinen Verlust: wozu bedarf er da der Tugend? Er braucht keine irdischen Güter: wozu bedarf er da der Handelsware? In allen diesen Dingen genießt er des Himmels Speise. Des Himmels Speise genießen, das heißt vom Himmel ernährt werden. Da er nun Nahrung bekommt vom Himmel: wozu bedarf er noch der Menschen? Er hat der Menschen Gestalt, aber nicht der Menschen Leidenschaften. Weil er menschliche Gestalt hat, darum gesellt er sich den Menschen; da er aber nicht menschliche Leidenschaften kennt, so haben ihre Wertungen keinen Einfluß auf sein Leben. Verschwindend klein ist, was ihn mit dem Menschen verbindet; in stolzer Größe schafft er sich einsam seinen Himmel.

Hui Dsï wandte sich an Dschuang Dsï und sprach: »Gibt es wirklich Menschen ohne menschliche Leidenschaften?«
Dschuang Dsï sprach: »Ja.«
Hui Dsï sprach: »Ein Mensch ohne Leidenschaften kann nicht als Mensch bezeichnet werden.«
Dschuang Dsï sprach: »Da ihm der ewige SINN des Himmels menschliche Gestalt verliehen, so muß er doch als Mensch bezeichnet werden können.« Hui Dsï sprach: »Wenn ich ihn einen Menschen nenne, so ist damit gesagt, daß er auch Leidenschaften hat.«
Dschuang Dsï sprach: »Diese Leidenschaften sind es nicht, die ich meine. Wenn ich sage, daß einer ohne Leidenschaften ist, so meine ich damit, daß ein solcher Mensch nicht durch seine Zuneigungen und Abneigungen sein inneres Wesen schädigt. Er folgt in allen Dingen der Natur und sucht nicht sein Leben zu mehren.«
Hui Dsï sprach: »Wenn er nicht sein Leben zu mehren sucht, wie kann dann sein Wesen bestehen?«
Dschuang Dsï sprach: »Der ewige SINN des Himmels hat ihm seine Gestalt verliehen, und er schädigt nicht durch seine Zuneigungen und Abneigungen sein inneres Wesen. Aber Ihr beschäftigt Euren Geist mit Dingen, die außer ihm liegen, und müht vergeblich Eure Lebenskräfte ab. Ihr lehnt Euch an einen Baum und stammelt Eure Sprüche; Ihr haltet die Zither in der Hand und schließt die Augen. Der Himmel hat Euch Euren Leib gegeben, und Ihr wißt nichts besseres zu tun, als immer wieder Eure Spitzfindigkeiten herzuleiern[15].«

Buch VI

Der große Ahn und Meister

Vorbemerkung

Eines der Bücher, die zu den wichtigsten gehören für die Erkenntnis der Lehre des Dschuang Dsï, ist das Buch vom »Großen Ahn und Meister«. Der große Ahn und Meister ist der SINN. Der Titel ist wohl eine Anspielung auf Laotse, Taoteking LXX, 2 (das Wort, das hier wörtlich mit »Ahn« übersetzt ist, ist dort freier mit »Vater« wiedergegeben).

Der 1. Abschnitt zeigt den Weg, wie man durch die rechte Einordnung des Menschlichen in die großen göttlichen Naturordnungen dahin gelangt, ein »Wahrer Mensch« mit wahrer Erkenntnis des SINNS zu werden. Was am Schluß des Abschnittes gesagt wird über den SINN, gehört zu den schönsten Stellen der religiösen Literatur aller Völker.

Der »Wahre Mensch« wurde im Lauf der Zeit, ähnlich wie die Bezeichnung der »Höchste Mensch«, ein taoistischer Ehrentitel, der zur Zeit der Tangdynastie auch dem Dschuang Dsï selbst verliehen wurde. Die »Wahren Menschen« der alten Zeit, von denen Dschuang Dsï redet, sind wohl dieselben, die in Taoteking XV als die tüchtigen Meister der alten Zeit genannt sind. Der Abschnitt enthält einen Zusatz – offenbar aus späterer Zeit –, in dem in formeller Anlehnung an Taoteking XXXIX eine Reihe von mythischen Persönlichkeiten aufgezählt wird, die den SINN erlangt haben. Wir haben die Stelle in die Anmerkungen verwiesen, ebenso wie andere historische Anspielungen.

Der Ausdruck, der mit »Natur« wiedergegeben ist, heißt

im Chinesischen wörtlich »Himmel«; er hat hier die Bedeutung der Spontaneität.
Der 2. Abschnitt gibt eine Darstellung der Art, wie der SINN sich fortpflanzt. Nur den Berufenen wird er zuteil, die es verstehen, durch den Buchstaben der Überlieferung hindurchzudringen zum selbständigen Schauen der letzten Wahrheit.
Der 3. Abschnitt erzählt die Geschichte von vier Freunden, die im Besitz der Wahrheit sich über Tod und Krankheit zu erheben vermögen.
Der 4. Abschnitt gibt eine ähnliche Geschichte, voll großartigen Humors. Dieses Totenlied in seinem Gegensatz zu der ängstlichen Formvollendung der Konfuziusjünger ist von bildartiger Plastik. Zugleich zeigt sich in dem Abschnitt eine gewisse Achtung vor Konfuzius, den Dschuang Dsï als seinen Jüngern weit überlegen zeichnet.
Der 5. Abschnitt gibt ein Gespräch des Konfuzius mit seinem Lieblingsjünger Yen Hui, das sich in ähnlichen Bahnen bewegt.
Der 6. Abschnitt gibt eine Unterhaltung zweier mythischer Gestalten mit dem schönen Gebet an den SINN, das auch an anderer Stelle noch einmal wiederkehrt.
Der 7. Abschnitt zeigt Yen Hui in seinen Fortschritten so weit gediehen, daß selbst Konfuzius sich demütig vor ihm beugt.
Der 8. Abschnitt endlich gibt eine Parallele zu drei und vier. Hier ist der Weisheit letzter Schluß aller Not gegenüber die Fügung ins unerforschliche Schicksal.

1. Der wahre Mensch und der SINN

Das Wirken der Natur zu kennen und zu erkennen, in welcher Beziehung das menschliche Wirken dazu stehen muß: das ist das Ziel. Die Erkenntnis des Wirkens der Natur wird durch die Natur erzeugt, und die Erkenntnis des (naturgemäßen) menschlichen Wirkens wird dadurch erlangt, daß man das Erkennbare erkennt und das, was dem Erkennen unzugänglich ist, dankbar genießt. Seines Lebens Jahre zu vollenden und nicht auf halbem Wege eines frühen Todes sterben: das ist die Fülle der Erkenntnis.

Doch liegt hier eine Schwierigkeit vor. Die Erkenntnis ist abhängig von etwas, das außer ihr liegt, um sich als richtig zu erweisen. Da nun gerade das, wovon sie abhängig ist, ungewiß ist, wie kann ich da wissen, ob das, was ich Natur nenne, nicht der Mensch ist, ob das, was ich menschlich nenne, nicht in Wirklichkeit die Natur ist? Es bedarf eben des wahren Menschen, damit es wahre Erkenntnis geben kann.

Was ist unter einem wahren Menschen zu verstehen? Die wahren Menschen des Altertums scheuten sich nicht davor, wenn sie (mit ihrer Erkenntnis) allein blieben. Sie vollbrachten keine Heldentaten, sie schmiedeten keine Pläne. Darum hatten sie beim Mißlingen keinen Grund zur Reue, beim Gelingen keinen Grund zum Selbstgefühl; darum konnten sie die höchsten Höhen ersteigen, ohne zu schwindeln; sie konnten ins Wasser gehen, ohne benetzt zu werden; sie konnten durchs Feuer schreiten, ohne verbrannt zu werden. Auf diese Weise vermochte sich ihre Erkenntnis zu erheben zur Übereinstimmung mit dem SINN.

Die wahren Menschen des Altertums hatten während des Schlafens keine Träume und beim Erwachen keine Angst. Ihre Speise war einfach, ihr Atem tief. Die wahren Menschen holen ihren Atem von ganz unten herauf[1], während die gewöhnlichen Menschen nur mit der Kehle atmen. Krampfhaft und mühsam stoßen sie ihre Worte heraus, als erbrächen sie sich. Je tiefer die Leidenschaften

eines Menschen sind, desto seichter sind die Regungen des Göttlichen in ihm.
Die wahren Menschen der Vorzeit kannten nicht die Lust am Geborensein und nicht den Abscheu vor dem Sterben. Ihr Eintritt (in die Welt der Körperlichkeit) war für sie keine Freude, ihr Eingang (ins Jenseits) war ohne Widerstreben. Gelassen gingen sie, gelassen kamen sie. Sie vergaßen nicht ihren Ursprung; sie strebten nicht ihrem Ende zu; sie nahmen ihr Schicksal hin und freuten sich darüber, und (des Todes vergessend) kehrten sie (ins Jenseits) zurück. So beeinträchtigten sie nicht durch eigene Bewußtheit den SINN und suchten nicht durch ihr Menschliches der Natur zu Hilfe zu kommen. Also sind die wahren Menschen.
Dadurch erreichten sie es, daß ihr Herz fest wurde, ihr Antlitz unbewegt und ihre Stirne einfach heiter. Waren sie kühl, so war es wie die Kühle des Herbstes; waren sie warm, so war es wie die Wärme des Frühlings. All ihre Gefühlsäußerungen waren unpersönlich wie die vier Jahreszeiten. Allen Wesen begegneten sie, wie es ihnen entsprach, und niemand konnte ihr Letztes durchschauen.
Darum ist es möglich, daß der Berufene, wenn er sich gezwungen fühlt, zu den Waffen zu greifen, ein ganzes Reich vernichtet, ohne daß er sich die Herzen von dessen Bürgern entfremdete. Der Segen, der von ihm ausgeht, mag tausend Geschlechtern zuteil werden, ohne daß er in Menschenliebe macht. Darum, wer sich seines Einflusses auf die Außenwelt freut, ist noch nicht wirklich ein Berufener; wer Zuneigungen hat, ist noch nicht wahrhaft gütig; wer in seinem Wirken an die Zeit gebunden ist, der besitzt noch nicht die wahre Größe; wer nicht erhaben ist[2] über Glück und Unglück, der hat noch nicht den wahren Adel; wer, um sich einen Namen zu

machen, sein Selbst verliert, der ist noch nicht ein wahrer Ritter. Und mag einer sein Leben opfern: wenn es nicht in der wahren Weise geschieht, so dient er damit den Menschen nicht. Es gibt viele unter den bekannten Männern der Vorzeit, die wegen Selbstlosigkeit berühmt sind[3], die aber in Wirklichkeit doch nur sich abmühten, den Bedürfnissen der anderen entgegenzukommen, und darüber das, was ihnen selber Not tat, versäumten.
Die Art der wahren Menschen des Altertums war es, ihre Pflicht zu tun gegen die Menschen, aber sich nicht durch Bande der Freundschaft an sie zu ketten; sie erschienen demütig, ohne zu schmeicheln; sie waren ausgeprägt[4] in ihrer Eigenheit, ohne eigensinnig zu sein; sie waren weit erhaben über jede kleinliche Wirklichkeit, ohne damit zu glänzen; freundlich lächelnd schienen sie fröhlich zu sein, und doch waren sie zurückhaltend und gaben sich nur gezwungen mit den Menschen ab. Sie ziehen uns an und dringen ein in unser Inneres, und reich beschenkt wird unser Geist durch sie gefestigt; streng halten sie sich an die Formen ihrer Zeit, und stolz sind sie in ihrer Unbezwinglichkeit; im Verkehr scheinen sie ihre Worte sparen zu wollen, gesenkten Blickes vergessen sie das Reden.
Im Gesetz sahen sie das Wesen der Staatsordnung, in den Umgangsformen eine Erleichterung des Verkehrs[5], im Wissen die Erfordernisse der Zeit, im geistigen Einfluß das Mittel, die Menschen zu sich hinanzuziehen. Da sie im Gesetz das Wesen der Staatsordnung erkannten, töteten sie niemals aus kleinlichen, persönlichen Gründen; da sie in den Umgangsformen eine Erleichterung des Verkehrs erkannten, richteten sie sich darnach, ihrer Mitwelt gegenüber; da sie im Wissen die Erfordernisse der Zeit erkannten, ließen sie sich dazu herbei, sich seiner zu bedienen bei der Erledigung ihrer Auf-

gabe. Sie erkannten im geistigen Einfluß das Mittel, die Menschen zu sich hinanzuziehen: so wandelten sie gemeinsam mit allem, was Füße hatte, den höheren Zielen entgegen, und die Menschen dachten wirklich, daß sie durch eigene Anstrengung dahin gekommen[6].

Darum: was sie lieben, ist das Eine; was sie nicht lieben, ist aber auch jenes Eine. Womit sie sich eins fühlen, ist das Eine; das, womit sie sich nicht eins fühlen, ist aber auch das Eine. In dem, was ihr Eines ist, sind sie Genossen der Natur; in dem, was nicht ihr Eines ist, sind sie Genossen der Menschen. Bei wem Natürliches und Menschliches sich das Gleichgewicht hält: das ist der wahre Mensch.

Tod und Leben ist Schicksal; daß es ewig ist wie Tag und Nacht, liegt in der Natur begründet; daß es Grenzen gibt für den Menschen, die er nicht überschreiten kann, beruht auf den allgemeinen Verhältnissen, in denen die Geschöpfe sich befinden. Die Menschen sehen im Himmel ihren Vater und lieben ihn persönlich; wieviel mehr müssen wir das lieben, was höher ist als der Himmel! Die Menschen sehen im Fürsten jemand, der besser ist als sie, und sind bereit, persönlich für ihn zu sterben; wieviel mehr erst müssen wir das dem wahren Herrn gegenüber tun!

Wenn die Quellen austrocknen und die Fische sich auf dem Trockenen zusammendrängen, die Mäuler einander nähern, um sich Feuchtigkeit zu geben, und mit ihrem Schleim einander netzen, so ist dieser Zustand lange nicht so gut, als wenn sie einander vergessen in Strömen und Seen. Den Erzvater Yau zu preisen und den Tyrannen Gië zu verdammen ist lange nicht so gut, als beider zu vergessen und aufzugehen im SINN. Das große All trägt uns durch die Form; es schafft uns Mühe durch das Leben; es schafft uns Lösung durch das Alter; es schafft uns Ruhe durch den Tod. So wird (die Kraft), die es gut gemacht hat mit unserem Leben, eben deshalb es auch gut machen mit unserem Sterben. Ist ein Boot geborgen im Schlick, ist ein Berg geborgen im tiefen Meer[7], so denkt man, es sei sicher; aber um Mitternacht kommt ein Starker, nimmt sie auf den Rücken und geht davon, während der (Eigentümer) schläft und nichts davon merkt. Ein großer Raum ist wohl geeignet, daß etwas Kleines darin geborgen wird, doch bleibt die Möglichkeit, daß es verloren geht; ist aber der Welt (Geist) in der Welt verborgen, so kann er nicht verloren gehen. Das ist die große Grundbewegung, daß die Dinge dauernd bestehen. Daß wir gerade in menschlicher Gestalt geformt sind[8], ist Grund zur Freude; daß aber diese menschliche Gestalt tausend Wandlungen durchmacht, ohne jemals ans Ende zu kommen, das ist unermeßliche Seligkeit. Darum ist der Wandel der Berufenen da, wo die Wesen unverlierbar sind und alle dauern. Ist schon (die Natur), die gutzumachen versteht frühzeitigen Tod und hohes Alter, die gutzumachen versteht den Anfang und gut das Ende, ein Vorbild für die Menschen: wieviel mehr das (Göttliche), von dem alle Dinge abhängen und das alle Wandlungen verursacht. Das ist der SINN: er ist gütig und treu, aber er äußert sich nicht in Handlungen und hat keine äußere Gestalt; man kann ihn mitteilen, aber man kann ihn nicht fassen; man kann ihn erlangen, aber man kann ihn nicht sehen; er ist unerzeugt sich selber Wurzel. Ehe Himmel und Erde waren, bestand er von Ewigkeit; Geistern und Göttern verleiht er den Geist; Himmel und Erde hat er erzeugt. Er war vor aller Zeit und ist nicht hoch; er ist jenseits alles Raumes und ist nicht tief; er ging der Entstehung von Himmel und Erde voran und ist nicht alt; er ist älter als das älteste Altertum und ist nicht greis[9].

Kui, der Meister vom Süden[10], befragte den Frauenarzt und sprach: »Ihr seid alt an Jahren, und doch ist Euer Aussehen wie das eines Kindes.« Jener sprach: »Ich habe den SINN vernommen.«
Kui sprach: »Ist der SINN etwas, das man durch Lernen erlangen kann?« Jener sprach: »Nein, wie sollte das möglich sein! Ihr seid nicht der Mann dazu. Da ist Sorglos Gratewohl, der hat die Gaben eines Berufenen, aber nicht den SINN des Berufenen. Ich verstehe den SINN des Berufenen, habe aber nicht die Gaben dazu. Ihn möchte ich belehren; da wäre vielleicht zu hoffen, daß er ein Berufener würde. Aber auch abgesehen davon: Es ist leicht, den SINN des Berufenen einem Manne kundzutun, der die entsprechende Begabung hat. Wenn ich ihn bei mir hätte zur Belehrung, nach drei Tagen sollte er soweit sein, die Welt überwunden zu haben. Nachdem er die Welt überwunden, wollte ich ihn in sieben Tagen soweit bringen, daß er außerhalb des Gegensatzes von Subjekt und Objekt stünde. Nach abermals neun Tagen wollte ich ihn soweit bringen, daß er das Leben überwunden hätte. Nach Überwindung des Lebens könnte er klar sein wie der Morgen, und in dieser Morgenklarheit könnte er den Einzigen sehen. Wenn er den Einzigen erblickte, so gäbe es für ihn keine Vergangenheit und Gegenwart mehr; jenseits der Zeit könnte er eingehen in das Gebiet, wo es keinen Tod und keine Geburt mehr gibt. Das, was den Tod des Lebens herbeiführt, ist selbst dem Tod nicht unterworfen; das, was das Leben erzeugt, wird selbst nicht geboren[11]. Es ist ein Wesen, das alle Dinge begleitet, das alle Dinge empfängt, das alle Dinge zerstört, das alle Dinge vollendet. Sein Name heißt: Ruhe im Streit. Ruhe im Streit bedeutet, daß er durch den Streit

zur Vollendung kommt.« Kui sprach: »Woher habt Ihr das nur gehört?«
Jener sprach: »Ich habe es gehört vom Sohne des Schriftstellers; der Sohn des Schriftstellers hat es gehört vom Enkel des Rhapsoden; der Enkel des Rhapsoden hat es gehört von Klarblick; Klarblick hat es gehört vom Hörenden; der Hörende hat es gehört vom Ton; Ton hat es gehört vom Laut; Laut hat es gehört vom Geheimnis; Geheimnis hat es gehört von der Leere; Leere hat es gehört vom Jenseits.«

3. Die vier Freunde

Meister Sï, Meister Yü, Meister Li und Meister Lai sprachen untereinander: »Wer ist imstand, das Nichts zum Kopf, das Leben zum Rumpf, das Sterben zum Schwanz zu haben? Wer weiß es, daß Geburt und Tod, Leben und Sterben Ein Ganzes bilden? Mit einem solchen wollen wir Freundschaft schließen.«
Da sahen sich die vier Männer an und lachten, und da sie alle im Herzen damit einverstanden waren, so schlossen sie zusammen Freundschaft. Nicht lange darnach wurde Meister Yü krank. Meister Sï ging zu ihm hin, um nach ihm zu sehen. Jener sprach: »Groß ist der Schöpfer, der mich also angefaßt hat!«
Ein schlimmes Geschwür war auf seinem Rücken hervorgebrochen mit fünf Löchern[12]. Seine ganze körperliche Verfassung war in Aufruhr, aber im Herzen war er ruhig und unbewegt.
Er schleppte sich an den Brunnen, sah sein Spiegelbild im Wasser und sprach: »Ach, wie der Schöpfer mich behandelt hat!«
Meister Sï sprach: »Tut es dir leid?«
Jener sprach: »Nein, wie sollte es mir leid tun! Wenn er

mich nun auflöst und meinen linken Arm verwandelt in einen Hahn, so werde ich zur Nacht die Stunden rufen; wenn er mich auflöst und verwandelt meinen rechten Arm in eine Armbrust, so werde ich Eulen zum Braten herunterschießen; wenn er mich auflöst und verwandelt meine Hüften in einen Wagen und meinen Geist in ein Pferd, so werde ich ihn besteigen und bedarf keines anderen Gefährtes. Das Bekommen hat seine Zeit, das Verlieren ist der Lauf der Dinge. Wer es versteht, mit der ihm zugemessenen Zeit zufrieden zu sein und sich zu fügen in den Lauf der Dinge, dem vermag Freude und Leid nichts anzuhaben. Ich nahe mich jetzt dem Augenblick, den die Alten bezeichnet haben als Lösung der Bande[13]. Der Gebundene kann sich nicht selber lösen; die Verhältnisse binden ihn, aber die Verhältnisse sind nicht stärker als die Natur. Das ist von jeher so gewesen. Was sollte mir dabei leid tun?«

Nicht lange danach wurde Meister Lai krank und lag röchelnd im Sterben. Weib und Kinder umringten ihn unter Tränen.

Meister Li ging hin, um nach ihm zu sehen. Er sprach: »Fort, zieht Euch zurück! Haltet ihn nicht auf in seiner Verwandlung!«

Dann lehnte er sich an die Tür, redete mit ihm und sprach: »Groß ist der Schöpfer! Was wird er nun aus dir machen; wohin wird er dich jetzt führen? Wird er eine Rattenleber aus dir machen oder einen Fliegenfuß?« Meister Lai sprach: »Wenn die Eltern dem Sohne gebieten, nach Osten oder Westen, nach Norden oder Süden zu gehen, so folgt er einfach ihrem Befehl. Die Natur ist für den Menschen mehr als Vater und Mutter; wenn sie meinen Tod beschleunigen will, und ich wollte nicht gehorchen, so wäre ich widerspenstig. Was kann man ihr denn vorwerfen[14]? Wenn der große Gießer sein Metall schmelzt, und das Metall wollte aufspritzen und sagen: ›Ich will, daß du ein Balmungschwert aus mir machst!‹, so würde der große Gießer das Metall für untauglich halten. Wenn ich, nachdem ich einmal Menschengestalt erhalten habe, nun sprechen wollte: ›Wieder ein Mensch, wieder ein Mensch will ich werden!‹, so würde mich der Schöpfer sicher als untauglichen Menschen betrachten. Nun ist die Natur der große Schmelzofen, der Schöpfer ist der große Gießer: wohin er mich schickt, soll es mir recht sein. Es ist vollbracht; ich schlafe ein, und ruhig werde ich wieder aufwachen.«

4. Das Totenlied der Übermenschen

Dsï Sang Hu, Mong Dsï Fan und Dsï Kin Dschang waren Freunde zusammen…[15]

Nach einer Weile starb Dsï Sang Hu. Er war noch nicht begraben, da hörte Meister Kung von der Sache und schickte den Dsï Gung hin, um bei der Trauerfeier behilflich zu sein.

Der eine der Freunde hatte ein Lied gedichtet, der andere spielte die Zither, und so sangen sie zusammen:

»Willst du nicht wiederkommen, Sang Hu?
Willst du nicht wiederkommen, Sang Hu?
Du gingst zum ew'gen Leben ein;
Wir müssen noch hienieden sein.
O weh!«

Dsï Gung kam mit eiligen Schritten heran und sprach: »Darf ich fragen: ist das Anstand, in Gegenwart eines Leichnams zu singen?«

Die beiden Männer sahen einander an, lachten und sprachen: »Was versteht der von Anstand!«

Dsï Gung kehrte zurück, sagte es Meister Kung an und sprach: »Was sind das für Menschen! Geordnetes Benehmen kennen sie nicht und kümmern sich nicht um das Äußere. In Gegenwart des Leichnams sangen sie und verzogen keine Miene zur Trauer. Das spottet jeder Beschreibung. Was sind das für Menschen!«
Meister Kung sprach: »Sie wandeln außerhalb der Regeln, ich wandle innerhalb der Regeln. Das sind unüberbrückbare Gegensätze, und es war ungeschickt von mir, daß ich dich hinschickte zur Beileidsbezeugung. Sie verkehren mit dem Schöpfer wie Mensch zu Mensch und wandeln in der Urkraft der Natur. Ihnen ist das Leben eine Geschwulst und Eiterbeule und der Tod die Befreiung von der Beule und Entleerung ihres Inhalts. In dieser Gesinnung wissen sie nicht, worin der Wertunterschied von Leben und Tod bestehen sollte. Sie entlehnen die verschiedenen Substanzen und bilden aus ihnen zusammen ihren Körper. Aber alles Körperliche ist ihnen Nebensache[16]. Sie kommen und gehen vom Ende zum Anfang und kennen kein Aufhören. Sie schweben unabhängig jenseits vom Staub und Schmutz (der Erde). Sie wandern müßig im Beruf des Nichthandelns. Von solchen Leuten kann man wahrlich nicht erwarten, daß sie peinlich genau alle Anstandsbräuche erfüllen, die in der Welt Sitte sind, nur um den Augen und Ohren der Masse zu gefallen.«
Dsï Gung sprach: »Warum haltet Ihr Euch aber dann an die Regeln, Meister?« Er sprach: »Ich bin von der Natur daran gebunden. Immerhin, ich will dir mitteilen (was ich darüber weiß).«
Dsï Gung sprach: »Darf ich fragen, wie man dazu gelangt?«
Meister Kung sprach: »Die Fische sind fürs Wasser geschaffen; die Menschen sind für den SINN geschaffen.

Weil jene fürs Wasser geschaffen sind, so tauchen sie in die Tiefe und finden ihre Nahrung; weil diese für den SINN geschaffen sind, so bedürfen sie keiner Sorge, ihr Leben kommt in Sicherheit. Darum heißt es: Die Fische mögen einander vergessen in Strömen und Seen; die Menschen mögen einander vergessen in Übung des SINNS.«

Dsï Gung sprach: »Darf ich fragen, wie es sich mit den Übermenschen verhält?«

Der Meister sprach: »Der Übermensch steht über den Menschen, aber er steht im Einklang mit der Natur. Darum heißt es: Die vor dem Himmel gemein sind, sind groß vor den Menschen; die vor den Menschen groß sind, sind klein vor dem Himmel.«

5. Angesichts des Todes

Yen Hui befragte den Kung Dsï und sprach: »Dem Mong Sun Tsai war seine Mutter gestorben. Er weinte wohl, aber seine Tränen strömten nicht reichlich[17]. Im innersten Herzen war er nicht angegriffen, und er erfüllte die Trauerbräuche ohne Klage. Und doch gilt er im Staate Lu für den, der sich am besten aufs Trauern versteht.«

Kung Dsï sprach: »Mong Sun Tsai hat das Rechte getroffen. Er war vorgeschritten in seinem Wissen. So suchte er von den (äußeren Zeichen der Trauer) loszukommen, aber er konnte es nicht (um der andern willen); doch lag schon darin ein Loskommen. Er kennt keinen zureichenden Grund für das Leben und kennt keinen zureichenden Grund für das Sterben; darum weiß er nicht, ob es besser ist, sich der Vergangenheit zuzuwenden oder der Zukunft. So läßt er die Wandlung, durch die die Erscheinungen hervorgebracht werden, an sich vorübergehen im Bewußtsein dessen, daß diese Wandlung unerkennbar ist. Wenn es aussieht, als werde sich etwas wandeln: woher kann man wissen, ob es nicht in der Tat sich nicht wandelt; wenn es aussieht, als wolle sich etwas nicht wandeln: wie kann man wissen, ob es in der Tat nicht schon in Wandlung begriffen ist? Sind nicht vielleicht gerade ich und du in einem Traum befangen, von dem wir noch nicht erwacht sind? Jener zeigt äußere Trauer, während er im Herzen unberührt bleibt. Für ihn gibt es nur (den Aufbruch) aus einer Morgenhütte, kein wirkliches Sterben. Mong Sun ist erwacht. Wenn die andern weinen, so weint er mit. Das ist der Grund, warum er sich so benimmt. Außerdem, was wir gegenseitig als unser Ich bezeichnen: wer weiß denn, was das ist, das wir unser Ich nennen? Würdest du träumen, du seiest ein Vogel und flögst am Himmel, würdest du träumen, du seiest ein Fisch und schwämmest in der Tiefe: du würdest nicht wissen, ob das, was wir jetzt miteinander reden, im Traum oder im Wachen geredet war. Wem der große Schritt gelungen, dessen Freude tut sich nicht mehr äußerlich kund; wer seine Freude noch äußerlich zeigt, der ist nicht durchgedrungen zu jenen Ordnungen. Wer sich beruhigt bei jenen Ordnungen und dem Wandel entronnen ist, der geht ein in das grenzenlose All.«

6. Befreiung aus den Banden der Moral

Schwalbensohn[18] besuchte den Freigeber[19].
Freigeber sprach: »Was hat dir Yau geboten?«
Schwalbensohn sprach: »Yau hat zu mir gesagt: ›Du mußt dich selbst der Güte und Gerechtigkeit unterwerfen, dann wirst du Klarheit bekommen, über Recht und Unrecht zu reden.‹ «
Freigeber sprach: »Was hast du dann bei mir zu schaf-

fen, da dich dieser Yau gebrandmarkt hat mit Güte und Gerechtigkeit und dir die Nase abgeschnitten hat[20] mit Recht und Unrecht? Wie willst du da noch imstande sein, zu wandern auf dem Pfad zielloser Muße, freier Ungebundenheit und ewigen Wechsels?«

Schwalbensohn sprach: »So möchte ich wenigstens am Zaune stehen.« Freigeber sprach: »Nicht also! Einem Augenlosen soll man nicht reden von der Schönheit der Augen und des Gesichtsausdruckes; einem Blinden soll man nicht reden vom Anblick der Farben und Linien.«

Schwalbensohn sprach: »Die schönheitsstolze Wu Dschang verlor ihre Schönheit, der tapfere Gü Liang verlor seine Stärke, und der Herr der gelben Erde vergaß seine Weisheit in Eurer Schmiede. Wie wollt Ihr wissen, daß der Schöpfer nicht auch meine Brandmale heilen kann und meine Verletzung ausgleichen, so daß ich völlig werde, Euch als meinem Lehrer zu folgen?«

Freigeber sprach: »Ach ja, man kann's nicht wissen. So will ich dir denn eine Andeutung geben:

O mein Meister, o mein Meister, der du alle Dinge richtest und bist doch nicht gerecht; der du alle Geschlechter segnest und bist doch nicht gütig; der du warst vor aller Urzeit und bist doch nicht alt; der du Himmel und Erde schirmst und trägst; der du alle Gestalten bildest und bist doch nicht kunstreich: du bist es, in dem wir wandeln!«

7. Fortschritte

Yen Hui sprach: »Ich bin vorangekommen.«

Kung Dsï sprach: »Was meinst du damit?«

Er sagte: »Ich habe Güte und Gerechtigkeit vergessen.«

Kung Dsï sprach: »Das geht an, doch ist's noch nicht das Höchste.«

An einem andern Tag trat er wieder vor ihn und sprach: »Ich bin vorangekommen.«
Kung Dsï sprach: »Was meinst du damit?«
Er sprach: »Ich habe Umgangsformen und Musik vergessen.«
Kung Dsï sprach: »Das geht an, doch ist's noch nicht das Höchste.«
An einem andern Tag trat er wieder vor ihn und sprach: »Ich bin vorangekommen.«
Kung Dsï sprach: »Was meinst du damit?«
Er sagte: »Ich bin zur Ruhe gekommen und habe alles vergessen.«
Kung Dsï sprach bewegt: »Was meinst du damit, daß du zur Ruhe gekommen und alles vergessen?«
Yen Hui sprach: »Ich habe meinen Leib dahinten gelassen, ich habe abgetan meine Erkenntnis. Fern vom Leib und frei vom Wissen bin ich Eins geworden mit dem, das alles durchdringt. Das meine ich damit, daß ich zur Ruhe gekommen bin und alles vergessen habe.«
Kung Dsï sprach: »Wenn du diese Einheit erreicht hast, so bist du frei von allem Begehren; wenn du dich so gewandelt hast, so bist du frei von allen Gesetzen und bist weit besser als ich, und ich bitte nur, daß ich dir nachfolgen darf.«

8. Das Rätsel des Leids

Meister Yü und Meister Sang waren Freunde. Als es einst zehn Tage lang ununterbrochen geregnet hatte, sprach Meister Yü: »Ich fürchte, Sang wird krank sein.«
Er packte einiges Essen zusammen und ging hin, um es ihm zu bringen. Als er an die Tür des Meisters Sang gekommen war, da hörte er, wie jener halb singend, halb weinend die Zither schlug und also anhub: „O Vater,

o Mutter! Ward mir das vom Himmel, ward mir's von Menschen?« Seine Stimme erstarb, und die Worte des Liedes überstürzten sich.
Meister Yü trat ein und sprach: »Was ist der Grund, daß du auf diese Weise singst?«
Jener sprach: »Ich dachte darüber nach, wer es ist, der mich in diese äußerste Not gebracht, und fand es nicht. Wie könnte es der Wille meiner Eltern sein, daß ich in diese Armut kam? Der Himmel ist groß und schirmend, die Erde ist groß und spendend. Wie könnte es der Wille von Himmel und Erde sein, mich neidisch in diese Armut zu bringen? Ich suche den, der es getan, und finde ihn nicht. Und doch bin ich in diese äußerste Not gekommen: es ist das Schicksal!«

Buch VII

Für den Gebrauch der Könige und Fürsten

Vorbemerkung

Ein kurzes Buch »für den Gebrauch der Könige und Fürsten« bildet den Abschluß des ersten, grundlegenden Teils der Werke des Dschuang Dsï. Die Lehre, die es gibt, ist das Herrschen durch Nichtherrschen.
Der 1. Abschnitt schließt sich an II, 8 an und stellt den »Großen Alten«, eine sonst nicht wieder vorkommende Gestalt der grauen Urzeit, in seiner Einheit mit allem Bestehenden in Gegensatz zu dem eifrig regierenden Musterkaiser Schun der konfuzianischen Legende.
Der 2. Abschnitt gibt ein Gespräch des »Narren« Dsië Yü, der aus I,3 und IV, 8 bekannt ist, mit einem andern taoistischen Heiligen der alten Zeit, das die Unwirksamkeit aller äußeren Regierungsmaßregeln betont.
Der 3. Abschnitt läßt dem »Himmelsgrund« (wörtlich »Himmelswurzel«, Name eines Sterns) von dem »Namenlosen« die Lehre erteilen, daß die Welt durch Nichtregieren allein regiert werde.
Der 4. Abschnitt bringt ein Gespräch zwischen Yang Dsï Gü (der wohl mit dem bekannten Yang Dschu identisch ist) und Laotse, das dieselben Lehren enthält.
Der 5. Abschnitt bringt eine textlich nur wenig abweichende Parallele zu Liä Dsï II, 13.
Der 6. Abschnitt führt das berühmte Bild aus von dem Herzen des Adepten, das einem Spiegel gleicht. (Über die Textbeschaffenheit vergleiche die Anmerkungen.)
Der 7. Abschnitt enthält das berühmte Gleichnis vom

Tod des Unbewußten (»Chaos«), der an der Aufklärung durch seine wohlmeinenden Freunde zugrunde geht.

1. Zwei Arten des Herrschens

Als Lückenbeißer an den Keimwalter[1] seine Fragen gerichtet hatte und der ihm auf alle vier Fragen geantwortet hatte er wisse es nicht, da machte Lückenbeißer vor Vergnügen einen Luftsprung, ging hin und erzählte es dem Meister Strohmantel[2].
Meister Strohmantel sprach: »Nun weißt du's also. Der Musterkaiser Schun[3] hat doch den Großen Alten[4] nicht erreicht. Schun hielt sich an die Sittlichkeit, um damit die Menschen zu vergewaltigen, und die Menschen fielen ihm auch zu; aber er gelangte nicht hinaus über das Gebiet, wo der Mensch in seinem eigentlichen Wesen noch nicht in die Erscheinung tritt. Der Große Alte schlief in aller Ruhe und wachte auf in aller Gemächlichkeit. Bald stellte er sich den Pferden gleich, bald den Rindern. So ward seine Erkenntnis der Natur (aller Wesen) zuverlässig, und sein Geist war in der Wahrheit; aber er begab sich nicht hinein in das Gebiet, wo der Mensch in seinem eigentlichen Wesen nicht in Erscheinung tritt.«

2. Worauf es ankommt

Giën Wu besuchte Dsië Yü, den Narren[5].
Dsië Yü, der Narr, sprach: »Was hat Mittagsanfang[6] mit dir gesprochen?« Giën Wu sprach: »Er hat mir gesagt, daß, wenn ein Fürst in seiner eigenen Person die Richtlinien zeigt und durch den Maßstab der Gerechtigkeit die Menschen regelt, niemand es wagen wird, Gehorsam und Besserung zu verweigern.«
Dsië Yü, der Narr, sprach: »Das ist der Geist des Be-

trugs. Wer auf diese Weise die Welt ordnen wollte, der gliche einem Menschen, der das Meer durchwaten oder dem Gelben Fluß ein Bett graben wollte und einer Mücke einen Berg aufladen würde. Die Ordnung des Berufenen: ist das etwa eine Ordnung der äußeren Dinge? Er ist recht, und dann geht es, daß wirklich jeder seine Arbeit versteht. Der Vogel fliegt hoch in die Lüfte, um dem Pfeil des Schützen zu entgehen. Die Spitzmaus gräbt sich tief in die Erde[7], um der Gefahr zu entgehen, eingeräuchert oder ausgegraben zu werden. Sollten die Menschen weniger Mittel haben als die unvernünftige Kreatur (um sich äußerem Zwang zu entziehen)?«

3. Der Rat des Namenlosen

Himmelgrund[8] wanderte auf der Mittagsseite des Roten[9] Berges, und als er an den Knöterichbach[10] kam, begegnete er von ungefähr dem Namenlosen, fragte ihn und sprach: »Darf ich fragen, wie man die Welt regiert?« Der Namenlose sprach: »Fort! Du bist gemein, eine solch unüberlegte Frage zu stellen. Ich bin eben dabei, mit dem Schöpfer zu verkehren. Hab' ich's genug, so reite ich auf dem Vogel Unsichtbar hinaus aus der räumlichen Welt und wandle in dem Lande des Nichtseins und weile in den Gefilden des Grenzenlosen. Weshalb willst du mein Herz bewegen mit dem Gedanken an die Regierung der Welt?«

Jener fragte noch einmal.

Da sprach der Namenlose: »Laß deine Seele wandeln jenseits der Sinnlichkeit[11], sammle deine Kraft im Nichts, laß allen Dingen ihren freien Lauf und dulde keine eigenen Gedanken: und die Welt wird in Ordnung sein.«

4. Der weisen Könige Wirken[11a]

Yang Dsï Gü suchte den Lau Dan auf und sprach: »Gesetzt, ein Mensch wäre eifrig und stark, von alldurchdringendem Verstand und allgegenwärtiger Klarheit und unermüdlich im Forschen nach dem SINN: könnte man den mit den weisen Königen (des Altertums) in eine Linie stellen?« Lau Dan sprach: »Für den Berufenen ist ein solcher Mensch nur ein Knecht und Kärrner, der in allen möglichen Kleinigkeiten seinen Leib abmüht und seine Seele bekümmert. Außerdem zieht das bunte Fell der Tiger und Panther nur die Jäger an; weil die Affen geschickt sind und die Hunde den Wildstier stellen können, darum werden sie an Stricken geführt. Und einem solchen Menschen, der ihnen gleicht: den sollte man mit den weisen Königen in eine Linie stellen können?«
Yang Dsï Gü errötete und sprach: »Darf ich fragen, wie dann die weisen Könige regierten?«
Lau Dan sprach: »Der weisen Könige Wirken war so, daß ihre Werke die ganze Welt erfüllten und doch nicht den Anschein hatten, als gingen sie von ihnen aus. Sie wandelten und beschenkten alle Wesen, und die Leute wußten nichts davon. Ihr Name wurde nicht genannt, und doch machten sie, daß alle Wesen innere Befriedigung hatten. Sie standen im Unmeßbaren und wandelten im Nichtsein.«

5.
Der Zauberer und der Weise
(Liä Dsï, Buch II, 13)

Es war einmal ein göttlicher Zauberer, der kam von Tsi und ließ sich in Dscheng nieder. Sein Name hieß: Gi Hiän. Er wußte Tod und Leben, Sein und Nichtsein,

Glück und Unglück, langes und kurzes Leben auf Jahr, Monat, Woche und Tag hinaus genau zu bestimmen wie ein Gott. Wenn die Leute von Dscheng seiner ansichtig wurden, so gingen sie ihm alle aus dem Wege.

Liä Dsï besuchte ihn, und sein Herz ward betört. Er kehrte zurück, um es dem Meister Hu Kiu anzusagen, und sprach: »Anfangs hielt ich des Meisters Sinn und Lehre für vollkommen, nun aber gibt es eine, die doch wohl noch vollkommener ist.« Meister Hu sprach: »Ich kam mit dir nur bis zum Buchstaben, nicht bis zum Wesen selbst, und nun hast du wirklich den geheimen SINN erlangt? Was für Eier legen denn die Hennen ohne Hahn? Daß du über den geheimen SINN mit der Welt streitest, zeigt deine Arglosigkeit, darum hat der Mensch dich in die Hand bekommen und aus deinen Mienen gelesen. Versuche es einmal, ihn mit hierher zu bringen, damit ich es ihm zeige.«

Andern Tags kam Liä Dsï mit ihm vor den Meister Hu. Beim Hinausgehen sprach er zu Liä Dsï: »Wehe, dein Lehrer wird sterben und nicht am Leben bleiben, er kann es höchstens noch eine Woche lang treiben. Ich habe Wunderliches gesehen, ich habe feuchte Asche gesehen.«

Liä Dsï ging wieder hinein und weinte bitterlich, also dass die Tränen seine Kleider feuchteten, und sagte es dem Meister Hu. Meister Hu sprach: »Ich habe ihm soeben im Geiste die äußere Form der Erde gezeigt, wenn die Keime sich noch nicht regen und noch nicht da sind. So sah er wohl die Wirkung meiner Lebenskraft in verhaltenem Zustand. Komm noch einmal mit ihm.«

Tags darauf kam er wieder mit ihm vor den Meister Hu. Beim Hinausgehen sprach er zu Liä Dsï: »Zum Glück hat dein Lehrer mich getroffen. Er ist geheilt. Er hat völliges Leben. Ich sah eine gleichstehende Waage.«

Liä Dsï ging hinein und sagte es dem Meister Hu. Meister Hu sprach: »Ich habe ihm soeben im Geiste den vom Himmel befruchteten Boden gezeigt. Ohne daß von außen her ein Begriff oder etwas Wirkliches in ihn eingeht, regte sich zu meinen Füßen der Kreislauf des Lebens. Das war die gleichstehende Waage. So sah er mich wohl im Zustand meiner Güte. Komm noch einmal mit ihm.« Tags darauf kam er wieder mit ihm vor den Meister. Beim Hinausgehen sagte er zu Liä Dsï: »Dein Lehrer ist nicht gesammelt, darum kann ich nicht in seinen Mienen lesen. Er soll versuchen sich zu sammeln, dann will ich wieder seine Mienen deuten.«
Liä Dsï ging hinein und sagte es dem Meister Hu. Meister Hu sagte: »Eben zeigte ich ihm im Geiste die große unergründliche Tiefe. So hat er wohl etwas von den Wirkungen meiner Beharrungskraft verspürt. Aber komm wieder mit ihm.« Tags darauf kam er wieder mit ihm vor den Meister. Aber noch ehe er sich richtig hingestellt hatte, verlor er die Fassung und lief weg. Meister Hu sprach: »Lauf ihm nach!« Liä Dsï lief ihm nach, holte ihn aber nicht ein. Er kam zurück, meldete es dem Meister Hu und sprach: »Er ist verschwunden, er hat sich verloren, ich konnte seiner nicht habhaft werden.«
Meister Hu sprach: »Eben habe ich ihm im Geiste gezeigt, wie vor aller Dinge Anfang mein Vater (der SINN) hervor trat. Ich bot ihm das Wesenlose und war unpersönlich. Er wußte nicht, was er daraus machen sollte. Es war ihm wie stürmender Wirbel, es war ihm wie fließende Wogen, darum lief er weg.«
Danach meinte Liä Dsï, daß er noch nicht die ersten Anfänge gelernt habe. Er ging heim und kam drei Jahre lang nicht wieder hervor. Er kochte für sein Weib und brachte den Schweinen das Futter, gleich als ob es Menschen wären. Um andere Geschäfte kümmerte er sich

nicht. Allerhand Schmuck und Zier schaffte er ab. Nur die einfache Form ließ er bestehen. Alles Zerstreuende beseitigte er. Und das Eine dadurch erlangte er.

6. Der Spiegel des Herzens

Der höchste Mensch gebraucht sein Herz wie einen Spiegel. Er geht den Dingen nicht nach und geht ihnen nicht entgegen; er spiegelt sie wider, aber hält sie nicht fest. Darum kann er die Welt überwinden und wird nicht verwundet. Er ist nicht der Sklave seines Ruhms[12]; er hegt nicht Pläne; er gibt sich nicht ab mit den Geschäften; er ist nicht Herr des Erkennens[13]. Er beachtet das Kleinste und ist doch unerschöpflich und weilt jenseits des Ichs. Bis auf's letzte nimmt er entgegen, was der Himmel spendet, und hat doch, als hätte er nichts[14]. Er bleibt demütig.

7. Der Tod des Unbewußten

Der Herr des Südmeeres war der Schillernde[15]; der Herr des Nordmeeres war der Zufahrende; der Herr der Mitte war der Unbewußte. Der Schillernde und der Zufahrende trafen sich häufig im Lande des Unbewußten, und der Unbewußte begegnete ihnen stets freundlich. Der Schillernde und der Zufahrende überlegten nun, wie sie des Unbewußten Güte vergelten könnten. Sie sprachen: »Die Menschen alle haben sieben Öffnungen zum sehen, hören, essen und atmen, nur er hat keine. Wir wollen versuchen, sie ihm zu bohren.«
So bohrten sie ihm jeden Tag eine Öffnung. Am siebenten Tage, da war der Unbewußte tot.

II

Exoterisches Ausführungen

Vorbemerkung zur II. Abteilung

Der zweite Teil des Werkes unterscheidet sich von dem ersten durch die Kompositionsart. Während im ersten Teil jedes der sieben Bücher ein bestimmtes Thema behandelt, das in der Überschrift angedeutet ist, sind im zweiten Teil mehr lose aneinandergereihte Ausführungen aufgezeichnet, und die Überschriften sind, wie sonst häufig im Chinesischen, nach den jeweiligen Anfangsworten der ersten Abschnitte benannt. Chinesische Kommentatoren geben als Erklärung dafür an, daß wir es mit Aufzeichnungen von Schülern Dschuang Dsï's zu tun haben, während die sieben ersten Bücher direkt von Dschuang Dsï's Hand stammen. Immerhin enthält auch der zweite Teil sehr vieles, das dem ersten vollkommen ebenbürtig zur Seite gestellt werden kann.

Buch VIII

Schwimmhäute zwischen den Zehen

Wider die Kultur I

Vorbemerkung

Buch VIII bis XIII enthalten Ausführungen zu Buch VII. Das vorliegende Buch enthält eine Homilie gegen die Kultur, die in allen ihren Erscheinungen nur als Auswuchs an der natürlichen Lebensgestaltung aufgefaßt wird. Die Seite der Kultur, die am schärfsten angegriffen wird, ist die Moral. Der Standpunkt dieses Buches ist durchaus jenseits von »gut« und »böse«. Zur Übersetzung ist zu bemerken, daß die Namen, die als Beispiele der verschiedenen Standpunkte gegeben sind, weggelassen sind, da sie für einen deutschen Leser die Sache nicht deutlicher machen, sondern schwieriger. Wer sich für die Namen interessiert, mag sie in den Anmerkungen nachlesen. Beibehalten sind nur der Herrscher Schun, der übrigens aus den Gesprächen des Kungfutse und sonst genügend bekannt sein dürfte, sowie Bo I, der mit seinem Bruder Schu Tsi zusammen aus Loyalität gegen das angestammte Fürstenhaus beim Wechsel der Dynastie verhungerte. Sein Gegenpol, der Räuber Dschï, der Repräsentant des Bösen, ist sagenhafter Natur. Er kommt bei Dschuang Dsï noch des öfteren vor.
Zu bemerken ist noch, daß das Buch, wie noch mehr die folgenden, direkt gegen den Konfuzianismus polemisiert, wenn auch nicht der Meister Kung selbst, sondern sein Schüler Dsong als Vertreter dieser Richtung genannt ist. Das Buch weicht im Stil von den echten Abschnitten merklich ab. Es ist wohl Schulprodukt.

Schwimmhäute zwischen den Zehen und ein sechster Finger an der Hand sind Bildungen, die über die Natur hinausgehen und für das eigentliche Leben überflüssig sind. Fettgeschwülste und Kröpfe sind Bildungen, die dem Körper äußerlich angewachsen und für die eigentliche Natur überflüssig sind. In allerhand Moralvorschriften[1] Bescheid wissen und sie anwenden ist ebenfalls etwas, das von außen her dem menschlichen Gefühlsleben hinzugefügt wird und nicht der Kern von SINN und LEBEN trifft.
Darum, wer Schwimmhäute am Fuße trägt, dessen Zehen sind einfach durch ein nutzloses Stück Fleisch verbunden; wer sechs Finger an der Hand hat, dem wächst einfach ein nutzloser Finger zuviel. Wer solche überflüssigen Auswüchse im innerlichen Gefühlsleben zeigt, der läßt sich hinreißen zu einem zügellosen Moralbetrieb und zu einem Gebrauch der Sinne, der das rechte Maß übersteigt. Denn solche überflüssige Verfeinerung des Gesichtssinnes führt zu weiter nichts als dazu, daß die natürlichen Farbenempfindungen in Unordnung geraten und man zu einem übertriebenen Kultus der Linien und Farben kommt[2]. Wer des Guten zu viel tut in Beziehung auf den Gehörsinn, der bringt es zu nichts weiter als dazu, daß die natürlichen Gehörsempfindungen in Unordnung geraten und man zu einem übertriebenen Kultus musikalischer Verfeinerung kommt[3]. Auswüchse der Moral führen zu nichts weiter, als daß man in willkürlicher Tugendübung die Natur unterbindet, um sich einen Namen zu machen, daß die ganze Welt mit Trommeln und Pfeifen einen als unerreichbares Vorbild rühmt[4]. Überflüssige Pflege logischer Spitzfindigkeiten führt zu nichts weiter, als daß man (seine Beweise) wie Dachziegel aufeinanderschiebt oder wie Stricke zusammenbindet, daß man sich in seinen Sätzen ver-

klausuliert und sich ergötzt an leeren begrifflichen Unterscheidungen[5] und mit kleinen vorsichtigen Schritten überflüssige Sätze verteidigt[6]. Das alles sind Methoden, so überflüssig wie Schwimmhäute und sechste Finger, und nicht geeignet, als Richtmaß der Welt zu dienen.

Das höchste Richtmaß vernachlässigt nicht die tatsächlichen Naturverhältnisse. Darum, wo es zusammenfaßt, bedarf es nicht der Schwimmhäute, wo es trennt, entstehen keine sechsten Finger. Das Lange ist für diesen Standpunkt nicht überflüssig, das Kurze nicht ungenügend. Die Beine einer Ente sind wohl kurz; wollte man sie strecken, so täte es ihr weh. Die Beine eines Kranichs sind wohl lang; wollte man sie kürzen, so empfände er Schmerz. Darum: was von Natur lang ist, soll man nicht kürzen; was von Natur kurz ist, soll man nicht strecken. Dann gibt es keinen Schmerz, den man beseitigen müßte. Ach, wie widerspricht doch die Moral der menschlichen Natur! Was macht diese Moral doch für viele Schmerzen!

Aber freilich, wenn einer Schwimmhäute zwischen den Zehen hat und man will sie ihm durchschneiden, so weint er; wenn einer einen sechsten Finger an der Hand hat und man will ihn abbeißen, so schreit er. Im einen Fall hat er ein Glied zuviel, im andern Fall (weil durch eine Haut verbunden) ein Glied zuwenig; aber der Schmerz ist derselbe. Die moralischen Menschen von heutzutage jammern blinzelnden Auges über die Leiden der Welt. Die unmoralischen Menschen verkümmern den tatsächlichen Zustand ihrer Natur und gieren nach Ehre und Reichtum. Darum halte ich dafür, daß die Moral etwas ist, das nicht der menschlichen Natur entspricht. Was hat sie doch seit Anbeginn der Weltgeschichte[7] für unnötige Verwirrung angerichtet!

Wer mit Haken und Richtschnur, mit Zirkel und Richtscheit die Leute recht machen will, der verkümmert ihre Natur; wer mit Stricken und Bändern, mit Leim und Kleister sie festigen will, der vergewaltigt ihr Wesen; wer Umgangsformen und Musik zurechtzimmert, um die Moral dadurch aufzuschmücken und so dem Herzen der Welt Trost zu spenden, der zerstört ihre ewigen Gesetze.

Es gibt ewige Gesetze in der Welt, und was nach diesen ewigen Gesetzen krumm ist, das ist nicht durch einen Haken so geworden; was gerade ist, ist nicht durch eine Richtschnur so geworden; was rund ist, ist nicht durch einen Zirkel so geworden; was rechteckig ist, ist nicht durch das Richtscheit so geworden. Die Vereinigung des Getrennten bedarf nicht des Leims und des Kleisters, und die Verbindung bedarf nicht Strick noch Schlinge. Die gegenseitige Anziehung auf Erden entsteht, ohne zu wissen, warum sie entsteht; die Einheit wird erreicht, ohne zu wissen, wodurch sie erreicht wird. Vom Uranfang an bis auf den heutigen Tag war es nicht anders, und das soll man nicht verderben. Was hat hier nun die Moral zu schaffen mit ihren Einigungsmitteln, die nichts anderes sind als Leim und Kleister, Stricke und Schlingen? Was braucht sie sich einzudrängen in das Gebiet urewiger Naturordnungen[8]? Sie bringt die Welt nur in Zweifel. Entstehen Zweifel über Nebendinge, so wird dadurch die Richtung verschoben; entstehen Zweifel in wichtigen Sachen, so wird die Natur verschoben. Woher weiß ich, daß das so ist? Seit der große Schun die Moral herangezogen hat, um die Welt zu verwirren, rennt die ganze Welt den Geboten der Moral des Rechts und Unrechts nach, und die Moral verschiebt ihr Wesen. Ich werde versuchen, das genauer auszuführen.

Seit Anbeginn der Weltgeschichte[7] gibt es niemand auf

der Welt, der nicht durch die Außendinge sein Wesen verschieben ließe. Der Gemeine gibt sein Leben um des Gewinnes willen, der Richter gibt sein Leben her um des Ruhmes willen; der Heilige gibt sein Leben her um der Welt willen. Alle diese Herren stimmen zwar nicht überein in ihren Beschäftigungen und nehmen einen verschiedenen Rang ein in der Schätzung der Menschen, aber was die Verletzung der Natur und die Preisgabe des Lebens anlangt, darin sind sie sich gleich.

Ein Knecht und eine Magd hüteten einmal miteinander Schafe, und beide verloren sie ihre Schafe. Als man den Knecht fragte, was er getrieben, da hatte er Bücher mitgenommen und gelesen; als man die Magd fragte, was sie getrieben, da hatte sie sich mit Würfelspiel vergnügt. Die beiden stimmten zwar nicht überein in ihren Beschäftigungen, aber was das Verlieren der Schafe anbelangt, waren sie einander gleich.

Bo I[9] starb um des Ruhmes willen am Fuße des Schou-Yang-Berges; der Räuber Dschï[10] starb um des Gewinnes willen auf dem Gipfel des Osthügels. Die beiden Leute stimmten zwar nicht überein in dem, wofür sie starben; aber darin, daß sie ihr Leben vernichteten und ihr Wesen verletzten, waren sie sich gleich. Was hat es nun für einen Sinn, dem Bo I recht zu geben und dem Räuber Dschï unrecht? Alle Menschen auf der Welt geben ihr Leben preis. Ist das, wofür einer sein Leben hergibt, die Moral, so ist es Sitte, ihn einen großen Mann zu nennen; gibt er sein Leben her für Geld und Gut, so ist es Sitte, ihn einen gemeinen Kerl zu nennen; aber die Preisgabe des Lebens ist dieselbe. Und dabei soll der eine ein großer Mann sein und der andere ein gemeiner Kerl? In der Art, wie er sein Leben vernichtete und sein Leben zu Schaden brachte, war der Räuber Dschï auch so etwas wie Bo I. Wie will man also den großen Mann und den gemeinen Mann unter den beiden herausfinden? Daß nun einer seine Natur der Moral unterordnet, und ob er es noch so weit darin brächte, ist nicht das, was ich gut nenne. Daß einer seine Natur dem Geschmackssinn unterordnet, und wenn er es noch so weit darin brächte[11], ist nicht das, was ich gut nenne. Daß einer seine Natur den Tönen unterordnet, und wenn er es darin noch so weit brächte, ist nicht das, was ich Hören nenne. Daß einer seine Natur den Farben unterordnet, und wenn er es noch so weit darin brächte, ist nicht das, was ich Schauen nenne. Was ich gut nenne, hat mit der Moral nichts zu tun, sondern ist einfach Güte des eigenen Geistes. Was ich gut nenne, hat mit dem Geschmack[12] nichts zu tun, sondern ist einfach das Gewährenlassen der Gefühle des eigenen Lebens. Was ich Hören nenne, hat mit dem Vernehmen der Außenwelt nichts zu tun, sondern ist einfach Vernehmen des eigenen Innern. Was ich Schauen nenne, hat mit dem Sehen der Außenwelt nichts zu tun, sondern ist einfach Sehen des eigenen Wesens. Wer nicht sich selber sieht, sondern nur die Außenwelt; wer nicht sich selbst besitzt, sondern nur die Außenwelt: der besitzt nur fremden Besitz und nicht seinen eigenen Besitz, der erreicht nur fremden Erfolg und nicht seinen eigenen Erfolg. Wer fremden Erfolg erreicht und nicht seinen eigenen Erfolg, dessen Erfolg ist, ganz einerlei, ob er der Räuber Dschï heißt oder Bo I, unwahr und falsch, und ich würde mich seiner schämen angesichts der urewigen Naturordnungen[13]. Darum halte ich mich auf der einen Seite zurück von allem Moralbetrieb und auf der andern Seite von allem zügellosen und unwahren Wandel.

Buch IX

Von Pferden und Menschen

Wider die Kultur II

Vorbemerkung

Das Buch, dessen Anfangsworte und Titel im Chinesischen »Pferde, Hufe« lautet, führt den Gedanken des vorigen an einem weiteren Beispiel aus. Derselbe Gedankengang ist in doppelter Rezension vorhanden und aneinandergereiht. Wir begnügten uns mit der Übersetzung der ersten, konziseren Form. Aus der zweiten Rezension folgt in den Anmerkungen noch eine ansprechende Schilderung des goldenen Zeitalters. Auch gegen dieses Buch liegen stilistische Bedenken vor.

Solang die Pferde auf den Steppen weilen, fressen sie Gras und saufen Wasser. Haben sie eine Freude aneinander, so kreuzen sie die Hälse und reiben sich; sind sie böse aufeinander, so drehen sie sich den Rücken und schlagen aus. Darin besteht ihre ganze Kenntnis. Spannt man sie aber an die Deichsel und zwingt sie unter's Joch, dann lernen die Pferde scheu umherblicken, den Hals verdrehen, bocken, dem Zaum ausweichen und die Zügel heimlich durchbeißen. So werden die Pferde klug und geschickt in allerhand Kniffen. Das alles ist die Schuld des ersten Pferdebändigers[1].

Im goldenen Zeitalter[2], da saßen die Leute umher und wußten nicht, was tun; sie gingen und wußten nicht, wohin; sie hatten den Mund voll Essen und waren glücklich, klopften sich den Leib und gingen spazieren. Darin bestanden die ganzen Fähigkeiten der Leute, bis dann die »Heiligen« kamen und Umgangsformen und Musik zurechtzimmerten, um das Benehmen der Welt zu regeln, ihnen Moralvorschriften aufhängten und sie darnach springen ließen, um den Herzen der Welt Trost zu spenden. Da erst fingen die Leute an zu rennen und zu stolpern in ihrer Sucht nach Erkenntnis und begannen sich zu streiten in der Jagd nach Gewinn, bis kein Halten mehr war. Das alles ist die Schuld der »Heiligen«[3].

Buch X

Von großen und kleinen Dieben

Wider die Kultur III

Vorbemerkung

Die Überschrift im Chinesischen heißt »Kisten aufbrechen«, nach den betreffenden Worten im ersten Satz. Derselbe Grundgedanke wie in den beiden vorhergehenden Büchern ist mit vermehrter Heftigkeit vorgetragen. Der 1. Abschnitt führt aus, daß, wie man sich durch Schloß und Riegel vor kleinen Dieben schütze, die großen Diebe aber die ganzen Kisten mitnehmen, so auch die Moral, die die Staaten festige, nur sie vorbereite für die großen Räuber. Als Beispiel wird der Staat Tsi angeführt, der samt seiner Moral dem Usurpatorengeschlecht der Tiën anheimfiel (vgl. Kungfutse-Gespräche XIV, 22, pag. 159).

Der 2. Abschnitt zeigt an einer Geschichte vom Räuber Dschï mit groteskem Humor, wie alle Moral nur das Produkt der jeweiligen Gesellschaft ist.

Der 3. Abschnitt enthält den in der ganzen chinesischen Literatur berühmt gewordenen Angriff auf die »Heiligen«, die Kulturbringer. Im Anschluß an einige Paradoxa aus dem Taoteking des Laotse wirft er der ganzen Kultur den Fehdehandschuh hin. Dieses »Zurück zur Natur« läßt an Energie und Heftigkeit alle ähnlichen Angriffe auf die Kultur hinter sich. Merkwürdigerweise ist dieser heftige Angriff lange Zeit unerwidert geblieben. Erst in der Tangzeit, als die Lehren des Dschuang Dsï eine neue Blütezeit erlebten, hat Han Yü (768–824) seine berühmte Abrechnung mit diesen Anschauungen vom Standpunkt der Kultur des Konfuzianismus aus ge-

schrieben, die noch heute in den chinesischen Schulen auswendig gelernt wird, wo Dschuang Dsï's Werke längst vergessen sind.
Übrigens ist trotz der glänzenden Sprache auch die Echtheit dieses Buches nicht über alle Zweifel erhaben. Der Stil ist flüssiger, wortreicher als der des Dschuang Dsï. Möglich ist, daß einzelne Abschnitte auf Dschuang Dsï zurückgehen, die dann von einem Späteren weiter ausgeführt wurden.

1. Moral als Schutz der großen Räuber

Sich gegen Diebe, die Kisten aufbrechen, Taschen durchsuchen, Kasten aufreißen, dadurch zu sichern, daß man Stricke und Seile darumschlingt, Riegel und Schlösser befestigt, das ist's, was die Welt Klugheit nennt. Wenn nun aber ein großer Dieb kommt, so nimmt er den Kasten auf den Rücken, die Kiste unter den Arm, die Tasche über die Schulter und läuft davon, nur besorgt darum, daß auch die Stricke und Schlösser sicher festhalten. So tut also einer, den die Welt einen klugen Mann nennt, nichts weiter, als daß er seine Sachen für die großen Diebe beisammenhält. Darum wollen wir noch näher über die Sache reden. Gibt es unter denen, die die Welt kluge Leute nennt, einen einzigen, der seine Sachen nicht für die großen Diebe beisammenhält! Gibt es unter denen, die sie Heilige nennt, einen einzigen, der nicht für die großen Diebe Wache steht?
Woher weiß ich, daß das so ist? Da war das Land Tsi. Die Nachbardörfer konnten einander sehen und den Hahnenschrei und das Hundebellen voneinander hören. Die Fischer warfen ihre Netze, und die Bauern pflügten ihr Land. Über zweitausend Geviertmeilen weit erstreckten sich die Grenzen. Ahnenhallen waren errichtet, Altäre

für die Götter des Bodens und des Kornes gebaut. Die Ordnung aller Dörfer und Familien, der Bezirke, Kreise und Gemeinden: alles war nach dem Vorbild der heiligen Männer eingerichtet. Da brachte eines Tages der Kanzler Tiën Tschong Dsï[1] den Fürsten von Tsi um und raubte sein Land. Hat er etwa nur sein Land geraubt? Nein, sondern er hat damit zugleich auch alle die Einrichtungen der Heiligen und Weisen mit geraubt. So kam's, daß man den Tiën Tschong Dsï wohl einen Räuber nannte; aber er blieb unangefochten in der Ruhe, die ihm die Patriarchen Yau und Schun (durch ihre Einrichtungen) verschafft hatten. Die kleinen Staaten wagten ihn nicht zu tadeln; die großen Staaten wagten ihn nicht umzubringen. Zwölf Generationen lang blieb das Land Tsi in seiner Familie.

2. Räubermoral

Die Gesellen des Räubers Dschï fragten ihn einmal und sprachen: »Braucht ein Räuber auch Moral?«
Er antwortete ihnen: »Aber selbstverständlich! Ohne Moral kommt er nicht aus. Intuitiv erkennt er, wo etwas verborgen ist: das ist seine Größe; er muß zuerst hinein: das ist sein Mut; er muß zuletzt heraus: das ist sein Pflichtgefühl; er muß wissen, ob es geht oder nicht: das ist seine Weisheit; er muß gleichmäßig verteilen: das ist seine Güte. Es ist vollkommen ausgeschlossen, daß ein Mann, der es auch nur an einer dieser fünf Tugenden fehlen läßt, ein großer Räuber wird.«
Hierbei kann man sehen, daß ebenso wie die guten Menschen auf die Moral der Heiligen angewiesen sind, um zu bestehen, auch der Räuber Dschï auf die Moral angewiesen ist, um sein Handwerk betreiben zu können. Nun aber sind die Guten auf der Welt wenige und die

Schlechten viele. Daraus folgt, daß der Nutzen der Heiligen für die Welt gering ist und ihr Schaden groß.

3. Heilige und Räuber

Jede Ursache hat ihre Wirkung: Sind die Lippen fort, so haben die Zähne kalt[2]. Weil der Wein von Lu zu dünn war, wurde Han Dan belagert[3]. Ebenso: wenn Heilige geboren werden, so erheben sich die großen Räuber. Darum muß man die Heiligen vertreiben und die Räuber sich selbst überlassen; dann erst wird die Welt in Ordnung kommen. Versiegen die Wildbäche, so werden die Täler von selber trocken; werden die Erhöhungen abgetragen, so werden die Gründe von selber aufgefüllt. Wenn die Heiligen erst einmal ausgestorben sind, so stehen keine großen Räuber mehr auf, die Welt kommt in Frieden, und es gibt keine Geschichten mehr. Solange die Heiligen nicht aussterben, hören die großen Räuber nicht auf. Nimmt man die Heiligen wichtig, um die Welt in Ordnung zu bringen, so heißt das nur, daß man es für wichtig hält, dem Räuber Dschï Gewinn zu verschaffen. Macht man Scheffel und Eimer, daß die Leute damit messen, so macht man gleichzeitig mit diesen Scheffeln und Eimern die Leute zu Dieben. Macht man Siegel und Stempel, daß die Leute treue Urkunden bekommen, so macht man gleichzeitig mit Siegeln und Stempeln sie zu Dieben. Macht man Liebe und Pflicht, um die Leute auf den rechten Weg zu weisen, so macht man gleichzeitig mit Liebe und Pflicht sie zu Dieben.
Woher weiß ich, daß es also ist? Wenn einer eine Spange stiehlt, so wird er hingerichtet. Wenn einer ein Reich stiehlt, so wird er Landesfürst. Wohnt er erst im Fürstenschloß, so hält er die Liebe und Pflicht hoch. Heißt das nicht Liebe und Pflicht und die Erkenntnis der Hei-

ligen stehlen? Darum tun's die Leute jenen großen Räubern nach, die Fürstentümer an sich reißen und Liebe und Pflicht stehlen zugleich mit dem Gewinn, der aus Scheffeln, Eimern, Gewichten, Wagen, Siegeln und Stempeln entspringt. Wollte man ihnen Staatskarossen und Kronen zum Lohne geben, es würde keinen Eindruck auf sie machen. Wollte man sie mit Äxten und Spießen schrecken, sie ließen sich nicht abhalten. So hält man es für wichtig, dem Räuber Dschï Gewinn zu verschaffen, und macht es unmöglich, die Leute im Zaum zu halten. Das ist die Schuld der Heiligen.
Darum heißt es:[4]

> »Den Fisch darf man nicht der Tiefe entnehmen,
> Des Reiches Förderungsmittel darf man nicht
> den Leuten zeigen.«

Die Heiligen aber sind es, die des Reiches Förderungsmittel sind. Sie können die Welt nicht erleuchten. Darum: »Gebt auf die Heiligkeit, werft weg die Erkenntnis[5], und die großen Räuber werden aufhören!« Werft weg die Edelsteine und zertretet die Perlen, und die kleinen Räuber werden nicht aufstehen! Verbrennt die Stempel und zerstört die Siegel, und die Leute werden einfältig und ehrlich! Vernichtet die Scheffel und zerbrecht die Wagen, und die Leute hören auf zu streiten! Wenn einmal die ganze Kultur auf Erden ausgerottet ist, dann erst kann man mit den Leuten vernünftig reden.
Wenn einmal die Stimmpfeifen durcheinander gebracht sind und alle Flöten und Harfen verbrannt und die Ohren der Musiker[6] verstopft, dann erst werden die Leute auf der Welt anfangen, ihre eigenen Ohren zu gebrauchen. Wenn einmal alle Ornamente vernichtet sind und die fünf Farbenharmonien zerstreut und die Augen eurer Späher[7] verklebt, dann erst werden die Leute auf der

Welt anfangen, ihr eigenes Augenlicht zu gebrauchen. Wenn einmal alle Winkel und Richtschnüre zerstört sind und alle Zirkel und Richtscheite weggeworfen und die Finger eurer Tausendkünstler[8] abgebrochen, dann erst werden die Leute auf der Welt anfangen, sich auf ihre eigene Geschicklichkeit zu verlassen[9]. Wenn einmal der Wandel eurer Tugendhelden[10] beseitigt wird und der Mund eurer Sophisten[11] mit der Zange zugeklemmt wird, und man die Liebe und Pflicht in weitem Bogen fortschleudert, dann erst kommt das LEBEN der Welt in Übereinstimmung mit dem Überirdischen. Wenn erst die Leute sich auf ihr eigenes Augenlicht verlassen, so gibt's auf der Welt keinen leeren Schein mehr. Wenn die Leute sich erst auf ihre eigenen Ohren verlassen, so gibt's auf der Welt keine Verstrickungen mehr. Wenn die Leute sich erst auf ihr eigenes Wissen verlassen, so gibt's auf der Welt keine Zweifel mehr. Wenn die Leute sich erst auf ihr eigenes LEBEN verlassen, so gibt's in der Welt keine Unnatur mehr. Alle jene Kulturträger aber suchen ihr LEBEN in etwas Äußerlichem und verwirren durch ihren gleißenden Schein die Welt. Das sind Wege, bei denen nichts herauskommt[12].

Heutzutage ist es so weit gekommen, daß die Leute die Hälse recken und sich auf die Zehen stellen und zueinander sprechen: An dem und dem Platz ist ein Weiser. Sie nehmen Reisezehrung auf den Weg und eilen hin, indem sie ihre Familien und den Dienst ihrer Herren im Stich lassen. Fußspuren führen über die Grenzen der verschiedenen Länder, und Wagengleise ziehen sich über Tausende von Meilen hin. An all' dem trägt die Schuld, daß die Fürsten (in falscher Weise) die Erkenntnis hochschätzen. Wenn die Fürsten nur die Erkenntnis schätzen, aber nicht den rechten SINN haben, so kommt die Welt in große Verwirrung.

Woher weiß ich, daß es also ist? Nimmt die Kenntnis von Bogen, Armbrüsten, Fangnetzen, Pfeilen und allerhand Schußwaffen zu, so kommen die Vögel unter dem Himmel in Verwirrung. Nimmt die Kenntnis von Angeln, Ködern, Netzen, Reusen und allerhand Fanggeräten zu, so kommen die Fische im Wasser in Verwirrung. Nimmt die Kenntnis von Fallen und Schlingen, Netzen und allerhand Fallstricken zu, so kommen die Tiere des Feldes in Verwirrung. Nimmt die Kenntnis von Falschheit, langsam wirkenden Giften, glatten Lügen, logischen Spitzfindigkeiten und allerhand Disputierkünsten zu, so werden die Sitten unsicher durch Sophisterei. Darum, jedes einzelne Mal, wenn die Welt in große Unordnung kommt, so ist die Schuld daran die Überschätzung der Erkenntnis. Wenn alle Menschen auf der Welt nur davon wissen wollen, nach dem zu streben, was sie nicht wissen, und nichts davon wissen wollen, zu streben nach dem, was sie schon wissen, und alle nur davon wissen wollen, zu tadeln, was sie nicht für gut finden, und nichts davon wissen wollen, zu tadeln, was sie für gut halten, so führt das zu den größten Unordnungen. Dadurch verfinstert sich der Schein von Sonne und Mond, dadurch versiegt die Lebenskraft von Berg und Fluß, dadurch verwirrt sich der Gang der Jahreszeiten. Bis hinunter zum kleinsten Würmchen und zur kleinsten Fliege verliert alles seine wahre Natur. Also verwirrt die Überschätzung der Erkenntnis die Welt. So geht es nun seit Anbeginn der Weltgeschichte: man vernachlässigt das einfache, arbeitsame Volk und ergötzt sich am Geschwätz unruhiger Köpfe. Man wendet sich ab vom anspruchslosen Nichthandeln und ergötzt sich an gleißenden Ideen. Durch diese Gleißnerei kommt die Welt in Unordnung.

Buch XI

Leben lassen, gewähren lassen

Vorbemerkung

Die Überschrift, die aus den ersten Worten des Buches besteht, charakterisiert ausreichend den Gedankengang der sprachlich zum Teil recht schwierigen Ausführungen. Die großen Gegensätze des »Nicht-Handelns« und des »Ordnens« durchziehen das ganze Buch. Der 1. Abschnitt gibt zunächst die prinzipielle Grundlage. Es handelt sich darum, daß der natürliche Gleichgewichtszustand, der auf einer inneren Harmonie der verschiedenen Lebenstendenzen beruht, im Volk nicht zerstört werde. Auf diese Weise kommt auch das gesellschaftliche Zusammenleben der Menschheit ganz von selber in Ordnung. Alle positive Beeinflussung, sowohl nach der Seite der Lust, als nach der Seite der Furcht hin, schafft eine Verrückung jener inneren Harmonie, an deren Stelle dann äußere Ziele als den Willen bestimmend treten. In dieser Beziehung ist kein Unterschied zwischen dem Musterherrscher Yau, der die Welt durch Freude leiten wollte, und dem Tyrannen Gië, der sie durch Schrecken in Zaum zu halten versuchte. Darum sind auch die Mittel, die der Konfuzianismus zur Förderung der Kultur anzuwenden suchte, vom Übel, weil sie das ruhige Abfinden mit der Naturordnung verhindern.

Der 2. Abschnitt gibt in Form einer Unterredung des Laotse mit einer allegorischen Persönlichkeit eine nähere Ausführung dieser Grundsätze. Bemerkenswert sind namentlich die Worte über das Menschenherz. Unmerklich verliert sich die Rede des Laotse in einen historischen Überblick über den Fluch des »Ordnenwollens«, der mit einer plastischen Schilderung der Not der Zeit Dschuang Dsï's endet.

Der 3. Abschnitt schildert das Zusammentreffen des Herrn der gelben Erde mit einer rätselhaften Persönlichkeit, dem »Umfassend Vollendeten«. Diese Person wächst über alles menschliche Maß hinaus und tritt am Schluß als eine Art Verkörperung der Gottheit auf. An diesen Gottmenschen haben sich später viele Sagen geknüpft. Natürlich wurde er unter anderem auch als eine der Inkarnationen Laotses angesehen. Das Erwachen zur Erkenntnis, das der Herr der gelben Erde hier durchmacht, hat eine Parallele in der Erzählung Liä Dsï, Buch II, 1.

Der 4. Abschnitt gibt ein Bild, das in seiner Kühnheit an Michelangelo erinnert. Der Wolkenfürst, Repräsentant der sichtbaren Wolken und weiterhin der um die Menschen besorgten geistigen Welt, der »Engel«, trifft am Ende der materiellen Welt auf den »Urnebel«, eine Verkörperung transzendenter Weltabgeschiedenheit. Diese mythischen Gestalten, die von einem Dichter geschaut sind, haben ihre Geschwister z. B. in Spittelers kosmischen Dichtungen.

Der 5. Abschnitt behandelt wieder diskursiv die Art, wie man zur Beherrschung der Welt fähig wird. Der Kernpunkt liegt darin, daß man im Besitz der Dinge sich frei hält von ihrem Einfluß, daß man sich durch die Objekte nicht selbst objektivieren läßt. Dieser Gedanke, der noch mehrmals in Dschuang Dsï vorkommt, gibt den Schlüssel zum Geheimnis der Weltüberwindung und damit, nach Dschuang Dsï, zur Beherrschung der Welt.

Der 6. Abschnitt sucht eine Vermittlung der Lehre vom Nicht-Handeln mit den konfuzianischen Anschauungen. Er gehört, wie ein chinesischer Kommentator bemerkt, seiner Art nach zusammen mit den Werken des Yang Hiung, der um die Wende der christlichen Ära gelebt hat. Wir haben daher von seiner Wiedergabe abgesehen.

1. Ruhe für die Welt

Ich weiß davon, daß man die Welt leben und gewähren lassen soll. Ich weiß nichts davon, daß man die Welt ordnen soll. Sie leben lassen, das heißt, besorgt sein, daß die Welt nicht ihre Natur verdreht; sie gewähren lassen, das heißt, besorgt sein, daß die Welt nicht abweicht von ihrem wahren LEBEN. Wenn die Welt ihre Natur nicht verdreht und nicht abweicht von ihrem wahren LEBEN, so ist damit die Ordnung der Welt schon erreicht. Der heilige Herrscher Yau suchte die Welt zu ordnen, indem er sie fröhlich machte; aber wenn die Menschen mit Lust ihrer Natur bewußt werden, geht die Ruhe verloren. Der Tyrann Gië suchte die Welt zu ordnen, indem er sie traurig machte; aber wenn die Menschen unter ihrer Natur zu leiden haben, so geht die Zufriedenheit verloren. Verlust der Ruhe und Zufriedenheit ist nicht das wahre LEBEN. Daß ohne das wahre LEBEN dauernde Zustände geschaffen werden, ist unmöglich. Wenn die Menschen zu viel Freude haben, so wird die Kraft des Lichten zu sehr gefördert; wenn die Menschen zu sehr gereizt werden, so wird die Kraft des Trüben zu sehr gefördert. Eine Steigerung dieser Kräfte führt dazu, daß die vier Jahreszeiten ihren rechten Lauf nicht haben, daß Kälte und Hitze nicht ihren Ausgleich finden. Dadurch wiederum wird der Menschen Leiblichkeit gestört, so daß der Menschen Lust und Groll ihre Grenzen überschreiten; sie werden unbeständig in ihrem Wesen und unbefriedigt in ihren Gedanken; sie lassen auf halbem Wege die Arbeit unvollendet liegen: auf diese Weise entstehen in der Welt

Hoffart, Mißgunst, ehrgeiziges Tun und Eifersucht. Und so kommt es zu den Taten der Bösewichter und Tugendhelden[1]. Darum ist es unzulänglich, die Welt heben zu wollen durch Belohnung der Guten, und es ist unmöglich, die Welt zu heben durch Bestrafung der Bösen. Die Welt ist so groß, daß man ihr mit Lohn und Strafe nicht beikommen kann. Vom Anbeginn der Weltgeschichte[2] gab es nur Aufregung. Immer gab man sich nur damit ab, zu belohnen und zu strafen. Da hatte man dann freilich keine Zeit mehr, sich ruhig abzufinden mit den Verhältnissen der Naturordnung.

Lust am Scharfblick führt zum Übermaß der Farbenpracht; Lust an Feinhörigkeit führt zum Übermaß der Töne; Lust an der Menschenliebe führt zur Verwirrung des wahren LEBENS; Lust an der Gerechtigkeit führt zur Beeinträchtigung der Vernunft; Lust an den Umgangsformen fördert trügerischen Schein; Lust an der Musik fördert die Zügellosigkeit; Lust an der Heiligkeit fördert allerhand Kunstgriffe; Lust an der Erkenntnis fördert die Tadelsucht. Wenn die Welt sich ruhig abfindet mit den Verhältnissen der Naturordnung, so mögen jene Dinge da sein oder fehlen, und es bringt keinen Schaden. Wenn aber die Welt sich nicht ruhig abfindet mit den Verhältnissen der Naturordnung, dann fängt man an, jene Dinge unmäßig zu fördern oder gewaltsam zu unterdrücken, und verwirrt die Welt dadurch, und die Welt beginnt sie zu ehren, sie zu lieben. Tief wahrlich ist die Verblendung der Welt; nicht nur geht sie an diesen Dingen nicht vorüber oder entfernt sie, nein, sie fastet und kasteit sich, um von diesen Dingen zu reden; sie paukt und singt, um sie zu üben. Was läßt sich da machen?

Darum, wenn ein großer Mann gezwungen ist, sich mit der Regierung der Welt abzugeben, so ist am besten das Nicht-Handeln. Durch Nicht-Handeln kommt man zum ruhigen Abfinden mit den Verhältnissen der Naturordnung. Darum, wem sein (wahres) Ich wichtiger ist als die Herrschaft über die Welt, dem kann man die Welt übergeben[3]. Wenn der Herrscher es fertig bringt, sein Inneres nicht zu zerteilen, seinen Scharfsinn nicht zu gebrauchen, dann weilt er wie ein Leichnam, und ungeheure Wirkungen zeigen sich[4]; er ist in abgrundtiefes Schweigen gehüllt und erschüttert doch (die Welt)[5]; sein Geist bewegt sich, und die Natur folgt ihm; er läßt sich gehen und handelt nicht, und alle Wesen drängen sich um ihn zusammen. Wie sollte ein solcher noch Muße haben, die Welt zu ordnen!

2. Die Not der Zeit

Der Pedant[6] fragte den Lau Dan: »Wenn man die Welt nicht in Ordnung bringt, wie kann man dann der Menschen Herzen verbessern?« Lau Dan sprach: »Hüte dich, der Menschen Herz zu stören! Wird das Menschenherz bedrückt, so wird es verzagt; wird es gefördert, so wird es trotzig. Ist es trotzig und verzagt, so wird es bald Sklave, bald Mörder; bald ist es überschwenglich, bald beschränkt; bald schmiegt es sich demütig vor dem Starken und Harten, bald ist es schneidend und scharf wie Messer und Meißel; bald ist es heiß wie dörrendes Feuer, bald ist es kalt wie starres Eis; es ist so flink, daß, während man auf- und niederblickt, es imstande ist, zweimal jenseits der Meere zu greifen. Verharrt es, so ist es still wie der Abgrund; bewegt es sich, so ist es himmelhoch aufgeregt. Stolz und hochmütig, daß niemand es binden kann, also ist der Menschen Herz.«
Der Herr der gelben Erde hat einst den Anfang gemacht, durch Güte und Gerechtigkeit das Menschenherz zu stören. Yau und Schum scheuerten sich die Haare von den

Beinen vor lauter Anstrengung, den leiblichen Bedürfnissen der Menschen zu genügen. Sie betrübten sich in ihrem Innern, um Menschenliebe und Gerechtigkeit zu erzielen; sie mühten ihre Lebensgeister ab, um Gesetz und Maß abzuzirkeln, und dennoch haben sie es nicht fertig gebracht. Yau sah sich schließlich genötigt, den Huan Du[7] auf den Gespensterberg zu verbannen, die drei Miau-Stämme[7] nach den drei Klippen und den Gung Gung[7] in die Stadt der Finsternis. So zeigte sich, daß er nicht imstande war, mit der Welt fertig zu werden.
Als dann das Zeitalter der historischen Dynastien[2] herbeikam, da kam die Welt erst recht in Schrecken. Die Bösen waren Tyrannen und Räuber[8]; die Guten waren Tugendmuster und Pedanten[9], und das Parteigezänk der Schulen[10] erhob sich. So kam es, daß die Gefühle sich verwirrten, Toren und Weise einander betrogen, Gute und Böse einander verdammten, Prahler und Wahrheitshelden einander verlachten und die Welt in Verfall geriet. Im großen LEBEN herrschte keine Übereinstimmung mehr, und die Naturordnungen verbrannten und versanken. Die Welt liebte Weisheit, und das Volk wurde unersättlich in seinem Begehren. Das Henkersbeil und die Säge taten ihr Werk; nach der Richtschnur wurde getötet. Mit Hammer und Meißel ging man vor, und die Welt ward zerrissen und aufs äußerste verwirrt. An alledem trägt die Schuld, daß man das Menschenherz stört. So kam's dazu, daß heutzutage die Weisen sich verkriechen in die Höhlen der heiligen Berge, und daß die Fürsten zittern vor Angst in ihren Palästen. Die Leichen der zum Tode Gebrachten liegen in Haufen umher; die Gefesselten und Gebundenen drängen sich (auf den Straßen), und wenn einer zur Prügelstrafe verurteilt ist, muß er erst zusehen und warten, bis er dran kommt. Und die Wanderprediger[10] stehen auf den Zehen und fuchteln mit

den Armen mitten drin unter der Menge in Fesseln und Banden. Wehe über ihre grenzenlose Unverschämtheit! Ach, daß wir noch nicht erkannt haben, daß all die Heiligkeit und Weisheit diese Fesseln verursacht und all die Menschenliebe und Gerechtigkeit diese Banden bewirkt hat! Wie kann man wissen, ob nicht jene Tugendhelden[9] nur die scharfen Pfeile der Tyrannen und Räubers sind? Darum heißt's: Gebt auf die Heiligkeit, werft weg die Erkenntnis, und die Welt kommt in Ordnung![11]

3. Der Herr der gelben Erde und die Gottheit

Der Herr der gelben Erde saß auf dem Throne neunzehn Jahre lang, und seine Gebote herrschten auf Erden. Da vernahm er, daß der umfassend Vollendete[12] auf dem Berg der Leere und Einheit[13] wohne. So ging er hin, um ihn zu sehen, und sprach: »Ich höre, daß Ihr, Meister, des höchsten SINNS kundig seid. Darf ich fragen nach des höchsten SINNS reinster Kraft? Ich möchte die reinste Kraft von Himmel und Erde sammeln, um dem Korn Gedeihen zu geben, um die Menschen zu nähren. Ich möchte das Trübe und das Lichte beherrschen, damit alle Lebewesen ihrer Art zu folgen imstande seien. Wie kann man das machen?«

Der umfassend Vollendete sprach: »Was du zu fragen begehrst, ist nur der Stoff der Natur; was du zu beherrschen begehrst, ist nur die Hefe der Natur. Seit du die Welt regierst, regnet es, ehe die Wolken sich gesammelt, und die Blätter von Gras und Baum fallen ab, ehe sie gelb werden; der Schein von Sonne und Mond ist übermäßig und sengend, und dabei zeigst du die redselige Art eines Schwätzers. Du bist nicht wert, vom höchsten SINN zu hören.»

Der Herr der gelben Erde zog sich zurück. Er gab das

Weltreich auf und baute sich eine Klause, und trockenes Heu diente ihm zum Lager. Drei Monate lang weilte er in Abgeschiedenheit, dann ging er wieder hin, um jenen aufzusuchen. Der umfassend Vollendete lag rücksichtslos ausgestreckt[14] da. Der Herr der gelben Erde nahte ihm in der Art eines Dieners auf den Knien und neigte zweimal das Haupt bis zur Erde. Dann fragte er und sprach: »Ich höre, daß Ihr, Meister, höchsten SINNS kundig seid. Darf ich fragen, wie man sein Ich in Ordnung bringt, also daß es ewige Dauer erlangt?«
Da änderten sich die Mienen des umfassend Vollendeten; er erhob sich und sprach: »Gut wahrlich ist deine Frage. Komm, ich will mit dir vom höchsten SINNE reden:

Höchsten SINNES Samenkraft
Dunkel im geheimen schafft,
Höchsten SINNS Vollkommenheit:
Dämmernde Verschwiegenheit,
Ungehört und los vom Schein,
Hüllt den Geist in Stille ein.
Und der Leib folgt dem Verein,
Wird von selber still und rein.
Mit dem Leibe kämpfe nicht,
Deinen Samen rege nicht:
Also schaust du der Ewigkeit Licht.

Was kein Auge sieht und kein Ohr hört und keines Menschen Herz vernimmt: dein Geist wird deinen Leib bewahren, also daß dein Leib ewig lebt. Hüte dein Inneres, schließe dein Äußeres! Viele Erkenntnis führt zum Verfall. Dann will ich mit dir hinaufsteigen zu den Höhen der großen Klarheit. Sind wir dort, so sind wir an der Quelle der treibenden Kraft des Lichten. Ich will mit dir eindringen in das dunkle geheimnisvolle Tor. Sind wir dort, so sind wir an der Quelle der hemmenden Kraft des Trüben. Himmel und Erde haben beherrschende Kräfte; das Trübe und das Lichte hat einen bergenden Ort. Hüte sorgsam dein Selbst, so wird das äußere Wesen von selber stark. Ich wahre jene Einheitskraft, ich verweile in jenen Harmonien; so bilde ich mein Selbst nun schon seit zwölfhundert Jahren, und mein Leib ist nicht zerfallen.« Der Herr der gelben Erde neigte sich zweimal, berührte mit dem Haupt den Boden und sprach: »Möge der umfassend Vollendete (nun auch) von der Natur reden.«

Der umfassend Vollendete sprach: »Komm, ich will mit dir darüber reden! Sie ist in ihrer Wesenheit unerschöpflich, und die Menschen denken alle, sie sei fertig. Sie ist in ihrer Wesenheit unergründlich, und die Menschen denken alle, sie sei am Ziel. Wer meinen SINN erlangt, der ist aufsteigend ein Gott und absteigend ein Herrscher. Wer meinen SINN verliert, erblickt aufsteigend das Licht (der Welt), und absteigend wird er zu Erde. Alle Einzelwesen werden geboren aus Erde und kehren zurück zur Erde. Darum will ich dich jetzt verlassen und eingehen in das Tor der Ewigkeit, um zu wandeln auf den Gefilden der Unendlichkeit. Ich will meinen Schein vereinen mit Sonne und Mond, mit Himmel und Erde gemeinsam unsterblich sein. Während ich mich in die Weiten verliere, entschwinden die Menschen meinem Blick. Sie alle sterben: ich allein bin.«

4. Wolkenfürst und Urnebel

Der Wolkenfürst[15] wandelte nach Osten. Als er am Ende des Luftwirbels[16] vorüber war, traf er den Urnebel[17]. Urnebel hatte die Arme um die Knie geschlungen und hüpfte

wie ein Vogel umher. Wolkenfürst erblickte ihn. Betroffen hielt er inne, stellte sich ehrfürchtig auf die Seite und sprach: »Wer seid Ihr, Greis? Was tut Ihr, Greis?«
Urnebel hüpfte weiter und sprach zu Wolkenfürst: »Wandern.« Wolkenfürst sprach: »Ich möchte eine Frage an Euch richten.«
Urnebel blickte auf, sah den Wolkenfürst an und sprach: »Puh!« Wolkenfürst sprach: »Des Himmels Kraft ist nicht in Einklang, der Erde Kraft ist gehemmt; die Kräfte der Atmosphäre sind in Mißklang, die Jahreszeiten sind in Unordnung. Ich möchte die reinste Kraft der Atmosphäre in Einklang bringen, um allen Lebewesen Nahrung zu spenden. Was ist da zu tun?«
Urnebel hüpfte weiter, neigte den Kopf und sprach: »Ich weiß nicht, ich weiß nicht!«
Und Wolkenfürst konnte ihn nichts mehr fragen.
Drei Jahre waren vergangen. Der Wolkenfürst wandelte wieder nach Osten. Als er am Gebiet des Wohnungsbesitzes[18] vorüber war, traf er abermals auf den Urnebel.
Er war hoch erfreut, eilte ihm entgegen und sprach: »Hast du mich vergessen, o Himmlischer? Hast du mich vergessen, o Himmlischer?« Zweimal verneigte er sich und berührte mit dem Haupt die Erde, wünschend, vom Urnebel etwas zu erfahren.
Urnebel sprach: »Ich schwebe umher und weiß nicht, was ich will; ich treibe mich herum und weiß nicht, wohin. Wandernd sehe ich mit verschränkten Armen zu, wie alles seine festen Bahnen geht. Was sollte ich da wissen können?«
Wolkenfürst sprach: »Auch ich halte dafür, daß ich ziellos mich umhertreibe. Aber die Menschen folgen mir, wohin ich gehe, und ich werde die Menschen nicht los; so bin ich der, nach dem sich alle Menschen richten. Darum möchte ich ein Wort von Euch hören.«

Urnebel sprach: »Daß die Ordnungen der Natur verwirrt sind, daß die Gefühle der Wesen unbefriedigt sind, daß der unerforschliche Ratschluß des Himmels nicht sich vollendet, daß die Herden der Tiere sich auflösen und die Vögel alle um Mitternacht rufen, daß Unheil kommt über Kraut und Baum, daß Wehe kommt über Schlange und Wurm: ach, all das kommt davon, daß man die Menschen in Ordnung bringen will!«

Wolkenfürst sprach: »Was soll ich aber dann machen?« Urnebel sprach: »Ach, das ist alles Gift. Mach', daß du fortkommst!« Wolkenfürst sprach: »Nicht leicht ist's, Euch zu begegnen, Himmlischer. Darum möchte ich ein Wort von Euch hören.«

Urnebel sprach: »Ach, wenn dein Herz fest ist, dann magst du untätig weilen beim Nicht-Handeln, und alle Dinge wandeln sich selber. Laß fahren deinen Leib; spei' aus deine Sinneseindrücke; werde gleichgültig und vergiß die Außenwelt; komm in Übereinstimmung mit dem Uranfang; löse dein Herz; entlaß deinen Geist; kehre zurück ins Unbewußte: dann kehren alle Wesen zurück zu ihrer Wurzel. Sie kehren zurück zu ihrer Wurzel, und du weißt es nicht, und die ungeschiedene Einheit verlassen sie nicht ihr Leben lang. Wenn du das Eine erkennst, so wird das Andere dich verlassen. Darum frage nicht nach dem Namen, spähe nicht nach den Beziehungen, und die Wesen werden von selber Leben haben!«

Wolkenfürst sprach: »Ihr seid mir genaht, Himmlischer, mit Eurem Geiste, und Ihr habt mir Euer Geheimnis offenbart. Was ich mein Leben lang erstrebt, heute habe ich's erhalten!«

Darauf verneigte er sich zweimal tief und berührte mit dem Haupt die Erde. Dann erhob er sich, nahm Abschied und ging.

Die Weltmenschen freuen sich alle darüber, wenn die andern mit ihnen einig sind, und hassen es, wenn die andern von ihnen abweichen. Der Grund dafür, daß man es gern hat, wenn die andern mit einem übereinstimmen, und nicht gern hat, wenn die andern von einem abweichen, ist das Streben, sich vor der Menge hervorzutun. Aber dieses Streben, sich vor der Menge hervorzutun, kann unmöglich dauernde Erfolge haben. Zur Bestätigung seiner eigenen Erfahrungen muß man sich auf die der Menge verlassen, da die eigenen Fähigkeiten nicht so vielfältig sind wie die der Menge. Wer nun ein Reich regieren will unter Aneignung der Vorteile, die die Regierungsmaßregeln der Herrscher des Altertums[2] gewähren, aber ohne daß er ihre Nachteile sieht, der gründet den Bestand dieses Reiches auf einen glücklichen Zufall. Wie selten aber kommt es vor, daß, wer sich auf den Zufall verläßt, das Reich nicht zugrunde richtet! Unter zehntausend solchen Fällen gibt es nicht *einen*, da das Reich Bestand hätte. Mit ungeheurer Wahrscheinlichkeit wird ein Reich auf diese Weise zugrunde gehen. Ach, daß die, die das Erdreich besitzen, das nicht erkennen! Die das Erdreich besitzen, besitzen ein großes Ding. Wer ein großes Ding besitzt, darf sich nicht durch die Dinge selbst zum Ding machen lassen. Weil er selbst nicht als Ding erscheint, darum kann er die Dinge als Dinge behandeln. Wer es durchschaut hat, daß, was die Dinge zu Dingen macht, nicht selbst ein Ding ist, dessen Macht beschränkt sich nicht darauf, nur die Leute auf der Welt in Ordnung bringen zu können. Er geht aus und ein in der Räumlichkeit und wandelt durch die Welt[19]. Er ist frei in seinem Gehen und Kommen, von ihm kann man sagen, daß er (die Welt) zur freien Ver-

fügung hat. Ein Mensch, der so (die Welt) zur freien Verfügung hat, der besitzt den höchsten Adel.
Die Lehre des großen Mannes gleicht dem Schatten, der dem Körper folgt, dem Echo, das dem Laute folgt. Jede Frage findet ihre Antwort, die die innersten Gedanken trifft. Er weilt jenseits des Tons und handelt jenseits der Pläne. Er nimmt dich und führt dich ans Ziel und bringt dich an deinen Platz durch deine eigne Bewegung. Seine Handlungen haben keine Grenzen. Er geht aus und ein im Jenseitigen und ist ewig wie die Sonne. Will man preisend reden von seiner Gestalt: er ist eins mit der Allgemeinheit. Eins mit der Allgemeinheit hat er kein persönliches Ich. Weil er kein persönliches Ich hat, betrachtet er das Seiende auch nicht als sein eigen. Die auf das Sein achteten, waren die Herrscher der alten Zeit; die auf das Nicht-Sein achten, sind Freunde von Himmel und Erde.

6.

Dieser Abschnitt steht zu den sonstigen Gedanken Dschuang Dsï's in Widerspruch und wird auch von manchen chinesischen Kommentaren aufgegeben.

Buch XII

Himmel und Erde

Vorbemerkung

Der Ausdruck »Himmel und Erde«, mit dem im Chinesischen das Buch beginnt, bedeutet den Ort des sichtbaren und unsichtbaren Weltgeschehens. Himmel und Erde produzieren die Menge der Einzeldinge. Außerdem hat das Wort »Himmel« in diesem ganzen Buch noch die spezifische Bedeutung der Spontaneität, daher auch der SINN auf diese Wurzel zurückgeführt wird, während der »Himmel« als unsichtbare Welt (im oben erwähnten Zusammenhang mit der Erde) natürlich ebenfalls dem SINN untersteht.

Zum Verständnis vergleiche man Taoteking 25, die vier letzten Zeilen. Dort heißt es: »Der SINN hat sich selber zum Vorbild.« Dieses Selbsttätige, Spontane, nach dem sich der SINN richtet, heißt in unserem Buch ebenfalls »Himmel«. Es ist wichtig, das zu beachten, um zum Verständnis dessen, was Dschuang Dsï meint, zu kommen. Auch hier ist einer jener Punkte, wo man hinter den Ausdruck zurückgehen muß, um zu dem Gedanken zu gelangen. Im übrigen enthält dieses Buch eine der schärfsten Satiren auf die Kultur, die je geschrieben worden sind.

Der 1. Abschnitt weist in der Spontaneität des Himmels die Kraft auf, durch die es ermöglicht wird, daß die Welt in Ordnung kommt, wenn die Herrschenden das Nicht-Handeln üben. Da diese Kraft in Wirkung tritt, wenn sie nur nicht verhindert wird, so ist die Ordnung, die durch das Nicht-Handeln erreicht wird, etwas Positives, nicht bloß das zufällige Resultat der widerstreitenden Einzel-

kräfte und unterscheidet sich insofern prinzipiell von der Theorie des »Laissez faire, laissez aller«.
Der 2. und 3. Abschnitt werden als Worte des »Meisters« eingeführt. Da diese Abschnitte wohl nicht selbst von Dschuang Dsï niedergeschrieben sind, ist es das plausibelste, unter dem Meister eben Dschuang Dsï zu verstehen. Die beiden Abschnitte bringen gedanklich kaum etwas Neues. Doch enthalten sie vieles, das sehr schön und eigenartig ausgedrückt ist.
Der 4. Abschnitt enthält das berühmte Gleichnis von der verlorenen Zauberperle des Herrn der gelben Erde. Diese Zauberperle ist der SINN. Er geht ihm verloren über dem Forschen nach dem Unerforschlichen. Deshalb kann er nur durch »Selbstvergessen« wiedergefunden werden.
Der 5. Abschnitt schildert einen Menschen, der das Gegenteil von dem in den ersten Abschnitten gezeichneten Ideal ist. Er läßt die natürliche Spontaneität nicht zur Wirksamkeit kommen, da er aufs Selbermachen aus ist. Daher ist er ungeeignet zur Herrschaft.
Der 6. Abschnitt, der von manchen in seiner Echtheit bezweifelt wird, zeigt den Heiligen Yau dem Grenzwart unterlegen, der ihm dann das Ideal des wahren Heiligen in seiner Überweltlichkeit vorhält.
Der 7. Abschnitt, ebenfalls in seiner Echtheit angezweifelt, bringt eine ähnliche Geschichte von dem großen Yü, die mit der Begegnung Alexanders mit Diogenes manche Berührung hat.
Der 8. Abschnitt geht wieder über zur theoretischen Erörterung und schildert das mystische Erlebnis der Einheit, das von der Welt frei macht.
Der 9. und 10. Abschnitt enthalten Parallelen zu früheren Stücken und sind daher in der Übersetzung übergangen.

Der 11. Abschnitt, die Begegnung des berühmten Konfuziusjüngers Dsï Gung mit dem alten Gärtner, der alle Kunstgriffe verschmäht, um kein Maschinenherz zu bekommen, enthält eine deutliche Polemik gegen die konfuzianische Schule und ihre Kulturfreudigkeit. Der Meister selbst wird von diesem Urteil ausgenommen, da er jenen höheren Standpunkt als solchen anerkennt, wenn er ihn persönlich auch nicht teilt. In dieser Stellungnahme des Konfuzius zu jenen verborgenen Heiligen scheint eine historische Erinnerung vorzuliegen, wenn auch selbstverständlich die Details der Geschichte erfunden sind.

Der 12. Abschnitt erinnert einigermaßen an Buch XI, 4, doch erreicht er nicht dieselbe Gewalt mythischen Schauens. Er ist mehr nur eine Einkleidung für Erklärungen über die Ordnung der Heiligen, den Menschen des LEBENS und den Menschen des Geistes. Die Schilderung des letzten ist in gereimten Versen.

Der 13. Abschnitt, eine Unterhaltung zweier offenbar allegorischer Persönlichkeiten aus der Zeit des Königs Wu, des Begründers der von Konfuzius mit dem Glorienschein höchster Kultur umgebenen Dschoudynastie, übt scharfe Kritik an den historischen Idealgestalten der konfuzianischen Lehre. Unmerklich gehen die Worte der beiden über in allgemeine Ausführungen.

Der 14. und 15. Abschnitt schildern die Verwirrung der Begriffe und den sittlichen Verfall der äußeren Verfeinerung, der gegen das Ende der Dschoudynastie eingerissen hatte. Diese Zustände sozialer Auflösung haben nicht nur zeitgeschichtliches Interesse. Nicht bloß, daß sie in China sich in Zeiten des Niedergangs einer Dynastie stets wiederholen, sie zeigen ganz allgemein notwendige Kehrseiten jeder Kultur, in der schließlich Hilfsmittel und Symbole der Bildung das Individuum binden, statt es zu befreien. Die verfeinerte Zivilisation, die als Endprodukt einer hochentwickelten Kultur in der Regel einzutreten pflegt, bringt eine Macht der Konvention mit sich, die schließlich alles Eigene erstickt. Das Gleichnis von dem Baum, der zu Opferschalen verarbeitet wird, während die Abfälle in den Graben geworfen werden, und das Urteil, daß beides – sowohl das gestaltete Holz als das weggeworfene – gleich weit von seiner eigentlichen Natur entfernt sei, steht im striktesten Gegensatz zur Auffassung des Konfuzianismus: »Wird der Stein nicht behauen, so wird kein Geräte daraus.«

1. Wirksamkeit der Ideale

Trotz der Größe der sichtbaren und unsichtbaren Welt[1] vollziehen sich ihre Wandlungen doch im Gleichgewicht; trotz der Vielheit der Einzeldinge unterstehen sie doch Einer durchgehenden Ordnung; trotz der Menge der Einzelmenschen unterstehen sie doch Einem Herrn. Das Herrsein hat seinen Ursprung im LEBEN und vollendet sich durch den Himmel; darum ist es ein Mysterium. Die Alten waren Herren der Welt, indem sie nicht handelten und einfach dem LEBEN des Himmels seinen Lauf ließen. Wenn man die Begriffe im Lichte des SINNS betrachtet, so bekommt der Herrscher der Welt seine rechte Stellung. Wenn man die Rangunterschiede im Lichte des SINNS betrachtet, so werden die Pflichten von Herren und Knechten klar. Wenn man die Fähigkeiten im Lichte des SINNS betrachtet, so findet jeder auf der Welt die ihm entsprechende Stellung. Wenn man das All im Lichte des SINNS betrachtet, so werden die Beziehungen der Einzelwesen zueinander vollkommen. Denn, was Himmel und Erde durchdringt, ist das LEBEN;

was in allen Einzelwesen wirksam ist, ist der SINN. Was die Menschen in Ordnung bringt, sind die Einrichtungen. Fähigkeit, die auf ihrem Gebiet etwas leistet, ist Kunst. Kunst muß in Übereinstimmung sein mit den Einrichtungen. Die Einrichtungen müssen in Übereinstimmung sein mit dem Recht. Das Recht muß in Übereinstimmung sein mit dem LEBEN. Das LEBEN muß in Übereinstimmung sein mit dem SINN. Der SINN muß in Übereinstimmung sein mit dem Himmel. So heißt es: Die Alten sorgten für die Welt, indem sie wunschlos waren, und die Welt hatte Genüge. Sie handelten nicht, und alle Wesen waren ihrem Einfluß zugänglich. Sie verharrten in abgrundtiefer Stille, und die Untertanen kamen in feste Geleise. Im Merkbuch[2] heißt es: »Dringe durch zum Einen, und alle Einrichtungen werden vollendet; begehre nicht Besitz, und Geister und Götter fügen sich.«

2. Vom höchsten Gut

Mein Meister[3] sprach: Der SINN schirmt und trägt alle Wesen; unendlich ist seine Größe. Ihm gegenüber muß der Edle alles eigne Streben aus seinem Herzen verbannen. Was wirkt, ohne zu handeln, heißt der Himmel; was Begriffe erzeugt, ohne zu handeln, heißt das LEBEN. Die Menschen lieben und den Dingen nützen, das heißt Güte. Das Nicht-Übereinstimmende übereinstimmend machen, das heißt Größe. Die Grenzen und Verschiedenheiten zu überwinden, das heißt Weitherzigkeit. Zahllose Widersprüche besitzen, das heißt Reichtum. Festhalten an den Prinzipien des LEBENS, das heißt Herrschaft. Verwirklichtes LEBEN, das heißt Beständigkeit. Anschluß haben an den SINN, das heißt Vollkommenheit. Der Edle, der in diesen zehn Dingen erleuchtet ist, zeigt die Größe seines Herzens darin, daß er über seinen Werken steht. Sein Einfluß übt auf alle Wesen eine anziehende Macht aus. Wer also ist, der läßt das Gold verborgen liegen in den Bergen und die Perlen verborgen liegen in der Tiefe. Nicht Güter und Besitz sind ihm Gewinn. Er hält sich fern von Reichtum und Ansehen. Langes Leben ist ihm nicht Grund zur Freude; frühzeitiger Tod ist ihm nicht Grund zur Trauer. Erfolg bedeutet für ihn keine Ehre; Mißerfolg bedeutet für ihn keine Schande. Und würden ihm alle Schätze der Welt, er hält sie nicht fest als sein eigenes Teil. Und wäre er Herrscher der ganzen Welt, er sieht darin nicht eine persönliche Auszeichnung. Seine Auszeichnung ist es, daß er erschaut, wie alle Dinge eine Heimat haben und Leben und Tod gemeinsame Zustände sind.

3. Der König des LEBENS

Mein Meister[3] sprach: Der SINN – wie abgrundtief ist sein Dasein, wie einzig ist seine Reinheit! Ohne ihn vermögen die Saiten keinen Klang zu geben[4]; denn wenn auch die Saiten die Fähigkeit des Tönens haben: sie müssen berührt werden, um zu klingen. Wer ist es nun, der allen Wesen ihren Platz zu weisen vermag?

Der Mensch, der königlich das LEBEN beherrscht, geht ungekannt dahin. Er schämt sich, allerlei Einzelkünste zu verstehen. Er ist gegründet in Wurzel und Ursprung, und sein Erkennen hat Anschluß an den Geist. Darum kommen die Kräfte seines LEBENS allem zu gute. Was aus seinem Herzen hervorkommt, wird von allen Geschöpfen aufgenommen. Darum: allein der SINN gibt Dasein der Form, und allein das LEBEN gibt Licht dem Dasein[5]. Der die Form erhält, das Dasein erschöpft, das LEBEN festigt, den SINN leuchten läßt: ist es nicht der, der königlich das LEBEN beherrscht? Erhaben ist es, wie er unbedingt sich äußert, siegreich sich regt, und alle Geschöpfe folgen ihm. Das ist der Mensch, der königlich das LEBEN beherrscht. Er blickt hinein ins Unsichtbare; er horcht auf das Lautlose. Inmitten des unsichtbaren Dunkels sieht er allein es dämmern, inmitten des Lautlosen vernimmt er allein Harmonien. Darum: der Tiefen Tiefstes weiß er zu fassen[6]; des Geistigen Geistigstes vermag er zur Samenkraft zu gestalten. So steht er inmitten der Welt der Dinge. Das äußerste Nicht-Sein muß seinen Zielen dienen; die fliehende Zeit vermag er zum Stehen zu zwingen. Großes ist klein für ihn; Langes ist kurz für ihn; Fernes ist nah für ihn[7].

4. Die Zauberperle

Der Herr der gelben Erde wandelte jenseits der Grenzen der Welt[8]. Da kam er auf einen sehr hohen Berg[9] und schaute den Kreislauf der Wiederkehr. Da verlor er seine Zauberperle. Er sandte Erkenntnis aus, sie zu suchen, und bekam sie nicht wieder. Er sandte Scharfblick[10] aus, sie zu suchen, und bekam sie nicht wieder. Er sandte Denken aus, sie zu suchen, und bekam sie nicht wieder. Da sandte er Selbstvergessen aus. Selbstvergessen fand sie. Der Herr der gelben Erde sprach: »Seltsam fürwahr, daß gerade Selbstvergessen fähig war, sie zu finden!«

5. Untauglich zur Weltherrschaft

Der Herrscher Yau befragte den Freigeber[11] und sprach: »Kann man den Lückenbeißer[12] zum Herrscher der Welt machen? Ich würde ihm dann den Keimwalter[13] zur Aufsicht beigeben.«
Freigeber sprach: »Gefahr würde dann der Welt drohen. Lückenbeißer ist ein Mensch von scharfem Verstand, der

sich auf sein Wissen verläßt, energisch allen Anforderungen zu entsprechen. Sein Wesen ist dem der andern überlegen, aber er sucht durch Kunst die Natur zu erreichen. Durch strenges Richten sucht er die Mißstände zu verhindern, aber er sieht nicht die Quellen, aus denen diese Mißstände entspringen. Würde man ihn zum Herrscher der Welt machen, so würde er sich nur der Wirkungen der Kunst bedienen und nicht die Natur zu ihrem Recht kommen lassen. Bald würde er im Vertrauen auf sein Ich sich der Körperwelt entgegenwerfen; bald würde er sich verlassen auf seine Erkenntnis und mit feuriger Hast zu wirken suchen. Bald würde er sich aufbrauchen in Kleinlichkeiten; bald würde er sich verstricken lassen in die Außenwelt. Bald würde er von allen Seiten das Entgegenkommen der Außenwelt erwarten; bald würde er allen Verpflichtungen entgegenzukommen suchen. Bald würde er dem umgestaltenden Einfluß in der Außenwelt unterworfen sein, ohne beständige Grundsätze zu haben. Wie wäre er fähig, zum Herrscher der Welt gemacht zu werden. Immerhin – es gibt ja auch Stämme und Familien. Man kann ihn zum Vater Vieler machen, aber nicht zum Vater der Väter. Mag einer brauchbar sein zur Unterdrückung von Unruhen: als Ratgeber ist er ein Unglück, als Herrscher ein Räuber.«

6. Der Grenzwart des Blumenlandes

Der Herrscher Yau besichtigte das Blumenland[14].
Der Grenzwart des Blumenlandes sprach: »Ei, ein Heiliger! Darf ich den Heiligen segnen? Ich wünsche dem Heiligen langes Leben.«
Yau sprach: »Ich lehne ab.«
»Ich wünsche dem Heiligen Reichtum.«
Yau sprach: »Ich lehne ab.«

»Ich wünsche dem Heiligen viele Söhne.«
Yau sprach: »Ich lehne ab.«
Der Grenzwart sprach: »Langes Leben, Reichtum und viele Söhne sind die höchsten Wünsche der Menschen. Warum nur wünschest du sie nicht!« Yau sprach: »Hat man viele Söhne, so hat man viele Sorgen. Ist man reich, so hat man viele Mühen. Wird man alt, so muß man viel Trübes erfahren. Diese drei Dinge sind nicht geeignet, die Tugend zu fördern. Darum lehne ich ab.«
Der Grenzwart sprach: »Erst hielt ich dich für einen Heiligen, und nun bist du bloß ein tugendhafter Mann. Gott gibt all den Tausenden von Menschen das Leben und gibt einem jeden etwas zu tun. Hat man viele Söhne und gibt einem jeden etwas zu tun, was braucht man da zu sorgen? Ist man reich und läßt die Menschen Anteil daran haben, was braucht man sich da zu mühen? Der Heilige wohnt wie eine Wachtel (ohne Nest); er läßt sich nähren wie ein Küchlein; er ist wie der Vogel, der fliegt und keine Spur hinterläßt. Ist SINN auf Erden, so genießt er mit allen Geschöpfen gemeinsam das Glück. Ist kein SINN auf Erden, so pflegt er sein LEBEN und wendet sich zur Muße. Und ist er nach tausend Jahren des Treibens müde, so läßt er's dahinten und steigt auf zu den seligen Geistern. Er fährt auf einer weißen Wolke empor zum Gottesland. Die Kümmernisse dieser Welt berühren ihn nicht: er bleibt ewig ohne Leid. Was für trübe Erfahrungen gibt es für ihn dann noch?«
Mit diesen Worten ließ ihn der Grenzwart stehen. Yau ging ihm nach und sagte: »Darf ich fragen … ?« Der Grenzwart aber sprach: »Vorbei.«

7. Graf Hoch von Vollkommen

Als Yau die Welt regierte, wurde Graf Hoch von Vollkommen[15] als Vasall eingesetzt. Yau übergab das Reich an Schun, Schun übergab es an Yü. Graf Hoch von Vollkommen trat von seinem Posten als Vasall zurück und wurde Bauer. Yü ging hin, um nach ihm zu sehen. Da pflügte er gerade auf dem Feld.

Yü eilte ehrerbietig auf ihn zu, blieb vor ihm aufrecht stehen, fragte und sprach: »Als einst Yau die Welt regierte, da wurdet Ihr, Herr, als Vasall eingesetzt. Yau übergab die Herrschaft an Schun, Schun übergab sie an mich, da tratet Ihr von Eurem Posten als Vasall zurück und wurdet Bauer. Darf ich fragen, was der Grund dafür ist,«

Graf Hoch sprach: »Als Yau die Welt regierte, da belohnte er nicht, und doch gaben sich die Leute Mühe; er strafte nicht, und doch hatten die Leute Respekt. Ihr verheißt Belohnungen und legt Strafen auf, und doch sind die Leute nicht sittlich. Von nun ab wird die Tugend welken; von nun ab wird es schwere Strafen geben, und die Verwirrung künftiger Geschlechter wird von nun ab beginnen. Herr, geht weiter! Stört mich nicht in meiner Arbeit!« Mit diesen Worten wandte er sich energisch seinem Pfluge zu und sah sich nicht mehr um.

8. Lebensgeheimnisse

Im Uranfang war das Nicht-Sein des Nicht-Seins, war das Unnennbare. Daraus erhob sich das Eine. Dieses Eine – in seinem Dasein, aber noch ohne Form, das die Dinge bekommen müssen, um erzeugt werden zu können – heißt LEBEN. Was noch keine Form hat und, obwohl in ihm schon Teile angelegt sind, doch noch keine Geschiedenheiten aufweist, heißt der Begriff. Was in seinem Beharren und Bewegen die Dinge erzeugt und in den fertigen Dingen ihr immanentes Gesetz erzeugt, heißt die Form. Körperliche Form, die Geistiges schützend umfaßt, so daß beides seine besondere Wirkungsweise zeigt, heißt Natur. Wird die Natur gepflegt, so kehrt sie zurück zum LEBEN. Dieses LEBEN auf seiner höchsten Stufe stimmt überein mit jenem Uranfänglichen. In dieser Übereinstimmung erweist es sich als jenseitig. In seiner Jenseitigkeit erweist es sich als groß. Es schließt sich der Außenwelt gegenüber ab. Ist es der Außenwelt gegenüber abgeschlossen, so wird es eins mit den Kräften des Himmels und der Erde. Diese Vereinigung ist verdeckt. Sie erscheint wie Torheit, erscheint wie Bewußtlosigkeit. Das ist das mystische LEBEN, das übereinstimmt mit dem großen Sich-Auswirkenden.

9.

Dieser Abschnitt enthält ein Gespräch zwischen dem »Meister« (vermutlich Konfuzius) mit Lau Dan (Laotse), das sich in seinen Gedanken, ja fast dem Wortlaut nach, an Buch VII, 4 anlehnt.

10.

Dieser Abschnitt enthält eine Unterredung zwischen Dsïang Lü Miën und Gi Dschê über ein Gespräch, das der erstere mit dem Fürsten von Lu über die Prinzipien der Staatsregierung geführt hatte. Der Abschnitt bildet eine Parallele zu der Unterredung des Konfuzius mit seinem Jünger Yen Hui, Buch IV, 3, mit der zum Teil wörtliche Übereinstimmung herrscht.

11. Der Ziehbrunnen

Dsï Gung[16] war im Staate Tschu[17] gewandert und nach dem Staate Dsïn zurückgekehrt. Als er durch die Ge-

gend nördlich des Han-Flusses kam, sah er einen alten Mann, der in seinem Gemüsegarten beschäftigt war. Er hatte Gräben gezogen zur Bewässerung. Er stieg selbst in den Brunnen hinunter und brachte in seinen Armen ein Gefäß voll Wasser herauf, das er ausgoß. Er mühte sich aufs äußerste ab und brachte doch wenig zustande.
Dsï Gung sprach: »Da gibt es eine Einrichtung, mit der man an einem Tag hundert Gräben bewässern kann. Mit wenig Mühe wird viel erreicht. Möchtet Ihr die nicht anwenden?«
Der Gärtner richtete sich auf, sah ihn an und sprach: »Und was wäre das?« Dsï Gung sprach: »Man nimmt einen hölzernen Hebelarm, der hinten beschwert und vorn leicht ist. Auf diese Weise kann man das Wasser schöpfen, daß es nur so sprudelt. Man nennt das einen Ziehbrunnen.«
Da stieg dem Alten der Ärger ins Gesicht, und er sagte lachend: »Ich habe meinen Lehrer sagen hören: Wenn einer Maschinen benützt, so betreibt er all seine Geschäfte maschinenmäßig; wer seine Geschäfte maschinenmäßig betreibt, der bekommt ein Maschinenherz. Wenn einer aber ein Maschinenherz in der Brust hat, dem geht die reine Einfalt verloren. Bei wem die reine Einfalt hin ist, der wird ungewiß in den Regungen seines Geistes. Ungewißheit in den Regungen des Geistes ist etwas, das sich mit dem wahren SINNE nicht verträgt. Nicht daß ich solche Dinge nicht kennte: ich schäme mich, sie anzuwenden.«
Dsï Gung errötete und wurde verlegen. Er blickte zur Erde und erwiderte nichts.
Es verging eine Weile, dann fing der Gärtner wieder an: »Wer seid Ihr denn eigentlich?«
Dsï Gung sprach: »Ich bin ein Schüler des Kung Dsï.«
Der Gärtner sprach: »Dann seid Ihr wohl einer jener gro-

ßen Gelehrten, die's den berufenen Heiligen gleichtun möchten, die sich rühmen, der Masse überlegen zu sein, und abseits sich in elegischen Klagen ergehen, um sich einen guten Namen in der Welt zu erkaufen. Wenn Ihr imstande wärt, all Eure Geisteskräfte zu vergessen und Euren ganzen Formenkram wegzuwerfen, dann könntet Ihr es vielleicht zu etwas bringen. Aber Ihr vermögt nicht einmal, Euch selbst in Ordnung zu halten: woher wollt Ihr Zeit nehmen, an die Ordnung der Welt zu denken? Geht weiter, Herr, stört mich nicht in meiner Arbeit!«

Dsï Gung war betroffen und erblaßte. Er war verwirrt und kam ganz außer Fassung. Drei Stunden weit lief er, ehe er wieder zu sich kam.

Da fragten ihn seine Schüler und sprachen: »Wer war denn eigentlich der Mann vorhin; warum wurdet Ihr bei seinem Anblick so betroffen und erblaßtet, Meister, so daß Ihr den ganzen Tag nicht wieder zu Euch kamt?«

Er sprach: »Ich hatte vordem gedacht, daß es auf der ganzen Welt nur Einen großen Mann gebe, und wußte nicht, daß es noch diesen Mann gibt. Ich habe vom Meister vernommen, daß es der SINN der berufenen Heiligen sei, in allen Taten das Mögliche zu erstreben, mit möglichst wenig Kraftaufwand möglichst viel zu erreichen. Nun seh' ich, daß das ganz und gar nicht der Fall ist. Wer den Ur-SINN festhält, hat völliges LEBEN. Wer völliges LEBEN hat, wird völlig in seiner Leiblichkeit. Wer völlig ist in seiner Leiblichkeit, wird völlig im Geiste. Völlig sein im Geiste, das ist der SINN der berufenen Heiligen. Jener lebt mitten unter dem Volk, und niemand weiß, wohin er geht. Wie übermächtig und echt ist seine Vollkommenheit! Erfolg, Gewinn, Kunst und Geschicklichkeit sind Dinge, die keinen Platz haben im Herzen dieses Mannes. Was er sich nicht zum Ziel gesetzt, das tut er nicht. Was nicht seiner Gesinnung entspricht, das führt er nicht aus. Und könnte er die Anerkennung der ganzen Welt finden, er würde sie für etwas halten, über das man stolz hinwegsehen muß. Und würde ihm der Tadel der ganzen Welt drohen, er würde ihn für etwas halten, das zufällig ist und nicht beachtet zu werden braucht. Wer so erhaben ist über Lob und Tadel der Welt, der ist ein Mensch, der völliges LEBEN besitzt. Dem gegenüber komme ich mir vor wie einer aus der Masse des Volkes, der von Wind und Wellen umhergetrieben wird.«

Als er ins Land Lu zurückgekehrt war, teilte er dem Kung Dsï sein Erlebnis mit.

Kung Dsï sprach: »Jener Mann ist einer, der sich damit abgibt, die Grundsätze der Urzeit zu pflegen. Er kennt das Eine und will nichts wissen von einem Zweiten; er ordnet sein Inneres und kümmert sich nicht um das Äußere. Vor einem solchen Menschen, der die Reinheit erkennt, ins Ungeteilte eindringt, nicht handelt, zurückkehrt zur Einfalt, seine Natur festigt, seinen Geist in der Hand hat und dennoch verborgen in Niedrigkeit wandelt, hattest du Grund zu erschrecken. Die Grundsätze der Urzeit zu verstehen bin ich ebensowenig fähig wie du.«

12. Sproßkraft und Wirbelwind

Sproßkraft[18] wandelte nach Osten zum großen Ozean; da begegnete er dem Wirbelwind[19] am Strande des Ostmeeres.

Wirbelwind sprach: »Wohin wollt Ihr?«

Sproßkraft antwortete: »Ich will zum großen Ozean.«

Wirbelwind fragte: »Was wollt Ihr da machen?«

Jener sprach: »Nichts. Der große Ozean ist ein Ding, das man nicht durch Zugießen füllen oder durch Ausschöpfen leeren könnte. Ich will mich dort ergehen.«

Wirbelwind sprach: »Meister, habt Ihr Euch nicht schon die Verhältnisse jenes Völkchens, das die Augen vorn im Gesicht hat[20], überlegt? Ich möchte erfahren, wie die Ordnung der Heiligen ist.«

Sproßkraft sprach: »Die Ordnung der Heiligen: Die Diener wirken an ihrem Platz und tun, was ihres Amtes ist. Jeder wird ausgewählt für die Stelle, die seinen Fähigkeiten entspricht. Die Umstände werden allseitig erwogen, so daß alles, was geschieht, richtig läuft. Taten und Worte äußern sich frei, und die ganze Welt gestaltet sich um. Ein Wink der Hand, ein Blick des Auges genügt, um die Leute aus allen Himmelsrichtungen her zur Stelle zu haben. Das ist die Ordnung der Heiligen.«

Wirbelwind sprach: »Nun möchte ich etwas über den Menschen des LEBENS hören.«

Sproßkraft sprach: »Der Mensch des LEBENS ruht ohne Sorgen und handelt ohne Angst. Die Gedanken an Recht und Unrecht, Schön und Häßlich beschäftigen ihn nicht. Wenn auf dem ganzen Erdenrund alle seine Güter genießen, das ist seine Freude; allen mitteilen zu können, das ist sein Friede. Geht er heim, so trauert das Volk um ihn wie ein Säugling, der seine Mutter verloren, und ist ratlos wie ein Wanderer, der seinen Weg verloren. Alles, was er braucht, hat er im Überfluß und weiß nicht, von wannen es kommt. Trank und Speise hat er zur Genüge und weiß nicht, von wannen sie fließen. Das ist die Art des Menschen des LEBENS.«

Wirbelwind fragte weiter: »Nun möchte ich etwas über den Menschen des Geistes hören.«

Sproßkraft sprach:

»Höchster Geist fährt auf dem Licht,
Leibesschranke vergeht und zerbricht,
Weithin strahlend spendet er Licht,
Erfüllend Schicksal und Natur.

Weltalls Freuden und Mühen kennt er nicht.
Jedes Wesen folgt seiner Natur:
Er gleicht dem Geheimnis ohne Spur.«

13. Unholdfrei und Arglos

Unholdfrei[21] und Arglos[22] blickten auf die Heerscharen des Königs Wu[23].
Arglos sprach: »Wir leben nicht mehr in den Zeiten des heiligen Schun: darum herrscht dieses Leid auf Erden.«
Unholdfrei sprach: »War eigentlich die Welt in Ordnung, als Schun sie ordnete, oder war sie in Verwirrung, und er hat sie erst hinterher geordnet?«
Arglos sprach: »Daß die Welt in Ordnung ist, ist jedem recht. Wenn das der Fall gewesen wäre, brauchte man sich nichts von Schun zu erzählen. Schun hatte für jede Beule ein Pflaster, für jede Glatze eine Perücke, und für jede Krankheit suchte er ein Heilmittel. Er machte es wie solch ein pflichtgetreuer Sohn, der erst seinen lieben Vater krank werden läßt und nachher mit bekümmerter Miene ihm Arzneien darbringt. Der Berufene schämt sich solchen Gebarens.«
Wenn höchstes LEBEN auf Erden herrscht, so achtet man die Würdigen nicht für etwas besonderes und sucht sich nicht die Tüchtigen aus. Die Oberen sind auf ihrem Platz wie die Zweige am Baum, und die Leute sind wie das Reh auf dem Feld. Sie sind ehrlich und aufrichtig und wissen nicht, daß sie damit ihre Pflicht tun. Sie haben einander gern und wissen nicht, daß sie damit Liebe üben. Sie sind wahrhaft und wissen nicht, daß sie damit Treue üben. Sie sind zuverlässig und wissen nicht, daß sie damit Glauben: üben. Bieder in ihrem Wesen sind sie einander zu Gefallen und wissen nicht, daß sie damit Gnade üben. Darum hinter-

lassen ihre Taten keine Spur, und ihre Werke werden nicht erzählt.

14. Verblendung

Der pflichttreue Sohn, der seinem Vater nicht schmeichelt, der treue Diener, der seinem Herrn nicht nach dem Munde redet, sind die Blüte der Diener und Söhne. Wenn einer allem, was sein Vater sagt, nur zustimmt und alles, was sein Vater tut, nur gutheißt, so nennt ihn die Welt einen untauglichen Sohn[24]. Wenn einer allem, was sein Herr sagt, nur zustimmt und alles, was er tut, nur gutheißt, so nennt ihn die Welt einen untauglichen Diener, ohne zu bedenken, daß dieses Betragen einer gewissen Nötigung entspringt. Wenn aber die öffentliche Meinung etwas billigt und einer ihr zustimmt oder etwas gutheißt und einer es ihr nachtut, so nennt man einen solchen nicht einen Speichellecker und Schmeichler. Ist aber die öffentliche Meinung etwa wichtiger als der eigne Vater oder ehrwürdiger als der eigne Fürst? Nenne einen solchen Menschen einen Speichellecker, und er braust zornig auf; nenne ihn einen Schmeichler, und er schäumt über vor Ärger: und bleibt doch sein ganzes Leben lang ein Speichellecker und Schmeichler.
Wer schöne Reden drechselt, um die andern für sich zu gewinnen, der verwechselt Anfang und Ende, Wichtiges und Unwichtiges. Wenn einer seine Kleider schleppen läßt, sich mit bunten Farben schmückt und alle seine Mienen darauf einrichtet, seinem Zeitalter angenehm zu sein, und dabei doch niemals auf den Gedanken kommt, sich einen Speichellecker und Schmeichler zu nennen, und dann noch andre als Schüler ihm nachfolgen und es ihm nachtun in Billigung und Tadel und dabei doch nicht auf den Gedanken kommen, sich Herdenmenschen zu

nennen: das ist der Gipfel der Torheit. Wenn einer seine Torheit einsieht, so ist er noch nicht ganz betört; wenn einer seine Verblendung einsieht, so ist er noch nicht ganz verblendet. Wer ganz verblendet ist, der wird sein Leben lang nicht frei; wer ganz betört ist, wird sein Leben lang nicht klug. Wenn drei Leute miteinander gehen, und einer ist verblendet, so läßt es sich doch machen, daß sie ans Ziel gelangen, weil die Verblendung in der Minderzahl ist. Wenn aber zwei verblendet sind, so mühen sie sich ab und kommen doch nicht an, weil die Verblendeten in der Mehrheit sind. Heutzutage aber ist die ganze Welt verblendet, und wenn ich sie auch anflehen wollte, den rechten Weg zu gehen, ich würde nichts erreichen. Ist das nicht jammervoll?

Edle Musik paßt nicht für Bauernohren. Wenn sie aber irgendeinen Gassenhauer hören, so brechen sie in brüllendes Gelächter aus. Ebenso haften hohe Worte nicht im Herzen der Masse. Worte der Wahrheit übertönen nicht das gemeine Geschrei. Mit zwei irdenen Töpfen kann man einc Glocke übertönen, also daß sie ungehört verhallt. Heutzutage aber ist die ganze Welt verblendet, und wenn ich sie auch anflehen wollte, den rechten Weg zu gehen, wie könnte ich etwas erreichen? Wenn man aber weiß, daß man nichts erreichen kann, und will es doch erzwingen, so ist es dieselbe Verblendung. Darum ist es besser, sie laufen zu lassen und sich nicht weiter um sie zu kümmern. Wenn ich mich aber um die Menschen nicht mehr kümmere, wen hab' ich dann, den Schmerz mit mir zu teilen?

Einem aussätzigen Manne[25] ward um Mitternacht ein Sohn geboren. Eilig machte er Feuer an und betrachtete ihn, angstvoll besorgt, er möchte seinesgleichen sein.

15. Unbewußte Verstrickung

Ein hundertjähriger Baum wurde zersägt. Man machte Opferschalen aus dem Holz und schmückte sie mit grünen und gelben Linienornamenten. Die Abfälle warf man in einen Graben. Diese Opferschalen und die Abfälle im Graben sind wohl verschieden in Beziehung auf ihre Schönheit; in Beziehung darauf aber, daß sie ihre ursprüngliche Art verloren haben, sind sie gleich. Die Räuber und die Tugendhelden sind wohl verschieden an Moral; aber darin, daß sie ihre ursprüngliche Art verloren haben, sind sie einander gleich.

Fünf Wege[26] gibt's, durch die die ursprüngliche Art verloren geht. Der erste heißt: Die Farben verwirren das Auge, also daß das Auge nicht mehr klar zu sehen vermag. Der zweite heißt: Die Töne verwirren das Ohr, also daß das Ohr nicht mehr deutlich zu hören vermag. Der dritte heißt: Gerüche betäuben die Nase, also daß Eingenommenheit die Stirn befällt. Der vierte heißt: Die Würzen trüben den Geschmack, also daß der Mund schal wird. Der fünfte heißt: Die Lüste betören das Herz, also daß die Wesensart unstet umherflattert. Diese fünf Dinge sind lauter Feinde des Lebens, und dabei stellen sich die Herren Philosophen auf die Zehen und meinen, sie haben's erreicht. Meiner Meinung nach kann das nicht Erreichen genannt werden; denn, die es erreicht haben, sind alle gebunden. Soll das Erreichen sein? Dann kann die Taube im Käfig auch sagen, daß sie's erreicht habe. All diese Zu- und Abneigungen und die Welt der Töne und Farben häufen nur Reisig auf in ihrem Innern. Diese ledernen Helme und Mützen mit Federbüschen, all die Orden und Ehrenzeichen und die langen Schärpen dienen nur dazu, ihre Äußerungen zu binden. Innerlich sind sie vollgestopft mit Reisig, und äußerlich sind sie gefesselt mit doppelten Stricken und Banden, und da blicken sie befriedigt und ruhig aus ihren Stricken und Banden heraus um sich und meinen, sie haben's erreicht. Dann können die Verbrecher, denen die Arme verschränkt sind und Daumenschrauben angelegt, oder Tiger und Panther in Sack und Käfig auch denken, sie haben's erreicht.

Buch XIII

Des Himmels SINN

Vorbemerkung

Der erste Teil von Abschnitt 1–5 bildet ein in sich zusammenhängendes Ganzes.

Der 1. Abschnitt gibt die Grundlagen: die spontane Tätigkeit der Natur, die ohne Stauung ihre Kreise vollendet, ist das Vorbild des Herrschers, der ebenso ohne Handeln weilt und seines Wesens Kräfte spontan sich auswirken läßt. Der Schluß des Abschnittes, der hier weggelassen ist, da er sich in Buch XV ziemlich ähnlich wiederholt, geht dazu über, zu schildern, wie diese Spontaneität sich auf verschiedene Weise auswirkt bei den Herrschern auf dem Throne und den ausführenden Dienern.

Der 2. Abschnitt schildert den Frieden und die Freude, die der Besitz des SINNS gewährt. Auch dieser Abschnitt ist gekürzt wiedergegeben, da sich der Text an anderen Stellen wiederholt.

Der 3. Abschnitt schreitet dazu fort, eine doppelte Aufgabe zu stellen für Herrscher und Diener. Nur des Herrschers Sache ist es, das Nicht-Handeln zu üben. Der Diener ist zum Handeln da. Darin besteht der wesentliche Unterschied der Stände.

Der 4. Abschnitt geht dann auf alle die Kulturgüter ein, die die Grundlage des Konfuzianismus bilden. Sie werden anerkannt, nur daß sie an andere Stelle gerückt erscheinen als dort. Für den Taoismus sind diese Fragen nicht fundamentaler Natur. Der Herrscher hat die großen Gesichtspunkte und überläßt das Detail der Ausführung seinen Organen, die sich allerdings damit zu befassen haben. Auf diesem Weg kommt auch die ganze

gesellschaftliche Gliederung, die Konfuzius vertrat, als Abbild der großen Naturordnungen zu ihrem Recht.
Der 5. Abschnitt gibt ein Gegenstück der konfuzianischen »Großen Lehre«, das sich in dem stufenförmigen Fortschritt von oben nach unten eng an jenes Original anschließt, wenn es auch eine unausgesprochene Kritik an jener Schrift übt. Während in der »Großen Lehre« es ausgesprochen ist, daß, um das LEBEN zur Klarheit zu bringen, auszugehen sei von der Kultur der eigenen Person und diese Kultur sich dann in immer größere Lebenskreise auszudehnen habe, steht hier an der Spitze die Klarheit über den »Himmel«, d.h. die Kraft der Spontaneität, aus der dann alles weitere als selbstverständliches Detail entspringt. Außer dieser unausgesprochenen Kritik wird eine deutlich ausgesprochene geübt an anderen Zeitrichtungen, die in den letzten vorchristlichen Jahrhunderten in China einflußreich waren: an den Philosophen, die sich mit der Ordnung des Verhältnisses zwischen Begriffen und Gegenständen abgaben, und den Politikern, die die praktischen Regierungsmaßregeln zu ihrem Arbeitsfeld gemacht hatten. An die Stelle jener Theorien wird die taoistische Theorie für die Ausübung der Staatsregierung aufgestellt.
Es ist ohne weiteres klar, daß diese Umbiegung der Tao-Lehre zu Zwecken der Herrschaft einer Einspannung des Pegasus ins Joch gleichkommt, und es bedarf wohl kaum einer nachdrücklichen Behauptung, daß diese Abschnitte, die zu Dschuang Dsï's Lehre einen nahezu diametralen Gegensatz bilden, nicht von seiner Hand stammen. Auch chinesische Kommentatoren haben das erkannt. Aber es ist interessant zu sehen, in welcher Richtung der Taoismus sich weiter entwickelte. Von hier führten die Wege zum Regierungstaoismus eines Han Fe Dsï, der aus dem Taoismus eine Grundlage für die

absolute Monarchie gemacht hat.
Der 6. Abschnitt gibt eine Unterredung zwischen Yau und Schun, wobei der letztere den höheren Standpunkt vertritt.
Mit dem 7. Abschnitt kommen wir wieder auf das ureigene Gebiet des Dschuang Dsï. Konfuzius, der die von ihm redigierten Schriften der alten Zeit mit Hilfe des Laotse in der Kaiserlichen Bibliothek unterbringen will, erhält von diesem eine kräftige Zurechtweisung über den Unwert der Überlieferung, die nur dazu führt, daß man, um zu sich selbst zu kommen, einen Umweg machen muß, der nicht ans Ziel bringt.
Der 8. Abschnitt zeigt den Laotse einem überklugen Scholaren gegenüber in einigermaßen ähnlichem Gebaren, wie Mephisto in Faust II sich dem Baccalaureus zeigt.
Der 9. Abschnitt enthält wieder Worte des »Meisters« über den höchsten Menschen, der eins ist mit SINN und LEBEN und darum weit erhaben über alle äußere Kultur. Beachtenswert ist der Gegensatz gegen die ersten Abschnitte des Buches.
Der 10. Abschnitt wendet sich gegen die Wertschätzung der schriftlichen Überlieferung als solcher, da sie doch höchstens indirekt als Anregung zu eigenem Leben in Betracht kommt. Eine Unterhaltung eines Wagners mit seinem Fürsten illustriert diese Wahrheit.

1. Nicht haften

Des Himmels SINN ist, seine Kreise zu vollenden und nirgends sich zu stauen; darum kommen alle Geschöpfe zustande. Des Herren[1] SINN ist, seine Kreise zu vollenden und nirgends sich zu stauen; darum fällt alle Welt ihm zu. Des Berufenen SINN ist, seine Kreise zu vollenden und nirgends sich zu stauen; darum gehorcht ihm alles Land. Erleuchtet vom Himmel, kund der Offenbarung: also durchdringt die Lebenskraft des Herrschers die ganze räumliche Welt. Seine eigenen Taten sind unbewußt. Alles ist still in ihm. Des berufenen Heiligen Stille ist nicht Stille als solche; er ist gut[2], darum ist er still. Die Dinge der Welt vermögen sein Herz nicht zu stören, darum ist er still. Ist das Wasser stille, so spiegelt es klar jedes Härchen[3]. Die Wasserwaage nimmt der kundige Handwerker zur Richtung. Ist also stilles Wasser klar, wieviel mehr der Geist! Das Herz des Berufenen ist stille; darum ist es der Spiegel von Himmel und Erde …[4]

2. Himmlische Freude

Klar schauen das LEBEN der sichtbaren und unsichtbaren Welt: das ist die große Wurzel, das ist die große Lehre. Wer Frieden hat mit dem Himmel, der bringt die Welt ins Gleichgewicht und lebt in Frieden mit den Menschen. Friede mit den Menschen: das ist menschliche Freude; Friede mit dem Himmel: das ist himmlische Freude …[5]

3. Handeln und Nicht-Handeln

Das Leben der Herrscher und Könige hat Himmel und Erde zum Vorbild, hat SINN und LEBEN zum Herren, hat das Nicht-Handeln zum Gesetz. Wer nicht handelt, dem steht die Welt zur Verfügung und er hat Überfluß. Wer handelt, der steht der Welt zur Verfügung und hat Mangel. Darum haben die Männer des Altertums das Nicht-Handeln so hochgeschätzt. Die Herrschenden handeln nicht. Wenn nun die Untergebenen auch nicht handeln wollten, so würden die Untergebenen in ihrer Art

gleich sein wie die Herrschenden. Dann wären sie keine Diener mehr. Die Untergebenen handeln. Wenn nun die Herrschenden auch handeln wollten, so wären sie in ihrem Sinn den Untergebenen gleich. Dann wären sie keine Herren mehr. Die Herrschenden sollen nicht handeln und die Welt zur Verfügung haben. Die Untergebenen sollen handeln und der Welt zur Verfügung stehen. Das ist ein unabänderliches Gesetz.
Also hielten es die Herrscher der Welt in alter Zeit. Ob auch ihr Wissen Himmel und Erde umspannte, sie äußerten selbst keinen Gedanken. Ob auch ihr Erkennen alle Gestaltung der Dinge unterschied, sie äußerten selbst kein Wort. Ob auch ihre Fähigkeiten alles Land zu durchdringen vermochten, sie handelten selber nicht. Der Himmel gebiert nicht, und doch wandeln sich alle Geschöpfe; die Erde macht nichts wachsen, und doch werden alle Geschöpfe ernährt; die Herrscher und Könige handeln nicht, und doch sieht die Welt ihre Werke. So heißt es: Nichts ist göttlicher als der Himmel, nichts ist reicher als die Erde, nichts ist größer als der Herr. So heißt es: Der Herren und Könige LEBEN ist in Gemeinschaft mit Himmel und Erde. Das ist der SINN, der Himmel und Erde gebraucht, der alle Geschöpfe im Lauf erhält und die menschliche Gesellschaft in Dienst nimmt.

4. Ordnung

Die maßgebenden Grundsätze sind Sache des Herrn. Die Einzelheiten der Ausführung sind Sache des Dieners. Heere führen und Truppen bewegen sind Äußerlichkeiten im Volksleben. Lohn und Buße, Nutzen und Schaden und die Verhängung der körperlichen Strafen sind Äußerlichkeiten der Volksbelehrung. Riten und Gesetze, Rang und Stand und die Einzelheiten des Verhältnisses von Sache und Begriff sind Äußerlichkeiten der Ordnung des Staates. Der Klang von Glocken und Pauken, die Anordnung von Federbüschen und Pelzquasten[6] sind Äußerlichkeiten der Musik. Die Trauerklage und die verschiedenen Trauergewänder sind Äußerlichkeiten der Trauer um die Verstorbenen. Diese fünf Äußerlichkeiten bedürfen eingehender Verstandestätigkeit und reger Überlegung, damit sie in Gang kommen. Die Wissenschaft von diesen Äußerlichkeiten besaßen die Alten wohl, aber sie stellten sie nicht in den Vordergrund. Erst kommt der Herrscher, dann der Diener; erst der Vater, dann der Sohn; erst der ältere Bruder, dann der jüngere; erst das Alter, dann die Jugend; erst der Mann, dann das Weib; erst der Gatte, dann die Gattin. Diese Reihenfolge der Rangstufen hat ihre unverrückbare Grundlage in den Verhältnissen von Himmel und Erde. Darum nimmt sie der berufene Heilige zum Vorbild. Die Ehrung des Himmels und die Niedrigkeit der Erde entspricht dem Rang ihrer Göttlichkeit. Daß Frühling und Sommer vorangehen und Herbst und Winter folgen, ist der Lauf der Jahreszeiten. Daß alle Geschöpfe sich bilden, keimen, sich entwickeln, Gestalt gewinnen und Blühen und Welken sich verdrängen, ist der Gang der Wandlungen in der Natur. Himmel und Erde sind höchst göttlich, und doch haben sie diese Reihenfolge der Rangstufen. Wieviel mehr ist das der Fall in den Ordnungen der Menschenwelt! Im Ahnentempel wird Ehre erwiesen nach dem Grad der Verwandtschaft, bei Hofe nach dem Rang, daheim nach dem Alter, bei der Arbeit nach der Tüchtigkeit: das ist des großen SINNES Ordnung. Will man vom SINNE reden und tadelt diese Ordnung, so tadelt man den SINN. Will man vom SINNE reden und tadelt doch den SINN, so ist das Wider-SINN.

Darum machten es die Alten, die den großen SINN zur Klarheit bringen wollten, also: erst schafften sie Klarheit über den Himmel, dann kamen SINN und LEBEN. War Klarheit da über SINN und LEBEN, dann kam Liebe und Pflicht. War Klarheit da über Liebe und Pflicht, dann kam die Berufserfüllung. War Klarheit da über die Berufserfüllung, dann kam das Verhältnis von Sachen und Begriffen. War Klarheit da über das Verhältnis von Sachen und Begriffen, dann kam die Auswahl der rechten Männer für den rechten Platz. War Klarheit da über die rechten Männer am rechten Platz, dann kamen die Fragen der Beaufsichtigung. War Klarheit da über die Fragen der Beaufsichtigung, dann kam Billigung und Tadel. War Klarheit da über Billigung und Tadel, dann kam Lohn und Strafe. Indem so Lohn und Strafe in die Klarheit kamen, hatten Toren und Weise ihren rechten Platz, Vornehme und Geringe standen an ihrer Stelle. Die Guten und Würdigen und auch die Ungeschickten taten ihr Bestes: sie teilten ihre Fähigkeiten mit und machten ihrem Namen Ehre. Auf diese Weise dienten sie den Oberen; auf diese Weise nährten sie die Unteren; auf diese Weise ordneten sie die Dinge; auf diese Weise pflegten sie ihr Selbst. Wer nicht der Klugheit und Berechnung bedarf, sondern sich auf seine himmlische Natur verläßt, der hat das höchste Ziel friedlichen Waltens erreicht. Darum heißt es im Buche:[7] »Gibt es Sachen, so gibt es auch Begriffe.« Das Verhältnis von Sache und Begriff war also den Alten bekannt, aber sie stellten es nicht in den Vordergrund. Die Alten, die vom großen SINN sprachen, erwähnten das Verhältnis von Sachen und Begriffen erst an fünfter Stelle, und von Lohn und Strafe gar redeten sie erst an neunter Stelle. Die es allzu eilig haben in ihren Reden über das Verhältnis von Sachen und Begriffen, kennen nicht die wahre Grundlage. Die es allzu eilig haben in ihren Reden über Lohn und Strafe, kennen den rechten Anfang nicht. Sie verkehren den SINN und reden darüber; sie widersprechen dem SINN und machen Worte. Wer also sich von den Menschen beeinflussen läßt, wie kann der die Menschen beeinflussen? Die es allzu eilig haben in ihren Reden von Sachen und Begriffen, von Lohn und Strafe, die kennen nur die Mittel zum Herrschen, aber nicht den SINN des Herrschens. Man kann sich ihrer bedienen in der Welt, aber sie sind nicht imstande, sich der Welt zu bedienen. Sie sind Sophisten, Pedanten[8]. Riten und Gesetze, Rang und Stand und die Einzelheiten des Verhältnisses von Sache und Begriff kannten die Alten wohl. Das sind Dinge, die für die Untergebenen notwendig sind, um ihren Oberen zu dienen, nicht aber für die Oberen, um ihren Untergebenen Nahrung zu spenden.

6. Yau und Schun

Schun fragte einst den Yau und sprach: »Wie fühlen Eure Majestät im Herzen?«

Yau sprach: »Ich bin nicht hochfahrend gegen die Hilflosen, ich verachte nicht die Armen, ich traure um die Toten, ich habe Liebe zu den Waisen und Mitleid mit den Witwen. Das sind meine Gefühle.«

Schun sprach: »Das ist ja ganz schön, aber es ist noch nicht wahre Größe.«

Yau sprach: »Was dann?«

Schun sprach: »Des Himmels Lebenskräfte erzeugen Ruhe. Sonne und Mond leuchten, und die Jahreszeiten gehen ihre Bahn. Tag und Nacht haben ihre feste Ordnung. Die Wolken ziehen, und der Regen fällt.«

Yau sprach: »Dann ist ja meine Art nur Kleben und Streben. Ihr seid eins mit dem Himmel, ich bin eins mit den Menschen.«
Die Kräfte Himmels und der Erde waren es, was die Alten für groß hielten, und der Herr der gelben Erde, Yau und Schun waren einig in ihrer Bewunderung. Darum: die Alten beherrschten die Welt; was brauchten sie zu handeln? Sie ließen einfach die Kräfte Himmels und der Erde walten.

7. Des Konfuzius Besuch bei Laotse

Kung Dsï ging nach Westen, um Schriften niederzulegen in der kaiserlichen Bibliothek.
Da gab ihm Dsï Lu[9] einen Rat und sprach: »Soviel ich weiß, ist da ein gewisser Lau Dan, der früher kaiserlicher Bibliothekar war, sich aber nun zurückgezogen hat und in seiner Heimat lebt. Wenn Ihr Schriften niederlegen wollt, Meister, so macht doch einmal den Versuch, zu ihm zu gehen, damit er Euch behilflich sei.«
Kung Dsï sprach: »Trefflich!«
Und er ging hin, den Lau Dan zu besuchen. Aber Lau Dan war nicht dafür zu haben. Darauf gab er ihm eine Beschreibung der zwölf klassischen Schriften[10], um ihn zu überzeugen.
Lau Dan unterbrach ihn mitten in seiner Rede und sprach: »Das ist zu ausführlich. Ich möchte die Hauptpunkte hören.«
Kung Dsï sprach: »Der Hauptpunkt ist Liebe und Pflicht.«
Lau Dan sprach: »Darf ich fragen: gehört Liebe und Pflicht eigentlich zum Wesen des Menschen?«
Kung Dsï sprach: »Gewiß. Die Tugend ist ohne Liebe nicht vollkommen und kann ohne Pflicht nicht entste-

hen. Liebe und Pflicht gehören zum Wesen des wahren Menschen. Was will er ohne sie anfangen?«

Lau Dan sprach: »Was bedeutet eigentlich Liebe und Pflicht?«

Kung Dsï sprach: »Im innersten Herzen alle Wesen gern haben, alle lieben ohne Selbstsucht; das ist die Art von Liebe und Pflicht.«

Lau Dan sprach: »Ei, das scheinen mir recht minderwertige Reden zu sein. Alle zu lieben, ist das nicht übertrieben? Selbstlosigkeit als seine Pflicht ansehen, das beweist ja gerade, daß man selbstsüchtig ist. Wenn Ihr, Meister, den Wunsch habt, daß die Welt nicht ohne Hirten sei, so wißt Ihr ja, daß Himmel und Erde ihre ewigen Ordnungen in sich selbst haben, daß Sonne und Mond ihr Licht in sich selbst haben, daß Sterne und Sternbilder ihre Ordnung in sich selbst haben, daß die Tiere ihren Herdentrieb in sich selbst haben, daß die Pflanzen ihren Standort in sich selbst haben. Wenn Ihr, Meister, in Euren Handlungen dieses LEBEN nachahmt und mit Euren Schriften diesem SINNE folgt, so seid Ihr ja schon am Ziel. Was braucht Ihr da noch krampfhaft Liebe und Pflicht predigen, wie wenn man die Pauke schlagen wollte, um einen verlorenen Sohn zu suchen? Ei, Meister, Ihr verwirrt der Menschen Wesen!«

8. Doktor Filigran bei Laotse

Doktor Filigran[11] besuchte den Lau Dan, befragte ihn und sprach: »Meister, ich habe gehört, daß Ihr ein Heiliger seid; darum bin ich gekommen, ohne den weiten Weg zu scheuen. Ich wollte Euch besuchen; hundertmal mußte ich übernachten und habe mir Schwielen an die Füße gelaufen und keine Ruhe gegönnt, und nun sehe ich, daß Ihr doch kein Heiliger seid. Vor den Mauslöchern liegt übriges Gemüse, und doch habt Ihr Eure Schwester weggeschickt; das ist Mangel an Liebe. Gekochte und ungekochte Vorräte sind noch in Menge vorhanden, und doch scharrt Ihr noch mehr zusammen; das zeigt Eure Ungenügsamkeit.«

Lau Dan saß versunken da und antwortete nichts.

Tags darauf sprach Doktor Filigran wieder vor und sagte: »Gestern habe ich Euch beleidigt, heute sind die Gesinnungen meines Herzens wieder zurecht gekommen. Was ist der Grund davon?«

Lau Dan sprach: »Einem Mann, der so klüglich Göttlichkeit und Heiligkeit zu erkennen vermag, hielt ich mich nicht für gewachsen. Hättet Ihr mich einen Ochsen genannt, so wäre ich eben ein Ochse gewesen; hättet Ihr mich ein Pferd genannt, so wäre ich eben ein Pferd gewesen. Wenn man wirklich etwas ist, und die Menschen nennen einen beim rechten Namen, und man nimmt ihn nicht an, so bringt man sich nur um so mehr um sein Glück. Daß ich nachgab, entsprach meiner ständigen Gepflogenheit. Ich wollte nicht durch Nachgiebigkeit Nachgiebigkeit erzielen.«

Da zog sich Doktor Filigran vorsichtig zurück, wobei er vermied, daß sein Schatten ihn traf[12]. Dann trat er wieder unter Beobachtung aller Anstandsregeln vor ihn und fragte, was er tun müsse, sein Selbst zu veredeln.

Lau Dan sprach: »Du hast ein unverschämtes Gesicht und glotzende Augen, eine freche Stirn und einen vorlauten Mund, und dein Wesen ist selbstbewußt. Du gleichst einem Pferd, das nur mühsam im Zügel gehalten wird und das, wenn es erst einmal sich bewegt, sofort durchgeht. Du schnüffelst an allem herum und bist mit deinem Urteil gleich bei der Hand. Du kennst allerhand Kniffe und gibst dir ein großartiges Aussehen. Das alles sind Zeichen von Unaufrichtigkeit. Wenn man einen solchen Menschen in einer unsichern Gegend treffen würde, so würde man ihn einen Dieb nennen.«

9. Der höchste Mensch I

Unser Meister[13] sprach: »Der SINN umfaßt auch das Größte und läßt auch das Kleinste nicht zurück. Darum sind alle Wesen so vollkommen und weit. Weit ist er, daß er alles in sich befaßt; tief ist er, daß niemand ihn ermessen kann. Die Gestaltungen, die sein LEBEN annimmt in Liebe und Pflicht, sind nur die Enden des Geistes. Wer kann sie festsetzen außer dem höchsten Menschen? Der höchste Mensch besitzt die Welt. Ist das nicht etwas Großes? Und doch ist sie nicht imstande, ihn zu verstricken. Er hat die Macht in der Hand über die ganze Welt, und doch macht es ihm keine Unruhe. Er urteilt ohne Falsch und läßt sich nicht durch Gewinn berükken. Er kennt der Dinge wahres Wesen und vermag ihre Wurzel zu wahren. Darum ist er jenseits von Himmel und Erde und läßt alle Wesen hinter sich, und nichts vermag seinen Geist zu binden. Er hat Anschluß an den SINN, ist eins mit dem LEBEN. Er ist erhaben über Liebe und Pflicht Riten und Musik sind nur Gäste für ihn. Des höchsten Menschen Herz besitzt etwas, durch das es fest ist.«

10. Wertlosigkeit der Bücher

Der Welt Wertschätzung des SINNS ist Wertschätzung der Bücher. Doch Bücher enthalten nur Worte. Es gibt aber etwas, wodurch die Bücher wertvoll werden. Was die Worte wertvoll macht, sind die Gedanken. Es gibt etwas, wonach sich die Gedanken richten; das aber, wonach sich die Gedanken richten, läßt sich nicht durch

Worte überliefern. Die Welt aber überliefert um der wertvollen Worte willen die Bücher. Obwohl die Welt sie wertschätzt, sind sie in Wirklichkeit der Wertschätzung nicht wert, weil das, was sie wert hält, nicht wirklich wertvoll ist. So ist das, was man beim Anschauen sieht, nur Form und Farbe, was man beim Hören vernimmt, nur Name und Schall. Ach, daß die Weltmenschen Form und Farbe, Name und Schall für ausreichend erachten, das Ding an sich zu erkennen! Form und Farbe, Name und Schall sind wirklich nicht ausreichend, um das Ding an sich[14] zu erkennen. Darum: »Der Erkennende redet nicht; der Redende erkennt nicht[15].« Die Welt aber, wie sollte die es wissen?

Der Herzog Huan (von Tsi[16]) las in einem Band oben im Saal. Der Wagner Flach machte ein Rad unten im Hof. Er legte Hammer und Meißel beiseite, stieg hinan, befragte den Herzog Huan und sprach: »Darf ich fragen, was das für Worte sind, die Eure Hoheit lesen?«

Der Herzog sprach: »Es sind der Heiligen Worte.«

Jener sprach: »Leben denn die Heiligen noch?«

Der Herzog sprach: »Sie sind schon lange tot.«

Jener sprach: »Dann ist also das, was Eure Hoheit lesen, nur Abfall und Hefe der Männer der alten Zeit?«

Der Herzog Huan sprach: »Was Wir lesen, wie darf ein Wagner das kritisieren? Wenn du etwas zu sagen hast, so mag es hingehen; wenn du nichts zu sagen hast, so mußt du sterben.«

Der Wagner Flach sprach: »Euer Knecht betrachtet es vom Standpunkt seines Berufes aus. Wenn man beim Rädermachen zu bequem ist, so nimmt man's zu leicht, und es wird nicht fest. Ist man zu eilig, so macht man zu schnell, und es paßt nicht. Ist man weder zu bequem noch zu eilig, so bekommt man's in die Hand, und das Werk entspricht der Absicht. Man kann es mit Worten nicht beschreiben, es ist ein Kunstgriff dabei. Ich kann es meinem eigenen Sohn nicht sagen, und mein eigener Sohn kann es von mir nicht lernen. So bin ich nun schon siebzig Jahre und mache in meinem Alter immer noch Räder. Die Männer des Altertums nahmen das, was sie nicht mitteilen konnten, mit sich ins Grab. So ist also das, was Eure Hoheit lesen, wirklich nur Abfall und Hefe der Männer des Altertums.«

Buch XIV

Des Himmels Kreislauf

Vorbemerkung

Das Buch teilt sich in Abschnitt 1–3, die vom Sein des SINNS in der Wirklichkeit handeln, und Abschnitt 4–8, die Auseinandersetzungen mit dem Konfuzianismus sind.

Der 1. Abschnitt stellt die alten Fragen über das Naturgeschehen und sein Woher und Wohin. In der Frageform kommt die sich jedem bestimmten Zugreifen entziehende Art der Wirksamkeit des SINNS sehr gut zum Ausdruck.

Der 2. Abschnitt enthält in Gesprächsform eine Ausführung Dschuang Dsï's darüber, daß das Ziel der Entfaltung höchsten SINNS allerdings mit der Moral nichts zu tun hat, aber nicht deshalb, weil es die Forderungen der Moral nicht erreicht, sondern weil es sie als drükkende Fesseln weit hinter sich läßt.

Der 3. Abschnitt führt wieder in die Zeit des Herrn der gelben Erde und gibt eine Darstellung der Intentionen der Musik jener Zeit. Natürlich ist diese alte Musik von unserer durchaus verschieden. Sie ist nicht nur Musik im engeren Sinne, sondern bildet mit Tanzrhythmen und Körperwendungen der Tänzer einen zusammenhängenden Organismus. Sie ist gewissermaßen verwandt mit dem Zauber; denn im Maße des Rhythmus und Tons fängt sie die Geheimnisse der Welt ein und bringt sie zum Ausdruck. Die Musik ist hier noch nicht losgelöst vom Mutterboden der Magie. Daher auch die ungeheuer starken psychischen Wirkungen. In der musischen Kunst dringt das Überpersönliche auf die Seele des Menschen ein und löst das Ichbewußtsein in unsagbarem Empfinden des Weltzusammenhangs auf.

Der 4. Abschnitt führt den Mißerfolg des Konfuzius darauf zurück, daß er zeitlich bedingte Kulturformen mechanisch in eine andere Zeit zu übertragen bemüht gewesen sei, und berührt damit ein Hauptproblem jeder Reformation.

Der 5.–8. Abschnitt endlich führen die Unterhaltungen des Konfuzius mit Laotse fort, und zwar ist das Problem, um das es sich dabei handelt, im 5. Abschnitt die Tatsache, daß das Erleben des SINNS nicht etwas ist, das sich von außen her durch Aneignung der Tradition gewinnen ließe, sondern das nach Entfernung aller Hemmungen aus dem eigenen Innern hervorgehen muß.

Der 6. Abschnitt ist wohl eine Parallelerzählung zu der Begegnung des Konfuzius mit Laotse, die Sï Ma Tsiën berichtet. Auch dort vergleicht Konfuzius den geheimnisvollen Alten mit dem Drachen, der, in Wolken sich ausbreitend, unerreichbar wird.

Der 7. Abschnitt bringt ein komisches Nachspiel von dem Jünger Dsï Gung, der die Versäumnisse seines Meisters dem Laotse gegenüber gutmachen will, bei dieser Gelegenheit aber eine Zurechtweisung von Laotse erhält, die an satirischer Kraft nichts zu wünschen übrig läßt. Dabei gibt er einen ganz interessanten Überblick über die Weltentwicklung von der Urzeit bis herunter auf das Ende der Dschoudynastie vom Standpunkt des Taoismus aus.

Der 8. Abschnitt endlich erzählt die Bekehrung des Konfuzius, nachdem er sich lange vergeblich abgemüht hatte, einen Fürsten zu finden, der seine Lehren ausführte.

1. Fragen

Des Himmels Kreislauf, der Erde Beharren, die Art, wie Sonne und Mond einander in ihren Bahnen folgen: wer ist's, der sie beherrscht? Wer ist's, der sie zusammenbindet? Wer ist es, der weilt ohne Mühe und alles das im Gang erhält? Manche denken, es sei eine Triebkraft die Ursache, daß sie nicht anders können; manche meinen, es sei ein ewiger Kreislauf, der von selbst nicht stille stehen könne. Die Wolken bewirken den Regen, der Regen bildet Wolken. Wer ist's, der sie herniedersendet? Wer ist es, der weilt ohne Mühe und uns diesen Segensüberfluß schickt? Der Wind entsteht im Norden. Er weht bald nach Westen, bald nach Osten; bald steigt er auf als Wirbelwind. Wer ist's, der ihn blasen läßt? Wer ist es, der weilt ohne Mühe und ihn also daherfegen läßt? Darf ich fragen, was die Ursache ist?…[1]

2. Dschuang Dsï über die Liebe

Dang, der Kanzler des Staates Schang[2], befragte den Dschuang Dsï über die Liebe.
Dschuang Dsï sprach: »Tiger und Wölfe haben Liebe.«
Jener sprach: »Was soll das bedeuten?«
Dschuang Dsï sprach: »Die Alten und die Jungen sind anhänglich aneinander, das muß man doch als Liebe bezeichnen.«
Jener sprach: »Darf ich fragen, was die höchste Liebe ist?«
Dschuang Dsï sprach: »Die höchste Liebe kennt keine Anhänglichkeit.« Der Kanzler sprach: »Ich habe sagen hören, ohne Anhänglichkeit gibt es keine Zuneigung, ohne Zuneigung gibt es keine kindliche Ehrfurcht. Ist es nun zulässig, zu behaupten, daß höchste Liebe keine

kindliche Ehrfurcht kennt?« Dschuang Dsï sprach: »Nicht also! Höchste Liebe ist etwas überaus Hohes. Der Begriff der kindlichen Ehrfurcht ist ungenügend, um sie zu bezeichnen. Was ich meine, ist nicht, daß kindliche Ehrfurcht zu weit gehe, sondern daß sie nicht daran heranreiche. Wenn einer nach Süden wandert, kommt er zuletzt nach Ying[3]. Wenn er von dort nach Norden schaut, so sieht er nicht den großen Berg im Ozean[4]. Warum? Er ist zu weit entfernt. Darum sage ich: kindliche Ehrfurcht aus Achtung ist leicht; kindliche Ehrfurcht aus Zuneigung ist schwer. Kindliche Ehrfurcht aus Zuneigung ist leicht; aber die Eltern zu vergessen ist schwer. Die Eltern zu vergessen ist leicht; aber zu machen, daß die Eltern uns vergessen ist schwer. Zu machen, daß die Eltern uns vergessen ist leicht; aber die ganze Welt zu vergessen ist schwer. Die ganze Welt zu vergessen ist leicht; aber zu machen, daß die ganze Welt uns vergißt, ist schwer.
Diese Tugend läßt die Heiligen Yau und Schun weit hinter sich zurück und tritt nicht hervor in einzelnen Taten. Sie spendet Segen allen Geschlechtern, und die Welt weiß es nicht. Wie will man da in einem Atemzug von Liebe und kindlicher Ehrfurcht reden? Was man so gewöhnlich unter kindlicher Ehrfurcht, Brüderlichkeit, Liebe und Pflicht, Treue und Glauben, Reinheit und Uneigennützigkeit versteht, das sind alles Dinge, zu denen man sich gewaltsam aufschwingt, um der Tugend zu dienen; aber sie sind nicht viel wert. Darum heißt es: Wer höchsten Adel besitzt, für den sind die Ehren des Staates nur eine hohle Wand. Wer höchsten Reichtum besitzt, für den sind die Güter des Staates nur eine hohle Wand. Wer höchste Anerkennung besitzt, für den sind Name und Ruhm nur eine hohle Wand. Denn der SINN kann durch nichts anderes ersetzt werden.«

Nordheim der Fertige[5] fragte den Herrn der gelben Erde und sprach: »Eure Majestät führten die Musik der Sphärenharmonien[6] auf in den Gefilden des Dung Ting Sees. Als ich den ersten Satz hörte, bekam ich Angst; als ich den zweiten Satz hörte, ward ich erschöpft; als ich den letzten Satz hörte, ward ich verwirrt. Unaussprechliche Unendlichkeitsgefühle stiegen in mir auf, und ich verlor mich selbst.«

Der Herrscher sprach: »Es konnte dir nicht anders gehen. Ich machte die Musik mit menschlichen Mitteln, aber stellte Himmlisches dar. Ich ordnete ihre Bewegungen nach den Regeln der Kunst und gab ihr Gehalt durch die große Reinheit. Die höchste Musik entspricht zuerst den menschlichen Geschäften; sie paßt sich an den Ordnungen des Himmels. Sie wandelt sich nach den verschiedenen Daseinsformen und entspricht der Freiheit. Dann ordnet sie die Jahreszeiten und bringt in Harmonie alle Geschöpfe. Die Jahreszeiten treten nacheinander auf, und die Geschöpfe entstehen in ihrem Lauf. Der Wechsel von Blüte und Untergang wird bezeichnet durch friedliche und kriegerische Klänge. Bald rein, bald trübe zeigt sie die Harmonie der lichten und dunklen Weltkraft. Wie fließender Glanz ist ihr Ton. Die Larven der Insekten beginnen sich zu regen; ich schreckte sie auf durch Donner und Blitz. Das Ende wird durch keinen Schluß bezeichnet, der Anfang hat keine Einleitung. Bald Tod, bald Leben; bald schien sie zu enden, bald fing sie wieder an. Was ewig ist und unerschöpflich, kann nicht durch eine Weise ausgedrückt werden. Deshalb bekamst du Angst.

Beim zweiten Satz folgte meine Musik der Harmonie der lichten und dunklen Urgewalt. Ich ließ den Schein

von Sonne und Mond darin leuchten; so vermochten ihre Töne bald kurz zu sein, bald lang, bald weich, bald stark. Sie wechselten und wandelten sich und blieben doch in einer Tonart. Es war kein beherrschendes Motiv darin, so gab es eine ewige Melodie. Sie füllte die Täler, sie füllte die Schluchten; sie stillte das Sehnen, sie wahrte den Geist; sie gab allen Dingen das Maß. Ihre Klänge waren breit verhallend, ihr Ton war hoch und klar. Darum wahrten Geister und Götter ihre Verborgenheit. Sonne, Mond und Sterne wandelten ihre Bahnen. Ich gab ihnen ihre festen Grenzen durch die Endlichkeit. Ich ließ sie strömen durch die Unaufhörlichkeit. Du wolltest sie erfassen, aber du konntest sie nicht begreifen; du blicktest darnach, aber konntest nichts sehen; du folgtest ihr, aber konntest sie nicht erreichen. So standest du überwältigt am Weg zum Nichts. Du lehntest dich auf deine Laute und summtest mit. Dein Augenlicht erschöpfte sich, als du zu schauen begehrtest. Da ich dir unerreichbar blieb, behieltest du nur die äußere Form, dein Inneres ward leer. Du warst wie die abgestreifte Hülle einer Zikade[7], und du warst erschöpft.
Beim dritten Satz gab meine Musik Töne, die keine Erschöpfung aufkommen ließen. Ich stimmte sie ein auf das Gesetz der Freiheit. Darum folgten sich die Töne wie sprudelnde Quellen, wie üppig sprossende Pflanzen, wie die Freude der Wälder, die den Blicken verborgen ist. Sie breitete sich in ihren Bewegungen aus und ließ keine Spur zurück. Tief und dämmernd und ohne Klang bewegte sie sich im Jenseits und weilte in dunklen Tiefen. Der eine mag es für Tod halten, der andere für Leben, der eine für Wirklichkeit, ein anderer für Schein. Die Töne flossen aufgelöst dahin. Ohne beherrschendes Motiv war es eine ewige Melodie. Die Welt versteht sie nicht und muß sie zur Beurteilung dem Be-

rufenen überlassen. Der Berufene erfaßt ihre Gefühle und vermag ihren Gesetzen zu folgen. Wenn keine unsichtbare Triebkraft sich spannt und doch alle Sinne Fülle haben: das ist himmlische Musik. Wortlos erfreut sich das Herz. So hat der Herr des Wirbels zu ihrem Lob gesagt[8]:

›Man horcht nach ihr und hört nicht ihren Laut;
Man schaut nach ihr und sieht nicht ihre Form.‹

Sie erfüllt Himmel und Erde und umfaßt den ganzen Raum. Du wolltest sie hören und erfaßtest nichts. Darum wurdest du verwirrt.
Die Musik wirkte anfangs Angst; durch die Angst wurdest du berückt. Dann ließ ich die Erschöpfung folgen; durch die Erschöpfung wurdest du vereinsamt. Zum Schluß erzeugte ich Verwirrung; durch die Verwirrung fühltest du dich als Tor. Durch die Torheit gehst du ein zum SINN. Also kannst du den SINN beherbergen und eins mit ihm werden.«

4. Die Gründe von Konfuzius' Mißerfolg

Als Kung Dsï einst auf Reisen war im Lande We[9], fragte (sein Lieblingsjünger) Yen Hui den Musikmeister Gin[10] von Lu und sprach: »Was hältst du vom Wandel unseres Meisters?«
Der Musikmeister Gin sprach: »Wie schade, daß dein Meister zu Mißerfolg verdammt ist!«
Yen Hui sprach: »Wieso?«
Der Musikmeister Gin sprach: »Ehe die strohernen Hunde[11] (bei der Opferfeier für die Verstorbenen) aufgestellt werden, tut man sie in einen Schrein und umhüllt sie mit Stickereien. Der Totenpriester fastet und reinigt sich, um sie darzubringen. Sind sie aber erst einmal aufgestellt gewesen, so wirft man sie weg, also daß

die Vorübergehenden ihnen auf Kopf und Rücken treten und die Reisigsammler sie auflesen und verbrennen. Würde einer abermals sie nehmen und in einen Schrein setzen, sie umhüllen mit Stickereien, sich von seinen Geschäften zurückziehen und zu ihren Füßen schlafen, so würde er entweder Träume bekommen oder aber von Alpdrücken geplagt werden. Nun hebt dein Meister ebenfalls die schon aufgestellt gewesenen strohernen Hunde der früheren Könige auf, sammelt Schüler um sich, zieht sich von seinen Geschäften zurück und schläft zu ihren Füßen. Darum mußte er erleben, daß im Lande Sung[12] der Baum gefällt wurde, unter dem er sich aufhielt, daß er den Staub von den Füßen schütteln mußte im Lande We[13], daß er Mißerfolg hatte in Schang und Dschou[14]. Sind das nicht üble Träume? Er wurde umringt auf der Grenze von Tschen und Tsai[15], also daß er sieben Tage lang kein warmes Essen hatte und zwischen Tod und Leben schwebte. Ist das nicht Alpdrücken?

Um auf dem Wasser voranzukommen, ist's am besten, ein Schiff zu benützen; um aber auf dem Lande voranzukommen, benützt man am besten einen Wagen. Wenn einer, weil man mit einem Schiff auf dem Wasser vorankommen kann, darnach streben würde, es auf dem Lande zu schieben, so würde er sein Leben lang keinen Schritt vorwärts kommen. Die alten und die neuen Zeiten verhalten sich wie Wasser und Land. Die Einrichtungen der alten Dschoudynastie und die des heutigen Staates Lu verhalten sich zueinander wie Schiff und Wagen. Sucht man heute die Einrichtungen der alten Dschoudynastie im Lande Lu durchzuführen, so ist es gerade so, wie wenn man ein Schiff auf dem trockenen Lande voranschieben wollte. Es ist Mühe ohne Erfolg und bringt in persönliche Gefahr. Jener aber hat noch nicht erkannt, daß nur die Lehre, die auf keine bestimmten

Verhältnisse zugeschnitten ist, den Dingen zu entsprechen vermag, ohne Mißerfolg zu haben.
Hast du denn noch nie einen Ziehbrunnen gesehen? Wenn man dran zieht, so neigt er sich; läßt man ihn los, so fährt er wieder in die Höhe. Er muß von Menschen gezogen werden; nicht kann er die Menschen ziehen. Darum neigt er sich und geht in die Höhe, ohne den Menschen zu widerstreben. Nun sind die Sitten und Gesetze der verschiedenen Herrscher des Altertums nicht dadurch groß, daß sie übereinstimmen, sondern dadurch, daß sie Ordnung zuwege brachten. Die Sitten und Gesetze jener Herrscher kann man vergleichen mit Mehlbeeren[16], Birnen, Apfelsinen und Pomeranzen. Ihr Geschmack ist ganz verschieden voneinander, und doch sind sie alle wohlschmeckend. So müssen sich die Sitten und Gesetze den Zeiten anpassen und sich ändern. Wollte man heutzutage einen Affen nehmen und ihn kleiden in die Gewänder des Herzogs von Dschou[17], so würde er sie sicher zerbeißen und zerreißen und sich erst dann wieder wohlfühlen, wenn er ihrer allesamt wieder ledig wäre. Betrachtet man den Unterschied zwischen einst und jetzt, so ist er nicht geringer als der zwischen einem Affen und dem Herzog Dschou.
Als einst die schöne Si Schï[18] im Herzen Kummer hatte, da zeigte sie ihrer ganzen Nachbarschaft eine gerunzelte Stirn. Das sah eine Häßliche und fand es schön. Sie ging heim und preßte auch die Hand aufs Herz und zeigte ihrer Nachbarschaft eine gerunzelte Stirn. Die reichen Leute ihrer Nachbarschaft, die sie sahen, verrammelten ihre Türen und wagten sich nicht hervor; die Armen, die sie sahen, nahmen Weib und Kind an der Hand und liefen vor ihr davon. Sie hatte erfaßt, daß Stirnrunzeln schön sein können, aber nicht, was sie schön macht. Wie schade, daß dein Meister zu Mißerfolg verdammt ist!«

Kung Dsï war einundfünfzig Jahre lang auf Erden gewandelt und hatte noch nicht den (wahren) SINN der Welt vernommen. Da ging er südwärts nach Pe und besuchte den Lau Dan.

Lau Dan sprach: »So? Seid Ihr da? Ich höre, daß Ihr ein weiser Mann im Norden seid. Habt Ihr auch den SINN erlangt?«

Kung Dsï sprach: »Noch nicht.«

Lau Dan sprach: »Wie habt Ihr ihn gesucht?«

Er sprach: »Ich habe ihn gesucht in Maß und Zahl fünf Jahre lang und habe ihn nicht erlangt.«

Lau Dan sprach: »Und wie habt Ihr ihn dann gesucht?«

Er sprach: »Ich habe ihn gesucht in den Urkräften des Weltalls zwölf Jahre lang und habe ihn nicht erlangt.«

Lau Dan sprach: »Selbstverständlich! Wenn der SINN etwas wäre, das sich darbieten ließe, so würde ihn jedermann seinem Herrscher darbieten. Wenn der SINN etwas wäre, das sich überreichen ließe, so würde ihn jedermann seinen Eltern überreichen. Wenn der SINN etwas wäre, das sich anderen mitteilen ließe, so würde jedermann ihn seinen Brüdern mitteilen. Wenn der SINN etwas wäre, das sich andern schenken ließe, so würde jedermann ihn seinen Söhnen und Enkeln schenken. Daß das aber nicht möglich ist, hat keinen andern Grund als den: Wo im Inneren kein Herr ist, da verweilt er nicht; wo im Äußeren nicht die rechte Art ist, da kommt er nicht. Wenn er, aus dem Inneren hervorgebracht, keine Aufnahme fände bei denen draußen, so holt ihn der Berufene nicht hervor (aus seinem Inneren, um ihn andern mitzuteilen). Wenn er, von außen eindringend, keinen Herrn fände im Inneren, so vertraut der Berufene ihn nicht an. Begriffe sind allgemeine Werkzeuge; man darf nicht zu viel darauf geben. Liebe und Pflicht sind Nothütten der alten Könige. Man kann darin eine Nacht verweilen, aber nicht dauernd darin wohnen, sonst stellen die, die uns zusehen, zu große Ansprüche an uns. Die höchsten Menschen der alten Zeit benützten die Liebe als Pfad und die Pflicht als Herberge, um zu wandern im Raum freier Muße. Sie nährten sich vom Feld der Wunschlosigkeit und standen im Garten der Bedürfnislosigkeit. Wandern in Muße ist Nicht-Handeln. Wunschlosigkeit ist leicht zu ernähren, und Bedürfnislosigkeit braucht keinen Aufwand. Die Alten nannten das: Wanderschaft, bei der man die Wahrheit pflückt. Die aber Reichtum für ihr Leben halten, sind nicht imstande, anderen ihr Einkommen zu gönnen. Die Berühmtheit für ihr Leben halten, sind nicht imstande, andern ihren Namen zu gönnen. Die der Macht zugetan sind, sind nicht imstande, andern Einfluß zu gewähren. Haben sie diese Güter in der Hand, so zittern sie, und wenn sie sie hergeben müssen, so kommen sie in Trauer, und das eine findet keinen Raum, wo es sich spiegeln könnte. Wenn man ihre ewige Rastlosigkeit betrachtet, so muß man sagen, daß das die Leute sind, die der Himmel zur Sklaverei verdammt hat.

Mißgunst und Gunst, Nehmen und Geben, Lernen und Lehren, Zeugen und Töten: diese acht Dinge sind Werkzeuge des Vollkommenen. Aber nur der, der dem großen Wechsel zu folgen imstande ist und nirgends haftet, vermag sie sich zunutze zu machen. Darum heißt es: Wer andere recht macht, muß selber recht sein. Wer das im Herzen nicht erfahren hat, dem öffnen sich nicht die Tore des Himmels.«

6. Die Zurechtweisung des Konfuzius durch Laotse

Kung Dsï besuchte den Lau Dan und redete über Liebe und Pflicht.

Lau Dan sprach: »Wenn man beim Kornworfeln Staub in die Augen bekommt, so drehen sich Himmel und Erde und alle Richtungen im Kreis. Wenn einem Schnaken und Mücken in die Haut stechen, so kann man die ganze Nacht nicht schlafen. Dieses ewige Gerede von Liebe und Pflicht macht mich ganz verrückt. Wenn Ihr, mein Herr, die Welt nicht um ihre Einfalt brächtet, so könntet auch Ihr, mein Herr, Euch von dem Windhauch tragen lassen (der bläst, wo er will) und würdet Euren Platz finden im allgemeinen LEBEN. Wozu bedürft Ihr denn dieser Energie, die Euch dem Manne gleich macht, der sich eine große Trommel umhängt und paukt, um seinen entlaufenen Sohn[19] wieder zu finden? Die Schneegans braucht sich nicht täglich zu baden und ist dennoch weiß; der Rabe braucht sich nicht täglich zu schwärzen und ist dennoch schwarz. Über die Schlichtheit ihrer schwarzen und weißen Farbe lohnt es nicht zu disputieren. Die Betrachtungen von Name und Ruhm lohnt es sich nicht, wichtig zu nehmen …«[20] Als Kung Dsï von seinem Besuch bei Lau Dan zurückgekommen war, unterhielt er sich drei Tage lang nicht mehr. Da fragten ihn seine Schüler und sprachen: »Meister, Ihr habt den Lau Dan besucht; auf welche Weise habt Ihr ihn zurechtgewiesen?«

Kung Dsï sprach: »Ich habe diesmal wirklich einen Drachen[21] gesehen. Wenn der Drache sich zusammenzieht, so hat er körperliche Gestalt; dehnt er sich aus, so wird er zum Luftgebilde; er fährt durch die Wolken und lebt von der lichten und dunklen Urkraft. Sprachlos stand ich mit offenem Mund daneben. Wie hätte ich es da anfangen sollen, den Lau Dan zurechtzuweisen?«

Der Schüler Dsï Gung sprach: »Dann kommt es also wirklich vor, dass ein Mensch wie ein Leichnam weilt[22], während seine Drachenkräfte sich zeigen; daß seine Äußerungen wie Donner tönen, während er in abgrundtiefes Schweigen versunken ist; daß er wie Himmel und Erde Bewegung zu erzeugen vermag? So einen möchte ich doch auch einmal zu sehen bekommen.«
Darauf ging er mit einer Botschaft des Kung Dsï hin und besuchte den Lau Dan.
Lau Dan saß gerade gelassen in seiner Halle und wandte sich an ihn, indem er mit leiser Stimme sprach: »Meine Jahre eilen ihrem Ende zu; welche Belehrung wünscht Ihr mir angedeihen zu lassen?«
Dsï Gung sprach: »Die großen Herrscher der alten Zeit hatten wohl verschiedene Art, die Welt zu ordnen, aber sie sind alle gleich berühmt. Nur Ihr, mein Herr, wollt sie nicht als Heilige gelten lassen. Was habt Ihr für einen Grund dafür?«
Lau Dan sprach: »Komm ein wenig näher, mein Sohn! Was meinst du damit, daß ihre Art verschieden war?«
Er erwiderte: »Yau gab das Reich an Schun ab, Schun gab es an Yü weiter. Yü wirkte durch seine Kraft, und Tang wirkte durch sein Heer. Der König Wen folgte dem Tyrannen Dschou Sin und wagte nicht, sich ihm zu widersetzen. Der König Wu (sein Sohn) widersetzte sich dem Tyrannen Dschou Sin und war nicht gewillt, ihm zu folgen. Darum behaupte ich, sie waren verschieden.«
Lau Dan sprach: »Komm ein wenig näher, mein Sohn, dann will ich dir sagen, wie die Herrscher des Altertums die Welt regierten. Der Herr der gelben Erde regierte die Welt und machte die Herzen des Volkes einig. Es gab Leute im Volk, die beim Tod ihrer Eltern nicht weinten,

und niemand tadelte sie darob. Yau regierte die Welt und machte die Herzen des Volkes anhänglich. Es gab Leute im Volk, die um ihrer Eltern willen die Fernerstehenden kühler behandelten, und niemand tadelte sie darob. Schun regierte die Welt und brachte den Kampf ums Dasein in die Herzen des Volkes. Die Frauen des Volkes[23] kamen im zehnten Monat nieder, und die Kinder konnten im fünften Monat nach ihrer Geburt sprechen, und noch ehe sie drei Jahre alt waren, begannen sie die Leute mit ihrem Namen zu begrüßen. Von da ab gab es vorzeitigen Tod auf Erden. Yü regierte die Welt und brachte die große Veränderung in die Menschenherzen. Die Menschen bekamen Absichten, und die Waffen bekamen freien Lauf. Einen Räuber tot zu schlagen galt nicht mehr als Totschlag. Die Menschen sonderten sich in Rassen, und das geschah auf der ganzen Weh. Darum kam über die ganze Welt ein solcher Schrecken. Die verschiedenen Philosophenschulen kamen auf, und durch ihre Tätigkeit entstanden die Lehren von den gesellschaftlichen Beziehungen. Was nun vollends den Zustand der heutigen Frauenwelt anlangt, so will ich mir's ersparen, darüber zu reden. Ich kann dir nur sagen, diese Herrscher des Altertums regierten die Welt, und was sie brachten, war dem Namen nach Ordnung, in Wirklichkeit aber die größte Verwirrung. Die Erkenntnis jener Herrscher verkehrte den Schein von Sonne und Mond in Finsternis, störte die Harmonie der Natur und verwirrte den Gang der Jahreszeiten. Ihre Erkenntnis war gefährlicher als der Schwanz des Skorpions und als eine Bestie, die dem Käfig entronnen. Sie waren nicht imstande, sich ruhig unterzuordnen unter die Grundbedingungen der Natur und hielten sich selber noch dazu für Heilige. Sollte man nicht Scham empfinden über ein solches Gebaren? Aber sie waren schamlos.«

Dsï Gung stand mit verstörten Mienen da und fühlte sich unbehaglich.

8. Das Erwachen des Konfuzius

Kung Dsï redete zu Lau Dan und sprach: »Ich habe das Buch der Lieder, das Buch der Urkunden, die Riten, die Musik, das Buch der Wandlungen und die Frühlings- und Herbstannalen in Ordnung gebracht. Ich kann wohl sagen, daß ich mich lange damit beschäftigt habe und den Sinn jener Werke verstehe. In der Geschichte von zweiundsiebzig schlechten Herrschern[24] habe ich den SINN der alten Könige erläutert und die Vorbilder der alten Fürsten Dschou und Schau[25] beleuchtet. Keinen einzigen Herrscher gibt es, der bereit wäre, diese Lehren anzuwenden. Wahrlich schwer ist es, sich durchzusetzen unter den Menschen, schwer ist es, den SINN ihnen klar zu machen!« Lau Dan sprach: »Es ist das größte Glück, daß Ihr keinen Fürsten gefunden habt, der die Welt in Ordnung bringen wollte. Jene sechs Schriften enthalten die hinterlassenen Fußspuren der früheren Könige, aber nicht das, wodurch sie diese Spuren hinterlassen haben. Worüber Ihr redet, das sind alles nur Fußspuren. Eine Spur wird von einem Tritt erzeugt, aber ist nicht selbst der Tritt. Die weißen Reiher blicken einander unverwandt an, und so findet die Befruchtung statt[26]. Bei den Insekten zirpt das Männchen in den oberen Luftschichten, und das Weibchen antwortet ihm in den unteren Luftschichten, und so findet die Befruchtung statt. Andere Tiere gibt's, die sind hermaphroditisch, und so findet die Befruchtung statt. Die Natur ist unwandelbar, das Schicksal unveränderlich. Die Zeit läßt sich nicht zum Stehen bringen, dem SINN kann nichts Einhalt tun. Darum, wer den SINN erlangt hat, für den ist kein Ding

unmöglich; wer den SINN verloren hat, für den ist nichts möglich.«
Als Kung Dsï das gehört, zog er sich drei Monate lang zurück.
Dann kam er wieder, besuchte den Lau Dan und sprach: »Ich hab' es erreicht! Die Raben und Elstern brüten ihre Jungen aus, die Fische laichen, und die Insekten machen Verwandlungen durch. Kommt ein jüngerer Bruder an, so weint der ältere[27]. Lange Zeit hat es gedauert, daß ich nicht imstande war, mich als Mensch diesen Wandlungen anzupassen. Wer sich selbst nicht diesen Wandlungen anzupassen vermag, wie kann der andere wandeln?«
Lau Dan sprach: »Es geht an, du hast's erreicht!«

Buch XV
Starre Grundsätze

Vorbemerkung

Das ganze Buch ist eine Aneinanderreihung von Zitaten über den berufenen Heiligen und die Ruhe, die ihn freimacht von der Welt des Getriebes. Es finden sich viele, zum Teil wörtliche Übereinstimmungen mit den ersten Abschnitten von Buch XIII. Auch sonstige Indizien weisen darauf hin, daß es mit jenen Abschnitten der Entstehung nach zusammengehört. Interessant ist das Buch durch die Zusammenstellung der verschiedenen »Schulen« der Weisen, die Licht auf die Zeitverhältnisse wirft. Derartige Aufzählungen finden sich in unserem Werk noch häufiger, am ausgeführtesten im letzten, als Anhang beigefügten Buch, das in der Einleitung verarbeitet ist. Fünf verschiedene Schulen werden aufgezählt, die alle das Höchste nicht erreicht haben, denen als sechste die sie alle umfassende Stufe des »Berufenen Heiligen« gegenüber gestellt wird. Die erste dieser Richtungen, die nach »starren Grundsätzen« (vgl. Überschrift) sich verbittert von der Welt zurückziehen, findet ihre Vorbilder in den Fürstensöhnen Bo I und Schu Tsi, die lieber verhungerten, als daß sie sich dem neuen Herrn fügten. Die zweite Richtung kennzeichnet sich mit genügender Deutlichkeit als die des Konfuzianismus. Die dritte Richtung, die »Politiker«, scheinen zur Zeit der zu Ende gehenden Dschoudynastie sehr zahlreich vorhanden gewesen zu sein. Auch in Liä Dsï werden sie gelegentlich erwähnt. Sie gehen wohl zurück auf Guan Dschung, den Minister von Tsi aus der Zeit des Konfuzius, der als der »Bismarck seiner Zeit«

zuerst die Politik ohne Deckmantel der Moral proklamiert hat. Die beiden letzten Richtungen sind taoistisch im engeren Sinn. In der einen der Richtungen, den Weisen an Fluß und See, haben wir die Anfänge der taoistischen Eremiten vor uns, die in einer dem christlichen Eremitentum parallelgehenden Entwicklung sich zum Klostertaoismus weiter entwickelt haben, der später sich sehr stark an buddhistische Vorbilder anlehnte. Die fünfte Richtung, die durch allerlei körperliche Übungen das Leben zu verlängern suchte, ist der Ausgangspunkt geworden für die chinesische Alchimie, die ähnlich wie die europäische so manchen Fürsten in ihre Kreise zog. Bezeichnend ist, daß hier die Richtung, die nicht ohne Ironie geschildert wird, als unterhalb stehend angesehen wird. Später hat man sogar den Schriften Dschuang Dsï's geheime Anweisungen für diese Kunst entnommen.

Die Standpunkte und der Standpunkt

Sich auf einen Wandel nach starren Grundsätzen etwas zugute tun, sich von der Welt absondern und alles anders machen als die andern, hohe Reden führen und bitteres Urteil fällen: das ist der Menschenhaß. So lieben es die Weisen in den Bergklüften, die die Welt verurteilen, die einsam wie ein kahler Baum an tiefem Abgrund stehen[1].

Von Liebe reden und Pflicht, von Treu und Glauben, von Ehrfurcht und Mäßigkeit, Bescheidenheit und Gefälligkeit: das ist die Moral. So lieben es die Weisen, die die Welt zur Ruhe bringen wollen und Buße verkündigen, die Wanderprediger und Lernbeflissenen[2].

Von großen Werken reden, sich einen großen Namen machen, die Formen feststellen im Verkehr von Fürst und Diener, das Verhältnis ordnen zwischen Vorgesetz-

ten und Untergebenen: das ist die Politik. So lieben es die Weisen an den Höfen, die ihren Herren ehren und ihren Staat stark machen wollen und ihre Arbeit darauf richten, andere Staaten zu annektieren[3].
Sich an Sümpfe und Seen zurückziehen, in einsamen Gefilden weilen, Fische angeln und müßig sein: das ist der Quietismus. So lieben es die Weisen an Fluß und Meer, die sich von der Welt zurückgezogen haben und in freier Muße leben[4].
Schnauben und den Mund aufsperren, ausatmen und einatmen, die alte Luft ausstoßen und die neue einziehen, sich recken wie ein Bär und strecken wie ein Vogel: das ist die Kunst, das Leben zu verlängern. So lieben es die Weisen, die Atemübungen treiben und ihren Körper pflegen, um alt zu werden wie der Vater Pong[5].
Aber ohne starre Grundsätze erhaben sein, ohne die Betonung von Liebe und Pflicht Moral haben, ohne Werke und Ruhm Ordnung schaffen, ohne in die Einsamkeit zu gehen Muße finden, ohne Atemübungen hohes Alter erreichen, alles vergessen und alles besitzen in unendlicher Gelassenheit und dabei doch alles Schöne im Gefolge haben: das ist der SINN von Himmel und Erde, das LEBEN des berufenen Heiligen.
Darum heißt es: Ruhe, Schmacklosigkeit, Gelassenheit, Versinken, Leere, Nicht-Sein, Nicht-Handeln: das ist das Gleichgewicht von Himmel und Erde und das Wesen von SINN und LEBEN[6].
Darum heißt es: Der berufene Heilige läßt ab. Ablassen bringt Gleichgewicht und Leichtigkeit; Gleichgewicht und Leichtigkeit bringt Ruhe und Schmacklosigkeit. Gleichgewicht und Leichtigkeit, Ruhe und Schmacklosigkeit: da können Leid und Schmerzen nicht hinein, und üble Einflüsse vermögen nicht zu überwältigen. So wird das LEBEN völlig und der Geist ohne Fehl.

Darum heißt es: das Leben des berufenen Heiligen ist Wirken des Himmels; sein Sterben ist Wandel der körperlichen Form. In seiner Stille ist er eins mit dem Wesen der Nacht; in seinen Regungen ist er eins mit den Wogen des Tags. Er sucht nicht dem Glück zuvorzukommen noch dem Unglück zu begegnen; er entspricht nur den Anregungen, die auf ihn wirken; er bewegt sich nur gezwungen und erhebt sich nur, wenn er nicht anders kann; er tut »ab Vorsätze und Erinnerungen und folgt allein des Himmels Richtlinien. Darum trifft ihn nicht Strafe des Himmels noch Verwicklungen durch die Dinge, nicht der Tadel der Menschen noch Beunruhigung der Geister. Sein Leben ist wie Schwimmen, sein Sterben ist wie Ausruhen. Er macht sich keine Sorgen und schmiedet keine Pläne; er ist licht ohne Schimmer, er ist wahr ohne Beteurungen. Sein Schlaf ist ohne Traum, sein Wachen ohne Leid. Sein Geist ist rein, seine Seele bleibt ohne Ermüdung. Leere, Nicht-Sein, Ruhe, Schmacklosigkeit ist Einigung mit himmlischem LEBEN.

Darum heißt es: Trauer und Freude sind Verkehrungen des LEBENS; Lust und Zorn sind Übertretungen des SINNS. Zuneigungen und Abneigungen sind Verlust des LEBENS. Darum, wenn das Herz frei ist von Trauer und Freude: das ist höchstes LEBEN. Einsam sein und unwandelbar: das ist höchste Stille. Kein Widerstreben kennen: das ist höchste Leere. Nicht mit der Außenwelt verkehren: das ist höchste Schmacklosigkeit. Frei sein von aller Unzufriedenheit: das ist höchste Echtheit.

Darum heißt es: Wenn der Leib sich abmüht ohne Ruhe, so wird er aufgebraucht; wenn der Geist tätig ist ohne Aufhören, so wird er müde. Müdigkeit führt zur Erschöpfung. Es ist die Art des Wassers, daß es rein ist, wenn es nicht bewegt wird. Wird es gehindert und eingedämmt, so fließt es wohl nicht, aber verliert seine Klarheit. Das ist ein Bild des himmlischen LEBENS. Darum heißt es: Rein sein und echt und ungemischt, stille sein und eins und ohne Wandel, schmacklos sein und nicht handeln, in allen Regungen sich nach den Wirkungen des Himmels richten: das ist der Weg zur Pflege des Geistes. Wer eine kostbare Klinge hat[7], der tut sie in einen Schrein und verbirgt sie und wagt sie nicht zu gebrauchen, weil sie so wertvoll ist. Wenn der Geist alles durchdringt und durchströmt und nichts ihm unerreichbar bleibt; wenn er hinaufdringt zum Himmel und unten die Erde umschlingt; wenn er alle Wesen wandelt und nährt und ohne Gleichnis noch Bildnis ist: das heißt eins sein mit Gott.

Wer des SINNES reine Art
Innerlich im Geist bewahrt
Und verliert in keiner Not,
Der wird eines sein mit Gott.
Und die Einheit, klar und echt
Einigt mit des Himmels Recht.

Es gibt ein Sprichwort, das sagt: Die Menge trachtet nach Gewinn, der Held trachtet nach Ruhm, der Würdige ehrt seinen Willen, der Heilige schätzt die Reinheit. Einfalt, das heißt: Freiheit von aller Vermischung; Echtheit, das heißt: Freiheit von allem Trug. Wessen Geist Echtheit und Reinheit darzustellen vermag, der heißt der wahre Mensch.

Buch XVI

Verbesserung der Natur

Vorbemerkung

Ähnlich wie das vorige Buch ist auch dieses mit einem einzigen Thema beschäftigt. In der Form weicht es jedoch etwas ab. Es ist im Fluß der Erörterungen zusammenhängender. Gemeinsames Merkmal beider Bücher ist das Fehlen der Gleichnisse. Auch ist der Stil weniger konzis als sonst bei Dschuang Dsï. Es finden sich hier – ähnlich wie in Buch XIII – Ansätze dazu, die Ideale des Konfuzianismus, Liebe und Pflicht, Treue, Musik und Formen, aus den taoistischen Grundprinzipien hervorgehen zu lassen.

Der 1. Abschnitt wendet sich gegen den Versuch, durch weltliches Lernen und weltliches Denken die Natur verbessern zu wollen, und führt dagegen aus, daß durch uninteressierte, ruhige Erkenntnis allein der SINN zugänglich sei.

Der 2. Abschnitt schildert die ursprüngliche Vollkommenheit des Menschen im Stande der Einfalt, die seit den mythischen Herrschern immer mehr in Verfall geriet. Schon die allerersten Kulturträger: der Feuerbringer und der Erfinder der Runen, stehen auf der absteigenden Linie, die dann über den Herrn der gelben Erde zu Yau und Schun führt, bei denen die unheilbare Betörung der Menschen begann.

Der 3. Abschnitt erklärt die Notwendigkeit, daß die Heiligen vor der Welt verborgen sind, damit, daß SINN und Welt einander verloren haben.

Der 4. Abschnitt endlich schließt mit einer Gegenüberstellung der wahren und falschen Ziele und der Folgen, die aus ihrer Verwirklichung entspringen.

1. Die Quelle der Tugenden

Die ihre Natur verbessern wollen durch weltliches Lernen, um dadurch ihren Anfangszustand zu erreichen; die ihre Wünsche regeln wollen durch weltliches Denken, um dadurch Klarheit zu erreichen, sind betörte und betrogene Leute.
Die Alten ordneten den SINN, indem sie durch ihre Ruhe ihre Erkenntnis förderten. Sie lebten, aber richteten sich nicht nach ihrer Erkenntnis bei ihren Handlungen. Auf diese Weise förderten sie durch ihre Erkenntnis ihre Ruhe. Indem Ruhe und Erkenntnis sich gegenseitig förderten, ging Einklang und Ordnung aus ihrer Natur hervor. LEBEN ist Einklang, SINN ist Ordnung. Das LEBEN, das alles umfängt, ist Liebe; der SINN, der alles ordnet, ist Pflicht. Ist die Pflicht klar, und man liebt die Welt: das ist Treue. Ist das Innere rein und wahr und spiegelt sich in den Gefühlen: das ist Musik. Ist man wahrhaftig in seinen äußeren Handlungen und folgt dabei den Regeln der Schönheit: das ist Formvollendung. Wird Formvollendung und Musik einseitig gepflegt, so kommt die Welt in Verwirrung. Wenn einer andere recht machen will und umnebelt sein eigenes LEBEN, so strömt das LEBEN nicht aus, und was ausströmt, macht, daß die Geschöpfe ihre wahre Natur verlieren.

2. Stufen des Verfalls

Die Männer des höchsten Altertums lebten inmitten des Unbewußten. Sie waren eins mit ihrem Geschlecht und erreichten Ruhe und Vergessenheit. Zu jener Zeit war Licht und Dunkel in stillem Einklang; Geister und Götter störten nicht; die Jahreszeiten hatten ihre Ordnung; alle Wesen blieben ohne Verletzung, und die Schar der

Lebenden kannte keinen vorzeitigen Tod; die Menschen hatten wohl Erkenntnis, aber sie gebrauchten sie nicht: das war die höchste Einheit.
Zu jener Zeit handelte man nicht, sondern ließ stets der Freiheit ihren Lauf. Als dann das LEBEN verfiel, kamen Feuerspender (Sui Jen) und Brütender Atem (Fu Hi) zur Herrschaft über die Welt. Darum ging wohl alles seinen Gang, aber die Einheit war nicht mehr vorhanden.
Als dann das LEBEN noch weiter verfiel, da kamen der göttliche Landmann (Schen Nung) und der Herr der gelben Erde (Huang Di) zur Herrschaft über die Welt. Darum herrschte wohl Friede, aber die Dinge gingen nicht mehr ihren Lauf.
Als dann das LEBEN noch weiter verfiel, da kamen Yau und Schun zur Herrschaft über die Welt. Sie brachten die Strömung des Ordnens und Besserns in Lauf, befleckten die Reinheit, zerstreuten die Einheit, verließen den SINN und stellten statt seiner das Gute auf, gefährdeten das LEBEN und stellten statt seiner die Tugenden auf. Von da ab ging die Natur verloren, und man folgte dem Verstand. Verstand tauschte mit Verstand die Kenntnisse aus, und doch war man nicht mehr fähig, der Welt eine feste Ordnung vorzuschreiben. Darauf fügte man Formenschönheit hinzu und häufte die Kenntnisse. Aber die Formenschönheit zerstörte den Inhalt, und Kenntnisse ertränkten den Verstand. Da wurden die Leute vollends betört und verwirrt, und kein Weg führte mehr zurück zur wahren Natur und zum Urzustand.

3. Weltverlorenheit

Von diesem Standpunkt aus betrachtet, zeigt sich, daß die Welt den SINN immer mehr verlor und der SINN die Welt immer mehr verlor. So verloren SINN und Welt einander, und wenn heute der SINN bei einem Menschen wohnt: wie will der es machen, um ihn wieder zur Geltung zu bringen in der Welt, und wie will die Welt es machen, um wieder zur Geltung zu kommen im SINN? Es ist gar keine Möglichkeit mehr vorhanden, daß der SINN zur Geltung kommt in der Welt oder daß die Welt zur Geltung kommt im SINN. Wenn daher ein Berufener sich auch nicht zurückzieht in die Bergwälder, ist sein LEBEN doch verborgen, und zwar so verborgen, daß er es gar nicht mehr selbst zu verbergen braucht. Die man in alten Zeiten verborgene Weise nannte, waren nicht Leute, die sich versteckten und sich nicht mehr sehen ließen; sie waren nicht Leute, die sich in Schweigen hüllten; sie waren nicht Leute, die ihre Erkenntnis zurückhielten, sondern Zeit und Umstände waren in großer Verwirrung. Wenn sie rechte Zeit und Umstände trafen, so wirkten sie großartig auf Erden, so daß alles zur Einheit zurückkehrte und keine Spur hinterließ. Wenn sie nicht rechte Zeit und Umstände trafen, so war ihr Wirken auf Erden vollständig unmöglich. So trieben sie ihre Wurzeln tiefer, waren vollkommen still und warteten. Das war der Weg, sich selbst zu bewahren.

4. Das wahre Ziel

Die vor alters ihr Selbst zu wahren wußten, schmückten nicht durch Beweise ihr Wissen auf. Sie suchten nicht mit ihrem Wissen die Welt zu erschöpfen, suchten nicht mit ihrem Wissen das LEBEN zu erschöpfen. Auf steiler Höh' weilten sie an ihrem Platz und kehrten zu ihrer Natur zurück. Was hätten sie auch handeln sollen? Der SINN besteht wahrlich nicht aus kleinen Tugenden; das LEBEN besteht wahrlich nicht aus kleinen Erkenntnissen. Kleine Erkenntnisse schädigen das LEBEN; kleine

Tugenden schädigen den SINN. Darum heißt es: Sich selbst recht machen, ist alles. Höchste Freude ist es, das Ziel zu erreichen.
Was die Alten als Erreichung des Ziels bezeichneten, waren nicht Staatskarossen und Kronen, sondern sie bezeichneten damit einfach die Freude, der nichts zugefügt werden kann. Was man heute unter Erreichung des Ziels versteht, sind Staatskarossen und Kronen. Staatskarossen und Kronen aber sind nur etwas Äußerliches und haben nichts zu tun mit dem wahren LEBEN. Was von außen her der Zufall bringt, ist nur vorübergehend. Das Vorübergehende soll man nicht abweisen, wenn es kommt, und nicht festhalten, wenn es geht. Darum soll man nicht um äußerer Auszeichnungen willen selbstisch werden in seinen Zielen, noch um äußerer Not und Schwierigkeiten willen es machen wollen wie die andern. Dann ist unsere Freude dieselbe im Glück und Unglück, und man ist frei von allen Sorgen. Heutzutage aber verlieren die Leute ihre Freude, wenn das Vorübergehende sie verläßt. Von diesem Gesichtspunkt aus sind sie auch mitten in ihrer Freude immer in Unruhe. Darum heißt es: Die ihr Selbst verlieren an die Außenwelt, die ihr Wesen preisgeben an die andern: das sind verkehrte Leute.

Buch XVII

Herbstfluten

Vorbemerkung

Dieses Buch ist eines der berühmtesten in Dschuang Dsï und hat ihm sogar einen seiner Beinamen eingetragen.

Abschnitt 1–6 bringt die große Darlegung der Lehre des Taoismus in Form eines Gesprächs des Gottes des gelben Flusses mit dem Gott des Nordmeeres. Im Flußgott, der zur Zeit der Herbstfluten in vollem Behagen und Bewußtsein der eigenen Größe den Fluß hinunterfährt, sind die »höheren Menschen« gezeichnet; im Meergott, der trotz seiner Größe sich des Weltzusammenhangs bewußt ist, sind die Jünger der Lehre des SINNS symbolisiert.

Der 1. Abschnitt gibt das Erwachen des Menschen zur großen Selbstbesinnung, indem er die Größe der Welt und seine eigene Beschränktheit schaut.

Der 2. Abschnitt schreitet dazu fort, die beschränkten Maßstäbe von Raum und Zeit überhaupt zu zertrümmern. Darum gilt es, sich zu erheben über alles Einzelne und Anschluß zu bekommen ans Allgemeine; denn alles Individuelle ist nicht wirklich, weil in ständigem Wandel begriffen.

Der 3. Abschnitt handelt von den Grenzbegriffen des unendlich Kleinen und unendlich Großen, die sich dem Denken schlechthin entziehen. Eine Lösung dieses Dilemmas ist nur praktisch möglich. Wer den SINN erlangt hat, der weilt jenseits der Welt der Relativitäten und vermag doch gerade von da aus die Menschen in ihren einseitigen und unzureichenden Bemühungen gelten zu lassen.

Der 4. Abschnitt dehnt diese Betrachtungsweise auf die Werturteile aus. Auch was man als wertvoll oder wertlos zu bezeichnen pflegt, ist nicht absolut so, sondern nur von einem einzelnen, wechselnden Gesichtspunkt aus.
Der 5. Abschnitt leitet daraus als Imperativ für das Verhalten ab, daß man nicht den großen fließenden Zusammenhang durch eigensinniges Verharrenwollen unterbrechen solle, sondern sich dem äußeren Wechsel hingeben im Bewußtsein innerer Einheit mit dem Gesamtsinn des Weltgeschehens.
Der 6. Abschnitt endlich zeigt die Erlösung, die durch die Einheit mit dem SINN erreicht wird, wenn man der himmlischen Spontaneität im eigenen Innern nicht durch menschliches Machen störend entgegentritt. Die Freiheit von allem irdischen Leid und die damit verbundene schlechthinnige Erhabenheit über die Welt hat selbstverständlich nichts zu tun mit den Zauberkünsten des späteren Taoismus. Sie ist bei Dschuang Dsï rein geistig zu verstehen.
Der 7. Abschnitt enthält ein Gleichnis von den verschiedenen Daseinsstufen, von denen jede der andern überlegen ist und doch jede in sich vollkommen. Einbein, ein sagenhaftes Wesen, beneidet den Tausendfuß, weil er so viele Beine hat, der Tausendfuß die Schlange, weil sie ohne Beine vorankommt, die Schlange den Wind, weil er nicht einmal körperliche Anstrengung braucht, der Wind das Auge, weil der Blick mit einem Male da ist, wohin der Wind doch erst wehen muß, das Auge endlich den Gedanken um seine Blitzesschnelle. Die Unterhaltungen brechen ab bei dem Gespräch der Schlange mit dem Wind. Hier ist die letzte Anwendung gleich vorausgenommen, so daß eine weitere Auseinandersetzung mit Auge und Gedanke überflüssig ist. Doch scheint der Text nicht in Ordnung zu sein.
Der 8. Abschnitt erzählt die Geschichte der Gefahr, in der sich Konfuzius in Kuang befand, die auch ander-

weitig, u.a. durch die »Gespräche«, hinreichend bezeugt ist. Die Reden sind natürlich in antiker Weise frei gestaltet und dem Zweck des Autors angepaßt.

Der 9. Abschnitt führt den Sophisten Gung Sun Lung ein, der in der Art von Hui Dsï durch scharfsinnige, paradoxe Gedankenübungen berühmt war. An Dschuang Dsï hatte er sich vergeblich versucht. An dem so ganz anders gearteten, auf das innere, zentrale Erlebnis gestellten Meister fand er keinen Punkt, wo er mit seinen Widersprüchen einsetzen konnte. Er suchte den Prinzen Mau von We (einen Schüler Dschuang Dsï's) auf, um mit ihm zu disputieren. Seine Zurückweisung durch das Gleichnis vom Brunnenfrosch gehört zu den ständigen Zitaten der chinesischen Literatur.

Der 10. Abschnitt erzählt eine kräftige Zurückweisung, die Dschuang Dsï einem Versuch, ihn für den Staatsdienst zu gewinnen, angedeihen ließ.

Der 11. Abschnitt ist wohl eine Geschichte aus der Schule Dschuang Dsï's mit dem Zweck, den Meister dem Haupt der Rivalenschule überlegen zu zeigen.

Der 12. Abschnitt gibt eine der Unterhaltungen Dschuang Dsï's mit seinem Gegner und Freund Hui Dsï. Ganz charakteristisch für die Art der beiden: Hui Dsï scharfsinnig und disputierend im Detail, Dschuang Dsï erst auf ihn eingehend und Gleiches mit Gleichem vergeltend, dann aber mit einer kühnen Gedankenbewegung alles andere abschüttelnd nur sich im sympathischen Erlebnis der Mitfreude an der Freude der Fische ergehend.

1. Erwachen zur Selbstbesinnung

Die Zeit der Herbstfluten[1] war gekommen, Hunderte von Wildbächen ergossen sich in den gelben Fluß. Trübe wälzte sich der angeschwollene Strom zwischen seinen beiden Ufern, so daß man von der einen Seite zur andern nicht mehr einen Ochsen von einem Pferd unterscheiden konnte. Darüber wurde der Flußgott[2] hochgemut und freute sich und hatte das Gefühl, daß alle Schönheit auf der Welt ihm zu Gebote stehe. Er fuhr auf dem Strome hinab und kam zum Nordmeer. Da wandte er das Gesicht nach Osten und hielt Ausschau. Aber er entdeckte nicht das Ende des Wassers. Darüber drehte der Flußgott sich um, blickte auf zum Meergott[3] und sagte seufzend: »Was da im Sprichwort steht: Wer hundert Wege kennt, hält sich für unvergleichlich klug, das trifft auf mich zu. Wohl habe ich schon Leute getroffen, die von menschlicher Größe[4] nicht viel wissen wollten, aber ich habe ihnen nie recht geglaubt. Erst bei Euch jetzt sehe ich, was wirkliche Größe und Unerschöpflichkeit ist. Wäre ich nicht vor Eure Tür gekommen, so wäre ich in Gefahr, dauernd verlacht zu werden von den Meistern der großen Auskunft.«[5]

Der Gott des Nordmeers Jo sprach: »Mit einem Brunnenfrosch kann man nicht über das Meer reden, er ist beschränkt auf sein Loch. Mit einem Sommervogel kann man nicht über das Eis reden, er ist begrenzt durch seine Zeit. Mit einem Fachmann[6] kann man nicht vom LEBEN reden, er ist gebunden durch seine Lehre. Heute bist du über deine Grenzen hinausgekommen, du hast das große Meer erblickt und erkennst deine Ärmlichkeit: so wird man mit dir von der großen Ordnung reden können. Von allen Wassern auf Erden gibt es kein größeres als das Meer. Alle Ströme ergießen sich darein, kein Mensch weiß wie lange, und doch nimmt es nicht zu. An der Sinterklippe[7] verdunstet es, kein Mensch weiß wie lange, und doch nimmt es nicht ab. Frühling und Herbst verändern es nicht; Fluten und Dürre kennt es nicht. Darin besteht seine unermeßliche Überlegenheit über Flüsse und

Ströme. Und dennoch halte ich mich nicht selbst für groß. Das kommt daher, daß ich das Verhältnis kenne, in dem meine Gestalt zu Himmel und Erde steht, daß ich meine Kraft empfange von den Urmächten des Lichten und Trüben. Ich bin inmitten von Himmel und Erde nur wie ein Steinchen oder ein Bäumchen auf einem großen Berg, das in seiner Kleinheit nur eben sichtbar ist. Wie sollte ich mich da selber für groß halten? Denkst du etwa, daß die vier Meere[8] inmitten von Himmel und Erde nicht nur einer kleinen Erhöhung oder Vertiefung in dem großen Urmeer entsprechen? Um die Zahl aller Dinge zu bezeichnen, redet man von Zehntausenden, und der Mensch ist nur eben eines davon. Von all den vielen Menschen, die die neun Erdteile[9] bewohnen, sich von Körnerspeise nähren und zu Schiff und Wagen miteinander verkehren, ist der Einzelmensch nur Einer. Wenn man ihn also vergleicht mit den Myriaden von Wesen, ist er da nicht wie die Spitze eines Härchens am Leibe eines Pferdes? Und nun ist alles, was die großen Männer der Weltgeschichte[10] bewegt und bekümmert hat, nichts weiter als diese Dinge[11]. Daß diese Leute sich selbst für so groß halten, darin gleichen sie dir, wie du soeben dein Wasser noch für das größte gehalten hast.«

2. Groß und Klein

Der Flußgott sprach: »Geht es dann an, wenn ich Himmel und Erde als groß und die Spitze eines Haars als klein bezeichne?«
Jo vom Nordmeer sprach: »Nein, innerhalb der Welt der wirklichen Dinge gibt es keine begrenzten Maßstäbe, gibt es keine ruhende Zeit, gibt es keine dauernden Zustände, gibt es kein Festhalten von Ende und Anfang. Wer daher höchste Weisheit besitzt, der überschaut in

der gleichen Weise das Ferne und das Nahe, so daß das Kleine für ihn nicht gering und das Große nicht wichtig erscheint; denn er erkennt, daß es keine festbegrenzten Maßstäbe gibt. Er durchdringt mit seinem Blick Vergangenheit und Gegenwart, so daß er dem Vergangenen nicht nachtrauert und ohne Ungeduld die Gegenwart genießt[12]; denn er erkennt, daß es keine ruhende Zeit gibt. Er hat erforscht den ständigen Wechsel von Steigen und Fallen, so daß er sich nicht freut, wenn er gewinnt, noch trauert, wenn er verliert; denn er erkennt, daß es keine dauernden Zustände gibt. Er ist im klaren über den ebenen Pfad, so daß er nicht glücklich ist über seine Geburt noch unglücklich über seinen Tod; denn er erkennt, daß Ende und Anfang sich nicht festhalten lassen.
Wenn man bedenkt, daß das, was der Mensch weiß, nicht dem gleichkommt, was er nicht weiß; daß die Zeit seines Lebens nicht gleichkommt der Zeit, da er noch nicht lebte: so ist klar, daß wer mit jenen kleinen Mitteln zu erschöpfen trachtet diese ungeheuren Gebiete, notwendig in Irrtum gerät und nicht zu sich selbst zu kommen vermag. Betrachte ich die Dinge von hier aus, woher will ich dann wissen, daß die Spitze eines Haares klein genug ist, um letzte Kleinheit durch sie zu bestimmen? Woher will ich wissen, daß Himmel und Erde groß genug sind, um letzte Größe dadurch zu bestimmen?«

3. Das Absolute

Der Flußgott sprach: »Die Denker auf Erden sagen alle: ›Das Feinste hat keine Form; das Größte ist unfaßbar‹; entspricht das der Wahrheit?« Jo vom Nordmeer sprach: »Vom Kleinen aus läßt sich das Große nicht übersehen; vom Großen aus läßt sich das Kleine nicht deutlich wahrnehmen. Das Feinste nun ist das Kleinste vom Kleinen;

die Masse ist das Größte vom Großen, und es ist in den Umständen begründet, daß die Anwendung dieser Begriffe unterschieden ist; doch ist die Anwendung der Begriffe des Feinen und des Großen auf körperliche Form beschränkt. Was keine Form hat, läßt sich nicht zahlenmäßig teilen; was unfaßbar ist, läßt sich nicht zahlenmäßig erschöpfen. Worüber man daher reden kann, das ist das grobe Ding; worüber man sich besinnen kann, das ist das feine Ding. Was sich dagegen allen Worten und Vorstellungen durchaus entzieht, das ist das Feine und das Grobe schlechthin[13]. Darum ist der Wandel des großen Mannes so beschaffen, daß kein Schaden für die andern herauskommt. Dennoch tut er sich nichts zugute auf seine Liebe und Gnade; er rührt sich nicht um des Gewinnes willen und schätzt doch nicht gering die Sklaven, die das tun. Er streitet nicht um Geld und Gut und macht doch nicht viel Wesens mit Ablehnen und Gönnen. In seinen Geschäften verläßt er sich nicht auf die Menschen, und doch tut er sich nichts zugute auf seine Stärke und verachtet nicht, die in ihrer Gier dem Schmutze sich zuwenden. In seinem Wandel unterscheidet er sich von der Menge und tut sich doch nichts zugute auf seine Abweichungen. In seinen äußerlichen Handlungen richtet er sich nach der Masse und verachtet nicht die Schwätzer und Schmeichler. Der Welt Ehren und Schätze sind nicht imstande, ihn zu reizen; ihre Schmach und Schande ist nicht imstande, ihn zu beschimpfen. Er weiß, daß Billigung und Nichtbilligung sich nicht trennen lassen, daß Klein und Groß sich nicht scheiden lassen. Ich habe sagen hören: Der Mann des SINNS bleibt ungenannt; höchstes LEBEN sucht nicht das Seine[14]. Der große Mann hat kein Selbst. Das ist das Höchste, was an Bindung des Schicksals erreicht werden kann.«

4. Werte

Der Flußgott sprach: »Außerhalb oder innerhalb der Dinge: wo ist der Punkt, da Wert und Unwert sich scheidet; wo ist der Punkt, da Großes und Kleines sich scheidet?«
Jo vom Nordmeer sprach: »Vom SINNE aus betrachtet kommt den Dingen nicht Wert noch Unwert zu; von den Dingen aus betrachtet hält jedes selbst sich wert und die andern unwert; vom Standpunkt der Masse aus betrachtet ist Wert und Unwert etwas, das nicht auf dem eigenen Ich beruht (sondern auf der Anerkennung von andern). Will man's vom Standpunkt der Relativität aus betrachten und ein Ding, weil es größer ist als andere, als groß bezeichnen, so gäbe es unter allen Dingen keines, das nicht groß wäre. Oder wollte man ein Ding, weil es kleiner ist als andere, als klein bezeichnen, so gäbe es unter allen Dingen keins, das nicht klein wäre. Erkennen, daß Himmel und Erde nur wie ein Reiskorn sind, erkennen, daß die Spitze eines Haares wie ein Berg ist, das ist das Ergebnis der relativen Betrachtungsweise. will man's vom Standpunkt der Qualität aus betrachten und ein Ding deshalb, weil es eine Qualität hat, als seiend bezeichnen, so gäbe es unter allen keins, das nicht wäre. Oder wollte man ein Ding, weil es (eine Qualität) nicht hat, als nicht seiend betrachten, so gäbe es unter allen Dingen keins, das nicht nichtseiend wäre. Zu erkennen, daß Ost und West einander entgegengesetzt sind, ohne einander aufzuheben: das heißt die Unterschiede der Qualitäten festsetzen[15]. Will man's vom Standpunkt der Wertung aus beurteilen und ein Ding, weil es auf Wert Anspruch macht, als wertvoll bezeichnen, so gäbe es unter allen Dingen keines, das nicht wertvoll wäre. Oder wollte man ein Ding, dem von andern der Wert abge-

sprochen wird, als wertlos bezeichnen, so gäbe es kein Ding, das nicht wertlos wäre. Zu erkennen, daß der Erzvater Yau und der Tyrann Gië beide sich selbst für wertvoll und einander für wertlos hielten, das zeigt die Betrachtungsweise der Werturteile.

Yau und Schun entsagten einst dem Thron und hatten dennoch Nachfolger auf dem Thron[16]; Dschï Guai[17] entsagte dem Thron und brachte seinen Staat dadurch zum Untergang; Tang und Wu kämpften um die Herrschaft und wurden Könige[18]; der weiße Prinz kämpfte um die Herrschaft und ging zugrunde[19]. Von hier aus betrachtet zeigt sich, daß Kampf und Verzicht, daß der Wandel eines Yau und eines Giё, daß Wert und Unwert alle ihre Zeit haben und nicht als etwas Absolutes angesehen werden können.

Mit einem Sturmbock kann man eine Stadt berennen, aber nicht eine Bresche ausfüllen: so gibt's verschiedene Werkzeuge. Auf einem Renner kann man in einem Tag tausend Meilen weit galoppieren, aber Mäuse fangen kann er nicht so gut wie ein Fuchs und ein Wiesel: so gibt's verschiedene Fähigkeiten. Ein Käuzchen und eine Ohreule können bei Nacht ihre Flöhe fangen und die Spitze eines Haars unterscheiden, aber bei Tag starren sie mit glotzenden Augen und können keinen Berg erblicken: so gibt's verschiedene Naturen. Darum heißt es: Wer sich zur Bejahung bekennt und nichts von der Verneinung weiß, wer sich zur Ordnung bekennt und nichts von Verwirrung weiß, der hat noch nicht die Gesetze des Himmels und der Erde und die Verhältnisse der Welt durchschaut. Das ist, wie wenn man sich an den Himmel halten und nichts von der Erde wissen wollte, oder wie wenn man sich an die trübe Urkraft wenden und nichts von der lichten wissen wollte. Es ist klar, daß das nicht geht. Und nun doch ohne Aufhören so weiter zu reden, das ist entweder ein Zeichen von Torheit oder von Betrug. Die Herrscher der alten Zeit entsagten dem Thron auf verschiedene Weise; die Könige der geschichtlichen Dynastien[20] setzten in verschiedener Weise die Thronfolge fort. Wenn einer abweicht von seiner Zeit und den allgemeinen Sitten widerstrebt, so wird er ein grausamer Tyrann genannt; wenn einer seiner Zeit entspricht und sich nach den allgemeinen Sitten richtet, so wird er ein edler Held genannt. Stille, stille, mein Flußgott! Wie willst du das Tor zu Wert und Unwert erkennen und das Haus von Größe und Kleinheit?«

5. Imperative

Der Flußgott sprach: »Ja, aber was soll ich dann tun und was nicht tun? Wonach soll ich mich richten beim Ablehnen und Annehmen, beim Ergreifen und Fahrenlassen?«

Jo vom Nordmeer sprach: »Vom SINNE aus betrachtet: was ist da wertvoll und was wertlos? Das sind nur überflüssige Gegensätze. Laß dadurch nicht dein Herz gefangen nehmen, daß du nicht im SINN erlahmest! Was ist wenig, was ist viel? Das sind nur Worte beim Danken und Spenden. Mach nicht einseitig deinen Wandel, damit du nicht abweichst vom SINN! Sei strenge wie der Fürst eines Staates, der kein Ansehen der Person kennt; sei überlegt wie der Erdgeist beim Opfer[21], der nicht parteiisch Glück verleiht; sei unendlich wie die Grenzenlosigkeit der Himmelsrichtungen, die keine bestimmten Gebiete umfassen! Alle Dinge gleichmäßig umfangen, ohne Vorliebe, ohne Gunst, das ist Unumschränktheit. Alle Dinge gleich betrachten: was ist dann kurz, was ist dann lang? Der SINN kennt nicht Ende noch Anfang, nur für die Einzelwesen gibt's Geburt und

Tod. Sie können nicht verharren auf der Höhe ihrer Vollendung. Einmal leer, einmal voll, vermögen sie nicht festzuhalten ihre Form. Die Jahre lassen sich nicht zurückholen, die Zeit läßt sich nicht aufhalten. Verfall und Ruhe, Fülle und Leere machen einen ewigen Kreislauf durch. Damit ist die Richtung, die allem Sein Bedeutung gibt, ausgesprochen und ist die Ordnung aller Einzelwesen genannt. Das Dasein aller Dinge eilt dahin wie ein rennendes Pferd. Keine Bewegung, ohne daß sich etwas wandelte; keine Zeit, ohne daß sich etwas änderte. Was du da tun sollst, was nicht tun? Einfach der Wandlung ihren Lauf lassen!«

6. Der SINN

Der Flußgott sprach: »Gut! Worin besteht nun der Wert des SINNS?« Jo vom Nordmeer sprach: »Wer den SINN erkennt, versteht die Naturgesetze; wer die Naturgesetze versteht, der schaut das Gleichmaß der Kräfte; wer das Gleichmaß der Kräfte schaut, dem können die Außendinge nichts anhaben. Wer höchstes LEBEN besitzt, den vermag das Feuer nicht zu brennen, das Wasser vermag ihn nicht zu ertränken, Kälte und Hitze können ihm nichts schaden, Vögel und Tiere vermögen ihn nicht zu berauben. Damit ist nicht gesagt, daß er die Welt verachtet, sondern es bedeutet, daß er durchschaut hat, was Frieden bringt und was Gefahr, daß er ruhig zu sein vermag angesichts des Leids und angesichts des Glücks, daß er sorgfältig ist, wenn er sich von etwas abwendet oder sich etwas zuwendet, und daß ihm darum nichts schaden kann. So heißt es: Das Himmlische muß im Innern sein, das Menschliche im Äußeren. Das LEBEN beruht auf dem Himmlischen. Die Erkenntnis, wie Himmlisches und Menschliches zusammenwirken muß, wurzelt im

Himmlischen und ist begründet im LEBEN. Wer das erreicht hat, ist wie geistesabwesend in seinen Bewegungen. Er ist zurückgekehrt zu dem, was Not tut, und hat das Ziel erreicht.«
Jener fragte: »Was heißt das Himmlische? Was heißt das Menschliche?«
Jo vom Nordmeer sprach: »Daß Ochsen und Pferde vier Beine haben, das heißt ihre himmlische (Natur). Den Pferden die Köpfe zu zügeln und den Ochsen die Nasen zu durchbohren, das heißt menschliche (Beeinflussung). Darum heißt es: Wer nicht durch menschliche Beeinflussung die himmlische Natur zerstört, wer nicht durch bewußte Absichten sein Schicksal stört, wer nicht um des Gewinnes willen seinen Namen schädigt, wer sorgfältig sein Eigenes wahrt und nicht verliert: der kehrt zurück zu seinem wahren Wesen.«

7. Daseinsstufen

Das Einbein[22] beneidet den Tausendfuß; der Tausendfuß beneidet die Schlange; die Schlange beneidet den Wind; der Wind beneidet das Auge; das Auge beneidet das Herz.
Einbein sprach zu Tausendfuß: »Ich mühe mich mit meinem einen Fuße ab umherzukriechen und komme damit nicht zustande. Wie macht Ihr's nur, daß Ihr alle Eure tausend Füße regt?«
Tausendfuß sprach: »Das mache ich ganz anders. Habt Ihr noch nie gesehen, wie ein Mensch ausspuckt? Der Speichel besteht aus lauter Bläschen, von der Größe einer Perle an bis zu der von feinen Nebeltröpfchen. Das kommt alles durcheinander heraus, ohne daß man die Bläschen einzeln zählen könnte. So setze ich einfach mein natürliches Triebwerk in Gang, ohne zu wissen, wie es im einzelnen sich auswirkt.«

Tausendfuß sprach zur Schlange: »Mit all meinen tausend Füßen komme ich noch nicht so schnell voran wie Ihr ohne Füße. Wie kommt das?«
Die Schlange sprach: »Die Bewegungen des natürlichen Triebwerks lassen sich nicht ändern. Was brauche ich Füße?«
Die Schlange sprach zum Wind: »Ich bewege Rückgrat und Rippen und komme so voran. Ich habe so immer noch ein sichtbares Mittel. Ihr aber erhebt Euch brausend im Nordmeer und stürzt Euch brausend ins Südmeer ohne jedes sichtbare Mittel. Wie kommt das?«
Der Wind sprach: »Ja, ich erhebe mich brausend im Nordmeer und stürze ins Südmeer. Und doch, wer mich herbeizuwinken oder auf mir zu stehen[23] vermag, ist mir über, obwohl ich imstande bin, die größten Bäume zu brechen und die größten Häuser zu stürzen. Darum, wen die Menge der Geringeren nicht zu besiegen vermag, der ist ein großer Sieger. Höchster Sieger sein kann der berufene Heilige allein. »

8. Mut

Als Kung Dsï einst im Lande Kuang[24] wanderte, da umringten ihn die Leute jener Gegend in dichten Scharen. Doch er hörte nicht auf, die Laute zu spielen und zu singen. Der Jünger Dsï Lu[25] trat ein, um nach ihm zu sehen, und sprach: »Wie kommt es, Meister, daß Ihr so fröhlich seid?«
Kung Dsï sprach: »Komm her, ich will dir's sagen! Ich habe mich lange Zeit bemüht, dem Mißerfolg zu entgehen, und kann ihm doch nicht entrinnen: das ist das Schicksal. Ich habe mich lange Zeit bemüht, Erfolg zu erlangen, und habe ihn nicht erreicht: das ist die Zeit. Unter den heiligen Herrschern Yau und Schun gab es

niemand auf Erden, der Mißerfolg hatte, ohne daß darum alle besonders weise gewesen wären. Unter den Tyrannen Gië und Dschou Sin gab es niemand auf Erden, der Erfolg hatte, ohne daß darum alle der Weisheit bar gewesen wären. Es war eben, weil die Zeitläufte sich so trafen. Wer im Wasser seine Arbeit tut, ohne sich zu fürchten vor Krokodilen und Drachen, der ist ein mutiger Fischer; wer die Wälder durchstreift, ohne sich zu fürchten vor Nashörnern und Tigern, der ist ein mutiger Jäger; wer angesichts des Kreuzens blanker Klingen den Tod dem Leben gleich achtet, der ist ein mutiger Held; wer in der Erkenntnis dessen, daß Erfolg und Mißerfolg von Schicksal und Zeit abhängen, in der größten Not nicht zagt, der hat den Mut des Heiligen. Warte ein wenig, mein Freund! Mein Schicksal ruht in den Händen eines höheren Herrn.«
Nach einer kleinen Frist kam der Führer der Bewaffneten herein, entschuldigte sich und sprach: »Wir hielten Euch für den schlimmen Yang Hu[26], deshalb umringten wir Euch; nun seid Ihr's nicht.« Mit diesen Worten bat er um Entschuldigung und zog sich zurück.

9. Die Lehre des Dschuang Dsï. Der Brunnenfrosch

Der Philosoph Gung Sun Lung[27] befragte den Prinzen Mau von We[28] und sprach: »Von früher Jugend auf habe ich die Lehren der alten Könige gelernt; seit ich erwachsen bin, durchschaue ich die Tugenden der Güte und Pflicht; ich erkenne Übereinstimmung und Abweichung der Dinge; ich vermag die Begriffe von ihren Objekten zu trennen; So-Sein und Nicht-So-Sein, Möglichkeit und Nicht-Möglichkeit, all die Weisheit der verschiedenen Schulen habe ich mühevoll erlernt und habe erschöpft, was alle an klugen Reden vorzubringen wissen, so daß ich wohl von mir behaupten kann, daß ich die höchste Stufe der Weisheit erklommen. Nun habe ich da die Worte des Dschuang Dsï gehört, die mich in ungeheures Staunen versetzen. Ich weiß nicht, ob er seinen Gedanken nicht den richtigen Ausdruck zu geben weiß oder ob meine Erkenntnis ihm nicht zu folgen vermag. Ich ermangle nun vollständig der Worte und wage, um Auskunft zu bitten.«

Der Prinz Mau lehnte sich auf seinen Tisch, atmete tief, blickte zum Himmel empor und sprach lächelnd: »Kennt Ihr nicht die Geschichte vom Frosch im alten Brunnenloch, der einst zu einer Schildkröte des Ostmeeres sprach: ›Wie groß ist doch meine Freude! Ich kann emporspringen auf den Rand des Brunnens. Will ich wieder hinunter, so kann ich auf den zerbrochenen Ziegelstücken der Brunnenwand ausruhen. Ich begebe mich ins Wasser, ziehe meine Beine an mich, halte mein Kinn steif und wühle im Schlamm; so kann ich tauchen, bis meine Füße und Zehen ganz bedeckt sind. Wenn ich um mich blicke, so sehe ich, daß von all den Muscheln, Krabben und Kaulquappen in ihren Fähigkeiten mir keine gleichkommt. Auf diese Weise das Wasser eines ganzen Loches zur Verfügung zu haben und all das Behagen des alten Brunnens nach Belieben auszukosten: das gehört zum Höchsten. Wollt Ihr nicht, mein Herr, zuweilen kommen und Euch die Sache besehen?‹ – Als aber die Schildkröte des Ostmeeres ihren linken Fuß noch nicht im Wasser hatte, da war der rechte schon stecken geblieben. Darauf zog sie sich vorsichtig wieder zurück und erzählte ihm vom Meer, das weit über tausend Meilen groß und weit über tausend Klafter tief sei. Als zu Zeiten des Herrschers Yü[29] neun Jahre unter zehn Wassersnot geherrscht, da sei das Wasser des Meeres nicht größer geworden; als zu Zeiten des Herrschers Tang[30] von acht

Jahren je sieben große Dürre gewesen, da sei es nicht von seinen Ufern zurückgewichen. Alle äußeren Einflüsse, ob sie lang oder kurz wirkten, ob sie groß oder klein seien, brächten keine Veränderungen hervor: das sei die Freude des Ostmeeres. – Als der Frosch vom alten Brunnen das hörte, da erschrak er sehr und verlor vor Überraschung fast das Bewußtsein.

Nun ist Eure Weisheit noch nicht einmal so weit, daß Ihr die Grenzen von Behauptung und Leugnung erkennt, und doch wollt Ihr Euch eine Ansicht bilden über die Worte des Dschuang Dsï? Das ist gerade, wie wenn man einer Mücke einen Berg aufladen wollte oder einen Tausendfuß mit dem gelben Fluß um die Wette laufen ließe. Es geht notwendig über ihre Kraft. Nun ist Eure Weisheit noch nicht einmal so weit, daß Ihr die Ausdrücke wirklich tiefer Wissenschaft versteht, und doch bildet Ihr Euch etwas ein auf Euren Modescharfsinn. Macht Ihr es da nicht gerade so wie der Frosch im alten Brunnen? Jener Meister steht bald tief drunten unter den Geheimnissen der Unterwelt[31], bald steigt er empor in die höchsten Höhen des Himmels.

Er kennt nicht Süden noch Norden; frei bewegt er sich nach allen Richtungen und taucht hinab in unermeßliche Tiefen. Er kennt nicht Osten noch Westen; er beginnt beim tiefsten Geheimnis und kehrt zurück zum all-umfassenden Verständnis. Wenn Ihr nun in Eurer Hilflosigkeit ihn zu erforschen strebt und über ihn zu diskutieren sucht, so ist das gerade, als wollte man den Himmel überschauen durch eine Röhre oder als wollte man mit der Spitze einer Ahle die Erde bedecken. Diese Werkzeuge sind zu klein. Geht weiter, Herr! Kennt Ihr nicht die Geschichte von jenen Schülern[32], die in die Hauptstadt zogen, um zu lernen, und ehe sie gelernt, was dort zu lernen war, ihre alten Kenntnisse verlernt hatten? Wenn Ihr

jetzt nicht geht, so ist zu fürchten, daß Ihr auch Eure früheren Fähigkeiten vergeßt und Euren Beruf verliert.«
Gung Sun Lung stand da mit offenem Mund, nicht fähig, ihn zu schließen; die Zunge klebte ihm am Gaumen. So lief er weg.

10. Die Schildkröte

Dschuang Dsï fischte einst am Flusse Pu[33]. Da sandte der König von Tschu[34] zwei hohe Beamte als Boten zu ihm und ließ ihm sagen, daß er ihn mit der Ordnung seines Reiches betrauen möchte.
Dschuang Dsï behielt die Angelrute in der Hand und sprach, ohne sich umzusehen: »Ich habe gehört, daß es in Tschu eine Götterschildkröte[35] gibt. Die ist nun schon dreitausend Jahre tot, und der König hält sie in einem Schrein mit seidenen Tüchern und birgt sie in den Hallen eines Tempels. Was meint Ihr nun, daß dieser Schildkröte lieber wäre: daß sie tot ist und ihre hinterlassenen Knochen also geehrt werden oder daß sie noch lebte und ihren Schwanz im Schlamme nach sich zöge?«
Die beiden Beamten sprachen: »Sie würde es wohl vorziehen, zu leben und ihren Schwanz im Schlamme nach sich zu ziehen.«
Dschuang Dsï sprach: »Geht hin! Auch ich will lieber meinen Schwanz im Schlamme nach mir ziehen.«

11. Eule und Phönix

Hui Dsï war Minister im Staate Liang[36]. Dschuang Dsï ging einst hin, ihn zu besuchen. Da hinterbrachte es jemand dem Hui Dsï und sprach: »Dschuang Dsï ist gekommen und möchte Euch von Eurem Platze verdrängen!«

Darauf fürchtete sich Hui Dsï und ließ im ganzen Reiche nach ihm suchen drei Tage und drei Nächte lang. Darnach ging Dschuang Dsï hin und suchte ihn auf.
Er sprach: »Im Süden gibt es einen Vogel, der heißt der junge Phönix[37]. Ihr kennt ihn ja wohl? Dieser junge Phönix erhebt sich im Südmeer und fliegt nach dem Nordmeer. Er rastet nur auf heiligen Bäumen[38]; er ißt nur von der reinsten Kost[39] und trinkt nur aus den klarsten Quellen. Da war nun eine Eule, die hatte eine verweste Maus gefunden. Als der junge Phönix an ihr vorüberkam, da sah sie auf und erblickte ihn. (Besorgt um ihre Beute) sprach sie: Hu! Hu! – Nun wollt Ihr mich wohl auch von Eurem Staate Liang hinweghuhuen?«

12. Die Freude der Fische

Dschuang Dsï ging einst mit Hui Dsï spazieren am Ufer eines Flusses[40]. Dschuang Dsï sprach: »Wie lustig die Forellen[41] aus dem Wasser herausspringen! Das ist die Freude der Fische.«
Hui Dsï sprach: »Ihr seid kein Fisch, wie wollt Ihr denn die Freude der Fische kennen?«
Dschuang Dsï sprach: »Ihr seid nicht ich, wie könnt Ihr da wissen, daß ich die Freude der Fische nicht kenne?«
Hui Dsï sprach: »Ich bin nicht Ihr, so kann ich Euch allerdings nicht erkennen. Nun seid Ihr aber sicher kein Fisch, und so ist es klar, daß Ihr nicht die Freude der Fische erkennt.«
Dschuang Dsï sprach: »Bitte laßt uns zum Ausgangspunkt zurückkehren! Ihr habt gesagt: Wie könnt Ihr denn die Freude der Fische erkennen? Dabei wußtet Ihr ganz gut, daß ich sie kenne, und fragtet mich dennoch. Ich erkenne die Freude der Fische aus meiner Freude beim Wandern am Fluß.«

Buch XVIII

Höchstes Glück

Vorbemerkung

Das Buch hat die Form einer theoretischen Ausführung mit angehängten Beispielen zur Illustration. Es lehnt sich einigermaßen an die Gedanken von Buch VI an. Gemeinsam ist beiden das Streben, ein Glück zu finden, das von äußeren Ereignissen unabhängig ist.

Der 1. Abschnitt zeigt das Unbefriedigende in allem, was die Menschen Glück nennen, und findet das Glück im Aufschwung über die Welt des Wechsels.

Der 2. Abschnitt ist die bekannte Geschichte von Dschuang Dsï am Totenbett seiner Frau.

Der 3. Abschnitt ist ein Duplikat zu VI, 9, daher weggelassen.

Der 4. Abschnitt enthält eine Szene mit einem Totenschädel, wie sie auch Shakespeare im Hamlet auf seine Weise gestaltet hat. Charakteristisch für Dschuang Dsï ist der Traum, der auf die Begegnung folgt, ein Gegenstück zu den Klagen des toten Achilles bei Homer.

Die beiden letzten Abschnitte sind Wiederholungen früheren Stoffes und konnten daher wegbleiben. Die Vergleichung der Geschichte Abschnitt 4 mit der aus Liä Dsï entnommenen Totenbeingeschichte zeigt deutlich die höhere Kunst plastischer Gestaltung bei Dschuang Dsï, aber ebenso, daß bei Liä Dsï eine ältere Schicht der Stoffbehandlung vorliegt.

1. Glück?

Gibt es auf Erden überhaupt ein höchstes Glück, oder gibt es keines? Gibt es einen Weg, sein Leben zu wahren, oder gibt es keinen? Was soll man tun, woran soll man sich halten? Was soll man meiden, wo soll man bleiben? Wem soll man sich zuwenden, wovon soll man sich abwenden? Worüber soll man glücklich sein, was als Unglück betrachten? Was man auf Erden hochzuhalten pflegt, ist Reichtum, Ehre, langes Leben, Tüchtigkeit. Was man für Glück zu halten pflegt, ist ein gesunder Leib, Genüsse der Nahrung, schöne Kleider, Augenlust und die Welt der Töne. Was man für unwert hält, ist Armut, Niedrigkeit, früher Tod und Schlechtigkeit. Was man für Unglück hält, ist, wenn der Leib nicht sein Behagen findet, wenn der Mund nicht seine Genüsse findet, wenn man sich nicht in schöne Kleider hüllen kann, wenn man sich nicht ergötzen kann an schönen Farben und der Welt der Töne. So härmen die, denen diese Dinge nicht zuteil werden, sich mit viel Kummer und Furcht ab. In ihrer Sorge für das Leben sind sie zu Toren geworden. (Aber auch denen, die das Glück besitzen, geht es nicht besser.) Die Reichen mühen sich ab in harter Arbeit und sammeln viele Schätze, die sie doch nicht aufbrauchen können. In ihrer Sorge für das Leben haben sie sich an die Außenwelt verloren. Die Vornehmen fügen die Nacht zum Tag, um darüber nachzudenken, was sie fördert oder hindert. In ihrer Sorge für das Leben werden sie sich selber fremd. Bei der Geburt des Menschen wird das Leid zugleich geboren. Erreicht daher einer ein hohes Alter, so wird er nur stumpf und schwachsinnig, und sein langes Leid stirbt nicht. Was ist das für eine Bitternis! In seiner Sorge um sein Leben bleibt er doch fern vom Ziel.

Helden gelten auf Erden für tüchtig, aber sie sind nicht imstande, ihr eigenes Leben zu wahren. Ich weiß nicht, ob diese ihre Tüchtigkeit in Wahrheit Tüchtigkeit ist oder ob sie in Wahrheit Untüchtigkeit ist. Will man sie als tüchtig bezeichnen, so steht dem entgegen, daß sie nicht imstande sind, ihr eigenes Leben zu wahren; will man sie andererseits als untüchtig bezeichnen, so steht dem entgegen, daß sie imstande sind, anderer Menschen Leben zu wahren. Darum heißt es: Bleibt treue Warnung ungehört, so sitze still und laß den Dingen ihren Lauf, ohne zu streiten; denn schon mancher hat durch Streiten sich ums Leben gebracht[1]. Streitet man jedoch nicht, so macht man sich auch keinen Namen. So bleibt es bei der Frage: gibt es in Wahrheit Tüchtigkeit oder nicht? Nun weiß ich nicht, ob das, was die Welt tut, was sie für Glück hält, tatsächlich Glück ist oder nicht. Wenn ich das betrachte, was die Welt für Glück hält, so sehe ich wohl, wie die Menschen in Herden diesem Ziele nachstreben und ihr Leben in die Schanze schlagen, als könnte es nicht anders sein, und alle sprechen, das sei das Glück. Aber Glück und Unglück liegt für mich noch nicht in diesen Dingen. (Was mir am Herzen liegt), das ist, ob es tatsächlich Glück gibt oder nicht. Ich halte das Nicht-Handeln für wahres Glück, also gerade das, was die Welt für die größte Bitternis hält. Darum heißt es: Höchstes Glück ist Abwesenheit des Glücks, höchster Ruhm ist Abwesenheit des Ruhms. Recht und Unrecht auf Erden lassen sich tatsächlich nicht bestimmen. Immerhin, durch Nicht-Handeln kann Recht und Unrecht bestimmt werden. Höchstes Glück und Wahrung des Lebens ist nur durch Nicht-Handeln zu erhoffen. Ich darf wohl noch weiter darüber reden. Der Himmel gelangt durch Nicht-Handeln zur Reinheit; die Erde gelangt durch Nicht-Handeln zur Festigkeit[2]. Wenn so die beiden in ihrem

Nicht-Handeln sich einigen, so entsteht die Wandlung aller Geschöpfe. Unsichtbar, unfaßlich gehen sie aus dem Nicht-Sein hervor; unfaßlich, unsichtbar sind im Nicht-Sein die Ideen[3]. Alle Geschöpfe in ihrer unerschöpflichen Fülle wachsen aus dem Nicht-Handeln hervor. Darum heißt es: Himmel und Erde verharren im Nicht-Tun, und nichts bleibt ungetan. Und unter den Menschen, wer vermag es, das Nicht-Tun zu erreichen?

2. Dschuang Dsï beim Tode seiner Frau

Die Frau des Dschuang Dsï war gestorben. Hui Dsï ging hin, um ihm zu kondolieren. Da saß Dschuang Dsï mit ausgestreckten Beinen auf dem Boden, trommelte auf einer Schüssel und sang.

Hui Dsï sprach: »Wenn eine Frau mit einem zusammen gelebt hat, Kinder aufgezogen hat und im Alter stirbt, dann ist es wahrlich schon gerade genug, wenn der Mann nicht um sie klagt. Nun noch dazuhin auf einer Schüssel zu trommeln und zu singen, ist das nicht gar zu bunt?«

Dschuang Dsï sprach: »Nicht also! Als sie eben gestorben war, (denkst du), daß mich da der Schmerz nicht auch übermannt habe? Aber als ich mich darüber besann, von wannen sie gekommen war, da erkannte ich, daß ihr Ursprung jenseits der Geburt liegt; ja nicht nur jenseits der Geburt, sondern jenseits der Leiblichkeit; ja nicht nur jenseits der Leiblichkeit, sondern jenseits der Wirkungskraft. Da entstand eine Mischung im Unfaßbaren und Unsichtbaren, und es wandelte sich und hatte Wirkungskraft; die Wirkungskraft verwandelte sich und hatte Leiblichkeit; die Leiblichkeit verwandelte sich und kam zur Geburt. Nun trat abermals eine Verwandlung ein, und es kam zum Tod. Diese Vorgänge folgen einander wie Frühling, Sommer, Herbst und Winter, als der

Kreislauf der vier Jahreszeiten. Und nun sie da liegt und schlummert in der großen Kammer, wie sollte ich da mit Seufzen und Klagen sie beweinen? Das hieße das Schikksal nicht verstehen. Darum lasse ich ab davon.«

3.

Der 3. Abschnitt bringt eine Geschichte in der Art von Buch VI, 9.

4. Der Totenschädel

Dschuang Dsï sah einst unterwegs einen leeren Totenschädel, der zwar gebleicht war, aber seine Form noch hatte.
Er tippte ihn an mit seiner Reitpeitsche und begann also ihn zu fragen: »Bist du in der Gier nach Leben von dem Pfade der Vernunft abgewichen, daß du in diese Lage kamst? Oder hast du ein Reich zugrunde gebracht und bist mit Beil oder Axt hingerichtet worden, daß du in diese Lage kamst? Oder hast du einen üblen Wandel geführt und Schande gebracht über Vater und Mutter, Weib und Kind, daß du in diese Lage kamst? Oder bist du durch Kälte und Hunger zugrunde gegangen, daß du in diese Lage kamst? Oder: bist du, nachdem des Lebens Herbst und Lenz sich geendet, in diese Lage gekommen?«
Als er diese Worte geendet, da nahm er den Schädel zum Kissen und schlief. Um Mitternacht erschien ihm der Schädel im Traum und sprach: »Du hast da geredet wie ein Schwätzer. Alles, was du erwähnst, sind nur Sorgen der lebenden Menschen. Im Tode gibt es nichts derart. Möchtest du etwas vom Tode reden hören?«
Dschuang Dsï sprach: »Ja.«

Der Schädel sprach: »Im Tode gibt es weder Fürsten noch Knechte und nicht den Wechsel der Jahreszeiten. Wir lassen uns treiben, und unser Lenz und Herbst sind die Bewegungen von Himmel und Erde. Selbst das Glück eines Königs auf dem Throne kommt dem unseren nicht gleich.«
Dschuang Dsï glaubte ihm nicht und sprach: »Wenn ich den Herrn des Schicksals vermöchte, daß er deinen Leib wieder zum Leben erweckt, daß er dir wieder Fleisch und Bein und Haut und Muskeln gibt, daß er dir Vater und Mutter, Weib und Kind und alle Nachbarn und Bekannten zurückgibt, wärst du damit einverstanden?«
Der Schädel starrte mit weiten Augenhöhlen, runzelte die Stirn und sprach: »Wie könnte ich mein königliches Glück wegwerfen, um wieder die Mühen der Menschenwelt auf mich zu nehmen?«

5.

Der 5. Abschnitt ist eine Kombination aus IV, 1 und XIX, 3.

6.
Die Totengebeine. Kreislauf des Lebens
(Liä Dsï I,4)

Der Meister Liä Dsï ging nach We. Er aß unterwegs. Seine Jünger sahen hundertjähriges Totengebein. Sie bogen das Gestrüpp zurück und zeigten es ihm. Er wandte sich und sprach zu seinem Jünger Be Feng: »Ich und dieser da: wir beide haben erkannt, daß es etwas gibt, das noch nie gezeugt und noch nie gestorben ist: das ist jenseits von aller Nahrung, jenseits von aller Freude.«
Der Lebenskeim (das Plasma) hat Metamorphosen. Er

wandelt sich in Pflanzen und Tiere, je nach den Bedingungen, die er vorfindet. Auch der Mensch erscheint im Lauf dieser Metamorphosen und kehrt wieder in diesen Kreislauf zurück. Alle Geschöpfe kommen aus diesem Kreislauf hervor und gehen wieder in diesen Kreislauf zurück.

Im Buche des Herrn der gelben Erde steht: »Wirkt die Form, so entsteht nicht Form, sondern Schatten; wirkt der Ton, so entsteht nicht Ton, sondern Echo; wirkt das Nichtsein, so entsteht nicht Nichtsein, sondern Sein.« Die Form ist etwas, das notwendig endet; Himmel und Erde werden vergehen, zusammen mit uns vergehen. Ob es dann ganz zu Ende ist? Wir wissen es nicht. Wie sollte der Sinn des Weltgeschehens enden, da er doch seinem Wesen nach ohne Anfang ist? Wie sollte er an eine äußerste Grenze kommen, da er doch seinem Wesen nach jenseits des zeitlichen Daseins ist? Was Leben hat, kehrt wieder zum Nichtleben; was Form hat, kehrt wieder zum Formlosen. Dieses Nichtlebende ist aber nicht seinem Wesen nach jenseits des Lebens; dieses Formlose ist aber nicht seinem Wesen nach jenseits der Formenwelt. Alles Lebendige muß nach notwendigen Gesetzen endigen. Es ist etwas, das endigt und nicht anders kann als endigen, ebenso wie das Erzeugte nicht anders kann als leben.

Wer sein Leben bewahren möchte und seine Ende verhindern, der irrt sich in den Naturverhältnissen. Was geistig ist, ist Teil des Himmels, was leiblich ist, ist Teil der Erde. Was dem Himmel angehört, ist rein und flüchtig; was der Erde angehört, ist trübe und haftend. Wenn der Geist die Form verläßt, so kehrt beides zurück zu seinem wahren Wesen. Darum heißen sie die Heimgegangenen. »Heimgegangene« kommt von »heimgehen«, heimgehen in seine wahre Behausung.

Der Herr der gelben Erde sprach:

»Der Geist geht ein zu seinen Toren,
Der Leib kehrt heim zu seiner Wurzel,
Wie soll das Ich da dauern können?«

Der Mensch macht von seiner Geburt bis zu seinem Ende große Wandlungen durch: Kindheit, Jugend, Alter, Sterben. In der Kindheit ist die Lebenskraft gesammelt, der Wille einheitlich, der innere Friede ist auf seinem Höhepunkt. Die Außenwelt schadet nicht, das Wesen ist in sich vollkommen. In der Jugend wallt die Lebenskraft des Blutes; Wünsche und Sorgen erheben sich, die Außenwelt stürmt ein, daher reibt sich das Wesen auf. Im Greisenalter werden Wunsch und Sorge schwach. Der Leib sucht Ruhe, die Welt tritt zurück. Wohl ist die Völligkeit der Kindheit nicht erreicht, doch ist ein Abstand von der Jugendzeit. Im Sterben, da geht es zur Ruhe und kehrt zu seinem Anfang zurück.

Buch XIX

Wer das Leben versteht

Vorbemerkung

Das Buch hat denselben Aufbau wie das vorhergehende. Es ist dasjenige, das unter allen Büchern Dschuang Dsï's am meisten Berührungspunkte mit den im Liä Dsï enthaltenen Anschauungen und außerdem auch ziemlich viele Abschnitte mit Liä Dsï gemeinsam hat.

Der 1. Abschnitt gibt die taoistische Erlösungstheorie. Interessant ist der Gedanke der Wiedergeburt, der hier auftritt.

Der 2.– 4. Abschnitt stammen aus Liä Dsï.

Der 5. Abschnitt ist ebenfalls in der Art der Erzählung und im Stil den Erzählungen im Liä Dsï sehr verwandt. Gleich der Anfang erinnert an Liä Dsï I, 1.

Der 6. Abschnitt ist durch die Ineinanderschachtelung der verschiedenen Reflexionen bemerkenswert. Erst der Opferpriester in seiner »offiziellen« Denkweise, die abgelöst wird von einer rein menschlichen Erwägung. Während er dem Schicksal der Schweine gegenüber zu dem natürlichen Gedanken, daß ein einfaches Leben einem prächtigen Tode vorzuziehen ist, sich aufschwingt, bleibt er für sich selbst in der Meinung befangen, die er zuerst »offiziell« den Schweinen vorgeredet hat.

Der 7. Abschnitt gibt eine Sage vom Herzog Huan von Tsi, ganz in der Art der Geschichten bei Liä Dsï. Sie ist interessant, weil sie Einblick in den Volksglauben des alten China eröffnet. Vgl. Liä Dsï II, 12.

Der 8. und 9. Abschnitt sind wieder dem Liä Dsï entnommen.

Der 10. Abschnitt über die prästabilierte Harmonie zwischen Stoff und Bildner beim wahren Kunstwerk gehört zu den Stücken, die der Weltliteratur anzugehören verdienen. Er enthält eine Ästhetik in nuce.
Der 11. Abschnitt bringt ein Gleichnis vom Wagenlenken gegen die Aufbietung der letzten Kraft bei großen Leistungen.
Der 12. Abschnitt enthält Beispiele und Aphorismen über die intuitive Methode, bei der das Bewußtsein ausgeschaltet ist.
Der 13. Abschnitt gibt eine Unterhaltung eines Weisen mit einem Menschen, der mit seinem Schicksal unzufrieden ist. Schließlich macht er sich Vorwürfe darüber, daß er jenem Menschen in seiner Antwort zuviel zugemutet habe. Der Abschnitt enthält das Gleichnis vom Meervogel in Lu, das auch sonst in der chinesischen Literatur vorkommt.

1. Das Leben

Wer des Lebens Bedingungen versteht, der wird sich nicht abmühen um Dinge, die für das Leben überflüssig sind. Wer die Bedingungen des Schicksals kennt, der wird sich nicht abmühen um Dinge, die wir nicht wissen können. Um unseren Leib erhalten zu können, sind wir angewiesen auf den Besitz, und doch kommt es vor, daß einer Besitz hat im Überfluß und damit dennoch nicht seinen Leib erhalten kann. Um das Leben zu erhalten, sind wir darauf angewiesen, daß unser Leib nicht von uns getrennt wird, und doch kommt es vor, daß einer von seinem Leib nicht getrennt wird und daß dennoch sein Leben zugrunde geht. Wenn das Leben kommt, so läßt es sich nicht abweisen; wenn es geht, so läßt es sich nicht festhalten. Ach, daß die Leute der Welt denken, es genüge, den Leib zu pflegen, um das Leben zu wahren! In Wirklichkeit genügt die Pflege des Leibes nicht, um das Leben zu wahren. Darum genügt es nicht, zu handeln wie die Welt. Wer aber, obwohl es nicht der Mühe wert ist zu handeln, es dennoch nicht über sich bringt, vom Handeln abzulassen, der entgeht dem Handeln nicht. Wer dem Handeln um des Leibes willen entgehen will, der tut am besten, die Welt aufzugeben. Gibt man die Welt auf, so wird man frei von Verwicklungen. Ist man frei von Verwicklungen, so erreicht man Gerechtigkeit und Frieden. Hat man Gerechtigkeit und Frieden, so findet man die Wiedergeburt im SINN. Wer wiedergeboren ist, der ist am Ziel. Und weshalb lohnt es sich, die Weltgeschäfte aufzugeben und dem Leben den Rücken zu kehren? Gibt man die Weltgeschäfte auf, so bleibt der Leib frei von Bemühung. Kehrt man dem Leben den Rücken, so bleibt die Keimkraft frei von Verlust. Wer völlig ist in seinem Leibe und seine Keimkraft wieder erlangt hat, der wird eins mit dem Himmel. Himmel und Erde sind Vater und Mutter aller Geschöpfe; vereinigen sie sich, so entsteht ein leibliches Gebilde; trennen sie sich wieder, so entsteht der Anfang zu etwas Neuem. Wenn Leib und Keimkraft frei bleiben von Verlust, so haben wir den Zustand, von dem es heißt, daß man imstande ist, die Lebenskräfte zu übertragen. Wer zu dem Lebenskeim des Lebenskeimes vordringt, der kehrt zurück zur Fähigkeit, Gehilfe des Himmels zu sein.

2.
Sammlung des Geistes
(Liä Dsï II,4)

Liä Dsï fragte den Guan Yin und sprach: »Die Adepten gehen durch Gegenstände ohne Hindernis hindurch, sie

treten auf Feuer und werden nicht heiß, sie wandeln über der Welt dahin und zittern nicht. Darf ich fragen, wodurch man diese Stufe erreichen kann?«
Guan Yin sprach: »Es ist das die Bewahrung der reinen Kraft, nicht Weisheit, Gewandtheit, Entschlossenheit oder Wagemut. Setz' dich: ich will mit dir darüber reden. Alles was Gestalt, Klang und Farbe hat, ist ein Ding. Ein Ding ist von dem andern nicht räumlich entfernt, ein Ding ist dem andern nicht zeitlich voran: das alles ist nur Erscheinung. Die Dinge entstehen jenseits der Form und enden jenseits des Wandelbaren. Wer das erreichen und ergründen könnte – der könnte wohl Vollkommenheit erlangen. Der würde weilen im Maß ohne Lüste und würde sich bergen in spurloser Zeit. Er wandelt umher, da wo alle Dinge beginnen und enden. Er macht seine Natur einheitlich, er nährt seine Kraft, er hält sein WESEN zusammen, um durchzudringen zur Entstehung der Dinge. Wer also ist, dessen Geist wahrt völlige Geschlossenheit, dessen Seele ist ohne Mangel, wo könnten da die Dinge in ihn eindringen?
Nimm einen Betrunkenen, der vom Wagen fällt. Fällt er auch heftig, er stirbt nicht daran. Seine Knochen sind wie die der andern Leute, aber er bleibt von deren Beschädigung verschont. Das macht: seine Seele ist in sich abgeschlossen. Er merkt weder, wie er fährt, noch, wie er fällt. Leben und Tod, Schrecken und Furcht dringen nicht in seine Brust, darum braucht er die Dinge, die er begegnet, nicht zu fürchten. Wenn nun dieser Mensch im Wein eine solche völlige Abgeschlossenheit erlangt! Der Berufene ist geborgen im Geist, darum können ihm die Außendinge nicht schaden.«

3.
Der bucklige Zikadenfänger
(Liä Dsï II, 10)

Als Dschung Ni auf der Wanderung nach Tschu aus einem Walde herauskam, sah er einen Buckligen, der Zikaden fing, als pflückte er sie nur so von den Bäumen. Dschung Ni sprach: »Beruht deine Geschicklichkeit auf dem Besitz geheimen SINNS?«
Jener sprach: »Ja, ich besitze ein Geheimnis. Fünf, sechs Monate lang legte ich zwei Erdkügelchen auf (die Leimrute), und als sie nicht mehr herunterfielen, da mißte ich von den Zikaden nur noch wenige. Dann legte ich drei auf. Als die nicht mehr herunterfielen, mißte ich unter zehn höchstens eine. Dann legte ich fünf auf, und seit die nicht mehr herunterfallen, kann ich sie nur so abpflücken. Ich mache meinen Körper unbeweglich wie einen Baumstumpf und halte meinen Arm wie einen dürren Ast. Von all den unzähligen Dingen zwischen Himmel und Erde kenne ich nur die Flügel der Zikaden. Davon weiche ich nicht ab und tausche nicht um die ganze Welt die Flügel der Zikaden ein. So bringt man alles fertig.«
Meister Kung blickte seine Schüler an und sprach: »Wer seinen Willen gebraucht ohne Zerteilung, dem verdichtet er sich zu einer geistigen Macht. Das ist wohl die Meinung dieses buckligen Alten.« Der Alte sprach: »Ihr Herren in langen Gewändern, was wißt ihr nach solchen Dingen zu fragen! Pflegt euren Wandel und heftet nachher eure Worte daran.«

4.
Der Fährmann
(Liä Dsï II, 8)

Yän Hui fragte den Dschung Ni und sprach: »Ich fuhr über die Untiefe von Tschang Schen (tiefer Becher). Der Fährmann lenkte das Boot wie ein Gott. Ich fragte ihn und sprach: ›Kann man das Lenken der Boote lernen?‹ Er sprach: ›Ja, wer schwimmen kann, den kann man es lehren; ein tüchtiger Schwimmer kann es von selber. Was aber ein Taucher ist: der erblickt zum erstenmal ein Boot und kann es sofort lenken.‹ Wonach ich gefragt hatte, das hat er mir aber nicht gesagt. Darf ich fragen: Was meinte er mit seinen Worten?«

Dschung Ni sprach: »Wie oft habe ich mit dir schon diese Ideen behandelt, und nun sie dir wirklich vor Augen treten, so verstehst du sie doch nicht. Was muß ich nun erst wieder die ganze Sache bereden!

Die, die schwimmen können, kann man es lehren; denn sie fürchten das Wasser nicht. Ein guter Schwimmer lernt es von selber; denn er kümmert sich nicht um das Wasser. Was aber ein Taucher ist, der erblickt zum erstenmal ein Boot und kann es sofort lenken, weil in seinen Augen die Wassertiefe ist wie das trockene Land und das Kentern des Bootes wie das Festfahren eines Wagens. Beim Kentern wie beim Festfahren liegt die Welt vor ihm da, ohne in sein Inneres eindringen zu können. Da ist es ganz natürlich, daß er sich daran macht und ganz ruhig dabei bleibt.

Es ist wie beim Auffange-Spiel. Hascht man um Ziegelsteine, so ist einer vielleicht geschickt, geht es um Gürtelspangen, so wird er zagend, geht es um gelbes Gold, so verliert er alle Besinnung. Und doch ist seine Geschicklichkeit die gleiche, aber er wird ängstlich und nimmt das Äußere wichtig. Wer aber das Äußere wichtig nimmt, der wird in seinem Inneren betört.«

5. Wie man das Leben hüten soll

Tiën Kai Dschï[1] besuchte den Herzog We von Dschou[1]. Herzog We sprach: »Ich habe gehört, daß Dschu Schen[1] die Kunst des Lebens erlernte. Ihr, Meister, wart unter seinen Jüngern; was habt Ihr darüber von ihm gehört?« Tiën Kai Dschï sprach: »Ich stand wohl mit dem Besen in der Hand vor seiner Tür, um Staub zu kehren. Was sollte ich vom Meister gehört haben?« Der Herzog We sprach: »Seid nicht allzu bescheiden; wir möchten es in der Tat erfahren.«

Tiën Kai Dschï sprach: »Ich habe den Meister sagen hören: Wer tüchtig ist in der Pflege des Lebens, der ist wie ein Schafhirte. Er sieht auf die Nachzügler und peitscht sie voran.«

Der Herzog sprach: »Was heißt das?«

Tiën Kai Dschï sprach: »Im Staate Lu war einmal ein Mann[2], der lebte in Felsklüften und trank Wasser und hielt sich fern von allem Streben nach weltlichem Gewinn. So war er siebzig Jahre alt geworden, und sein Antlitz war noch frisch wie das eines Kindes. Unglücklicherweise begegnete er einmal einem hungrigen Tiger. Der hungrige Tiger zerriß ihn und fraß ihn auf.

Da war auch ein anderer Mann[3], der lebte mit Arm und Reich in regem Verkehr. Als er aber vierzig Jahre alt geworden war, da bekam er ein innerliches Fieber, an dem er starb. Der eine dieser beiden pflegte sein Inneres, aber der Tiger fraß sein Äußeres; der andere pflegte sein Äußeres, aber die Krankheit griff sein Inneres an. Alle beide verstanden es nicht, ihre Nachzügler voranzupeitschen. Kung Dsï hat einmal gesagt: Sich nicht zurückziehen und verbergen, nicht hervortreten und sich zeigen, frei von allen Nebengedanken die Mitte wahren: wer das erlangt hat, der ist sicher höchsten Ruhmes würdig. Vor einer gefährlichen Straße, wo unter zehn Wanderern einer ermordet wird, da warnen Väter, Söhne und Brüder einander, und nur in Begleitung eines zahlreichen Gefolges lassen sie einander ziehen. Wo aber den Menschen die größten Gefahren drohen, bei Nacht im Bett und bei Trink- und Eßgelagen, da verstehen sie es nicht, einander zu warnen. Das ist der Fehler.«

6. Der Opferpriester und die Schweine

Der Opferpriester trat in seinem langen, dunklen Gewand an das Gitter des Schweinestalls und redete also zu den Schweinen: »Weshalb wollt ihr euch vor dem Tode scheuen? Ich werde euch mästen drei Monate lang; ich werde mich kasteien zehn Tage lang und drei Tage fasten. Dann werde ich die Matten von weißem Stroh ausbreiten; ich werde eure Schultern und ' euren Schwanz auf geschnitzte Opferschalen legen. Was wollt ihr noch mehr?«

Dann dachte er nach, was wohl den Schweinen lieber sei, und sagte: »Sie haben's besser, wenn man sie mit Spreu und Kleie füttert und sie in ihrem Stall stehen läßt.«

Für sich selber aber war er bereit, wenn er nur im Leben Staatskarossen und prächtige Kleider haben konnte, der Gefahr des Todes sich auszusetzen[4]. Das Los, das er vom Standpunkt der Schweine aus verwarf, hat er für sich selbst gewählt. Warum denn wollte er's anders haben als die Schweine?

7. Der Geist

Der Herzog Huan[5] war einst auf der Jagd in einer sumpfigen Gegend, und (sein Kanzler) Guan Dschung[6] lenkte den Wagen. Da sah er einen Geist.

Der Herzog faßte den Guan Dschung bei der Hand und sprach: »Vater Dschung, was siehst du?«

Der erwiderte: »Ich sehe nichts.«

Als sie nach Hause kamen, da redete der Herzog irre und wurde krank. Mehrere Tage lang ließ er sich nicht sehen.

Nun gab es einen weisen Mann[7] in Tsi, der sprach: »Eure Hoheit schaden sich selbst. Wie könnte ein Geist Eurer Hoheit schaden? Wenn die Lebenskraft in einem Anfall von Erregung verbraucht wird, ohne sich wieder zu ersetzen, so ist ein Schwächezustand die Folge. Steigt sie empor, ohne wieder herunterzukommen, so wird der Mensch leicht zornig; sinkt sie nach unten, ohne wieder heraufzukommen, so wird der Mensch vergeßlich. Kann sie weder steigen noch sinken, sondern stockt sich im Herzen, mitten im Leib, so verursacht sie Krankheit.«

Der Herzog Huan sprach: »Ja, gibt es denn überhaupt Geister?«

Jener erwiderte: »Gewiß! Im trüben Wasser wohnt der Schwarzfuß; beim Herde wohnt die Scharlachfee; bei den Kehrichthaufen an der Tür haust der Poltergeist; in den Niederungen im Nordosten, da hüpfen die Talzwerge und die Hornfrösche herum; in den Niederungen im Nordwesten haust der Pantherkopf; im Wasser wohnt der Vampir; auf den Hügeln wohnt der scheckige Hund; in den Bergen wohnt der Einbein; in den Einöden wohnt das Irrlicht; in den Sümpfen wohnt der Hüpferling[8].«

Der Herzog sprach: »Darf ich fragen, wie der Hüpferling aussieht?«

Der Weise sagte: »Er ist ungefähr so groß wie ein Rad und so lang wie eine Deichsel. Er hat violette Kleider an und ein rotes Hütlein auf. Er ist ein Geschöpf, das Donner und Wagengerassel nicht hören kann. Dann faßt er mit den Händen nach dem Kopf und stellt sich aufrecht hin. Wer ihn sieht, wird Herrscher im Reich.«
Da lachte der Herzog Huan laut auf und sagte: »Das war gerade der, den ich gesehen habe.«
Darauf brachte er seine Kleider und seine Kopfbedekkung zurecht und setzte sich zu seinem Gast. Und ehe der Tag vorüber war, da war seine Krankheit unversehens verschwunden.

8.
Der Kampfhahn
(Liä Dsï II, 20)

Gi Siau Dsï richtete für den König Süan vom Hause Dschou einen Kampfhahn zu. Nach zehn Tagen fragte der König: »Kann der Hahn schon kämpfen?« Er sprach: »Noch nicht, er ist noch eitel, stolz und zornig«. Nach aber zehn Tagen fragte er wieder. Er sprach: »Noch nicht, er geht noch auf jeden Laut und Schatten los.« Nach aber zehn Tagen fragte er wieder. Er sprach: »Noch nicht, er blickt noch heftig und strotzt vor Kraft.« Nach aber zehn Tagen fragte er wieder. Er sprach: »Nun geht es. Wenn andere Hähne krähen, so macht das keinen Eindruck mehr auf ihn.« Der Hahn war anzusehen wie aus Holz. Sein Wesen war vollkommen. Fremde Hähne wagten nicht mit ihm anzubinden, sie kehrten um und liefen weg.

9.
Der Alte am Wasserfall
(Liä Dsï II, 9)

Meister Kung betrachtete den Wasserfall von Lü Liang, der dreißig Klafter hoch herabstürzt, also daß meilenweit das Wasser schäumt und selbst Schildkröten, Fische und Molche nicht hinunterschwimmen können. Da sah er einen Menschen, der hinunterschwamm. Er meinte, er habe Bitternis und wolle sich den Tod geben, und ließ seine Jünger an den Fluß eilen, um ihn aufzufangen. Aber nach ein paar hundert Schritten kam er wieder heraus, trocknete sein Haar und sang im Gehen, während er unten am Ufer umherwandelte.

Meister Kung ging ihm nach, fragte ihn und sprach: »Der Wasserfall von Lü Liang stürzt dreißig Klafter hoch herab, also daß meilenweit das Wasser schäumt und selbst Schildkröten, Fische und Molche nicht hinunterschwimmen können. Als ich Euch hinunterschwimmen sah, dachte ich, Ihr habet Bitternis und wollet Euch den Tod geben. Ich ließ meine Jünger hinuntereilen, um Euch aufzufangen. Nun kamet Ihr heraus und trocknetet Euch die Haare und sanget im Gehen: da dachte ich, Ihr wäret ein Geist. Sehe ich euch genauer an, so seid Ihr ein Mensch. Darf ich fragen, ob es geheimen SINN gibt, der das Wandeln auf dem Wasser lehrt?«

Jener sprach: »Nein, ich habe kein Geheimnis. Anfangs Gewöhnung, wurde es mir zur Natur und ist mir nun Schikksal. Mit dem saugenden Wirbel zusammen gehe ich hinein, mit dem schäumenden Strudel zusammen komme ich heraus. Ich folge dem Sinn des Wassers und tue nichts selbst. Das ist es, warum ich darin wandeln kann.«

Meister Kung sprach: »Was bedeutet das: Anfangs Gewöhnung, wurde es mir zur Natur und ist mir nun Schicksal?« Jener sprach: »Ich bin geboren in diesen Hügeln und fühle mich in diesen Hügeln wohl: das ist die Gewohnheit. Ich wurde groß im Wasser und fühle mich im Wasser wohl: das ist meine Natur. Ohne zu wissen, warum ich es so mache, mache ich es so: das ist mein Schicksal.«

10. Der Holzschnitzer

Ein Holzschnitzer[9] schnitzte einen Glockenständer. Als der Glockenständer fertig war, da bestaunten ihn alle Leute, die ihn sahen, als ein göttliches Werk.
Der Fürst von Lu besah ihn ebenfalls und fragte den Meister: »Was habt Ihr für ein Geheimnis?«
Jener erwiderte: »Ich bin ein Handwerker und kenne keine Geheimnisse, und doch, auf Eines kommt es dabei an. Als ich im Begriffe war, den Glockenständer zu machen, da hütete ich mich, meine Lebenskraft (in anderen Gedanken) zu verzehren. Ich fastete, um mein Herz zur Ruhe zu bringen. Als ich drei Tage gefastet, da wagte ich nicht mehr, an Lohn und Ehren zu denken; nach fünf Tagen wagte ich nicht mehr, an Lob und Tadel zu denken; nach sieben Tagen, da hatte ich meinen Leib und alle Glieder vergessen. Zu jener Zeit dachte ich auch nicht mehr an den Hof Eurer Hoheit. Dadurch ward ich gesammelt in meiner Kunst, und alle Betörungen der Außenwelt waren verschwunden. Darnach ging ich in den Wald und sah mir die Bäume auf ihren natürlichen Wuchs an. Als mir der rechte Baum vor Augen kam, da stand der Glockenständer fertig vor mir, so daß ich nur noch Hand anzulegen brauchte. Hätte ich den Baum nicht gefunden, so hätte ich's aufgegeben. Weil ich so meine Natur mit der Natur des Materials zusammenwirken ließ, deshalb halten die Leute es für ein göttliches Werk.«

11. Der Wagenlenker

Dsï vom Ostfeld[10] zeigte sich vor dem Herzog Dschuang[10] mit seiner Kunst des Wagenlenkens. Vorwärts und rückwärts fuhr er nach der Schnur; rechts und links drehte er nach dem Zirkel. Dem Herzog kam es vor, als könnten die Linien eines Gewebes nicht genauer sein. Er ließ ihn hundertmal im Kreis umherfahren und kehrte dann zurück.
Da begegnete ihm Yen Ho[10]; er meldete sich bei ihm und sagte: »Dsï's Pferde werden zusammenbrechen.«
Der Herzog schwieg und gab ihm keine Antwort. Und nach einer kleinen Frist kam jener in der Tat zurück, und seine Pferde waren zusammen gebrochen.
Da fragte der Herzog: »Woher wußtet Ihr das?«
Yen Ho sprach: »Die Kraft seiner Pferde war erschöpft, und dennoch verlangte er noch mehr von ihnen, darum sagte ich, sie würden zusammen brechen.«

12. Intuition

Es war einmal ein Künstler[11], der konnte Geräte runden, daß sie genau mit dem Zirkel übereinstimmten. Es lag ihm in den Fingern, so daß er sich gar nicht darüber zu besinnen brauchte. Darum blieb seine seelische Natur einheitlich, so daß ihr kein Widerstand entgegentrat.
Wenn man die richtigen Schuhe hat, so vergißt man seine Füße; wenn man den richtigen Gürtel hat, vergißt man die Hüften. Wenn man in seiner Erkenntnis alles Für und Wider vergißt, dann hat man das richtige Herz; wenn man in seinem Innern nicht mehr schwankt und sich nicht nach andern richtet, dann hat man die Fähigkeit, richtig mit den Dingen umzugehen. Wenn man erst einmal so weit ist, daß man das Richtige trifft und niemals

das Richtige verfehlt, dann hat man das richtige Vergessen dessen, was richtig ist.

13. Rücksicht auf die Fassungskraft

Es war einmal ein Mann[12], der kam zu einem Philosophen[13] und beklagte sich also: »Ich wohne in meiner Heimat, und niemand fragt nach mir, denn es heißt, ich kümmere mich nicht um meine Geschäfte; in schwierigen Zeiten fragt niemand nach mir, denn es heißt, ich sei feige. Aber es ist mir eben in meinem Feld noch nie ein gutes Jahr zuteil geworden, und im Dienst des Fürsten habe ich die rechte Zeit nicht gefunden. So bin ich ein Fremdling in meiner Heimat und ausgestoßen aus der Gesellschaft. Womit habe ich gegen den Himmel gesündigt, daß ich ein solches Los verdiene?«

Der Philosoph sprach: »Habt Ihr denn noch nie vernommen, wie der höchste Mann sein Leben führt! Er vergißt seinen Leib und kümmert sich nicht um seine Sinne[14]. Ziellos schwebt er jenseits des Staubes der Welt und wandelt im Beruf des Nichts-Tuns. Das heißt: handeln, ohne sich darauf zu verlassen, herrschen, ohne den Herrn zu spielen[15]. Daß Ihr Euren gesunden Leib habt und alle Eure Glieder[16] beisammen, daß Ihr nicht in der Blüte Eurer Jahre ein vorzeitiges Ende gefunden habt oder taub und blind, lahm und hinkend geworden seid, sondern es darin ebensogut habt wie die andern, ist das nicht auch ein Glück? (Wenn Ihr das bedenkt), was habt Ihr da noch Muße, Euch über den Himmel zu beklagen? Geht weiter, Herr!«

Der Mann ging weg, und der Philosoph zog sich in sein Zimmer zurück. Da saß er eine Weile still. Dann blickte er zum Himmel auf und seufzte. Da fragten ihn seine Jünger und sprachen: »Meister, warum seufzt Ihr?« Der

Weise sprach: »Da kam eben einer zu mir, und ich redete mit ihm über das LEBEN des höchsten Menschen. Ich fürchte nun, daß er einen Schrecken bekommt und auf diese Weise irre wird!«
Seine Jünger sprachen: »Nicht also! Wenn er recht hatte in dem, was er sagte, und Ihr Unrecht hattet, so wird das Unrecht doch sicher das Recht nicht in Verwirrung bringen können. Hatte er aber unrecht und Ihr hattet recht, so war er ja schon in Verwirrung, als er kam. Was Übles hättet Ihr ihm da getan?«
Der Meister aber sprach: »Nicht also! Es kam einmal ein Vogel, der ließ sich nieder auf dem Anger vor der Hauptstadt von Lu. Der Fürst von Lu hatte eine Freude an ihm und brachte Schlachtopfer dar, um ihn zu füttern, und ließ herrliche Musik[17] machen, um ihn zu ergötzen. Aber der Vogel wurde traurig und blickte ins Leere. Er aß nicht und trank nicht. Das kommt davon, wenn man einen Vogel hegen will nach seinem eigenen Geschmack. Will man einen Vogel hegen nach dem Geschmack des Vogels, so muß man ihn nisten lassen in tiefen Wäldern, man muß ihn schwimmen lassen auf Flüssen und Seen, ihn fressen lassen nach seinem Belieben und ihn frei lassen auf der Ebene. Nun kam da dieser Mann zu mir, ein unbegabter und unwissender Mensch, und ich habe mit ihm gesprochen über das LEBEN des höchsten Menschen. Das ist, wie wenn man eine Spitzmaus im Pferdewagen führen oder eine Wachtel mit Glocken und Pauken ergötzen wollte. Der Mann muß notwendig einen Schrecken bekommen.«

Buch XX

Der Baum auf dem Berge

Vorbemerkung

Das Buch kann als nähere Ausführung zu Buch IV betrachtet werden. Es handelt wie jenes von dem Leben der »Berufenen« in der Welt. Der 1. Abschnitt: Jenseits von Nützlichkeit und Unnützlichkeit findet der Mensch des Geistes seine Freiheit beim Ahn der Welt, während die Menschen, die innerhalb dieser Gegensätze stehen, dem Los der Vergänglichkeit unterworfen sind. Der 2. Abschnitt enthält eine stark religiös gefärbte, an »Pilgrim's Progress« erinnernde Allegorie der Selbsterlösung.

Der 3. Abschnitt zeigt einen Beamten, der mit Sammlung von Wegegeldern beauftragt ist. Er bringt die Sammlung zustande durch Geduld, indem er die Leute ruhig gewähren läßt in ihrem Treiben, in dem Bewußtsein, daß sie schließlich doch mit ihrem Geld herausrücken werden. Diese geduldige Überlegenheit ist das Geheimnis des Erfolgs.

Der 4. Abschnitt bringt wieder eine Geschichte von der Bekehrung des Konfuzius zu der taoistischen Lebensweisheit. Anknüpfend an ein historisches Ereignis enthält sie freie Erfindung. Das Ereignis selbst, die Bedrängnis des Konfuzius zwischen Tschen und Tsai, gehört zu den bekanntesten Erlebnissen des Meisters.

Der 5. Abschnitt bringt eine ganz ähnliche Szene wie der vorige. All diese Geschichten schließen sich an an den Überlieferungskomplex, von dem in den Gesprächen Kungfutses Buch XVIII eine Auswahl gegeben ist.

Der 6. Abschnitt berichtet von einer Begegnung Dschuang

Dsï's mit dem König seines Heimatstaates We, die in starkem Gegensatz zu den Audienzen steht, die Mong Dsï bei demselben Fürsten hatte (vgl. Mong Dsï 1, auch 1. ff.). Der Abschnitt wird von manchen als unecht bezeichnet. Der 8. Abschnitt: Eines der bekanntesten Stücke aus Dschuang Dsï. Charakteristisch wegen der Ineinanderschiebung der Motive, insofern ähnlich der Geschichte vom Opferpriester und den Schweinen (Buch XIX, 6). Der Kampf des Großen mit dem Kleinen, der sich von Stufe zu Stufe fortsetzt, gibt den Stoff zur Überlegung. Die Folgerung ist jedoch der darwinistischen Lehre entgegengesetzt.

1. In der Welt, nicht von der Welt

Dschuang Dsï wanderte in den Bergen. Da sah er einen großen Baum mit reichem Blätterschmuck und üppigem Gezweig. Ein Holzfäller stand daneben, aber berührte ihn nicht. Nach der Ursache befragt, antwortete er: »Er ist unbrauchbar.« Dschuang Dsï sprach: »Diesem Baum ist es durch seine Unbrauchbarkeit zuteil geworden, seines Lebens Jahre zu vollenden.«
Als der Meister das Gebirge wieder verlassen, nächtigte er im Haus eines alten Bekannten. Der alte Bekannte war erfreut (über den Besuch) und hieß seinen Diener eine Gans schlachten und braten. Der Diener erlaubte sich zu fragen: »Die eine kann schreien, die andere kann nicht schreien; welche soll ich schlachten?« Der Gastfreund sprach: »Schlachte die, die nicht schreien kann!« Andern Tags fragten den Dschuang Dsï seine Jünger und sprachen: »Kürzlich im Gebirge dem Baum ist es durch seine Nutzlosigkeit zuteil geworden, seines Lebens Jahre zu vollenden. Die Gans des Gastfreundes dagegen hat ihre Nutzlosigkeit mit dem Tode büßen müssen. Was ist

vorzuziehen, Meister?« Dschuang Dsï lächelte und sprach: »Ich ziehe es vor, die Mitte zu halten zwischen Brauchbarkeit und Unbrauchbarkeit. Das heißt, es mag so scheinen; denn in Wirklichkeit genügt auch das noch nicht, um Verwicklungen zu entgehen. Wer aber sich dem SINN und LEBEN anvertraut, um (diese Welt) zu überfliegen, dem geht es nicht also. Er ist erhaben über Lob und Tadel, bald wie der Drache, bald wie die Schlange[1] ; entsprechend den Zeiten wandelt er sich und ist allem einseitigen Tun abgeneigt; bald hoch oben, bald tief unten, wie es das innere Gleichgewicht erfordert; er schwebt empor zum Ahn der Welt. Die Welt als Welt behandeln, aber nicht von der Welt sich zur Welt herabziehen lassen: so ist man aller Verwicklung enthoben[2]. Ganz anders der, der wichtig nimmt die Dinge der Welt und die Überlieferungen menschlicher Beziehungen. Wo Einigung, da Trennung; wo Werden, da Vergehen; wo Ecken sind, da wird gefeilt; wo Ansehen ist, da wird geurteilt; wo Taten sind, da gibt es Mißerfolg; wo Klugheit ist, da gibt es Pläne, und Unbrauchbarkeit wird verachtet. Wie könnte es für einen solchen Sicherheit geben? Ach, meine Schüler, merkt es euch: Im SINNE nur und LEBEN sei unsere Heimat!«

2. Die Reise ins Jenseits

Meister I Liau Am Markt[3] besuchte den Fürsten von Lu[4]. Der Fürst von Lu machte ein betrübtes Gesicht. Der Meister Am Markt sprach: »Eure Hoheit blickt betrübt; warum das?«
Der Fürst von Lu sprach: »Ich lerne den SINN der früheren Könige; ich pflege das Erbe der früheren Herrscher; ich ehre die Manen und achte die Würdigen. Es ist mir ernst mit diesem Tun, und keinen Augenblick

lasse ich ab davon. Aber dennoch kann ich dem Leid nicht entgehen. Das ist's, worüber ich betrübt bin.«
Der Meister Am Markt sprach: »Die Mittel, wodurch Eure Hoheit das Leid beseitigen will, sind zu oberflächlich. Der prächtige Fuchs und der schöngefleckte Leopard hausen in Bergwäldern und ducken sich in Felsenklüfte: ganz still. Bei Nacht nur wagen sie sich hervor; bei Tage bleiben sie in ihrer Höhle: ganz vorsichtig. Selbst wenn sie hungrig oder durstig sind, so dulden sie ihre Not: ganz im Stillen. Scheu halten sie sich zurück und suchen ihre Nahrung an Flüssen und Seen: ganz entschlossen. Und dennoch entgehen sie nicht dem Leid der Netze und Fallen. Womit haben sie das verschuldet? – Ihr Fell ist es, das sie ins Unglück bringt. Ist nicht das Reich Lu das Fell Eurer Hoheit? Ich würde wünschen, daß Eure Hoheit sich entkleide und dieses Fells entrate, das Herz besprenge, die Begierden abtöte und wandere nach den Gefilden jenseits der Menschenwelt! Im fernen Süd[5], da ist ein Land, das heißt: das Reich der Erbauung des Lebens. Das Volk dort ist einfältig und gerade, ohne Selbstsucht und frei von Begierden. Sie verstehen Dinge zu machen, aber wissen sie nicht aufzuspeichern. Sie geben und suchen keinen Lohn dafür; sie kennen nicht die Gebote der Pflicht; sie kennen nicht die Erfordernisse höfischer Sitten. Unbekümmert dem Zug des Herzens folgend wandeln sie und treffen doch das Rechte. Bei ihrer Geburt werden sie freudig begrüßt; bei ihrem Tode werden sie beerdigt (ohne heftige Trauer). Ich würde wünschen, daß Eure Hoheit das Reich abtue, der Welt entsage und vertrauensvoll den Weg dorthin einschlage!«
Der Fürst sprach: »Jener Weg ist weit und steil; auch gibt es Ströme und Berge. Ich habe nicht Schiff und Wagen. Was soll ich tun?«

Der Meister Am Markt sprach: »So machet Selbstlosigkeit und Entsagung zu Eurem Wagen!«
Der Fürst sprach: »Jener Weg ist einsam und menschenleer, wen soll ich zum Genossen nehmen? Ich habe nicht Nahrung, um mich zu nähren; wie kann ich hingelangen?«
Der Meister Am Markt sprach: »Verringert Euren Aufwand, beseitigt Eure Begierden, so werdet Ihr Genüge haben auch ohne Zehrung! Wenn Ihr in Flüssen watet und auf dem Meere schwimmt und haltet Ausschau, so seht Ihr nicht das Ufer. Je weiter Ihr reist, desto weniger kommt Ihr ans Ende. Die Euch das Geleite geben, bleiben alle am Ufer stehen und kehren um. Von da ab seid Ihr in der Ferne. Darum: Wer Menschen besitzt, kommt in Verwicklung; wer von Menschen besessen wird, kommt in Betrübnis. So wollte denn der heilige Yau nicht Menschen besitzen und nicht von Menschen besessen werden. Und ich möchte Eure Verwicklungen lösen und Euch von der Betrübnis heilen, also daß Ihr allein mit dem SINN wandelt ins Reich des großen Nichts.
Wenn ein Boot den Fluß durchkreuzt, und es kommt ein leeres Schiff und stößt ans Boot, so wird auch ein jähzorniger Mensch nicht böse. Steht aber ein Mensch auf jenem Schiffe, so ruft er, damit er ausweiche. Er ruft einmal, und jener hört nichts. Er ruft ein zweites Mal, und jener hört nichts. Er ruft ein drittes Mal, und sicher werden üble Worte folgen. Im ersten Fall wurde er nicht böse; im zweiten Fall wurde er böse. Denn im ersten Fall war das Schiff leer; im zweiten Fall war jemand darin. Wenn ein Mensch sich selbst entleeren kann bei seinem Wandel in der Welt: wer mag ihm dann noch schaden?«

3. Sammlung von Wegegeldern

Schê von Nordhausen[6] sammelte für den Herzog Ling[7] von We Wegegelder ein, um Glocken zu machen für den Altar vor dem Tor der Vorstadt. Nach drei Monaten war das Werk vollendet, und die Glocken hingen reihenweise an ihrem Platz.
Da ging der Prinz King Gi[8] hin, um es zu besehen, und fragte: »Welche Mittel habt Ihr denn angewandt?«
Schê sprach: »Da es sich nur um Eine Sache handelte, wagte ich nicht, äußere Mittel zwischenein zu schieben. Ich habe gehört:

> Nach all dem Schnitzen und all dem Gestalten
> Muß man sich wieder zur Einfachheit halten.

Ich fragte nichts nach der Unwissenheit der Leute und ließ sie gewähren, wenn sie zögerten. Sie wimmelten durcheinander, gaben den Scheidenden das Geleite und begrüßten die Kommenden. Die Kommenden hinderte ich nicht, die Scheidenden hielt ich nicht auf. Ich ließ sie machen, wenn sie eigenmächtig waren, gab ihnen nach, wenn sie Ausflüchte gebrauchten, und verließ mich darauf, daß sie von selbst zu Ende kämen. Und so war im Handumdrehen das Geld beieinander, ohne daß ich die mindeste Unannehmlichkeit erfahren hätte. Wieviel mehr erst kann der zusammenbringen, der an der großen Straße sitzt!«

4. Der Weg zum Leben

Kung Dsï war (von Feinden) umringt zwischen Tschen und Tsai. Sieben Tage lang hatte er kein gekochtes Essen. Der Kanzler Jen[9] ging zu ihm, um ihm sein Beileid aus-

zudrücken, und sprach:
»Meister, Ihr seid hart am Tode.«
Jener antwortete: »Ja.«
»Haßt Ihr den Tod?«
Er sagte: »Ja.«
Jen sprach: »Dann will ich Euch ein Mittel sagen, wie man dem Tode entgeht. An der Ostsee leben Vögel, die heißen Schwalben. Diese Vögel fliegen niedrig und langsam, als könnten sie es nicht recht. Sie fliegen hintereinander her und setzen sich in dicht gedrängten Scharen. Keine will die erste sein und keine die letzte. Vom Futter will keine den ersten Bissen; alle begnügen sich mit dem, was übrig bleibt. Darum bilden sie ununterbrochene Züge, und die Menschen draußen können ihnen nichts tun. So entgehen sie allem Leid. Ein gerader Baum wird zuerst gefällt; ein frischer Brunnen wird zuerst ausgeschöpft. Eure Gedanken stehen darauf, das Wissen zu verherrlichen, um die Toren zu schrecken; Eure Person zu pflegen, um den Schmutz ans Licht zu bringen. So geht Ihr leuchtend einher, als hättet Ihr Sonne und Mond im Arm. Darum könnt Ihr (dem Unglück) nicht entgehen. Vor alters habe ich einen Mann, der Großes vollbrachte, sagen hören:

> Wer sich selbst rühmt,
> bringt das Werk nicht zustand.
> Fertiges Werk muß mißraten,
> Fertiger Ruhm kommt zu Schaden.

Wer kann Werke und Ruhm abtun und zurückkehren unter die große Menge? Er fließt wie der SINN, und man sieht nicht sein Weilen; er wandert wie das LEBEN, und man sieht nicht, wo er bleibt. Einfältig ist er und gewöhnlich; man könnte ihn für närrisch halten. Er ver-

wischt seine Spuren, entsagt der Macht und sucht nicht Werke noch Namen. Darum, weil er keine Ansprüche an die Menschen stellt, stellen die Menschen auch keine Ansprüche an ihn. Der höchste Mensch ist nicht berühmt. Warum denn nur habt Ihr solche Freude daran?«
Kung Dsï sprach: »Vortrefflich!«
Darauf verabschiedete er seine Wegegenossen und tat ab seine Jünger. Er entfloh an einen großen Sumpf, kleidete sich in wollne und härene Gewänder und aß Eicheln und Kastanien. Er konnte sich unter die Tiere mischen, ohne ihre Herden zu stören. Vögel und Tiere haßten ihn nicht; wieviel weniger die Menschen.

5. Erlösung vom Leid

Kung Dsï fragte den Meister Sang Hu[10] und sprach: »Ich wurde zweimal aus Lu vertrieben. In Sung wurde ein Baum über mir gefällt, (um mich zu töten). Ich mußte den Staub von meinen Füßen schütteln in We. Ich hatte Mißerfolg in Schang und Dschou[11]. Ich ward von Feinden umringt zwischen Tschen und Tsai. All diese Leiden trafen mich, und meine Bekannten wenden sich immer mehr von mir ab; meine Schüler und Freunde zerstreuen sich immer mehr. Woher kommt das?«
Meister Sang Hu sprach: »Habt Ihr noch nicht gehört von der Flucht der Leute von Gia[12]? Darunter war einer namens Lin Hui. Der ließ sein Szepter[13], das tausend Lot Goldes wert war, im Stich, nahm einen Säugling auf den Rücken und eilte davon. Jemand sprach zu ihm: ›Warum wirfst du dein goldenes Szepter weg und eilst mit diesem Säugling auf dem Rücken davon? Tust du es, weil das Kind dir wertvoll scheint? Aber der Wert des Säuglings ist nur gering. Tust du es um der Bürde

willen, die das Szepter dir gemacht? Aber die Bürde, die dieser Säugling dir machen wird, ist noch größer.‹ Da sprach Lin Hui: ›An das Szepter bindet mich nur Gewinn; an dieses Kind aber himmlische Bande. Was durch Gewinn vereinigt ist, läßt einander im Stich, wenn Bedrängnis, Mißerfolg, Unglück, Leid und Schaden drohen. Was durch himmlische Bande verbunden ist, wird einander erst recht zu eigen, wenn Bedrängnis, Mißerfolg, Unglück, Leid und Schaden drohen. Ein anderes ist's, einander zu eigen werden, ein anderes, einander verlassen. Der Edle ist für die andern schmacklos wie das Wasser; der Gemeine ist für die andern süß wie Most. Aber des Edlen Schmacklosigkeit führt zur Liebe; des Gemeinen Süßigkeit führt zum Überdruß. Jene, die ohne Grund sich zusammentun, trennen sich auch wieder ohne Grund.‹ «

Kung Dsï sprach: »Mit Ehrfurcht habe ich Eure Belehrung vernommen.« Darauf ging er langsamen Schritts und leichten Herzens nach Hause. Er gab das Lernen auf und entsagte den Büchern. Seine Schüler bezeugten ihm nicht mehr äußere Ehrerbietung, aber ihre Liebe ward um so größer.

Am andern Tag sprach Sang Hu abermals: »Als Schun zum Sterben kam, da gab er dem Yü seine Befehle und sprach: Sei auf deiner Hut! Wichtiger als Äußeres ist innere Verbundenheit; wichtiger als Gefühle ist rechte Leitung. Wenn (deine Untertanen mit dir) innerlich verbunden sind, so werden sie dich nicht verlassen. Wenn du sie richtig zu leiten verstehst, so bleibst du fern von Mühsal. Wenn sie dich nicht verlassen und du fern von Mühsal bleibst, so brauchst du nicht in Abhängigkeit vom Äußeren den Schein zu suchen. Wer unabhängig ist vom Äußeren und nicht den Schein zu suchen braucht, der ist wirklich unabhängig von der Welt.«

6. Dschuang Dsï und der König von We

Dschuang Dsï hatte geflickte Kleider an von grobem Tuch, und seine Schuhe hatte er mit Stricken zugebunden. So kam er am König von We[14] vorüber.
Der König von We sprach: »Was seid Ihr, Herr, in solcher Not?«
Dschuang Dsï sprach: »Armut, nicht Not! Wenn ein Mann im Besitz Von SINN und LEBEN ist und sie nicht ausbreiten kann: das ist Not. Geringe Kleider und zerrissene Schuhe: das ist Armut, nicht Not. Das bedeutet, daß man seine Zeit nicht getroffen hat. – Habt Ihr, o König, noch nie einen Kletteraffen gesehen? Wenn er Platanen, Katalpen, Eichen und Kampferbäume hat, so klettert er in ihren Zweigen umher als König und Herrscher unter ihnen. Selbst die geschicktesten Schützen[15] können ihn nicht erspähen. Wenn er dagegen auf niederes Dorngestrüpp angewiesen ist, so geht er ängstlich, blickt zur Seite und bewegt sich zitternd voll Furcht. Es ist nicht also, daß seine Muskeln und Knochen steif geworden und nicht mehr gelenkig sind, sondern die Umstände, in denen er weilt, sind ihm nicht angepaßt. So kann er seine Geschicklichkeit nicht entfalten. Wer heutzutage unter betörten Herren und verwirrten Ministern weilen und ohne Not sein wollte, der begehrte Unmögliches. Die Art, wie dem Bi Gan[16] das Herz aus dem Leibe geschnitten wurde, mag dafür als warnendes Beispiel dienen.«

7.

Enthält eine Geschichte von Kung Dsï, als er in Not war zwischen Tschen und Tsai, wobei er dem Yen Hui eine Predigt hält über das Thema: Sich nicht beeinflussen lassen durch Schicksalsschläge ist leicht. Sich nicht beeinflussen lassen durch menschliches Wohlergehen ist schwer. Was keinen Anfang hat, hat auch kein Ende. Der Mensch ist eins mit dem Himmel.

8. Der Kampf ums Dasein

Dschuang Dschou ging spazieren im Park am zackigen Hügel[17]. Da sah er einen seltsamen Vogel, der vom Süden kam. Seine Flügel spannten sieben Fuß, seine Augen hatten einen Umfang von einem Zoll. Er stieß an Dschuang Dschous Stirn und ließ sich im Kastanienwalde nieder.

Dschuang Dschou sprach: »Was für ein Vogel ist das? Große Flügel hat er und kann nicht fliegen; große Augen hat er und kann nicht sehen.«

Er schürzte seine Kleider und schlich ihm nach. Er hielt seine Armbrust in der Hand und zielte auf ihn. Da sah er eine Zikade, die hatte gerade einen schönen, schattigen Platz gefunden und vergaß darüber, für ihre Sicherheit zu sorgen. Eine Gottesanbeterin[18] streckte ihre Arme aus und packte sie. Sie sah nur die Beute und vergaß alles Äußere. Der seltsame Vogel ging ihr nach und erhaschte sie. Er sah nur den Raub und vergaß sein wahres Leben. Dschuang Dschou sagte bewegt: »Ach, wie die Geschöpfe einander bedrängen und dadurch ein jedes sich selbst das Unglück zuzieht!« Er warf seine Armbrust weg und kehrte um. Da kam der Gärtner und trieb ihn mit Scheltworten zum Garten hinaus.

Dschuang Dschou kehrte heim und zeigte sich drei Monate lang nicht mehr seinen Schülern. Da suchte ihn einer seiner Schüler auf[19] und fragte ihn: »Warum hast du, Meister, dich in der letzten Zeit so lange nicht mehr unter uns gezeigt?«

Dschuang Dschou sprach: »Ich hielt an der Außenwelt fest und hatte mein eigenes Selbst vergessen. Ich blickte in trübes Wasser und hatte mich verirrt von den klaren Tiefen. Und doch weiß ich von meinem Meister: Mischst du dich unter die Welt, so mußt du ihren Sitten folgen. Nun ging ich am zackigen Hügel spazieren und hatte mein Selbst vergessen wie jener seltsame Vogel, der an meine Stirn stieß, im Kastanienwald umherflog und sein wahres Leben vergaß. Und schließlich hielt der Hüter des Waldes mich für einen Totschläger. – Darum habe ich mich so lange nicht mehr unter euch gezeigt.«

9.
Die beiden Weiber
(Liä Dsï II, 16)

Yang Dschu wanderte durch Sung und kam im Osten davon in eine Herberge. Der Herbergswirt hatte zwei Weiber, die eine war schön und die andere häßlich. Die Häßliche war geehrt und die Schöne verachtet. Meister Yang fragte nach dem Grunde. Da sagte der junge Mann in der Herberge zu ihm: »Die Schöne hält sich selber für schön, darum weiß ich von ihrer Schönheit nichts. Die Häßliche hält sich selber für häßlich, darum weiß ich von ihrer Häßlichkeit nichts.«
Meister Yang sprach: »Meine Jünger, merkt es euch! Wandelt recht, aber meidet selbstgerechten Wandel; dann mögt ihr kommen, wohin ihr wollt, und man wird euch lieben.«

Buch XXI

Tiën Dsï Fang

Vorbemerkung

Das Buch hat seine Überschrift von dem Namen der Persönlichkeit, die zufällig zu Beginn des Textes genannt wird. Eine ganze Reihe der Abschnitte werden allgemein als aus späterer Zeit stammend angenommen. Sie unterscheiden sich allzusehr von dem sonstigen Stil Dschuang Dsï's. Hierher gehören Abschnitt 5, 7, 8. Die kurzen Abschnitte 6 und 11 geben auch nichts wesentlich Neues. Abschnitt 9 ist aus Lie Dsï. Somit bleiben Abschnitt 1–4 und 10, die einen ziemlich einheitlichen Gedanken ausdrücken, nämlich, daß der Besitz des SINNS nicht durch Worte übertragen werden kann und von der äußeren Lebenslage unabhängig ist.

Der 1. Abschnitt: Die Personen sind historisch; sie lebten in der Zeit vor Dschuang Dsï. Über den Inhalt der Gespräche ist natürlich historisch nichts auszumachen. Die Art des Schülers, der, ohne die Worte seines Lehrers im Mund zu führen, durch dessen Wesen sich gestalten läßt, ist der beste Gegensatz zu allem Parteigängertum und zeugt von innerer Freiheit.

Der 2. Abschnitt wirft ein interessantes Licht auf Beziehungen des alten China mit der nichtchinesischen Welt. Die Schilderung der Schulgelehrten, die sich um den Weisen aus der Ferne drängen, um ihm ihre Weisheit mit zuteilen, ist reizend humorvoll. Bezeichnend ist, daß Konfuzius von dem Schwarm ausgenommen wird.

Der 3. Abschnitt wendet sich gegen den falschen Heroenkultus, der das Vergehende wichtig nimmt, statt sich an das Unvergängliche im Freund und Meister zu halten.

Der 4. Abschnitt: Wieder eine Unterredung des Konfuzius mit Laotse. Er trifft ihn in mystischer Entrückung an, deren Vorübergehen er ehrerbietig abwartet. Die Stelle ist religionshistorisch interessant, weil sie in Verbindung mit Buch 11, 1 die Art zeigt, wie die Aussprache der Gedanken durchweg auf mystischen Erlebnissen als ihrer Basis beruht. Ohne diese Entrückungen ist Dschuang Dsï so wenig zu verstehen wie die alttestamentlichen Propheten. Die autonome Kraft dieses Erlebens, unabhängig von äußeren Einflüssen und Traditionen, wird von Laotse sehr klar ausgesprochen.
Der 10. Abschnitt erzählt von einer Unterhaltung des in Buch I und Buch VII genannten Gien Wu mit einem Minister aus dem Staate Tschu über dessen dreimaligen Wechsel in Beziehung auf Anstellung. Eine ähnliche Geschichte wird auch in den Gesprächen des Konfuzius erwähnt, ohne daß es sich, wie es scheint, um dieselbe Person handelt. Die Betrachtungen, die Konfuzius hier anstellt, erinnern sehr stark an die Stelle in Laotse über die tüchtigen Meister des Altertums (Taoteking[15]).

1. Der Meister ohne Worte

Tiën Dsï Fang[1] war am Hofe des Fürsten Wen von We[2] und zitierte häufig den Ki Gung[3].
Fürst Wen sprach: »Ist Ki Gung Euer Lehrer?«
Dsï Fang sprach: »Nein, er ist ein Nachbar von mir. Er redete über den SINN häufig ganz richtig; darum zitiere ich ihn.«
Fürst Wen sprach: „Habt Ihr denn keinen Lehrer gehabt?«
Dsï Fang sprach: »O ja.«
»Und wer war Euer Lehrer?«
Dsï Fang sprach: »Meister Schun von Ostweiler[4].«

Fürst Wen sprach: »Wie kommt es dann, daß Ihr den noch nie zitiert habt?« Dsï Fang sprach: »Er ist ein Mann, der das wahre Wesen erreicht hat. Dem Äußeren nach ein Mensch, in Wirklichkeit wie der Himmel. Er paßt sich in Freiheit der Welt an und verhüllt doch sein wahres Wesen. Er ist rein und läßt doch alle Geschöpfe gewähren. Fehlt den Geschöpfen der rechte SINN, so ist er vorbildlich in seinem Benehmen, um sie dadurch zu erwecken. Er macht, daß der Menschen eigene Gedanken verschwinden. Aber man kann keines seiner Worte auswählen, um es zu zitieren.«

Als Dsï Fang hinausgegangen war, da saß der Fürst Wen einen ganzen Tag lang in sprachloser Erstarrung. Dann berief er einen der umstehenden Räte vor sich und sprach zu ihm: »Wie weit ist uns doch ein Mann, der völliges LEBEN besitzt, überlegen! Ich hielt es bisher für das Höchste, zu reden die Worte heiliger Weisheit und zu wirken die Werke der Liebe und Pflicht. Aber nun ich von Dsï Fang's Meister gehört habe, ist mein Körper schlaff und mag sich nicht mehr rühren, mein Mund verschlossen und mag nicht mehr reden. Was ich gelernt habe, ist in Wirklichkeit nur Staub und Erde. Mein Land We ist in Wirklichkeit nur eine Belastung für mich.«

2. Worte und Weisheit

Ein Weiser aus dem fernen Süden[5] ging nach dem Staate Tsi. Als er in Lu übernachtete, da kamen Leute aus Lu, um ihn zu sehen.

Er aber lehnte ab, indem er sprach: »Ich höre, daß die Herren im Reich der Mitte sich vorzüglich verstehen auf allerlei Umgangsformen, aber gänzlich unzureichend sind, was die Kenntnis des Menschenherzens anlangt. Ich wünsche sie nicht zu sehen.«

Er kam nach dem Staate Tsi und kehrte zurück. Als er abermals in Lu übernachtete, baten dieselben Leute wieder, ihn sehen zu dürfen.
Da sprach er: »Kürzlich baten sie, mich zu sehen, und jetzt tun sie es wieder; die haben mir sicher etwas zu geben.«
So ging er hinaus und empfing die Gäste. Als er wieder in sein Zimmer ging, da seufzte er. Am andern Tag empfing er ebenfalls Gäste. Als er in sein Zimmer ging, da seufzte er wieder.
Da fragte sein Diener: »Immer wenn Ihr Gäste empfangen habt, geht Ihr seufzend ins Zimmer zurück. Was ist der Grund?«
Jener sprach: »Ich habe es ja gleich gesagt, daß die Leute im Reich der Mitte sich vorzüglich verstehen auf allerlei Umgangsformen, aber gänzlich unzureichend sind, was die Kenntnis des Menschenherzens anlangt. Die da eben kamen, um mich zu besuchen, waren in allen ihren Bewegungen abgezirkelt und steif; in ihren Mienen waren sie geheimnisvoll wie ein Drache oder ernst wie ein Tiger[6]. Sie machten mir Vorstellungen wie Söhne, sie suchten mich zu leiten wie Väter; deshalb seufzte ich.«
Kung Dsï besuchte ihn ebenfalls, aber sprach kein Wort. Da sagte Dsï Lu[7]: »Ihr hattet schon lange den Wunsch, jenen Weisen zu sehen, Meister. Nun sahet Ihr ihn und sprachet kein Wort. Was war der Grund?“ Kung Dsï sprach: »Sowie ich einen Blick auf diesen Mann warf, da sah ich den ewigen SINN des Daseins hervorleuchten. Da war dann alles Reden überflüssig.«

3. Vergängliches und Dauerndes im Einzel-Ich

Yen Hui[8] wandte sich an Kung Dsï und sprach: »Laßt Ihr Euer Pferd im Schritt gehen, so reite ich neben Euch;

nehmt Ihr Trab, so trabe ich mit; galoppiert Ihr, so galoppiere ich mit; aber wenn Ihr dahinfliegt und den Staub der Erde hinter Euch laßt, da muß ich zurückbleiben und kann Euch nur staunend nachsehen, Meister.«

Der Meister sprach: »Was meinst du damit?«

Yen Hui sprach: »Mit dem Schreiten meine ich das Reden; in Euren Reden kann ich Euch folgen. Mit dem Trab meine ich das Beweisen; wenn Ihr beweist, kann ich Euch folgen. Mit dem Galoppieren meine ich das Reden über den SINN; wenn Ihr über den SINN redet, kann ich Euch folgen. Was das betrifft, daß Ihr dahinfliegt und den Staub der Erde hinter Euch laßt und ich Euch nur bewundernd nachsehen kann, damit meine ich, daß Ihr nicht zu reden braucht, um Glauben zu finden, daß Ihr Euch nicht anzuschließen braucht, um allgemeine Liebe zu finden, daß Ihr keiner bestimmten Mittel bedürft, um die Leute zum Fortschritt zu bringen. Und das alles bringt Ihr zuwege, ohne daß ich erkenne, wie es zugeht.«

Kung Dsï sprach: »Warum solltest du das nicht herausbringen können? Es gibt kein größeres Leid als den Tod der Seele. Der leibliche Tod kommt erst in zweiter Linie. Die Sonne geht auf im Morgen und geht unter im Abend, und alle Geschöpfe richten sich nach ihr. Alles, was Augen hat und Füße, wartet auf sie, um sein Werk zu vollbringen. Sie kommt hervor, und des Tages Leben beginnt; sie steigt hinunter, und das Leben erlischt. So haben alle Geschöpfe auch eine Kraft in sich, die bewirkt, daß sie sterben, und bewirkt, daß sie zum Leben kommen. Sobald nun aber das Einzel-Ich eine feste körperliche Form angenommen hat, so wird in ihm diese Kraft starr während der ganzen Dauer seiner Existenz. Ihre Regungen sind bedingt durch die Wechselwirkungen mit der Außenwelt. Tag und Nacht geht es so fort in ununterbrochenem Wechsel, und niemand kann wissen, wann es zu Ende kommt. Der Mensch ist umnebelt durch diese feste körperliche Form. Er kann wohl ihre Gesetze erkennen, aber er kann nicht vorausbestimmen, was für Ereignisse in der Zukunft eintreten werden, und auf diese Weise fließt die Zeit dahin. Wenn ich nun so mein ganzes Leben lang mit dir Arm in Arm gehe, und wir sollten uns schließlich verlieren, wäre das nicht traurig? Du stehst in Gefahr, das Äußerliche zu wichtig zu nehmen; aber was an mir äußerlich hervortritt, das ist im selben Augenblick schon vergangen, und wenn du darnach suchst und meinst, du könntest es besitzen, so ist das ebenso, als wolltest du ein Pferd suchen auf dem Marktplatz (wo es einst zum Verkauf stand). Was ich an dir bewundere, fällt der Vergessenheit anheim; was du an mir bewunderst, fällt gleichfalls der Vergessenheit anheim. Dennoch, warum willst du dich darüber kümmern? Obwohl das sterbliche Ich der Vergessenheit anheimfällt, ist in meinem Ich doch etwas, das nicht der Vergessenheit anheimfällt, sondern dauert.«

4. Der höchste Mensch II

Kung Dsï besuchte den Lau Dan. Lau Dan hatte eben gebadet und ließ sein Haar zum Trocknen herabhängen. Er saß leblos da, allem Menschlichen vollkommen entrückt. Da wartete Kung Dsï.

Nach einer Weile trat er vor ihn und sprach: »War ich geblendet, oder ist es wirklich so? Euer Körper, Herr, erschien mir eben erstarrt wie ein dürrer Baum, als hättet Ihr die Welt verlassen und Euch von den Menschen geschieden und stündet in der Einsamkeit.«

Lau Dan sprach: »Ich ließ mein Herz wandern im Anfang der Welt.« Kung Dsï sprach: »Was bedeutet das?«

Er sprach: »Meine Seele ist gebunden und vermag nicht zu denken; mein Mund ist geschlossen und vermag nicht zu reden. Doch will ich dir davon erzählen, was der Sache nahe kommt. Das dunkle Prinzip in seiner höchsten Wirkung ist ernst und still; das lichte Prinzip in seiner Vollendung ist mächtig und wirksam. Das Ernste und Stille geht aus dem Himmel hervor[9]; das Mächtige und Wirksame entwickelt sich aus der Erde. Wenn die beiden sich vereinigen und Harmonie wirken, so entstehen die Dinge. Es ist noch eine geheime Kraft, die diese Tätigkeiten ordnet; aber man sieht nicht ihre Gestalt. Der Wechsel von Zurückebben und Ausatmen, von Fülle und Leere, von Dunkel und Licht, der Wandel der Sonne und die Änderungen des Mondes: das alles findet fortwährend statt, aber man kann nicht sehen, wie es zustande kommt. Das Leben hat einen Anfang, aus dem es hervorsproßt; das Sterben hat einen Endpunkt, zu dem es sich wendet. Anfang und Ende lösen einander ab ohne Unterbrechung, und man kann nicht erkennen die letzte Ursache. Wenn es nicht jene geheime Kraft ist, die das regelt, worauf geht dann alles zurück?«
Kung Dsï sprach: »Darf ich fragen, wie man zu dieser Kraft gelangen kann?«– Lau Dan sprach: »Sie zu erreichen ist höchste Schönheit und höchste Seligkeit. Wer höchste Schönheit erreicht und sich höchster Seligkeit erfreut: das ist der höchste Mensch.«
Kung Dsï sprach: »Ich würde gern hören, wie man dazu gelangt.«
Jener sprach: »Grasfressende Tiere weigern sich nicht, ihren Weideplatz zu wechseln; im Wasser lebende Geschöpfe weigern sich nicht, das Wasser zu wechseln. Sie halten kleine Veränderungen aus, ohne die beständigen Gesetze ihrer Natur zu verlieren. (Wer als Mensch diesen Standpunkt erreicht hat), in dessen Brust finden Lust

und Zorn, Trauer und Freude keinen Eingang mehr. Nun ist das, was man Welt nennt, die Einheit aller Geschöpfe. Wer diese Einheit erreicht und mit ihr übereinstimmt, für den ist sein Körper mit allen seinen Gliedern nur Staub und Erde. Leben und Tod, Anfang und Ende sind für ihn wie Tag und Nacht. Sie vermögen ihn nicht zu betören, wieviel weniger wird das, was als Gewinn oder Verlust, als Unglück oder Glück ihm naht, ihn betören können! Wer darum Amt und Würden wegwirft, der ist, als würfe er Schlamm und Erde weg, denn er weiß, daß sein Ich edler ist als sein Amt. Der Adel beruht auf dem eigenen Ich und geht nicht verloren durch äußere Veränderungen. Auch ändert sich alles, und kein Ziel ist abgemessen. Wie wäre es deshalb der Mühe wert, das Herz zu bekümmern? Wer selbst im LEBEN wirkt, für den löst sich das alles auf.«

Kung Dsï sprach: »Euer Leben kommt Himmel und Erde gleich, und dennoch habt Ihr wohl höchste Worte der Weisheit vernommen, deren Ihr Euch bedient, um Eure Seele zu bilden. Wer aber von den großen Männern des Altertums war imstande, solche Worte auszusprechen?«

Lau Dan sprach: »Nicht also! Das Wasser eines Sprudels tut selber nichts, sondern folgt einfach seiner Natur. Also verhält sich der höchste Mensch zum LEBEN. Er sucht nichts zu bilden, und dennoch kann sich kein Wesen seinem Einfluß entziehen. Er ist wie der Himmel, der hoch ist durch sich selber, wie die Erde, die fest ist durch sich selber, wie Sonne und Mond, die klar sind durch sich selber. Was bedarf es da der Bildung?«

Kung Dsï verließ ihn und sagte über diese Unterhaltung zu Yen Hui: »Ich bin gegenüber dem SINN nicht besser als ein Essigschälchen. Hätte der Meister nicht die Decke von meinen Augen gehoben, so hätte ich niemals die große Vollkommenheit von Himmel und Erde erkannt.«

5.

Der 5. Abschnitt enthält eine Unterredung Dschuang Dsï's mit dem Herzog Ai von Lu über das Thema: »Kleider machen Leute«, die sich nicht nur durch den Anachronismus, sondern auch durch ihren Inhalt als Fälschung erweist.

6.

Der 6. Abschnitt enthält historische Beispiele vom Wert der inneren Ruhe für staatlichen Erfolg.

7.

Der Abschnitt enthält eine offenbar später eingefügte Geschichte über ein Wettmalen am Hofe.

8.

Der 8. Abschnitt berichtet die Geschichte, wie der Begründer der Dschoudynastie, Wen, seinen künftigen Ratgeber beim Fischen erblickte, nebst einigen Bemerkungen des Konfuzius darüber.

9.
Bogenschießen
(Liä Dsï II, 5)

Liä Yü Kou zeigte sich vor Be Hun Wu Jen im Bogenschießen. Er spannte den Bogen zu voller Weite; dann stellte er einen Becher Wasser auf seinen Vorderarm und schoß ab. Ein Pfeil folgte dem andern, während er die ganze Zeit über stand wie eine Bildsäule. Be Hun Wu

Jen sprach: »Du bist ein Schütze, aber noch kein Überschütze! Wenn ich mit dir auf einen hohen Berg steige, auf steile Felsen trete am Rand eines hundert Klafter tiefen Abgrunds: kannst du da immer noch schießen?«
Mit diesen Worten führte ihn Wu Jen auf einen hohen Berg, trat auf einen steilen Felsen am Rand eines hundert Klafter tiefen Abgrunds, wandte sich und ging rückwärts, bis seine Fußsohlen zu zwei Dritteln in die Luft ragten. Da winkte er dem Yü Kou vorzutreten. Der aber duckte sich zur Erde, und der Schweiß rann ihm bis zu den Fersen herunter.
Da sprach Be Hun Wu Jen: »Ein Adept kann hinaufblicken zum blauen Himmel oder mit seinem Auge hinunterdringen bis zu den Flüssen der Unterwelt oder hinausschweifen in alle Fernen, ohne daß seine Geisteskraft beeinflußt wird. Du aber hast Angst und wagst nicht um dich zu blicken, du sitzest mitten auf dem Land und fühlst dich doch nicht sicher.«

10. Innere Größe

Giën Wu[10] fragte den Sun Schu Au[11] und sprach: »Ihr wart dreimal Kanzler und wart nicht stolz darüber; dreimal wurdet Ihr weggeschickt und zeigtet Euch nicht traurig. Früher traute ich Euch nicht recht, nun aber sehe ich, wie ruhig der Atem durch Eure Nase geht. Wie macht Ihr's nur daß Ihr also Euer Herz in der Hand habt?«
Sun Schu Au sprach: »Ich bin nicht besser als andere Menschen. Ich hielt nur dafür, daß man, was einem zufällt, nicht ablehnen, und was einen verläßt, nicht festhalten soll. Ich bin der Meinung, daß, was wir bekommen oder verlieren, nicht unser eigentliches Ich ist. Darum war ich nicht traurig. Das ist alles. Ich bin nicht besser als andere Menschen. Außerdem wußte ich nicht

einmal, ob die Ehre dem Amte galt oder ob sie mir galt. Galt sie dem Amte, so ging sie mich nichts an; galt sie mir, so ging sie das Amt nichts an. Beschäftigt mit sorgfältiger Überlegung und allseitiger Umsicht hatte ich keine Muße, darauf zu achten, ob die Menschen mich ehrten oder gering schätzten.«
Kung Dsï hörte von der Sache und sprach: »Die wahren Menschen des Altertums waren also, daß auch der Weiseste ihre Art nicht beschreiben konnte, daß auch die schönste Frau sie nicht verführen konnte, daß auch der schlimmste Räuber sie nicht vergewaltigen konnte, daß auch der mächtigste Fürst[12] nicht ihre Freundschaft erzwingen konnte. Leben und Tod sind wohl wichtige Angelegenheiten, und doch vermochten sie nicht, ihr Selbst zu beeinflussen; wieviel weniger Ehren und Gewinn! Die also waren, die vermochten im Geist den größten Berg zu durchdringen, ohne daß sie behindert wurden; sie vermochten in die tiefsten Quellen zu tauchen, ohne daß sie naß wurden; sie vermochten in Armut und Niedrigkeit zu weilen, ohne daß sie überdrüssig wurden; sie erfüllten Himmel und Erde. Darum, je mehr sie andern gaben, desto mehr besaßen sie selbst.«

11.

Der 11. Abschnitt enthält eine Geschichte über den Unwert äußeren Besitzes.

Buch XXII

Wanderungen der Erkenntnis

Vorbemerkung

Das Buch gehört zu denjenigen, die am klarsten die Lehre des Dschuang Dsï enthalten. Es ist in dieser Beziehung etwa mit Buch XVII zusammenzustellen.
Der 1. Abschnitt, ein Gleichnis mit durchweg allegorischen Namen, handelt von der Schwierigkeit, dem SINN mit Worten und Begriffen beizukommen.
Der 2. Abschnitt zeigt die beiden halb sagenhaften Persönlichkeiten, den scharfsinnigen, unruhigen »Lückenbeißer« und den zum Ziel gelangten »Strohmantel«, in sehr durchsichtiger Symbolik. Indem Lückenbeißer unter den Reden des anderen einschläft, kommt das menschliche Wähnen zur Ruhe.
Der 4. Abschnitt, eine der vielen Unterhaltungen des Konfuzius mit Laotse, die durch die Umgrenzung des Worten unzugänglichen Erlebnisses besonders hervorragt.
Der 5. Abschnitt erläutert die transzendentale Immanenz des SINNES.
Der 6. Abschnitt enthält eigentlich zwei Geschichten. Die eine gibt ein traumartiges Bild aus urältester Zeit. Die daran angeknüpfte zweite mit lauter allegorischen Namen ist eine Dublette von Abschnitt 1 und 7. Sie scheint aus einem anderen Zusammenhang hierher versprengt zu sein und wurde in der Übersetzung übergangen.
Der 9. und 10. Abschnitt führen Konfuzius im Gespräch mit zwei seiner Jünger ein. Doch sind die Lehren, die Konfuzius hier erteilt, vollkommen übereinstimmend mit der taoistischen Auffassung.

Mit Buch XXII endet der zweite Teil der Schriften Dschuang Dsï's.

1. Wie man SINN erlangt

Erkenntnis wanderte im Norden an den Ufern des dunklen Wassers[1] und bestieg den Berg des steilen Geheimnisses[1]. Da begegnete sie von ungefähr dem schweigenden Nichtstun[1].

Erkenntnis redete das schweigende Nichtstun an und sprach: »Ich möchte eine Frage an dich richten. Was muß man sinnen, was denken, um den SINN zu erkennen? Was muß man tun und was lassen, um im SINNE zu ruhen? Welche Straße muß man wandern, um den SINN zu erlangen?«

Dreimal fragte sie, und das schweigende Nichtstun antwortete nicht. Nicht daß es absichtlich die Antwort verweigert hätte; es wußte nicht zu antworten. So konnte Erkenntnis nicht weiter fragen und kehrte um. Da kam sie im Süden an das weiße Wasser[1] und bestieg den Berg der Zweifelsendung[1]. Da erblickte sie Willkür. Erkenntnis stellte dieselben Fragen an Willkür.

Willkür sprach: »Oh, ich weiß es; ich will es dir sagen. Aber während sie eben reden wollte, hatte sie vergessen, was sie reden wollte, und Erkenntnis konnte nicht weiter fragen. Da kehrte sie zurück zum Schloß des Herrn, trat vor den Herrn der gelben Erde und fragte ihn.

Der Herr der gelben Erde sprach: »Nichts sinnen, nichts denken: so erkennst du den SINN; nichts tun und nichts lassen: so ruhst du im SINN; keine Straße wandern: so erlangst du den SINN.«

Erkenntnis fragte den Herrn der gelben Erde und sprach: »Wir beide wissen es, jene beiden wußten es nicht. Wer hat nun recht?«

Der Herr der gelben Erde sprach: »Schweigendes Nichtstun hat wirklich recht; Willkür kommt ihm nahe; wir beide erreichen es ewig nicht…«[2] Erkenntnis fragte den Herrn der gelben Erde: »Wieso erreichen wir es nicht?« Der Herr der gelben Erde sprach: »Das schweigende Nichtstun ist wirklich im Recht, deshalb, weil es kein Erkennen hat; Willkür kommt ihm nahe, weil sie Vergessen hat; wir beide erreichen es ewig nicht, weil wir Erkennen haben.«
Willkür hörte es und meinte vom Herrn der gelben Erde, daß er zu reden verstehe.[3]

2. Ende des Wahns

Lückenbeißer[4] fragte den Strohmantel[4] nach dem SINN. Strohmantel sprach: »Beherrsche den Leib und sieh auf das Eine, so wird des Himmels Friede nahen. Sammle dein Wissen und plane das Eine, so werden die Götter kommen und bei dir wohnen. Das LEBEN wird dir Schönheit geben, der SINN wird dir ruhige Wohnung geben. Dann blickst du einfältig wie ein neugeborenes Kalb[5] und fragst nicht mehr nach Gründen und Ursachen.«
Ehe er fertig geredet, war Lückenbeißer eingeschlafen. Da war Strohmantel hoch erfreut, ging von ihm und sang im Gehen:

»Sein Leib ist starr wie trockenes Gebein,
Wie tote Asche ist des Herzens Stille,
Und sein Erkennen ging zur Wahrheit ein.
Von der Bedingung Band ist frei sein Wille;
Wogende Nacht stillt des Bewußtseins Wähnen.
Zu Ende ist das Denken und das Sehnen.
Was ist das für ein Mensch?«

3.
Eigentum
(Liä Dsï I, 12)

Schun (der große Herrscher) fragte den Dscheng und sprach: »Kann man den Sinn des Weltgeschehens sich zu eigen machen?« Der sprach: »Nicht einmal dein Leib ist dein Eigentum, wie willst du da den Sinn zum Eigentum dir machen?« Schun sprach: »Wenn mein Leib nicht mein Eigentum ist, wessen Eigentum ist er denn dann?« Jener sprach: »Er ist die Form, die Himmel und Erde dir zugeteilt. Dein Leben ist nicht dein eigen, es ist das Gleichgewicht der Kräfte, das Himmel und Erde dir zugeteilt. Deine Natur und dein Schicksal sind nicht dein eigen, sie sind der Lauf, den Himmel und Erde dir zugeteilt. Deine Söhne und Enkel sind nicht dein eigen, sie sind die Überbleibsel, die Himmel und Erde dir zugeteilt. Darum: wir gehen und wissen nicht wohin, wir bleiben und wissen nicht wo, wir essen und wissen nicht warum: das alles ist die starke Lebenskraft von Himmel und Erde: wer kann die sich zu eigen machen?«

4. Das große Erreichen

Kung Dsï befragte den Lau Dan und sprach: »Da Ihr heute Muße habt, möchte ich Euch nach dem höchsten SINN fragen.«
Lau Dan sprach: »Reinige dein Herz durch Fasten und Kasteien! Wasche weiß wie Schnee deinen Geist! Entschlage dich deines Wissens! Denn der SINN ist tief und schwer mit Worten zu erreichen. Ich will dir seine Umrisse andeuten. Das Licht entsteht aus dem Dunkel; das Gesetzmäßige entsteht aus dem Unkörperlichen. Der Geist entsteht aus dem SINN; die Wurzel des Leibes ent-

steht aus dem Samen. Darum pflanzen sich alle Einzelwesen leiblich fort. So werden die Wesen mit neun Körperöffnungen vom Mutterleib geboren, und die mit acht Körperöffnungen kommen aus dem Ei. Sie kommen, und man weiß nicht woher; sie gehen, und man weiß nicht wohin. Da ist kein Tor und ist kein Haus; nach allen Richtungen breiten sie sich aus im Grenzenlosen. Die (den Sinn dieses Werdens) verstehen, deren Glieder werden stark, deren Gedanken werden durchdringend, deren Ohren und Augen werden aufgetan und klar, deren Herzensregungen schaffen keine Ermüdung, und ihre Beziehungen zur Außenwelt sind ohne Schranken. Ohne diesen SINN[6] wäre der Himmel nicht hoch; ohne ihn wäre die Erde nicht weit; ohne ihn könnten Sonne und Mond nicht ihre Bahn ziehen; ohne ihn könnten alle Dinge nicht gedeihen. All das sind Wirkungen des SINNS.
Ausgebreitetes Wissen führt aber nicht notwendig zu dieser Erkenntnis; durch Beweise wird man nicht notwendig weise. Darum entsagt ihnen der berufene Heilige. Dasjenige, was durch Vermehrung nicht vermehrt werden kann und durch Verminderung nicht vermindert werden kann, ist es, was der Heilige festhält. Tief wie das Meer, unendlich, so daß jeder Schluß zugleich ein Anfang ist; allen Wesen ihr Maß zuwendend, ohne sich zu erschöpfen; der Herrscher Pfade bestimmend und doch jenseits von ihnen; allen Geschöpfen, die sich nahen, spendend, was sie brauchen, ohne sich zu erschöpfen: das ist der SINN.
Im Reich der Mitte leben Menschen, die fragen nicht nach Mann und Weib. Sie leben zwischen Himmel und Erde in Menschengestalt, aber sind im Begriff, zurückzukehren zum Ahn aller Dinge. Von dieser Wurzel aus betrachtet ist das Leben nur wie der Hauch eines Seufzers, und alle Wesen, ob sie alt werden oder in der Ju-

gend sterben, unterscheiden sich in ihrer Lebensdauer doch nur um eine kurze Spanne Zeit, die kaum ausreicht, um Recht und Unrecht[7] zu verteilen.
Bäume und Sträucher haben ihre festen Ordnungen.
Die menschlichen Ordnungen sind wohl schwieriger, darum sind Regeln und Gesetze eingeführt. Wenn der berufene Heilige mit diesen Ordnungen zusammentrifft, so fügt er sich ihnen; gehen sie vorüber, so sucht er sie nicht festzuhalten. Absichtlich ihnen entsprechen heißt Tugend; ganz von selber ihnen entsprechen heißt der SINN. Er ist's, der die Herrscher groß macht und die Könige erhebt.
Das Leben des Menschen auf Erden ist schnell vorüber wie der Schein eines weißen Rosses[8], der durch eine Spalte fällt; im Augenblick ist es vergangen. Schäumend und wild treten sie alle ins Leben ein; sachte und glatt gehen sie alle wieder hinaus. Sie machen einen Wandel durch und werden geboren; ein weiterer Wandel, und sie sterben. Die lebenden Geschöpfe trauern darob, der Menschen Geschlechter klagen darum, und doch lösen sich nur die Schranken der Natur und fallen ab die Hüllen der Natur. Verwirrt und geblendet fährt die Seele dahin, und der Leib folgt ihr nach. Das ist die große Heimkehr. Daß das Sichtbare aus dem Unsichtbaren kommt und wieder zurückkehrt zum Unsichtbaren, ist etwas, das alle Menschen wissen. Aber es macht dem, der im Begriff ist, ans Ziel zu kommen, keine Sorgen. Es ist etwas, worüber alle Menschen reden, aber wer das Ziel erreicht hat, redet nicht darüber. Wer darüber redet, der ist noch nicht am Ziel. Es hat keinen Wert, deutlich sehen zu wollen; darum ist besser als Beweisen das Schweigen. Den SINN kann man nicht vernehmen; darum ist besser als Horchen die Ohren zu schließen. Das ist das große Erreichen.«

5. Wo ist der SINN

Meister Ostweiler[9] befragte den Dschuang Dsï und sprach: »Was man den SINN nennt, wo ist er zu finden?« Dschuang Dsï sprach: »Er ist allgegenwärtig.« Meister Ostweiler sprach: »Du mußt es näher bestimmen.«
Dschuang Dsï sprach: »Er ist in dieser Ameise.«
Jener sprach: »Und wo noch tiefer?«
Dschuang Dsï sprach: »Er ist in diesem Unkraut.«
Jener sprach: »Gib mir ein noch geringeres Beispiel!«
Er sprach: »Er ist in diesem tönernen Ziegel.«
Jener sprach: »Und wo noch niedriger?«
Er sprach: »Er ist in diesem Kothaufen.«
Meister Ostweiler schwieg stille.
Da sagte Dschuang Dsï: »Eure Fragen berühren das Wesen nicht. Ihr macht es wie der Marktaufseher, der den Büttel fragt, wie fett die Schweine sind.
Je weiter unten man noch Fett findet, wenn man ihnen auf die Beine tritt, desto besser. Ihr müßt nur nicht in einer bestimmten Richtung suchen wollen, und kein Ding wird sich Euch entziehen. Denn so ist der höchste SINN. Er ist wie die Worte, die den Begriff der Größe bezeichnen. Ob ich sage: ›allgemein‹ oder ›überall‹ oder ›gesamt‹: es sind nur verschiedene Ausdrücke für dieselbe Sache, und ihre Bedeutung ist Eine. Versuche es, mit mir zu wandern in das Schloß des Nicht-Seins, wo alles Eins ist. Da wollen wir reden über die Unendlichkeit. Versuche es, mit mir zu kommen zum Nichts-Tun, zur Einfalt und Stille, zur Versunkenheit und Reinheit, zur Harmonie und Ruhe. Dort sind alle Unterschiede verschwunden. Mein Wille hat kein Ziel, und ich weiß nicht, wohin ich komme. Ich gehe und komme und weiß nicht, wo ich Halt mache. Ich wandere hin und her und weiß nicht, wo es endet. Schwebend überlasse ich mich

dem unendlichen Raum. Hier findet auch das höchste Wissen keine Grenzen. Der den Dingen ihre Dinglichkeit gibt, ist nicht äußerlich von ihnen abgegrenzt; nur die Einzeldinge haben Grenzen. Was man die Grenzen der Dinge nennt, fängt da an, wo die Dinge aufhören, und hört da auf, wo die Dinge anfangen[10]. Man redet von Fülle und Leere, von Verfall und Abnahme. Das, was Fülle und Leere wirkt, ist nicht selber voll oder leer. Was Verfall und Abnahme wirkt, ist nicht selber Wurzel oder Wipfel. Was Sammeln und Zerstreuen wirkt, ist nicht selber Sammeln und Zerstreuen.«

6. Der SINN als das Unsagbare

Unstät Bittersüß[11] war mit dem göttlichen Landmann[11] zusammen in der Lehre des alten Drachen[11]. Der göttliche Landmann hatte seine Tür verschlossen, lag mit dem Kopf auf dem Tisch und schlief bei Tage. Unstät Bittersüß stieß mittags die Tür auf und kam herein.
Er sprach: »Der alte Drache ist gestorben.«
Da stützte sich der göttliche Landmann auf seinen Tisch, nahm seinen Stab und stand auf.
Dann warf er heftig seinen Stab zur Erde und sagte lachend: »O Himmlischer, du hast erkannt, wie schlecht und anmaßend ich war; darum hast du mich verlassen und bist gestorben. Nun habe ich keinen Meister mehr, der meine unüberlegten Reden bessern könnte. Das beste ist, ich sterbe auch.« Da kam Deckeltopf[11], um zu kondolieren.
Er hörte diese Worte und sprach: »Wer den SINN verkörpert, um den sammeln sich die Edlen der ganzen Welt. Dieser Mann da versteht vom SINNE auch noch nicht das allermindeste, und doch weiß er seine unüberlegten Worte zu verbergen und stirbt. Wieviel mehr (müssen

sich die verbergen), die den SINN verkörpern. Man schaut nach ihm, und er hat keine Form; man horcht auf ihn, und er gibt keinen Laut. Wenn man mit den Menschen von ihm redet, nennt man ihn geheimnisvoll und dunkel. Der SINN, von dem man reden kann, ist nicht der SINN[12].«

7. Lichtglanz und Nichtsein

Lichtglanz[13] fragte das Nichtsein[13]: »Meister, seid Ihr, oder seid Ihr nicht?«
Lichtglanz bekam keine Antwort und blickte angestrengt auf die Gestalt des Nichtseins. Aber da war alles tiefe Leere. Den ganzen Tag schaute er nach ihm, ohne es zu sehen; er horchte nach ihm, ohne es zu hören; er griff nach ihm, ohne es zu fassen.
Da sprach Lichtglanz: »Das ist das Höchste. Wer vermag das zu erreichen? Ich vermag ohne Sein zu sein, aber nicht ohne Nicht-Sein[14] zu sein. Wenn es nun darüber hinaus noch ein Nicht-Sein gibt, wie kann man das erreichen?«

8.

Abschnitt 8 enthält eine Geschichte von einem Handwerker, der seine Geschicklichkeit dem SINN verdankt.

9. Die Zeitlichkeit

Jan Kiu[15] befragte den Kung Dsï und sprach: »Kann man wissen, wie es war, als Himmel und Erde noch nicht bestanden?«[16]
Kung Dsï sprach: »Ja, das Einst gleicht dem Jetzt.«
Jan Kiu fragte nicht und zog sich zurück.
Am andern Tag trat er wieder vor den Meister und sprach:

»Gestern fragte ich, ob man wissen könnte, wie es war, als Himmel und Erde noch nicht bestanden, und Ihr antwortetet: ›Ja, das Einst ist wie das Jetzt.‹ Gestern war mir die Sache klar, aber heute versteh ich's nicht mehr. Darf ich fragen, was das bedeutet?«
Kung Dsï sprach: »Daß dir gestern die Sache klar war, kam daher, daß du (meine Antwort) schon vorher im Geiste empfingst[17]. Daß du es heute nicht mehr verstehst, kommt daher, daß du auf eine nicht geistige Weise es zu erfassen strebst. Hältst du es für möglich, daß es kein Einst und kein Jetzt gibt, keinen Anfang und kein Ende; daß, ehe Söhne und Enkel da sind, es schon Söhne und Enkel gibt?«
Jan Kiu erwiderte nichts.
Kung Dsï sprach: »Gut, antworte noch nicht! Durch das Leben wird nicht der Tod lebendig; durch das Sterben wird nicht das Leben getötet. Leben und Tod sind bedingt; sie sind umschlossen von Einem großen Zusammenhang. Es gab Dinge, die der Entstehung von Himmel und Erde voraus gingen; aber was den Dingen ihre Dinglichkeit gibt, ist nicht selbst ein Ding. Innerhalb der Welt der Dinge aber kann man nicht jenseits der Dinge zurückgehen, und da es zu jeder Zeit Dinge gab, ist kein Aufhören. Der berufene Heilige, der die Menschen liebt, ohne jemals damit aufzuhören, hat ebenfalls diese Wahrheit erkannt.«

10. Verhalten zur Welt

Yen Hui[18] befragte den Kung Dsï und sprach: »Ich habe Euch sagen hören, Meister, daß es nichts gebe, dem man nachgehen solle, daß es nichts gebe, dem man entgegengehen solle. Darf ich fragen, wie man das erreichen kann?«
Kung Dsï sprach: »Die Männer des Altertums wandelten

sich äußerlich, aber blieben innerlich ungewandelt. Heutzutage wandeln sich die Menschen innerlich, aber bleiben äußerlich unverwandelt. Wenn man sich in Anpassung an die Verhältnisse wandelt und dabei doch ein und derselbe bleibt, so ist das in Wirklichkeit kein Wandel. Man bleibt ruhig im Wandel und bleibt ruhig im Nichtwandel; man bleibt ruhig bei allen Berührungen mit der Außenwelt und läßt sich nicht in die Vielheit hineinreißen. So hielten's die Leute in den Gärten und Hallen der alten Weisen[19]. Die Herren aber, die sich in den verschiedenen Gelehrtenschulen[20] zusammenschlossen, bekämpften einander mit Behaupten und Widerlegen. Und wie sieht es da erst heutzutage aus! Der berufene Heilige weilt in der Welt, aber er verletzt nicht die Welt. Und weil er die Welt nicht verletzt, kann er auch nicht von der Welt verletzt werden[21]. Und wer also unverletzlich ist, vermag den Menschen zu begegnen und ihnen nachzugehen.
Wälder und Wiesen machen uns fröhlich und glücklich, aber noch ehe das Glück zu Ende ist, folgt ihm der Schmerz. Das Kommen von Glück und Schmerz kann ich nicht hindern, ihr Gehen vermag ich nicht aufzuhalten. Wie traurig ist es doch, daß die Menschen der Welt nur Herbergen sind für die Außendinge! Sie erkennen nur das, was ihnen begegnet; aber sie erkennen nicht, was ihnen nicht begegnet. Sie vermögen nur das, was in ihren Kräften steht, und vermögen nicht das, was über ihre Kräfte geht. Diese Unwissenheit und dieses Unvermögen ist etwas, dem die Menschen nie entgehen werden. Und dabei doch sich immer Mühe geben, dem Unvermeidlichen zu entgehen, ist das nicht traurig? Höchste Rede enträt der Rede, höchstes Tun enträt des Tuns. Wenn man nur versteht, das vorhandene Wissen zu ordnen, so bleibt man im Seichten stecken.«

III

Verschiedenes

Vorbemerkung zur III. Abteilung

Der dritte Teil weicht in der äußeren Form sehr wenig vom zweiten ab. Er bringt manches sehr wertvolle Material. Erst gegen den Schluß haben sich spätere Zusätze in größerem Umfang eingeschlichen.

Buch XXIII
Gong Sang Tschu

Vorbemerkung

Der Name, mit dem das Buch beginnt, ist der einer historischen Persönlichkeit, deren Zeitalter sehr gut zu dem vorausgesetzten Umstand paßt, daß es sich um einen Schüler Laotse's handelt (vgl. auch Liä Dsï IV, 2). Der 1. Abschnitt enthält in längerer Erzählung die Ereignisse, die dazu geführt haben, daß ein Schüler des Gong Sang Tschu von diesem zu Laotse kommt. Gong Sang Tschu besaß zwar genug innere Kraft, um für sich durchzukommen, doch nicht genug, um den Jünger von allem Irdischen, das noch an ihm hing, zu befreien. Sehr schön ist geschildert, wie Laotse das fertig bringt.
Die Reden des Laotse gehen ohne deutliche Markierung in allgemeine Erörterungen über, die mit Auswahl übersetzt sind.

1. Vom Schüler zum Meister

Unter den Jüngern von Lau Dan war ein gewisser Gong Sang Tschu[1], der sich die Lehren des Lau Dan angeeignet hatte und sich im Norden niederließ am Schreckhornberg[2]. Die denkenden und klugen unter seinen Dienern entließ er; die gütigen und liebevollen unter seinen Mägden hielt er sich ferne. Fette[3] und Wohlbeleibte ließ er um sich sein; Schüchterne und Verlegene benützte er zu seinen Diensten. So weilte er drei Jahre dort, und am Schreckhornberg war großer Wohlstand.
Da sprachen die Leute am Schreckhornberg untereinander: »Als Meister Gong Sang Tschu zu uns kam, da

waren wir erstaunt und mißtrauisch. Heute reden wir von ihm den ganzen Tag und werden nicht fertig; ja wir könnten selbst ein Jahr darüber reden, und es bliebe noch zu reden übrig. Er ist wohl ein Heiliger. Wollen wir ihn nicht zu unserem Schutzgott machen und ihm Opfer und Gebet darbringen?«[4]

Meister Gong Sang hörte davon, blickte nach Süden[5] und war enttäuscht. Seine Jünger wunderten sich darüber; da sprach er: »Warum wundert ihr euch über mich? Wenn die Frühlingslüfte sich erheben, so sprossen alle Gräser; kommt der Herbst ins Land, so bringt die Erde ihre Schätze dar. Frühling und Herbst brauchen ein höheres Leben, damit sie also wirken können. Der große SINN hat sich in diesen Erscheinungen geäußert. Ich habe gehört, daß der höchste Mensch wie ein Leichnam weilt im Kreis der Mauern seines Hauses und dennoch bewirkt, daß alle Leute fröhlich durcheinander wimmeln wie eine Herde und nicht wissen, wohin sie sich wenden sollen (mit ihren dankbaren Gefühlen). Nun ist das geringe Volk vom Schreckhornberg so eigensinnig darauf aus, mich mit Opfern und Gaben zu ehren als einen Weisen; aber bin ich der Mann, der für eine solche Stellung paßt?[6] Dann habe ich die Worte des Lau Dan ganz falsch befolgt.«

Die Jünger sprachen: »Nicht also! In einem Graben, der ein paar Fuß nur mißt, kann ein großer Fisch sich nicht umdrehen, aber für Fischbrut und Aale ist er wie geschaffen; auf einem Hügel von sieben oder acht Fuß Höhe kann ein großes Tier sich nicht verbergen, aber für den schlimmen Fuchs ist er gerade günstig. (Wundert Euch daher nicht über das kleinliche Gebaren dieser Leute, sie verstehen's nicht anders.) Außerdem ist es seit den uralten Zeiten der Erzväter Yau und Schun üblich, daß man die Weisen ehrt, die andern ihre Fähigkeiten zur Verfügung stellen, und daß man die Tüchtigen fördert, die andern Gewinn bringen. Was kann man da anderes von den Leuten vom Schreckhornberg erwarten? Darum hört auf ihre Bitten, Meister!«

Meister Gong Sang sprach: »Kinder, kommt! Wenn ein Tier, so groß, daß es einen Wagen im Maul davontragen kann, einsam die Berge verläßt, so kann es dem Leid der Netze und Schlingen nicht entgehen; wenn ein Fisch, so groß, daß er ein Boot verschlingen kann, aufs trockene Land gespült wird, so können ihm die Ameisen zu Leib rücken. Darum suchen Vögel und Tiere die Höhen auf, und Fische und Schildkröten suchen die Tiefe auf. So muß auch ein Mensch, der Leib und Leben sichern will, sich verstecken und tiefste Verborgenheit aufsuchen. Was nun gar die beiden Herren Yau und Schun anlangt – ist's auch der Mühe wert, ihr Lob zu singen? Ihre Sophismen sind Schuld daran, daß mit der Zeit noch alle Mauern fallen werden und dichtes Gestrüpp auf ihnen wachsen wird. Sie machten es wie einer, der seine Haare einzeln untersucht, ehe er sich kämmt, oder der die Reiskörner zählt, ehe er sie kocht. Ihr Eigensinn war unfähig, Ordnung auf der Welt zu schaffen. Wenn man die Weisen erhebt, so überfahren die Leute einander; wenn man die Wissenden duldet, so werden die Leute aneinander zu Räubern. Diese Dinge sind nicht imstande, den Menschen eine großartige Gesinnung zu geben. Ist das Volk allzu eifrig auf Gewinn bedacht, so kommt es vor, daß Söhne ihre Väter töten, daß Diener ihre Fürsten töten, daß am hellen Tag geraubt wird und mittags eingebrochen wird. Ich sage Euch: die Wurzel der großen Verwirrung wurde gelegt in den Zeiten von Yau und Schun, und ihr Wipfel wird dauern auf Tausende von Geschlechtern hinaus. Nach tausend Geschlechtern wird es sicher noch dahin kommen, daß die Menschen einander auffressen. Da setzte sich der Jünger Nan Yung Tschu[7] aufrecht hin und sprach betreten: Wenn einer erst in meinen Jahren ist, auf welche Lehre kann er sich da noch verlassen, um diesen Standpunkt zu erreichen?"

Meister Gong Sang sprach: »Bring deinen Leib in Sicherheit und hüte dein Leben! Hüte dein Leben und laß deine Gedanken nicht geschäftig werden! Wenn du also handelst drei Jahre lang, so kannst du diesen Standpunkt erreichen.«

Nan Yung Tschu sprach: »Die Augen der Menschen sind ihrem Äußeren nach so, daß ich keinen Unterschied herausfinden kann, und doch gibt es Blinde, die damit nicht sehen können. Die Ohren der Menschen sind ihrem Äußeren nach so, daß ich keinen Unterschied herausfinden kann, und doch gibt es Taube, die damit nicht hören können. So bin auch ich in meinem Äußeren gleich wie andere, und doch muß wohl ein wesentlicher Unterschied vorhanden sein; denn was ich erstreben möchte, kann ich nicht erlangen. Nun sprecht Ihr zu mir: ›Bring deinen Leib in Sicherheit und hüte dein Leben! Hüte dein Leben und laß deine Gedanken nicht geschäftig werden!‹ Ich gebe mir alle Mühe, den SINN zu verstehen, aber er dringt nur bis zu meinem Ohr.« Meister Gong Sang sprach: »Ich bin mit meinen Worten zu Ende. Eine kleine Wespe kann keine großen Raupen verwandeln[8]; ein kleines Kochinchinahuhn kann keine Gänseeier brüten; aber ein großes Huhn aus dem Norden kann es in der Tat. Die Hühner sind nicht ihrem Wesen nach voneinander verschieden. Daß das eine es kann und das andere es nicht kann, kommt nur von ihrer größeren oder kleineren Befähigung her. Nun ist meine Befähigung auch nur klein und nicht genügend, um dich zu wandeln. Willst du nicht einmal nach Süden reisen und den Lau Dan aufsuchen?«

Nan Yung Tschu nahm Wegzehrung zu sich und wanderte sieben Tage und sieben Nächte. Da kam er an den Wohnort des Lau Dan. Lau Dan sprach zu ihm: »Kommst du von Gong Sang Tschu?«
Nan Yung Tschu sagte: »Ja.«
Lau Dan sprach: »Was bringst du denn für eine Menge Leute mit dir?« Nan Yung Tschu erschrak und blickte hinter sich.
Lau Dan sprach: »Verstehst du nicht, was ich meine?«
Nan Yung Tschu ließ den Kopf hängen und schämte sich. Dann blickte er auf, seufzte und sprach: »Ja, nun habe ich meine Antwort vergessen, und darüber habe ich meine Fragen verloren.«
Lau Dan sprach: »Wie meinst du das?«
Nan Yung Tschu sprach: »Wenn ich keine Erkenntnis habe, so nennen mich die Leute töricht; habe ich Erkenntnis, so bringe ich mich selbst ins Unglück. Wenn ich keine Liebe habe, so ist es ein Schade für die andern Menschen; habe ich Liebe, so bringe ich mich selbst ins Unglück. Wenn ich nicht nach Pflicht frage, so verletze ich die andern; halte ich auf Pflicht, so bringe ich mich selbst ins Unglück. Wie kann ich diesen Schwierigkeiten entgehen? Diese drei Fragen sind es, die mir zu schaffen machen, und auf den Rat meines Lehrers möchte ich Euch um Aufschluß bitten.«
Lau Dan sprach: »Als ich dir eben in die Augen sah[9], da hab' ich dich erfaßt. Was du nun da redest, das bestätigt meine Ansicht. Du bist in Verwirrung wie ein Kind, das Vater und Mutter verloren hat; du hast eine Stange in der Hand und möchtest damit die Tiefen des Meeres messen. Du bist ein verlorener Mensch und gänzlich verlassen, und nun möchtest du zu deinem wahren Wesen zurück und weißt nicht, wie du's anfangen sollst. Man muß Mitleid mit dir haben.«

Nan Yung Tschu bat um Aufnahme und ging in sein Zimmer. Dort suchte er seine Gedanken zu sammeln auf das, was er für gut hielt, und suchte sich abzuwenden von dem, was er für schlecht hielt. Zehn Tage lang trieb er's so und machte sich ganz unglücklich. Dann trat er wieder vor Lau Dan.

Lau Dan sprach zu ihm: »Hast du dich nun gründlich gereinigt? Du bist so traurig, und da ist noch so etwas Überfließendes in dir. Da muß wohl noch irgendwo ein Übel stecken. Kommen die Anfechtungen von außen, so soll man ihrer nicht durch mühselige Bekämpfung Meister werden wollen, sondern sich einfach innerlich davon abschließen. Kommen die Anfechtungen von innen, so soll man ihrer nicht durch Unterdrückung Meister werden wollen, sondern sich einfach äußerlich von der Versuchung abschließen. Denn wenn von außen und innen her gleichzeitig die Anfechtungen kommen, so kann man den SINN und das LEBEN nicht festhalten (selbst wenn man sie schon hat), geschweige denn einer, der sich den SINN zum Vorbild seines Wandels genommen hat.«

Nan Yung Tschu sprach: »Wenn ein Dorfbewohner krank ist, so kommen wohl die anderen Dorfbewohner und erkundigen sich nach ihm. Wenn nun der Kranke imstande ist, zu sagen, was ihm fehlt, dann ist die Krankheit, an der er leidet, noch nicht so schlimm. Aber in meinem Suchen nach dem großen SINN gleiche ich einem Menschen, der Arznei getrunken und seine Krankheit dadurch nur schlimmer gemacht hat. Ich möchte weiter nichts, als ein Mittel erfahren, durch das ich mein Leben wahren kann.«

Lau Dan sprach: »Also ein Mittel zur Wahrung des Lebens willst du? Kannst du die Einheit festhalten? Kannst du dich frei halten von ihrem Verlust? Kannst du ohne Orakel und Wahrsagung Heil und Unheil erkennen?

Kannst du haltmachen, kannst du aufhören? Kannst du die andern in Ruhe lassen und (den Frieden) nur in dir selber suchen? Kannst du dich frei halten? Kannst du einfältig sein? Ein Kind kann den ganzen Tag weinen, es verschluckt sich nicht und wird nicht heiser, weil es des Friedens Fülle hat; es kann den ganzen Tag etwas festhalten, und seine Hand läßt nicht locker, weil es in seinem Wesen einheitlich ist; es kann den ganzen Tag blicken, und sein Auge blinzelt nicht, weil es durch nichts von draußen her angezogen wird[10]. Es geht und weiß nicht wohin, es bleibt stehen und weiß nicht, was es tut, es ist allen Dingen gegenüber frei, obwohl es bei allem mitmacht. Das sind die Mittel, sein Leben zu wahren.«
Nan Yung Tschu sprach: »Ist denn das das Wesen des höchsten Menschen?« Lau Dan sprach: »Noch nicht. Das ist nur erst, was man das Auftauen des Eises nennt. Der höchste Mensch lebt ebenso wie die andern von den Gaben der Erde, aber sein Glück hat er vom Himmel. Er streitet sich nicht mit den Menschen um Gewinn und Schaden. Er läßt sich nicht ein auf ihre Seltsamkeiten; er läßt sich nicht ein auf ihre Pläne; er läßt sich nicht ein auf ihre Geschäfte. Sich frei halten und einfältig sein in allem, was man tut, das ist das Mittel zur Erhaltung des Lebens, weiter nichts.«
Nan Yung Tschu sprach: »Ist dann also dies das Höchste?«
Lau Dan sprach: »Soweit sind wir noch nicht. Wahrlich, ich sage dir, kannst du sein wie ein Kind? Ein Kind bewegt sich und weiß nicht, was es tut, es geht und weiß nicht wohin … Wenn man also ist, so naht uns weder Leid noch Glück. Wenn man frei ist von Leid und Glück, dann ist man dem Menschenelend entnommen.«

2. Innerlichkeit

Wessen innere Welt gelassen ist und fest, der entwikkelt sich im Licht des Himmels. Wer sich entwickelt im Licht des Himmels, der bleibt nur in seinem äußeren Leben für die Menschen sichtbar. Die andern Menschen suchen sich zu bilden, aber er hat nun das Dauernde erreicht. Wer das Dauernde erreicht hat, von dem fällt das Menschliche ab, und das Himmlische hilft ihm. Von wem das Menschliche abfällt, der gehört zum Reich des Himmels; wem das Himmlische hilft, der heißt Sohn des Himmels.

Die aber das durch Lernen erreichen wollen, lernen an etwas, das sie nicht lernen können; die das ausüben wollen, bemühen sich um etwas, das sie nicht ausüben können; die das beweisen wollen, suchen etwas zu beweisen, das sich nicht beweisen läßt. Wer mit seinem Erkennen haltmacht vor dem, was man nicht erkennen kann, der hat's erreicht. Wer nicht dazu gelangt, der wird zunichte nach einer inneren Notwendigkeit[11].

Wer die Außendinge benützt, um seinen Leib zu erhalten, wer sich vor Unübersehbarem birgt, um seiner Seele Leben zu wahren, wer auf sein Inneres achtet, um jenes Geheimnis zu verstehen[12], dem mögen alle Übel sich nahen: sie sind ihm alle vom Himmel gesandt, nicht menschlicher Fehler Schuld. Darum können sie ihn nicht irremachen in dem, was er erreicht hat. Er braucht ihnen keinen Einlaß zu gewähren in die Feste seines Geistes. Diese Feste des Geistes liegt in der Hand von etwas, das sie in unerkennbarer Weise hält und selbst nicht ergriffen werden kann. Wer ohne sein wahres Selbst zu sehen sich äußert, der trifft in allen seinen Äußerungen nicht das Rechte. Die Außenwelt dringt in ihn ein und läßt ihn nicht mehr los, und je mehr er sich bessern will,

desto weiter kommt er ab vom Ziel. Wer Unrecht tut im offenen Tageslicht, der fällt den Menschen in die Hand zur Strafe; wer Unrecht tut im Verborgenen, der fällt den Geistern in die Hand zur Strafe. Wer im reinen ist mit den Menschen und im reinen ist mit den Geistern, der erst kann frei handeln.
Wer sein Gesetz im eigenen Innern hat, der wandelt in Verborgenheit; wer sein Gesetz im Äußeren hat, des Wille ist darauf gerichtet, Schätze zu sammeln. Wer in Verborgenheit wandelt, der hat Licht in allem, was er tut. Wessen Wille darauf gerichtet ist, Schätze zu sammeln, der ist nur ein Krämer. Die Leute sehen, wie er auf den Zehen steht, während er denkt, daß er alle überrage. Wer die Außenwelt zu erschöpfen sucht, in den dringt die Außenwelt ein. Wer von der Außenwelt eingenommen ist, der kann nicht einmal sein eigenes Ich gelten lassen; wie sollte er die Menschen gelten lassen können? Wer die Menschen. nicht gelten lassen kann, wird nicht geliebt; wer von niemand geliebt wird, ist ein verlorener Mann. Es gibt keine gefährlichere Waffe als den Willen; auch das schärfste Schwert[13] kommt ihm nicht gleich. Es gibt keine größeren Räuber als die Kraft des Lichten und Trüben. In der ganzen Welt entgeht nichts ihren Wirkungen[14], und doch sind es nicht diese Kräfte, die uns berauben. Das eigne Herz ist's, das sie zu Räubern macht.

3. Einheit und Zerteilung

Der SINN durchdringt und verbindet. Jede Trennung, jede in sich abgeschlossene Vollendung ist dem Untergang verfallen. Was führt zu diesen Trennungen? Diese Trennungen entstehen durch Streben nach Vollständigkeit. Wodurch entsteht dieses Streben nach Vollständig-

keit? Es entsteht dadurch, daß man das LEBEN vollständig besitzen will. Darum, wer sich nur nach außen wendet, ohne zu sich selbst zurückzukehren, der geht als Gespenst um, und hat er, was er da draußen sucht, erreicht, so zeigt es sich, daß, was er erreicht hat, der Tod ist. Und wenn er trotz dieser Vernichtung seines Geistes noch körperlich weiter besteht, so ist er doch nichts weiter als ein lebendes Gespenst.
Wer in seinem Körperlichen gestaltet das Unkörperliche, der hat einen festen Halt. Er geht hervor aus dem Unbedingten und dringt ein ins Unteilbare … Was erfüllt ist ohne Unterbrechung, ist der Raum, was dauert ohne Anfang und Ende, ist die Zeit; was existiert im Leben, was existiert im Tod, was existiert im Ausgehen, was existiert im Eingehen, was aus und ein geht, ohne daß man seine Gestalt sehen könnte: das ist die Ewigkeit[15]. Die Ewigkeit ist ohne So-Sein. Alle Einzeldinge gehen hervor aus dem Nicht-So-Sein. Das So-Sein vermag nicht aus sich selbst So-Sein zu bewirken, es geht notwendig hervor aus dem Nicht-So-Sein. Das Nicht-So-Sein ist eins mit sich selbst. Der Berufene birgt sich darin.

4.

Vgl. Buch II, 5.

5. Vom Abtun des Äußerlichen

Wenn man jemand im Marktgedränge auf den Fuß tritt, so entschuldigt man sich wegen seiner Unvorsichtigkeit. Wenn ein älterer Bruder seinem jüngeren auf den Fuß tritt, so klopft er ihm auf die Schulter. Tun's die Eltern, so erfolgt nichts weiter. Darum heißt es: Höchste Höflichkeit nimmt keine besondere Rücksicht auf die Menschen; höchste Gerechtigkeit kümmert sich nicht um Einzeldinge; höchste Weisheit schmiedet keine Pläne; höchste Liebe kennt keine Zuneigung, höchste Treue gibt kein Pfand …

6. Wie man Vögel und Menschen fängt

Wenn ein Vogel dem Schützen I in den Weg kam, so traf dieser ihn sicher, daher fürchteten sich alle vor ihm. Wenn man aber aus der Welt einen Käfig macht, so vermag kein Vogel zu entschlüpfen. So hat Tang[17] den I Yin[17] eingekäfigt, indem er ihn zu seinem Koch machte. So hat der Herzog Mu von Tsin[18] um den Preis von fünf Widderfellen den Bai Li Hi[18] eingekäfigt. Doch ist es ganz unmöglich, einen Menschen einzukäfigen, wenn er nicht Begierden hat, durch die man ihn fangen kann[17]. Ein Mensch, dem die Füße abgeschnitten sind, legt keinen Wert auf Schmuck; denn er ist jenseits von Lob und Tadel; ein zum Tode Verurteilter besteigt die höchsten Berge ohne Furcht, denn er hat mit dem Leben abgeschlossen…

Buch XXIV

Sü Wu Gui

Vorbemerkungen

Das Buch stellt den wahren Menschen im Gegensatz zu allen Verkümmerungen durch Abhängigkeit von Parteien oder äußeren Ereignissen dar. Der 1. und 2. Abschnitt sind Unterredungen eines freien Weisen, der aus Mitleid an den Hof kommt, mit dem Fürsten von We über die innere Freiheit und über die rechte Ausübung der Regierung.

Der 3. Abschnitt, der wieder ein Reiseerlebnis des Herrn der gelben Erde bringt, scheint wohl buddhistisch beeinflußt zu sein; wenigstens legen die allegorischen Namen der sechs Begleiter des Herrschers diese Vermutung nahe. Der alte Taoismus kennt nur fünf Sinnestätigkeiten.

Der 4. Abschnitt klagt über die Gebundenheit der Menschen an ihre äußeren Beschäftigungen und Gewohnheiten.

Der 5. Abschnitt führt Dschuang Dsï in Unterredung mit seinem Rivalen Hui Dsï ein, dem er – gegenüber all dem Schulgezänke mit seinen Wunderlichkeiten – die große Harmonie, die auf Gleichheit der Stimmung mit dem SINN beruht, entgegenhält.

Der 6. Abschnitt zeigt, wie Dschuang Dsï, als er an Hui Dsï's Grab vorüberkam, dessen beweglichen Geist als Übungsmaterial zu schätzen wußte.

Der 7. Abschnitt stammt aus Liä Dsï.

Der 8. Abschnitt gibt ein Gleichnis über die Gefahr der hervorragenden Geschicklichkeit.

Der 9. Abschnitt ist als Parallele zu II, 1 weggelassen.

Der 10. Abschnitt, der eine sehr merkwürdige Tischrede des Konfuzius enthält, ist gekürzt.
Der 11. Abschnitt ist ein Gegenstück zu Liä Dsï VIII, 13. Wie dort eine Häufung von Unglück in der Familie schließlich als Glück sich enthüllt, ist hier ein scheinbares Glück durch die Art, wie es kommt, das größte Unglück.
Im 12. Abschnitt treten »Lückenbeißer« und »Freigeber« wieder auf. Letzterer, auf der Flucht vor Yau, äußert sich äußerst drastisch über die berühmten Leute bei Hofe.
Der 13. und 14. Abschnitt enthalten theoretische Ausführungen über die Kraft, die aus dem Anschluß an den SINN entspringt.

1. Fürsten und Menschen

Sü Wu Gui[1] erhielt auf Veranlassung des Ministers Nü Schang Zutritt beim Fürsten Wu von We[2].
Der Fürst Wu bedauerte ihn und sprach: »Ihr seid wohl krank, Herr, und seid der Mühsale des Lebens in Bergen und Wäldern müde; darum habt Ihr Euch entschlossen, Uns zu besuchen?«
Sü Wu Gui sprach: »Ich komme, um Eure Hoheit zu bedauern; welchen Grund[1] hätten Eure Hoheit, mich zu bedauern? Wollten Eure Hoheit alle Wünsche und Begierden erfüllen und Ihren Neigungen und Abneigungen freien Lauf lassen, so leiden darunter die Grundbedingungen der Wesensnatur. Wollten Eure Hoheit die Lüste und Begierden unterdrücken und die Neigungen und Abneigungen hemmen, so leiden darunter die Sinne. Darum möchte ich Eure Hoheit bedauern. Weshalb sollten Eure Hoheit mich bedauern?«
Der Fürst von We blieb betroffen die Antwort schuldig.

Nach einer kleinen Weile fuhr Sü Wu Gui fort und sprach: »Ich möchte Eurer Hoheit davon erzählen, wie ich die Hunde beurteile. Die gemeinste Rasse frißt sich satt und tut nichts weiter; sie machen's wie die Wölfe[3]. Die mittlere Rasse (hält fortwährend die Nase hoch), als ob sie in die Sonne starre. Die edelste Rasse vergißt (beim Jagen) sich selber vollkommen. Auf die Hunde verstehe ich mich aber noch nicht so gut wie auf die Pferde. Wenn ich ein Pferd beurteilen soll, das grade läuft nach der Schnur, das Wendungen machen kann wie ein Haken, das einen rechten Winkel machen kann genau nach dem Richtmaß und Kreise machen kann genau nach dem Zirkel, so sage ich, das ist ein Staatspferd. Ein solches steht aber noch weit zurück hinter einem Allerweltspferd. Einem Allerweltspferd – dem liegt's im Blut. Es ist wie zögernd, wie verloren, wie selbstvergessen. Ein solches Tier, das kommt allen voran, läßt Staub und Erde hinter sich und verliert sich vor den Blicken.«
Der Fürst Wu war hocherfreut und lachte. Da ging Sü Wu Gui hinaus.
Der Kanzler Nü Schang fragte ihn: »Herr, wie macht Ihr's nur, daß Ihr unserem Fürsten Rat erteilen könnt? Womit ich unsern Fürsten berate, das sind einerseits die heiligen Schriften der Lieder, der Urkunden, der Riten und der Musik und andererseits die berühmtesten Werke der Kriegskunst, die in äußerst verdienstvoller Weise sich mit allen Angelegenheiten beschäftigen. Unzähligemale schon habe ich's so gemacht, und unser Fürst hat noch nie auch nur den Mund verzogen. Was habt Ihr nun unserem Fürsten für einen Rat erteilt, daß er so fröhlich wurde?«
Sü Wu Gui sprach: »Ich habe ihm eben nur erzählt, wie ich Hunde und Pferde beurteile.«
Nü Schang sprach: »Ach so.«

Sü Wu Gui sprach: »Wißt Ihr nicht, wie es einem geht, der in ferne Lande[4] verbannt ist? Ist er von seiner Heimat einige Tage lang fern und sieht einen guten Bekannten, so freut er sich; ist er von seiner Heimat wochen- und monatelang fern und begegnet einem Menschen, den er in seiner Heimat schon einmal getroffen hat, so freut er sich; dauert es schließlich jahrelang, so freut er sich schon, wenn er nur überhaupt ein menschliches Wesen zu Gesicht bekommt. Ist's nicht also? Je länger man von Menschen ferne ist, desto mehr sehnt man sich nach ihnen. Ist einer in die Wildnis entflohen, wo Dorngestrüpp des Wiesels Pfad umrankt und er sich mühsam Schritt für Schritt die Wege bahnt, und es dringt der Laut von menschlichen Schritten an sein Ohr, so freut er sich; wieviel mehr erst, wenn er das Räuspern eines Bruders oder Verwandten hört, der an seiner Seite auftaucht. Wahrlich, lange ist's her, daß eines wahren Menschen Wort und Räuspern zur Seite unsres Fürsten ertönte.«

2. Der Weg zum Frieden

Sü Wu Gui besuchte den Fürsten Wu.
Der Fürst sprach: »Herr, Ihr lebt in den Bergwäldern und esset Kastanien und sättigt Euch mit Zwiebel und Knoblauch, und es ist lang her, daß Ihr Uns nicht mehr besucht habt. Nun seid Ihr wohl alt und wünscht den Geschmack von Wein und Fleisch zu kosten. Auch haben Wir den Segen der Erd- und Kornaltäre (den Wir gerne mit Euch teilen).«
Sü Wu Gui sprach: »Ich bin in Armut und Niedrigkeit geboren und habe kein Begehren nach Eurer Hoheit Wein und Fleisch. Ich komme, um Eure Hoheit zu bedauern.«
Der Fürst sprach: »Wie? Inwiefern wollt Ihr mich be-

dauern?« Sü Wu Gui sprach: »Geistig und leiblich.«
Der Fürst sprach: »Was meint Ihr damit?«
Sü Wu Gui sprach: »Himmel und Erde nähren alle Geschöpfe auf gleiche Weise. Wer in der Höhe weilt, darf sich deswegen nicht für größer halten; wer in Niedrigkeit wohnt, darf sich deswegen nicht für verkürzt halten. Eure Hoheit sind unumschränkter Herr. Daß Ihr Euer ganzes Volk bedrückt, um Euren Sinnen zu frönen, dabei fühlt sich Euer Geist nicht wohl. Der Geist liebt Eintracht und haßt Sinnlichkeit. Die Sinnlichkeit ist ein Leiden. Darum komme ich, um Euch zu bedauern. Wie kommt es nur, daß gerade Eure Hoheit unter diesen Dingen zu leiden hat?«
Der Fürst Wu sprach: »Schon lange hätte ich Euch gerne einmal wieder gesehen. Ich habe den Wunsch, mein Volk zu lieben und durch Ausübung von Gerechtigkeit dem Krieg ein Ende zu machen. Ist das zu billigen?«
Sü Wu Gui sprach: »Es ist nicht zu billigen. Die Liebe zum Volk ist der Anfang dazu, das Volk zu schädigen. Durch Ausübung von Gerechtigkeit dem Krieg ein Ende machen wollen heißt die Wurzel des Krieges pflanzen. Wenn Ihr auf diese Weise vorgeht, so ist zu fürchten, daß Ihr nichts zustande bringt. Jedes verwirklichte Ideal führt zum Übel. Wenn Ihr Euch betätigt, sei es auch in Liebe und Pflicht, so seid Ihr auf falschem Wege. Jede äußere Betätigung zieht notwendig eine andere äußere Betätigung nach sich. Alles was in einer Richtung vollkommen ist, ist in anderer Hinsicht von Nachteil, und die daraus entstehende Verwirrung führt notwendig zu Verwicklungen mit der Außenwelt. Ihr stellt doch auch nicht Eure Schlachtreihen inmitten der Tore Eures Palastes auf, noch Eure Krieger und Ritter in unmittelbarer Nähe der Tempel und Altäre. (Wieviel wichtiger ist es da noch, daß Ihr Euer Herz frei haltet), daß Ihr keine

Gedanken hegt, die dem LEBEN widersprechen, daß Ihr nicht durch Schlauheit, Ränke und Kriege andre zu besiegen sucht! Andrer Leute Volk zu töten, andrer Leute Land zu annektieren, um das eigene Ich zu füttern, das bringt unseren Geist (in innere Kämpfe), und inmitten dieser Unklarheit weiß er nicht mehr, was gut ist; und was ist dann aus unserem Sieg geworden? Das beste wäre, daß Ihr mit all dem ein Ende macht, daß Ihr die Aufrichtigkeit Eures Herzens pflegt, um den Verhältnissen in der Welt in rechter Weise zu entsprechen, und Euch nicht weiter abquält. Auf diese Weise ist das Volk schon frei vom Tod, und Ihr habt es nicht mehr nötig, dem Krieg ein Ende zu machen.«

3. Herrscher und Pferdejunge

Der Herr der gelben Erde ging aus, um den großen Erhabenen[5] zu suchen auf dem Berg der Vollkommenheit[6]. Gesicht war sein Wagenlenker, Gehör war der dritte im Wagen, Geruch und Geschmack waren die Vorreiter, Gefühl und Verstand bildeten die Nachhut. Als sie an die Steppen am Ende der Welt[7] kamen, da verirrten sie sich und wußten nicht, wen sie nach dem Wege fragen sollten. Zufällig begegneten sie einem Knaben, der Pferde hütete. Sie fragten ihn nach dem Weg und sprachen: »Kennst du den Berg der Vollkommenheit?« Er sagte: »Ja.« »Kennst du den Aufenthalt des großen Erhabenen?«

Er sagte: »Ja.«

Der Herr der gelben Erde sprach: »Seltsamer Knabe! Du kennst nicht nur den Berg der Vollkommenheit, sondern kennst auch noch den Aufenthaltsort des großen Erhabenen. Darf ich fragen, wie man die Welt regiert?«

Der kleine Knabe sprach: »Die die Welt regieren, machen's ebenso wie ich. Was ist da weiter dabei? Als ich noch jünger war, da trieb ich mich umher in der Welt des Raumes. Da erkrankte ich an Schwachsichtigkeit. Da lehrte mich ein Älterer und sprach: ›Du mußt den Wagen der Sonne besteigen und dich umhertreiben in den Steppen am Ende der Welt.‹ Nun ist meine Krankheit wieder ein wenig besser, und ich wandle wieder wie ehedem jenseits der Welt des Raumes. Die Welt regieren ist genau das gleiche. Doch was habe ich damit zu schaffen!«

Der Herr der gelben Erde sprach: »Die Regierung der Welt ist allerdings nicht dein Geschäft, mein Sohn, und dennoch möchte ich dich fragen, wie man die Welt regiert.«

Der kleine Knabe lehnte die Antwort ab.

Als der Herr der gelben Erde abermals fragte, da sprach der kleine Knabe: »Die Regierung der Welt unterscheidet sich in nichts vom Pferdehüten. Man muß einfach fern halten, was den Pferden schaden kann. Nichts weiter.« Da verneigte sich der Herr der gelben Erde zweimal bis zum Boden, nannte ihn seinen himmlischen Meister[8] und zog sich zurück.

4. Abhängigkeit von den Verhältnissen

Wenn die Klugen keine Schwierigkeiten finden für ihre Gedanken und Sorgen, so sind sie nicht befriedigt; wenn die Sophisten auf die Ordnung ihrer Redekunst verzichten sollen, so sind sie nicht befriedigt; wenn die Kritiker nichts finden, an dem sie ihren Tadel auslassen können, so sind sie nicht befriedigt. Sie alle sind befangen in der Welt der Dinge. Menschen, die es verstehen, die Mitwelt um sich zu sammeln, gründen Herrscherhäuser; Menschen, die es verstehen, die Neigung des Volks zu

gewinnen, halten Amt und Würden für etwas Herrliches; Menschen, die Körperkraft besitzen, rühmen sich schwieriger Taten; Menschen mit Mut und Tapferkeit sind eifrig in der Not; Menschen, die geübt sind im Waffenhandwerk, freuen sich des Kampfes; Menschen, die alt und ausgemergelt sind, zehren von ihrem Ruhm; Menschen, die sich auf Recht und Gesetz verstehen, suchen den Einfluß der Herrschaft auszudehnen; Menschen, die bewandert sind in Riten und Musik, achten sorgfältig auf ihr Äußeres; Menschen, die sich abgeben mit Liebe und Pflicht, suchen Gelegenheit für große Taten.
Wenn der Landmann nichts mehr zu tun hat mit Gras und Unkraut, so hat er nichts mehr, an das er sich halten kann; wenn der Kaufmann nichts mehr zu tun hat mit Gassen und Märkten, so hat er nichts mehr, an das er sich halten kann. Nur wenn die Menschen der Menge ihren tagtäglichen Beruf haben, so geben sie sich Mühe. Die Handwerker sind von der Geschicklichkeit und Handhabung ihrer Werkzeuge abhängig, um sich zu fühlen. Kann er nicht Geld und Gut anhäufen, so wird der Geizhals traurig. Wenn Macht und Einfluß sich nicht stetig ausdehnen, so wird der Ehrgeizige trostlos. Die Sklaven von Macht und Reichtum sind nur glücklich im Wechsel. Wenn sie eine Zeit finden, in der sie wirken können, so können sie sich nicht des Handelns entlassen. Sie alle folgen ihrem Pfad mit derselben Regelmäßigkeit wie der Kreislauf des Jahres. Sie sind befangen in der Welt der Dinge und können sich nicht ändern. So rennen sie innerlich und äußerlich dahin, versinken in der Welt der Dinge und kommen ihr Leben lang nicht wieder zu sich selbst. Ach, das ist traurig!

Dschuang Dsï sprach: »Wenn ein Schütze, der ohne zu zielen trifft, ein guter Schütze genannt werden könnte, so wären alle Menschen auf der Welt Schützenkönige[9]. Zugegeben?«
Hui Dsï sprach: »Zugegeben.«
Dschuang Dsï sprach: »Wenn es auf Erden keine allgemeine Wahrheit gäbe und jeder seine Wahrheit für wahr erklärte, dann wären alle Menschen auf der Welt Propheten[10]. Zugegeben?«
Hui Dsï sprach: »Zugegeben.«
Dschuang Dsï sprach: »Nun aber gibt es die Ethiker (Konfuzianer), die Philanthropen (Schüler des Mo Di), die Pessimisten (Schüler des Yang Dschu), die Sophisten (Schüler des Gung Sun Lung)[11]. Das sind vier Schulen; mit Euch, o Meister, sind es zusammen fünf. Wer hat nun wirklich recht? Oder ist es wie in der Geschichte von Lu Gü?[12] Zu dem sprach einer seiner Schüler: ›Ich habe Euren SINN erfaßt, Meister. Ich kann im Winter meinen Kessel erhitzen und im Sommer Eis machen.‹ Lu Gü sprach: ›Das kommt nur davon her, daß du die (zur Zeit der Wintersonnenwende aufsteigende) lichte Kraft benützest, um ihre Wärme dir dienstbar zu machen, daß du die (zur Zeit der Sommersonnenwende zur Herrschaft gelangende) trübe Kraft benützest, um ihre Kälte dir dienstbar zu machen. Derartige Kunststücke sind nicht das, was ich unter SINN verstehe. Ich will dir meinen SINN zeigen.‹ Mit diesen Worten stimmte er zwei Lauten. Er setzte die eine in den Saal und die andere ins Nebenzimmer. Als er nun auf der einen den Grundton anschlug, da klang auf der anderen der Grundton mit; als er auf der einen die Terz anschlug, klang auf der anderen die Terz mit, weil beide auf denselben Grund-

ton gestimmt waren. Wenn man die Saiten der einen in ihrer Stimmung verändert, so daß die einzelnen Töne einander nicht mehr entsprechen, und man schlägt auf der einen einen Ton an, so klingen auf der andern alle fünfundzwanzig Saiten wirr durcheinander. Im angeschlagenen Ton ist kein Unterschied, aber die herrschende Tonart ist nicht mehr da. Verhält es sich also mit dem, was Ihr für Wahrheit haltet?«
Hui Dsï antwortete: »Gesetzt, daß alle jene vier Philosophenschulen sich anschickten, mit mir zu disputieren, daß sie mich zu überwältigen suchten mit ihren Worten, daß sie mich zu übertäuben suchten mit ihrem Geschrei und wären doch nicht imstande, mich ins Unrecht zu setzen, wie wäre das?« Dschuang Dsï sprach: »Du machst es wie jener Mann, der seinen Sohn ins Ausland schickte, um als Türhüter zu dienen, unbekümmert darum, daß man den Türhütern die Füße abschneidet, und der für seine Vasen und Glocken sorgte, indem er sie vorsichtig einwickelte, oder wie einer, der seinen verlorenen Sohn suchen wollte, ohne seine Nachbarschaft zu verlassen. Es liegt eine Verkennung der Verhältnisse in diesem Benehmen. Wie jener andere, der auf einem Schiffe fuhr zu dem Ort, wo er Türhüter werden sollte, und mitten in der Nacht, während niemand um den Weg war, sich in Streit einließ mit den Bootsleuten. Ehe er imstande war, an's Ufer zu kommen, hatte er sich schon genügend Belästigungen zugezogen[13].«

6. Am Grab des Rivalen

Dschuang Dsï war einst bei einer Beerdigung.
Als er am Grab des Hui Dsï vorüberkam, da wandte er sich an seine Schüler und sprach: »In Ying war ein Mann, der hatte auf seiner Nase einen Schmutzfleck, so dünn

wie der Flügel einer Fliege. Er rief den Meister Stein, um ihn zu entfernen. Der Meister Stein war damit einverstanden. Sausend schwang er seine Axt. Der Schmutzfleck war vollkommen verschwunden, und die Nase war unverletzt. Der Mann von Ying hatte dagestanden, ohne mit der Wimper zu zucken. Der Fürst Yüan von Sung hörte von der Sache, berief den Meister Stein und sprach: ›Versucht es einmal bei mir!‹ Der Meister Stein sprach: ›Früher habe ich das wohl gekonnt, aber der Mann, an dem ich mich üben konnte[14], ist lange tot.‹
(So geht es nun mir.) Seit Hui Dsï tot ist, habe ich niemand mehr, mich zu üben, niemand mehr, mit dem ich reden könnte.«

7.
Beispiel aus der Geschichte für die Unfreiheit der Handlungen
(Liä Dsï VI, 3)

Die beiden Männer Guan I Wu (Guan Dschung) und Bau Schu Ya waren gute Freunde. Sie lebten beide im Staate Tsi. Guan I Wu diente dem Prinzen Giu, Bau Schu Ya diente dem Prinzen Siau Be. Der Herzog von Tsi handelte in seinem Hause nach der Gunst. Die Söhne seiner Nebenfrauen hatten dieselben Rechte wie die legitimen Prinzen. Die Leute im Volke fürchteten, daß daraus Unruhen entstehen möchten. Guan I Wu und sein Kollege Schau Hu zogen sich daher mit dem Prinzen Giu in den Staat Lu zurück, während Bau Schu Ya mit dem Prinzen Siau Be nach dem Staate Gü sich zurückzog.
Nach dem Tode des alten Herzogs erhob sich sein Enkel Wu Dschï (gegen den legitimen Nachfolger Siang. Der Usurpator wurde jedoch selbst vom Volke umge-

bracht). Da nun der Staat Tsi ohne Fürsten war, stritten die beiden Prinzen um die Thronfolge. Guan I Wu kämpfte mit dem Prinzen Siau Be auf dem Wege von Gü und traf ihn mit einem Pfeil auf das Gürtelschloß (dennoch behielt Siau Be die Oberhand). Als Siau Be nun als Herzog eingesetzt war, da drängte er den Fürsten von Lu, den Prinzen Giu zu töten. Dessen einer Minister, Schau Hu, ging mit ihm in den Tod. Guan I Wu (der sich nicht getötet hatte) wurde eingekerkert.

Da sprach Bau Schu Ya zu dem Herzog Huan (dem früheren Prinzen Siau Be): »Guan I Wu hat die Fähigkeit, das Reich zu leiten.« Herzog Huan sprach: »Der ist mein Feind, ich möchte ihn töten.« Bau Schu Ya sprach: »Ich habe sagen hören, ein würdiger Fürst kenne keinen persönlichen Groll, und dann: wer sein Herr zu sein vermag, der vermag auch sicher Herr des Reichs zu sein. Wenn Ihr die Vorherrschaft im Reiche erstrebt: ohne Guan I Wu läßt sie sich nicht erreichen. Darum müßt Ihr, o Fürst, ihn befreien.« Darauf verlangte der Herzog den Guan I Wu. Der Staat Lu lieferte ihn aus. Als er nach Tsi kam, empfing ihn Bau Schu Ya auf dem Felde und löste seine Fesseln. Der Herzog Huan beschenkte ihn und gab ihm seinen Platz noch über den Geschlechtern Gau und Guo. Bau Schu Ya war ihm persönlich unterstellt. Es wurde ihm die Leitung des Staates übertragen und der Titel »Vater Dschung« verliehen. Und Herzog Huan gewann die Vorherrschaft im ganzen Reiche.

Guan I Wu sprach seufzend: »In meiner Jugend, als ich in Bedrängnis war, habe ich mit Bau Schu Ya Geschäfte gemacht. Bei der Verteilung der Güter nahm ich selber den größeren Anteil. Bau Schu Ya hielt mich darum nicht für habgierig, sondern wußte, daß ich es aus Armut tat. Ich machte mit Bau Schu Ya zusammen Pläne und hatte großen Mißerfolg. Bau Schu Ya hielt mich darum nicht für töricht, sondern wußte, daß Gelingen und Mißlingen seine Zeit hat. Ich war dreimal im Amt gewesen und war dreimal von meinem Herrn weggejagt worden. Bau Schu Ya hielt mich darum nicht für unbrauchbar, sondern wußte, daß ich die rechte Gelegenheit noch nicht gefunden. Ich stand dreimal in der Schlacht und habe dreimal dem Feind den Rücken gekehrt. Bau Schu Ya hielt mich darum nicht für feige, sondern wußte, daß ich eine alte Mutter hatte. Als Prinz Giu unterlegen, ging Schau Hu mit ihm zusammen in den Tod. Ich kam ins dunkle Verließ und hatte Schmach und Schande zu tragen. Bau Schu Ya hielt mich darum nicht für ehrlos, sondern wußte, daß ich mich nicht um Kleinigkeiten schäme, aber es als Schmach achte, wenn mein Name nicht auf Erden bekannt wird. Die mich erzeugten, sind Vater und Mutter, der mich kennt, ist Bau Schu Ya.«

Unsere Zeit rühmt Guan und Bau als treue Freunde und den Prinzen Siau Be als einen, der es verstand, fähige Menschen in seinen Dienst zu ziehen. Aber in Wirklichkeit kommt ihnen das Lob der Freundestreue und der Tüchtigkeit im Gebrauche fähiger Menschen nicht zu. Damit soll nicht gesagt sein, daß andere eine höhere Stufe in der Freundestreue oder in der Tüchtigkeit im Gebrauch fähiger Menschen einnehmen. Daß Schau Hu in den Tod ging, war nicht seine freie Tat; er konnte gar nicht anders, als in den Tod gehen. Daß Bau Schu den Würdigsten empfahl, war nicht seine freie Tat; er konnte gar nicht anders, als ihn empfehlen. Daß Siau Be seinen Feind verwandte, war nicht eine freie Tat; er konnte gar nicht anders, als ihn verwenden.

Als Guan I Wu schließlich erkrankte, da fragte Siau Be und sprach: »Vater Dschungs Krankheit ist schwer, wir dürfen's uns nicht verschweigen. Wenn es nun zum äußersten kommt, wem kann ich dann den Staat anvertrauen?« Guan I Wu sprach: »An wen denken Eure Hoheit?« Siau Be sprach: »Bau Schu Ya ist wohl geeignet.« Guan I Wu erwiderte: »Er ist nicht geeignet. Er führt den Wandel eines reinen, unbestechlichen, tüchtigen Gelehrten. Mit Leuten, die nicht seine Lebensrichtung haben, kommt er nicht aus. Hört er einmal, daß jemand sich etwas hat zuschulden kommen lassen, so vergißt er das sein Leben lang nicht. Betraute man ihn mit der Verwaltung des Staates, so würde er den Fürsten in Verwickelungen bringen und das Volk unzufrieden machen. Diese Verfehlungen dem Fürsten gegenüber würden rasch zum Ende führen.«

Si au Be sprach: »Ja, wer ist dann geeignet?« Er erwiderte: »Es wird wohl niemand anders übrigbleiben als Si Peng (der persönliche Feind des Guan I Wu). Er ist ein Mensch, der sich nichts daraus macht, wenn er in hoher Stellung ist; dadurch entgeht er dem Neid der Untergebenen. Er stellt sich selbst die höchsten Ziele und hat Mitleid mit denen, die schlechter sind als er. Mit der Kraft des geistigen Wesens die Menschen zur Pflicht zu bringen, das ist die Sache des berufenen Heiligen; durch Spenden die Menschen zur Pflicht zu bringen, das ist die Art der würdigen Männer. Wer mit seiner Würde von oben her den Menschen naht, der wird niemals die Menschen für sich gewinnen; wer sich aber mit seiner Würde unter die Menschen hinuntergibt, der wird sicher die Menschen gewinnen. Was er im Staate an Besitz erwirbt, wird nicht bekannt; was er im Hause an Besitz erwirbt, bleibt ungesehen. Wenn es also nicht anders geht, so ist Si Peng geeignet.«

Und dennoch hat nicht etwa Guan I Wu den Bau Schu Ya benachteiligt: er konnte gar nicht anders, als ihn benachteiligen. Nicht er hat den Si Peng bevorzugt; er konnte gar nicht anders, als ihn bevorzugen. Es mag wohl vorkommen, daß man einen, den man anfangs bevorzugt hat, schließlich benachteiligen muß, oder daß man einen, den man schließlich bevorzugt, erst benachteiligt hatte. Das Kommen und Schwinden der Art des Benehmens hängt nicht von uns ab.

8. Die Gefahren des Übermuts

Der König von Wu fuhr einst auf dem Strom[15]. Er bestieg den Affenberg. Als die Affen ihn sahen, erschraken sie, ließen alles liegen und flohen und versteckten sich im dichten Gestrüpp. Nur ein Affe war da, der war ganz unbekümmert, kletterte umher und zeigte dem König seine Geschicklichkeit. Der König schoß nach ihm, aber mit einer geschickten Bewegung ergriff der Affe den schnellen Pfeil. Da befahl der König seinen Dienern, ihn mit Pfeilen zu überschütten, und das Ergebnis war, daß der Affe totgeschossen wurde.

Der König wandte sich und sprach zu seinem Freunde Yen Bu I[16]: »Dieser Affe brüstete sich mit seiner Geschicklichkeit und verließ sich auf seine Gewandtheit und glaubte mich verhöhnen zu können. Darum ist dies Unheil über ihn gekommen. Laß dir's zur Warnung dienen! Erhebe dich nie um äußerer Dinge willen über andere Menschen!«

Yen Bu I kehrte heim und nahm den Dung Wu zum Lehrer, um mit seiner Hilfe seine äußeren Vorzüge abzulegen. Er enthielt sich aller Vergnügungen und entsagte allem augenfälligen Wesen. Nach drei Jahren sprachen die Leute im ganzen Volk mit Hochachtung von ihm.

9.

Eine Geschichte von Meister Ki von Südweiler, wohl eine Parallele zu II,11.

10. Schweigen ist Gold

Dieser Abschnitt enthält eine Tischrede des Kung Dsï über das Nicht-Reden, mit angeführten Bemerkungen des Autors.
Das Meer verweigert keinem Wasserlauf die Aufnahme, darum ist es so ungeheuer groß. Der Heilige umfaßt Himmel und Erde; er spendet Segen der ganzen Welt, und sie kennt seinen Namen nicht.

Im Leben ohne Rang,
Im Tode ohne Titel;
Nicht sammelnd irdische Güter,
Nicht sammelnd irdischen Ruhm;
So sind die ganz Großen.

Ein Hund ist nicht deshalb gut, weil er tüchtig bellen kann; ein Mensch ist nicht deshalb weise, weil er tüchtig reden kann, und wieviel weniger groß! Diese Art von Größe ist noch nicht einmal ausreichend, um Größe genannt zu werden, wieviel weniger LEBEN! Es gibt nichts, das vollkommener wäre als Himmel und Erde, und doch bedürfen sie nichts zu ihrer Vollkommenheit. Wer erkennt, daß große Vollkommenheit nichts erstrebt, nichts erreicht, nichts verwirft, nicht durch die Außenwelt sich beeinflussen läßt, sich zurückziehend ins eigene Innere unerschöpflich ist, der Urzeit folgt ohne Geschäftigkeit, der ist in Wahrheit der große Mensch.

11. Unheilvolles Glück

Meister Ki[17] hatte acht Söhne.

Er stellte sie vor sich auf, berief den Kiu Fang Yin[18] und sprach: »Wahrsage mir aus den Gesichtszügen meiner Söhne, welcher der glücklichste sein wird!«

Kiu Fang Yin sprach: »Dein Sohn Kun wird der glücklichste sein.« Meister Ki blinzelte vergnügt und sprach: »Wieso?«

Jener antwortete: »Dein Sohn Kun wird einst mit einem Landesfürsten die Speisen teilen sein Leben lang.«

Meister Ki verzog das Gesicht, brach in Tränen aus und sprach: »Was hat mein Sohn getan, daß er in dieses Elend kommen soll?«

Kiu Fang Yin sprach: »Wenn einer am Tisch eines Landesfürsten sitzt, so hat die ganze Verwandschaft den Segen davon, wieviel mehr erst seine Eltern! Nun brachet Ihr in Tränen aus, als Ihr davon hörtet; damit widerstrebt Ihr Eurem Glück. So steht Eurem Sohn Glück bevor und Euch selbst Unglück.« Meister Ki sprach: »Du kannst das nicht verstehen. Was du als Glück meines Sohnes bezeichnest, ist nichts weiter als Wein und Fleisch. Das sind Dinge, die zur Nase und zum Mund eingehen, aber du bist nicht imstande zu erkennen, auf welche Weise diese Dinge ihm zuteil werden sollen. Wenn mir, der ich kein Schäfer bin, ein Schaf in der Südwestecke meines Hauses werfen würde, wenn mir, der ich kein Jäger bin, eine Wachtel in der Nordwestecke meines Hauses brüten würde, das wären doch sicher üble Vorzeichen? Nun pflege ich mit meinen Söhnen zu wandern in der freien Natur. Ich freue mich mit ihnen des Himmels und genieße mit ihnen die Gaben der Erde. Ich habe mich nicht mit ihnen in weltliche Geschäfte gestürzt, ich habe nie mit ihnen Pläne geschmiedet, ich habe nie mit ihnen

Wunderlichkeiten gesucht, sondern ich habe mich mit ihnen gehalten an die Wahrheit von Himmel und Erde, ohne daß wir uns von den Dingen der Welt verwirren ließen. Ich habe mit ihnen die Freiheit gesucht in dem Einen, was not ist, und habe mich nie durch die Pflichten weltlicher Geschäfte binden lassen. Und nun soll uns zum Lohn das Glück der Welt zuteil werden? Ein wunderliches Vorzeichen hat sicher eine wunderliche Erfüllung. So droht uns denn Gefahr. Aber es ist nicht die Schuld von mir und meinen Söhnen, sondern es ist wohl vom Himmel so bestimmt. Darum bin ich in Tränen ausgebrochen.«

Nicht lange darnach sandte er seinen Sohn ins Ausland[19]. Räuber fingen ihn unterwegs. Sie überlegten sich, daß sie ihn leichter verkaufen könnten, wenn sie ihm erst die Füße abhackten, als wenn sie ihn unversehrt ließen. Darum hackten sie ihm die Füße ab und verkauften ihn im Staate Tsi. Dort wurde er der Straßenaufseher eines vornehmen Mannes und bekam Fleisch zu essen sein ganzes Leben lang.

12. Weltflucht

Lückenbeißer[20] begegnete dem Freigeber[21] und sprach: »Wohin des Wegs?«

Jener antwortete: »Ich will dem Yau davonlaufen.« Lückenbeißer sprach: »Was heißt das?« Freigeber sprach: »Dieser Yau trieft von Liebe. Ich fürchte, daß er sich noch zum Gelächter der ganzen Welt macht und daß er es dahin bringt, daß in späteren Zeiten die Menschen einander auffressen werden. Die Leute sind nicht schwer zusammenzubekommen. Liebe sie, so hängen sie dir an; bereichere sie, so kommen sie herbei; lobe sie, so geben sie sich Mühe; verlange etwas von ihnen, das sie nicht gern haben, so sind sie weg. Zuneigung und Bereicherung sind Folgen der Liebe und Pflicht; wenige sind es nur, die auf Liebe und Pflicht zu verzichten vermögen, dagegen viele sind es, die Gewinn daraus schlagen. Die Tugenden der Liebe und Pflicht bringen nur Unwahrheit hervor; (ihre Pflege ist), wie wenn man einem Vogelsteller noch Netze leihen wollte. Wenn daher der Fürst nur darauf versessen ist, die Welt zu bereichern, so ist das gerade so, als wollte er sie mit Einem Hieb durchhauen. Dieser Yau weiß bloß, daß die Weisen die Welt bereichern, aber er weiß nicht, daß sie die Welt auch berauben. Nur wer jenseits ist von dieser Weisheit, weiß das.

Unter diesen Weisen, da gibt es elegante Schwätzer, Parasiten und Vielbeschäftigte. Die eleganten Schwätzer sind die, die eines einzigen Lehrers Worte gelernt haben und dann elegant zu reden wissen, die von sich selbst entzückt sind und sich selbst für klug halten, nichts ahnend von der Welt jenseits der Dinge. Darum sind sie elegante Schwätzer. Die Parasiten, die sind wie die Läuse auf einem Schwein. Sie suchen sich die kahlen Stellen heraus und fühlen sich dort so wohl wie in einem Schloß oder Park. Die Plätze zwischen den Hufen, den Hautfalten, den Zitzen und den Schenkeln halten sie für Ruhekammern und angenehme Orte, nicht ahnend, daß eines Morgens der Metzger kommt, sich die Ärmel aufstülpt, Stroh zusammenhäuft und ein qualmendes Feuer macht, in dem sie mit dem Schwein zusammen geröstet werden. Diese Leute kommen hoch mit ihrer Umgebung und gehen zugrunde mit ihrer Umgebung, darum nennt man sie Parasiten. Die Vielbeschäftigten endlich sind Leute wie Schun. Das Ziegenfleisch begehrt nicht der Ameisen, aber die Ameisen begehren des Ziegenfleisches, denn das Ziegenfleisch hat einen bockigen Geruch. Schun hat auch so etwas Bockiges in seinem Wesen, an dem die Leute sich ergötzen. Darum hat er dreimal den Wohnplatz gewechselt, und immer wurde eine Hauptstadt daraus[22]. Ja, selbst als er sich in die Wüste zurückzog[23], da sammelten sich hunderttausende von Familien an. Yau hörte von der Weisheit des Schun und übertrug ihm ein unkultiviertes Neuland, indem er sprach: ›Ich hoffe, daß dies Land den Segen seines Kommens erfahren wird.‹ Als Schun dieses Neuland übertragen bekommen hatte, da war er schon alt an Jahren und schwach an Verstand, und dennoch fand er nicht den Rang, sich zurückzuziehen. Solche Leute sind die Vielbeschäftigten. Darum haßt es der Mensch des Geistes, wenn die Menge sich ihm naht. Naht sich ihm die Menge, so ist er doch nicht einer von den Ihren. Ist er nicht einer von den Ihren, so bringt er ihnen auch nicht Gewinn. Darum steht er mit niemand besonders freundschaftlich und mit niemand besonders fremd. Er umfaßt das LEBEN und pflegt die Eintracht und kommt so in Übereinstimmung mit der Welt. So handelt der wahre Mensch. Den Ameisen läßt er ihre Klugheit; er lernt von den Fischen (die einander vergessen inmitten des Wassers); der Ziege läßt er ihren Geruch. Sein Auge schaut das innere Licht[24]; sein Ohr lauscht den inneren Klängen; seine Seele ruht in sich selbst. So ist er ruhig wie das Wasser und gerade wie die Richtschnur und ändert sich im Anschluß (an den SINN).«

13. Einigung und Sonderung

Die wahren Menschen des Altertums folgten ihrer göttlichen Natur und mischten nicht ihr irdisches Bemühen ins Göttliche hinein. Sie kannten Werte, die unabhängig sind von Leben und Tod[25].

Darum heißt es: Wenn der Wind über den Fluß fährt, tut er ihm Abbruch, wenn die Sonne auf den Fluß scheint, tut sie ihm Abbruch. Aber laß nur Wind und Sonne miteinander ihre Tätigkeit am Flusse ausüben, und der Fluß wird dennoch nichts von ihren schädlichen Wirkungen merken, denn er hat eine Quelle, die ihn speist, und darum fließt er weiter. So stehen Wasser und Erde, Schatten und Körper, ja jedes Ding mit jedem andern in festen Beziehungen. So kommt das Auge durch Scharfsichtigkeit in Gefahr, das Ohr kommt durch Feinhörigkeit in Gefahr, die Seele kommt durch Begierden in Gefahr, ja jede Fähigkeit kommt dadurch in Gefahr, daß man sie zu übertreiben sucht. Wenn diese Gefahren sich verwirklichen, ohne daß man ihnen entgegentritt, so häuft sich das Unglück und mehrt sich immer mehr, und es ist eine harte und langwierige Arbeit, seine Folgen wieder zu beseitigen. Und dabei halten die Menschen diese Dinge noch für ihre wertvollsten Güter. Ist das nicht traurig? So kommt es dazu, daß Reiche zugrunde gehen und Völker geschlachtet werden ohne Aufhören, und kein Mensch fragt nach der wirklichen Ursache.

14. Überwindung des Zweifels

Zum Aufsetzen des Fußes braucht man nur eine kleine Stelle, aber man muß freien Raum vor den Füßen haben, dann erst kommt man tüchtig vorwärts. Was der Mensch erkennen kann, ist nur weniges, aber er bedarf des Unerkennbaren, um zu erkennen die Gedanken des Himmels. Ihn erkennen als das große Eine, ihn erkennen als das große Geheimnis, ihn erkennen als die große Unterschiedenheit, ihn erkennen als die große Übereinstimmung, ihn erkennen als die große Möglichkeit, ihn erkennen als die große Wahrheit, ihn erkennen als die große Bestimmtheit: das ist das Höchste. Als die große Einheit durchdringt er alles, als das große Geheimnis entfaltet er alles, als die große Unterschiedenheit schaut er alles, als die große Übereinstimmung verursacht er alles, als die große Wirklichkeit verkörpert er alles, als die große Wahrheit erforscht er alles, als die große Bestimmtheit hält er alles fest.

Der Himmel ist das Absolute. Ihm folgt das Licht. Er ist die Achse, um die sich das Urgeheimnis dreht. Er ist das andere, das im Anfang ist. Darum ist seine Entfaltung gleichsam Nicht-Entfaltung, seine Erkenntnis gleichsam Nicht-Erkenntnis. Durch Verzicht auf Erkenntnis erst kann man ihn erkennen. Forscht man nach ihm, so darf man ihn nicht in der Endlichkeit suchen, aber man darf ihn auch nicht in der Unendlichkeit suchen. Im Undurchdringlichen ist doch eine Wirklichkeit. Sie wird nicht beeinflußt durch die Zeit und läßt sich nicht erschöpfen. Man darf ihn wohl als den bezeichnen, der alles trägt und leitet. Warum sollten wir uns nicht damit zufrieden geben, nach ihm zu fragen? Warum wollen wir uns mit Zweifeln plagen? Durch das Unbezweifelbare die Zweifel zu lösen und so zurückzukehren in den Zustand des Nicht-Zweifelns, so erreichen wir die große Freiheit in allem Zweifel.

Buch XXV

Menschliche und Ewige Wahrheit

Vorbemerkung

Das Buch hat im Chinesischen die Bezeichnung Dse Yang, von dem Namen eines Philosophen, der im ersten, von uns übergangenen Abschnitt auftritt. Das Thema, das durch das ganze Buch geht, ist: daß die Wahrheit etwas Objektives ist, unabhängig davon, ob es von Menschen erkannt wird oder nicht.

Der 2. Abschnitt gibt verschiedene Gleichnisse für diese Unabhängigkeit der objektiven Wahrheit von menschlichem Erkennen.

Der 4. Abschnitt bringt wieder eine Sage aus der Zeit der streitenden Reiche. Sehr treffend ist das Gleichnis von den beiden streitenden Reichen auf den Hörnern der Schnecke.

Der 6. Abschnitt enthält eine Äußerung eines früheren Weisen über die rechte Art der Staatsregierung, die ihr Beispiel im Ackerbau finde. Dschuang Dsï macht die Anwendung auf die Ausgestaltung der eigenen Person.

Der 7. Abschnitt. Der große Aufschrei zugunsten der Verbrecher, die unter der Schuld der Verhältnisse zugrunde gehen, ist lange in der Welt ungehört verhallt. Erst die Neuzeit beginnt sich wieder darauf zu besinnen.

Der 10. Abschnitt. Die Unterredung von »Einzelwissen« und »Überblick« verdient, was großzügige Gedankenentwicklung anlangt, mit dem ersten Abschnitt von Buch XVII zusammengestellt zu werden. Es wird mit großer Klarheit herausgearbeitet, daß Wahrheit etwas mehr ist als eine psychologische Erscheinung innerhalb einer Gesellschaft. Sehr deutlich ist ausgesprochen, daß auch der

Ausdruck der »SINN« nur ein angenommenes Zeichen für ein undefinierbares Erlebnis ist. Interessant ist, wie im Lauf der Unterredung der vierte Widerstreit der transzendentalen Ideen, den Kant aufstellt, vollkommen sachgemäß besprochen wird. Der Abschnitt ist sehr wichtig für eine Untersuchung über die logischen Erkenntnisse, zu denen Dschuang Dsï vorgedrungen war. Die Berührung mit ganz modernen Auffassungen ist ohne weiteres klar.
(Das Buch ist um die weniger wichtigen Abschnitte gekürzt.)

1.

Der 1. Abschnitt handelt von dem vergeblichen Versuch des Philosophen Dse Yang, beim König von Tschu eine Audienz zu erlangen.

2. Der Spiegel der Schönheit

Einer geborenen Schönheit dienen die Menschen zum Spiegel. Sagt man's ihr nicht, so weiß sie nicht, daß sie schön ist in den Augen der Menschen. Aber ob sie es weiß oder ob sie es nicht weiß, ob sie es hört oder ob sie es nicht hört: ihre Lieblichkeit bleibt immer dieselbe, und die Liebe der Menschen zu ihr bleibt auch dieselbe. Das ist der natürliche Gang der Dinge. Dem liebevollen Herzen des berufenen Heiligen verschaffen die Menschen den Ruhm. Wenn man es ihm nicht sagt, so weiß er nicht, daß er die Menschen liebt. Aber ob er es weiß oder nicht weiß, ob er es hört oder nicht hört: seine Liebe zu den Menschen ist immer dieselbe, und der Friede, den er den Menschen gibt, ist auch derselbe. Auch das ist der Gang der Natur. Das Heimatland, die Heimatstadt machen das Herz des Menschen fröhlich, wenn er sie wieder sieht. Selbst wenn hohes und niedriges Gestrüpp und Buschwerk den Ort überwuchert hätte, er freut sich doch. Wieviel mehr erst, wenn er wieder sieht, was er einst gesehen, wenn er wieder hört, was er einst gehört. Sie ist ihm wie ein hoher Turm, der weithin unter der Menge sichtbar ist.

3.

Der 3. Abschnitt enthält einige Beispiele von Königen des Altertums, die den SINN teils erfaßt, teils nicht erfaßt hatten. Es scheint, daß der Text verdorben ist.

4. Die streitenden Reiche

König Yung von We[1] hatte mit dem Fürsten Mau aus dem Hause Tiën[2] einen Vertrag geschlossen. Aber der Fürst Mau aus dem Hause Tiën hatte den Vertrag gebrochen. Da ergrimmte der König und wollte ihn erdolchen lassen.

Als der Kriegsminister[3] davon hörte, da schämte er sich dessen und sprach: »Ihr seid ein mächtiger Fürst und wollt durch einen gemeinen Kerl Eure Rache ausüben. Ich bitte, mir zweihunderttausend Bewaffnete zu geben, dann will ich ihn für Euch angreifen. Ich will seine Leute gefangennehmen und ihm seine Ochsen und Pferde wegführen und will ihm heiß machen, daß ihm's zum Rükken herausschlägt. Dann will ich ihm sein Reich wegnehmen, und wenn er voll Schrecken flieht, so will ich ihm den Rücken zerbläuen und ihm die Knochen zerbrechen.«

Der Minister Gi[3] hörte davon und schämte sich. Er sprach: »Wenn man eine Mauer baut zehn Klafter hoch, und man wollte, wenn die Mauer eben zehn Klafter erreicht hat, sie wieder zerstören, so würden die Fronarbeiter schwer darunter leiden. Nun haben wir seit sieben Jahren keinen Krieg mehr gehabt, das ist die Grundlage zur Weltherrschaft. Der Kriegsminister bringt nur Verwirrung, man darf nicht auf ihn hören.«

Der Minister Hua[3] hörte es, war unzufrieden darüber und sprach: »Wer tüchtig zu reden weiß darüber, daß man den Staat Tsi angreifen solle, der schafft Verwirrung; wer tüchtig zu reden weiß darüber, daß man ihn nicht angreifen soll, der schafft ebenfalls Verwirrung. Und wenn einer behauptet, daß ihn angreifen oder nicht angreifen Verwirrung schaffe, der schafft auch Verwirrung.«

Der Fürst sprach: »Was ist aber dann zu tun?«

Jener sprach: »Wir müssen den SINN zu erfassen suchen, das ist alles.«

Hui Dsï hörte davon und führte einen Weisen ein[4].

Der Weise sprach: »Es gibt ein Tier, das man die Schnecke nennt. Kennt Ihr das?«

Der Fürst sprach: »Ja.«

Jener fuhr fort: »Es liegt ein Reich auf dem linken Horn der Schnecke, das heißt das Reich des Königs Anstoß. Es liegt ein Reich auf dem rechten Horn der Schnecke, das heißt das Reich des Königs Roheit. Fortwährend kämpfen diese beiden Reiche mit einander um ihr Landgebiet. Nach ihren Schlachten liegen die Gefallenen zu Zehntausenden umher. Sie verfolgen einander fünfzehn Tage lang, ehe sie zurückkehren.«

Der Fürst sprach: »Ei, was für ein leeres Gerede!«

Jener sprach: »Darf ich die Erfüllung geben? Könnt Ihr Euch eine Grenze vorstellen, wo der Raum aufhört?«

Der Fürst sprach: »Er ist grenzenlos.«

Jener sprach: »Wenn man von den Gedanken des Grenzenlosen zurückkehrt zu einem Reich mit festen Gren-

zen, so ist das der Unendlichkeit gegenüber doch fast wie nichts?«
Der Fürst sprach: »Ja.«
Jener fuhr fort: »Inmitten der Endlichkeit da ist ein Land namens We. In mitten von We da ist eine Stadt namens Liang. Inmitten von Liang seid Ihr, o König. Ist nun ein Unterschied zwischen Euch und dem König Roheit?«
Der König sprach: »Es ist kein Unterschied.«
Da ging der Gast hinaus, und der Fürst saß da, verwirrt, als hätte er etwas verloren.
Als der Fremdling gegangen war, trat Hui Dsï ein.
Der Fürst sprach zu ihm: »Jener Fremde ist ein großer Mann. Auch der größte König könnte ihm nichts schenken.«
Hui Dsï sprach: »Wenn man auf einer Röhre bläst, so gibt es einen Ton; wenn man auf einem Schwertring bläst, so gibt es ein Gezisch und weiter nichts. Yau und Schun werden gerühmt von allen Menschen; aber wenn man von ihnen reden wollte in Anwesenheit jenes Mannes, so wären sie nur ein Gezisch.«

5.

Eine Geschichte von einem Mann, der aus Furcht vor Konfuzius' Reden über das Dach kletterte, da er ihn für einen Schwätzer hielt.

6. Was man vom Landbau lernen kann

Der Grenzwart am alten Baum[5] redete mit dem Meister Lau[6] und sprach: »Der Fürst muß sich beim Herrschen hüten, die großen Schollen unzerteilt liegen zu lassen, und darf beim Walten über dem Volk nicht die guten Keime ausjäten. Früher betrieb ich den Landbau so, daß

ich beim Pflügen die Schollen nicht regelmäßig verkleinerte; da vergalt mir der Acker durch eine unregelmäßige Ernte. Beim Jäten riß ich oft auch gute Keime aus; da vergalt mir der Acker mit einer spärlichen Ernte. Im folgenden Jahr änderte ich meinen Betrieb. Ich pflügte tief und schonte die Keime; da wuchs das Getreide im Überfluß, und ich hatte das ganze Jahr satt zu essen.«
Dschuang Dsï hörte diese Geschichte und sprach: »Heutzutage machen es die Menschen bei der Pflege ihres Leibes und der Ordnung ihrer Seele gar häufig so, wie es der Grenzwart da beschrieben hat. Sie verschütten das Göttliche, das in ihnen ist, weichen ab von ihrer Natur, zerstören ihre Gefühle und vernichten ihren Geist, um dem Wandel der Menge zu folgen. So lassen sie die groben Schollen ihrer Natur unbearbeitet liegen, und die Auswüchse ihrer Begierden und Abneigungen treiben in ihrer Natur hervor wie wucherndes Unkraut. Wenn sie hervorsprossen, so erscheinen sie zunächst angenehm für den Leib, aber allmählich zerstören sie unsre Natur und brechen auf an allen Orten als Beulen und Geschwüre, deren innere Hitze sich als Eitermasse nach außen ergießt.«

7. Schuld an den Verbrechern

Be Gü[7] war Schüler bei Lau Dan und sprach zu ihm: »Darf ich in die Welt hinaus wandern?«
Lau Dan sprach: „Laß ab! In der ganzen Welt ist es so wie hier.«
Er bat ihn abermals.
Da sprach Lau Dan: »Wohin möchtest du zuerst gehen?«
Er sprach: »Ich möchte zunächst nach Tsi. In Tsi würde ich zu den hingerichteten Verbrechern gehen. Ich würde sie aufrichten und stützen, meine Feierkleider ausziehen

und sie damit bedecken. Dann würde ich zum Himmel schreien und sie beweinen: Ihr Männer, ihr Männer! Die Welt ist in großem Elend, und ihr seid zuerst hineingeraten!«

Es heißt wohl: du sollst nicht rauben! Es heißt wohl: du sollst nicht töten! Dadurch, daß Ehre und Schmach eingeführt wurden, begannen die Menschen auf das zu sehen, was ihnen fehlte; dadurch, daß Gut und Geld angehäuft wurde, erblickten die Leute Dinge, um die sie sich stritten. Wenn man nun Dinge einführt, die den Leuten Schmerz bereiten; wenn man Güter aufhäuft, um die die Menschen sich streiten; die Leute in Bedrängnis bringt, daß sie keinen Augenblick mehr Ruhe finden, und dennoch verlangt, daß sie sich an jene Gebote halten, will man da nicht etwas Unmögliches?

Die Fürsten des Altertums schrieben allen Gewinn dem Volke zu und allen Verlust sich selbst, schrieben alles Gute dem Volke zu und alles Verkehrte sich selbst. Darum, wenn irgend etwas in Unordnung geriet, so zogen sie sich zurück und suchten den Fehler bei sich. Heutzutage machen sie's nicht also. Sie verhehlen die Dinge, die sie wollen, und erklären die Leute für Toren, wenn sie sie nicht erraten; sie vergrößern die Schwierigkeiten und rechnen's den Leuten als Sünde zu, wenn sie sich nicht daran wagen. Sie erschweren die Verantwortung und strafen die Leute, wenn sie ihr nicht gewachsen sind. Sie machen die Wege weit und richten die Leute hin, die nicht ans Ziel gelangen. Wenn so die Leute am Ende sind mit ihrem Wissen und ihrer Kraft, so werfen sie sich auf den Betrug. Wenn die Herrscher täglich betrügen, wie kann man da erwarten, daß die Untertanen nicht betrügen? Wo die Kraft nicht ausreicht, da muß man betrügen; wo das Wissen nicht ausreicht, da muß man lügen; wo der Besitz nicht ausreicht, da muß man rauben.

Alle die Taten der Diebe und Räuber, wem fallen sie in Wirklichkeit zur Last?

8.

Der 8. Abschnitt enthält die Geschichte von Gü Be Yü, der in seinem 60. Jahr alle seine Ansichten änderte. Vgl. dazu Buch XXVII, 2.

9.

Der 9. Abschnitt enthält eine Unterhaltung des Konfuzius mit einigen Geschichtsschreibern über den Herzog Ling von We.

10. Gesellschaftsanschauung und SINN

Einzelwissen[8] fragte den Überblick[9] und sprach: »Was hat eigentlich der Ausdruck ›Gesellschaftsanschauungen‹ für einen Sinn?«
Überblick sprach: »Die Gesellschaft setzt sich zusammen aus Einzel-Gemeinden. In diesen Gemeinden vereinigen sich eine Anzahl von Familien und Individuen, und in einer solchen gesellschaftlichen Vereinigung bilden sich dann verschiedene Sitten. Da vereinigt sich Verschiedenartiges zu einer Gemeinsamkeit, und was von dieser Gemeinsamkeit abweicht, gilt als andersartig. (Auf diese Weise entsteht ein Organismus höherer Ordnung, der mehr ist als die bloße Summe seiner einzelnen Teile.) Wenn man z.B. die einzelnen Glieder eines Pferdes aneinander reihen wollte, so würde man noch kein Pferd dadurch bekommen. Das Pferd muß zuerst da sein und seinen einzelnen Teilen Zusammenhang geben, dann erst haben wir etwas vor uns, das wir Pferd

nennen. Hügel und Berge sind eine Anhäufung von unbedeutenden Teilen, die in ihrer Gesamtheit die Höhe ausmachen. Flüsse und Ströme sind eine Vereinigung von unbedeutenden Wasserläufen, die in ihrer Gesamtheit die Größe ausmachen. Die Menschheit ist eine Vereinigung des allen Gemeinsamen, das dadurch Allgemeingültigkeit erlangt. Dieses Allgemeingültige bildet in jedem Menschen ein festes Prinzip, nach dem er der Außenwelt gegenüber, die auf ihn eindringt, sich verhalten kann, ohne einseitig zu sein. Sie gibt ihm die Grundsätze an die Hand, nach denen er sich in seinen Äußerungen der Umwelt gegenüber richten kann, ohne Widerstand zu finden. (Innerhalb dieses großen Organismus können ganz wohl Gegensätze vorhanden sein, die sich in ihren Wirkungen das Gleichgewicht halten.) Es ist wie mit den vier Jahreszeiten. Sie haben verschiedenes Wetter, aber weil der Himmel keine bevorzugt, so vollendet sich das Jahr. Die Beamten haben verschiedene Ämter, aber weil der Fürst für keines Partei ergreift, ordnet sich der Staat …[10]
In der Zeit gibt es Anfang und Ende; in der Welt gibt es Wandel und Änderungen. Glück und Unglück sind in ständigem Wechsel. Naht sich ein Ereignis, so ist es für manche widrig, für manche günstig. Es zeigt den Wünschen der Einzelnen ein verschiedenes Gesicht. Für manche ist es richtig, für manche ist es falsch. Man kann diese Verhältnisse vergleichen mit einem großen Sumpfland, in dem die verschiedenen Gewächse durcheinander wachsen, oder mit einem großen Berg, auf dem Bäume und Felsen gemeinsam stehen. So verhält es sich mit den Gesellschaftsanschauungen.« Einzelwissen sprach: »Kann man nun dies als den SINN bezeichnen?« Überblick sprach: »Nein. Wenn man die Zahl aller verschiedenen Dinge zusammenrechnet, so sind es nicht

bloß zehntausend. Wenn wir daher die Einzelwesen als die zehntausend Dinge bezeichnen, so ist das nur ein Ausdruck dafür, daß es sehr viele sind. Von allen körperlichen Dingen sind Himmel und Erde die größten; von allen Kräften sind die Urkräfte des Lichten und des Trüben die größten. Aber der ›SINN‹ ist allen gemeinsam eigen. Wenn man daher den Ausdruck der »SINN« gebraucht als eine angenommene Bezeichnung für seine Größe, so mag das hingehen. Wollte man ihn aber als etwas So-Seiendes fassen, so wäre er einfach ein Ding neben andern, und sein Unterschied von der realen Welt wäre nur ein quantitativer, so etwa wie sich ein Hund von einem Pferd unterscheidet, zwischen denen kein prinzipieller Unterschied besteht.«
Einzelwissen fragte: »Was ist dann die Ursache für das Dasein der gesamten räumlichen Welt?«
Überblick sprach: »(Der Begriff der Ursächlichkeit führt nicht über die Welt der Erscheinung hinaus.) Sonne und Mond bestrahlen einander. Die vier Jahreszeiten ersetzen einander, erzeugen einander, vernichten einander. Neigung und Abneigung, die einander anziehen und abstoßen, entstehen dadurch als Ergänzung. Die gegenseitige Anziehung der Geschlechter ist in folge davon ein dauernder Zustand. So wechseln Friede und Gefahr mit einander, Glück und Unglück erzeugen einander, Hast und Zögern bekämpfen einander. Auf diese Weise entsteht die Zusammensetzung und Auflösung (der Einzelwesen). Diese Verhältnisse lassen sich begrifflich und tatsächlich verfolgen und verstandesgemäß erkennen. Daß ein Ereignis, das regelmäßig auf ein anderes folgt, von diesem bedingt wird; daß ein Ereignis, das die Brücke bildet zum Eintreten eines andern, dieses verursacht; daß eine Bewegung, die den äußersten Punkt erreicht hat, zurückkehrt; daß auf jedes Ende ein Anfang

folgt: das alles sind Verhältnisse, die im Dasein der Dinge gegeben sind. Was sich mit Worten erschöpfend beschreiben läßt, was dem Wissen zugänglich ist, das reicht eben nur bis zur Welt der Dinge. Ein Mensch, der den SINN in sich erlebt, ist frei von dieser ursächlichen Bestimmtheit des Entstehens und Vergehens. Hier findet jedoch das beschreibende Wort eine unübersteigliche Grenze.«

Einzelwissen sprach: »Gi Dschen[11] lehrte, daß die Welt unerschaffen sei (Atheismus). Dsië Dsï[12] lehrte, daß sie von jemand verursacht sei (Deismus). Welche von diesen beiden Lehren entspricht den wirklichen Verhältnissen?«

Überblick sprach: »Daß die Hähne krähen und die Hunde bellen, das ist dem menschlichen Wissen zugänglich. Aber auch der größte Weise vermag nicht zu erklären, warum die Dinge sich so entwickelt haben, wie sie sind, und vermag nicht zu erkennen, wie sie sich in Zukunft weiterentwickeln werden.

Wenn man die Dinge gedankenmäßig auflöst, so kommt man schließlich auf der einen Seite auf unendlich Kleines, auf der andern Seite auf unendlich Großes. Jene beiden Lehren, daß die Welt nicht geschaffen sei oder daß sie von jemand verursacht sei, kommen nicht über die Welt der Dinge hinaus und sind darum in letzter Linie beide verfehlt. Nimmt man einen Schöpfer an, auf den die Welt als letzte Ursache zurückgeht, so hat man damit schon eine Wirklichkeit gesetzt. Leugnet man eine derartige Ursache, so bleibt man im Unwirklichen. Was Namen hat und Wirklichkeit, das gehört aber schon zur Welt der Dinge. Was keinen Namen hat und keine Wirklichkeit, das führt nicht hinaus über die leere Möglichkeit von Dingen. Man kann darüber reden, man kann Ideen bilden, aber je mehr man darüber redet, desto weiter kommt man ab.

Das Ungeborene kann man nicht vom Geboren-Werden abschrecken; das einmal Gestorbene läßt sich nicht aufhalten. Nun sind Tod und Leben ganz nahe beieinander, und dennoch kann man ihre Gesetze nicht durchschauen. Jene beiden Lehren über die Entstehung der Welt sind daher auf etwas notwendig Ungewisses aufgebaut. Blicken wir auf den jenseitigen Ursprung der sichtbaren Welt, so finden wir einen unerschöpflichen Trieb; blicken wir auf die äußeren Gestaltungen, so finden wir ein unaufhörliches Auftauchen. Das Unerschöpfliche und Unaufhörliche bezeichnen wir als Nicht-So-Sein (reines Sein), das mit den Einzeldingen verbunden ist durch gesetzmäßige Ordnung. Wenn man dagegen einen letzten Verursacher oder die Abwesenheit einer solchen Ursache als Ursprung der Welt annimmt, so bleibt man im Bezirk der Zeitlichkeit der Dinge. Dem SINN darf man kein So-Sein zu schreiben, das So-Sein darf man nicht als Nicht-So-Sein (reines Sein) bezeichnen. SINN ist einfach eine Bezeichnung, die in übertragener Weise gebraucht wird. Die Annahme eines letzten Verursachers oder der Abwesenheit einer solchen Ursache liegt in derselben Ebene mit der Welt der Dinge; sie hat mit der Unendlichkeit nichts zu tun. Wenn die Worte ausreichend wären, so könnte man einen Tag lang reden und den SINN erschöpfend beschreiben. Da die Worte nicht ausreichend sind, so mag man einen ganzen Tag lang reden, und was man erschöpfend beschreiben kann, sind immer nur Dinge. Der SINN ist Grenzbegriff der dinglichen Welt. Reden und Schweigen reicht nicht aus, ihn zu erfassen. Jenseits vom Reden, jenseits vom Schweigen (liegt sein Erleben), denn alles Denken hat Grenzen.«

BUCH XXVI

Außendinge

Vorbemerkung

Die Außendinge sind in ihrer Wirkung auf den Menschen unberechenbar. Daher besteht wahre Freiheit darin, daß man sich von dem unheimlich fressenden Feuer, das aus der Reibung mit der Außenwelt entsteht, fernhält.

Der 1. Abschnitt gibt die Grundlage der Stimmung.

Dann folgen drei Abschnitte, die von manchen für unecht gehalten werden. Es ist äußerst wahrscheinlich, daß z. B. der 2. Abschnitt, so wie er dasteht, nicht von Dschuang Dsï's Hand stammt. Aber er gibt ein charakteristisches Bild der Art Dschuang Dsï's, und die Geschichte von Dschuang Dsï und der Grundel hat auf die chinesische Literatur weitgehenden Einfluß geübt.

Eine andere Fischgeschichte, die an I, 1 erinnert, folgt im 3. Abschnitt, während der 4. Abschnitt eine der schlimmsten Verhöhnungen der konfuzianischen Orthodoxen bringt, die man sich denken kann. Dieses Gräberberauben unter Zitieren frommer Lieder beleuchtet allerdings grell die Äußerlichkeit, in die manche Richtungen der konfuzianischen Schule gefallen waren. Möglicherweise stammt die Geschichte aus der Zeit des Tsin Schï Huang Di. Das zitierte Lied dürfte der Stimmung nach aus jenen Zeiten stammen.

Der 5. Abschnitt bietet eine Begegnung des Konfuzius mit Laotse, die an den Bericht bei Sï Ma Tsiën erinnert. Eine Beschreibung von Konfuzius' Äußerem ist gegeben, die mehr treu als schmeichelhaft ist. Er scheint sich nicht durch äußere Schönheit ausgezeichnet zu haben.

Laotse ist hier Lau Lai Dsï genannt, doch scheint das auf Mißverständis zu beruhen, weshalb wir in der Übersetzung »Lau Dan« eingesetzt haben.
Für die Geschichte der chinesischen Riten mit Beziehung auf das Wahrsagen kommt der 6. Abschnitt in Betracht. (Vgl. Anmerkung 16.)
Der 7. Abschnitt führt Dschuang Dsï wieder in Disputation mit Hui Dsï ein, der ihm den alten Vorwurf der Nutzlosigkeit seiner Lehren macht. An die Zurückweisung dieses Vorwurfs schließt sich im 8. Abschnitt eine Ausführung Dschuang Dsï's über das Leben in Muße an.
Der 9. Abschnitt ist wahrscheinlich späteren Ursprungs. Es tritt wie in XXIV, 3 die Sechszahl der Sinne auf. Auch die Art, wie das Atemholen als Bedingung für das Bewußtsein bezeichnet ist, deutet auf spätere Zeit.
Der 10. Abschnitt vereinigt verschiedene Aphorismen und Gleichnisse, die sich kaum auf einen einheitlichen Gesichtspunkt bringen lassen.

1. Ungewißheit des Lebens

Was den Menschen von außen widerfährt, läßt sich nicht sicher bestimmen. Gute und Böse werden in gleicher Weise vom Unglück betroffen[1]. Pflichttreue ist eine Eigenschaft, die jeder Herr bei seinem Diener wünscht; aber ein pflichttreuer Diener findet durchaus nicht immer Glauben. Darum hat schon mancher den Tod in der Verbannung erlitten[2]. Kindliche Gesinnung ist eine Eigenschaft, die alle Eltern bei ihren Kindern wünschen; aber ein Sohn, der kindlich seinen Eltern dient, wird durchaus nicht immer von seinen Eltern geliebt. Darum hat schon mancher bittern Gram zu erdulden gehabt[3]. Wenn Holz an Holz gerieben wird, so entsteht Feuer; wenn Metall unter der Einwirkung des Feuers steht, so wird es flüssig; wenn das Trübe und das Lichte ungeordnet durcheinander wirken, so kommt Himmel und Erde in Aufruhr. So entsteht des Donners Krachen, und inmitten von Wasserströmen zuckt Feuer auf, das die alten Eichen verzehrt[4]. So sieht es auch bei den Menschen aus. Sie stehen bekümmert zwischen zwei Abgründen, denen sie nicht entfliehen können, und zappeln sich müde, ohne etwas fertig zu bringen, das Herz wie hangend zwischen Himmel und Erde, zwischen Trost und Trauer, in Schwierigkeiten versenkt. Gewinn und Schaden reiben einander und erzeugen ein großes Feuer, das den inneren Frieden der Menschen der Masse verzehrt. Das stille Mondlicht vermag nicht aufzukommen gegenüber dem Flackerschein des Feuers; sie brechen zusammen, und es endigt sich ihr Weg.

2. Der Fisch auf dem Lande

Die Familie Dschuang Dschou's war arm. Darum ging er hin, um Getreide zu entlehnen beim Aufseher des Flusses. Der Aufseher des Flusses sprach: »Ja. Ich werde jetzt bald Steuergelder bekommen, dann will ich Euch dreihundert Lot Silber leihen. Ist Euch das recht?«
Da stieg dem Dschuang Dschou der Ärger ins Gesicht, und er sprach: »Als ich gestern hierher kam, da rief mich jemand mitten auf der Straße an. Ich blickte mich um, da sah ich eine Grundel in einem Wagengeleise liegen. Ich fragte sie und sprach: ›Ei, sieh da, eine Grundel! Was macht Ihr denn da?‹ Der Fisch antwortete: ›Ich bin der Wellenfürst des Ostmeeres. Herr, habt Ihr nicht einen Eimer Wasser, um mich am Leben zu erhalten?‹ Ich sprach: ›Ja, ich will nach Süden gehen, um die Könige des Südlandes[5] zu besuchen, dann will ich vom Wasser des Weststromes schöpfen und es Euch darbringen. Ist

es Euch recht?‹ Der Grundel stieg der Ärger ins Gesicht, und sie sprach: ›Ich habe mein Element verloren und weiß mir nicht zu helfen. Wenn ich einen Eimer Wasser bekäme, so bliebe ich am Leben. Aber ehe Ihr Euer Anerbieten ausgeführt habt, Herr, könnt Ihr längst in einer Fischhandlung, wo es getrocknete Fische gibt, nach mir suchen.‹ «

3. Verschiedener Fischfang

Der Sohn des Fürsten von Jen[6] machte einen großen Angelhaken, nahm einen starken schwarzen Strick zur Angelschnur und fünfzig Ochsen als Köder, kauerte sich auf einen Berg[7] und warf die Angel aus ins Ostmeer. Morgen für Morgen angelte er so, und ein ganzes Jahr lang fing er keinen Fisch. Da aber biß einmal ein großer Fisch an, der fuhr mit dem Haken hinunter in die Tiefe. Dann kam er in seiner Aufregung wieder an die Oberfläche und peitschte mit seinen Flossen das Wasser, daß sich weiße Wogen wie Berge erhoben und das ganze Meerwasser sich in Gischt verwandelte. Es war ein Lärm, als wären alle Teufel los, und tausend Meilen weit geriet alles in Furcht und Schrecken. Nachdem der Prinz diesen Fisch gefangen, schnitt er ihn in Scheiben und trocknete ihn. Und in seinem ganzen Reiche[8] hatten alle satt an diesem Fisch zu essen, und von Geschlecht zu Geschlecht pflanzte sich unter den Geschichtenerzählern die merkwürdige Kunde fort. Wenn er aber eine Angel mit einem dünnen Faden genommen hätte und an Teichen und Gräben Elritzen und Grundeln fischen gegangen wäre, so würde er schwerlich einen so großen Fisch gefangen haben.
Wer zierliche Worte drechselt und sich damit um die ausgesetzten Belohnungen[9] bewirbt, der ist weit entfernt

von großem Erfolg. Darum wer diese Volkserzählung von Jen noch nicht gehört hat, der ist weit entfernt davon, brauchbar zu sein für eine leitende Stellung.

4. Die konfuzianischen Grabschänder

Zwei Rechtgläubige hatten mit Gesängen und Riten ein Grab geöffnet.
Der Meister rief hinunter: »Schon dämmert's im Osten, wie steht's mit der Arbeit?«
Der Jünger sprach: »Ich hab' die Leichenkleider noch nicht offen, aber er hat eine Perle im Mund. Es ist wirklich, wie es im Buch der Lieder heißt:

Es wächst das Gras so grün, so grün.
Auf Gräberhügeln Blumen blüh'n.
Wenn du im Leben nicht wohl getan,
Was nützen dir Perlen im' Grabe dann?«

Mit diesen Worten faßte er den Leichnam mit der einen Hand am Kopfhaar und mit der andern Hand am Kinnbart, und der Meister hämmerte mit einem metallnen Hammer ihm den Mund auf. Ganz sachte und langsam öffneten sie die Kiefer, damit die Perle im Mund nicht beschädigt werde[10].

5. Konfuzius bei Laotse

Ein Schüler des Lau Dan[11] war in den Wald gegangen, um Brennholz zu holen. Da begegnete er dem Kung Dsï. Als er heimkam, erzählte er es dem Lau Dan und sprach: »Ich traf da einen Mann mit langem Oberleib und kurzen Beinen. Er ist ein wenig bucklig, und seine Ohren stehen weit zurück. Er sieht aus, als ob er mit der gan-

zen Welt zu tun hätte. Ich weiß nicht, wes Menschen Sohn er ist.«
Lau Dan sagte: »Das ist der Kung Kiu. Hol' ihn mal her!«
Kung Dsï erschien.
Da sprach er zu ihm: »Kiu, du mußt deine anmaßenden Manieren und deine weisen Mienen dir abgewöhnen, damit du wirklich ein anständiger Mensch wirst.«
Kung Dsï verneigte sich und trat zurück. Dann fragte er mit betretenen Mienen: »Kann ich die Einfalt erreichen?«
Lau Dan sprach: »Du bist nicht imstande, die Leiden eines Geschlechts zu tragen, und gibst dich eigensinnig mit den Schmerzen von tausend Geschlechtern ab. Bist du wirklich von Natur so unbegabt, oder hast du deine Fassungskraft verloren, daß du das nicht einsiehst? Durch Wohltaten Menschen überzeugen zu wollen, ist Eigensinn und eine lebenslange Schmach. Auf diese Weise suchen sich gemeine Menschen ihren Weg zu bahnen, indem sie die andern verlocken durch Namen und Titel und sie an sich ketten durch Dinge, die das Licht scheuen. Statt daß man den Erzvater Yau lobt und den Tyrannen Gië verurteilt, wäre es besser, sie beide zu vergessen und sein Lob bei sich zu behalten. Alles Nachdenken führt nur zum Schaden; alles Handelnwollen führt nur zu Verkehrtheit. Der Berufene läßt sich nur gezwungen auf äußere Handlungen ein; aber was er anfängt, das gelingt. Aber was soll man zu einem Menschen sagen, der sich in solcher Selbstüberhebung befindet?«

6. Die unglückliche Götterschildkröte

Der Fürst Yüan von Sung[12] hatte um Mitternacht einen Traum. Er sah einen Mann mit zerzaustem Haar unter der Tür stehen, der zu ihm sprach : »Ich komme aus der

großen Tiefe[13]. Ich bin ein Abgesandter Klarstroms[14] an den Flußgrafen[15]. Der Fischer Yü Tsië hat mich gefangen.«
Als der Fürst erwachte, ließ er das Orakel befragen und bekam die Antwort, daß jene Traumgestalt eine Götterschildkröte sei.
Der Fürst sprach: »Gibt es einen Fischer namens Yü Tsië?«
Die Leute aus seiner Umgebung bejahten es. Da ließ er den Fischer an seinen Hof berufen. Tags darauf erschien der Fischer bei Hofe.
Der Fürst sprach: »Was hast du gefangen?«
Der Fischer erwiderte: »Es ist mir eine weiße Schildkröte ins Netz gegangen, die einen Umfang von fünf Fuß hat.«
Der Fürst sprach: »Schenk mir deine Schildkröte!«
Als die Schildkröte kam, da wußte der Fürst nicht recht, was er tun sollte. Er hätte sie gern getötet und hätte sie doch auch gern am Leben gelassen.
In seinen Zweifeln befragte er das Orakel und bekam die Antwort: »Töte die Schildkröte und befrage durch ihre Schale[16] das Orakel, so wirst du Glück haben!«
So wurde die Schildkröte abgetan. Zweiundsiebzigmal wurde sie angebohrt zu Orakelzwecken, und kein einziges Orakel schlug fehl.
Kung Dsï sprach: »Diese Götterschildkröte vermochte dem Fürsten Yüan im Traum zu erscheinen, und doch vermochte sie nicht, dem Netz des Yü Tsië zu entgehen. Ihre Weisheit war so groß, daß sie zweiundsiebzig Orakel geben konnte, und keines schlug fehl, und doch vermochte sie nicht dem Schicksal zu entgehen, ausgeschabt zu werden. Daraus sieht man, daß auch die größte Weisheit ihre Grenzen hat und daß der Geist seine unübersteiglichen Schranken hat. Wenn einer auch die höchste Weisheit besitzt: es drohen ihm die Ränke von tausend

Menschen. Die Fische gehen ohne Furcht ins Netz, während sie doch dem Pelikan ausweichen. Darum laßt ab von eurer kleinen Weisheit, und die große Weisheit wird euch erleuchten! Laßt ab von euerem Streben nach Geschicklichkeit, und ihr werdet von selbst geschickt! Ein kleines Kind, das geboren wird, braucht keinen berühmten Lehrer, um sprechen zu lernen. Es lernt das Sprechen von selber, wenn es mit Leuten zusammen ist, die sprechen können.«

7. Die Notwendigkeit des Unnötigen

Hui Dsï sprach zu Dschuang Dsï: »Ihr redet von Unnötigem.«
Dschuang Dsï sprach: »Erst muß einer das Unnötige erkennen, ehe man mit ihm vom Nötigen reden kann. Die Erde ist ja weit und groß, und doch braucht der Mensch, um zu stehen, nur soviel Platz, daß er seinen Fuß darauf setzen kann. Wenn aber unmittelbar neben dem Fuß ein Riß entstünde bis hinab zu der Unterwelt, wäre ihm dann der Platz, worauf er steht, noch zu etwas nütze?«
Hui Dsï sprach: »Er wäre ihm nichts mehr nütze.«
Dschuang Dsï sprach: »Daraus ergibt sich klar die Notwendigkeit des Unnötigen.«

8. Muße

Dschuang Dsï sprach: »Wer fähig ist, in Muße zu leben, der kann nicht anders als in Muße sein; wer nicht fähig ist, in Muße zu leben, der vermag die Muße nicht zu ertragen. Die Menschen, die unbeirrt ihr Ziel verfolgen, und ebenso die, die sich entschlossen vor der Welt verbergen, ach, sie sind den Anforderungen höchster Weisheit und reichsten LEBENS nicht gewachsen. Sie sinken und fallen unwiederbringlich. Das Feuer rast, ohne Rücksicht zu nehmen. Da ist wohl einer Herr, ein andrer Knecht; aber es ist nur für eine kurze Spanne. Die Zeiten ändern sich, und keiner kann mehr auf den andern heruntersehen. Darum heißt es: Der höchste Mensch haftet an nichts in seinem Wandel. Das Altertum hochzuhalten und die Gegenwart zu verachten, das ist die Art der Gelehrten. Aber selbst die, die den Standpunkt höchsten Altertums[17] in unsrer Zeit zu vertreten meinen: wer von ihnen vermag sich den Einflüssen dieser Zeit zu entziehen? Nur der höchste Mensch vermag es, in der Welt zu wandeln, ohne sich ablenken zu lassen, den Menschen sich anzupassen, ohne sein Selbst zu verlieren. Er schließt sich nicht an irgend eine Schule an, und doch weist er keinen Gedanken zurück, weil er von einem andern stammt.«

9. Geräumigkeit

Ist das Auge frei, so sieht es klar; ist das Ohr frei, so hört es scharf; ist die Nase frei, so riecht sie fein; ist der Mund frei, so schmeckt er deutlich; ist die Seele frei, so erlangt sie Erkenntnis; ist die Erkenntnis frei, so erreicht sie das Leben. Alle diese Zugänge darf man nicht verstopfen. Werden sie verstopft, so erleiden sie Unterbrechung; wird die Unterbrechung dauernd, so werden sie zerstört; sind sie zerstört, so entstehen alle Übel. Das Bewußtsein der Geschöpfe ist durch das Atemholen bedingt[18]. Ist der Atem nicht reichlich, so ist das nicht die Schuld des Himmels; denn der Himmel entsendet ihn Tag und Nacht ohne Aufhören, und nur der Mensch selber ist es, der darauf bedacht ist, seine Zugänge zu verstopfen. Der Mensch hat in seinem Leibe genügenden Raum (um Atem zu holen). Seine Seele hat ein natürliches Vermögen sich zu ergehen. Ist das Haus nicht geräumig, so kommen Frau und Schwiegermutter hintereinander. Vermag die Seele sich nicht auszudehnen, so kommen die Sinneswahrnehmungen untereinander in Streit. Der heilsame Einfluß, den Wälder und Berge auf die Menschen ausüben, kommt größtenteils davon, daß sie für den Geist unerschöpflich sind. Die Kräfte des inneren Lebens zerrinnen, wenn man sich einen Namen machen will. Der Name zerrinnt in Gewalttätigkeiten; sorgendes Denken entsteht aus der Ungeduld; die Klugheit entsteht aus dem Streit. Absonderung (von der allgemeinen Lebensquelle) entsteht aus dem Eigenwillen …[19]

10. Aphorismen

Zur Zeit der Frühlingsregen sproßt Gras und Kraut gewaltig empor. Da mögen Sicheln und Hacken ihre Reihen lichten, das Gras und Kraut wächst zum größten Teil doch wieder nach, und kein Mensch weiß, wie es geschieht. Ruhe hilft zur Genesung von Krankheit; durch allerlei Mittel[20] läßt sich das Alter hintan halten; aber das sind alles nur Hilfsmittel, mit denen sich die abgeben, die unter jenen Plagen zu leiden haben. Die frei sind und erhaben von diesen Mitteln, fragen nichts darnach. Der Mensch des Geistes fragt nichts darnach, auf welche Weise die Heiligen die Welt in Staunen setzen. Der Heilige fragt nichts darnach, mit welchen Mitteln die Weisen ihr Geschlecht in Staunen setzen. Der Weise fragt nichts darnach, auf welche Art die Edeln ihr Land in Staunen setzen. Der Edle fragt nichts darnach, auf welche Art die Gemeinen mit den Verhältnissen fertig zu werden suchen.

Ein Torwart der Hauptstadt von Sung verstand es so gut, beim Tod seines Vaters abzumagern[21], daß er den Rang eines Lehrers der Beamten erhielt. Leute seiner Art suchten daraufhin ebenfalls (beim Tod ihrer Eltern) abzumagern, aber die Hälfte davon ging daran zugrunde … Fischreusen sind da um der Fische willen; hat man die Fische, so vergißt man die Reusen. Hasennetze sind da um der Hasen willen; hat man die Hasen, so vergißt man die Netze. Worte sind da um der Gedanken willen; hat man den Gedanken, so vergißt man die Worte. Wo finde ich einen Menschen, der die Worte vergißt, auf daß ich mit ihm reden kann?

Buch XXVII
Gleichnisreden

Vorbemerkungen

Das Buch gehört wahrscheinlich mit Buch XXI (Lië Yü Kou) ursprünglich zusammen, wie Su Dung Po zum erstenmal ausgesprochen hat[1]. Die beiden Bücher (das Buch XXXII des Originals beginnt mit Abschnitt 7) wurden daher in der Übersetzung zusammengenommen. Es war früher in China üblich, statt der Vorreden Nachworte zu schreiben, und dieses Doppelbuch trägt den Charakter eines solchen Nachworts.

Der 1. Abschnitt handelt von der Kompositionsart des ganzen Werkes und ist für das Verständnis dessen, was Dschuang Dsï gewollt, von größter Wichtigkeit.

Der 2. Abschnitt gibt in Form eines Gesprächs mit Hui Dsï eine abschließende überaus anerkennende Beurteilung Kung Dsï's. Die Änderung seines Wesens, die nach dieser Auffassung im sechzigsten Jahr mit Konfuzius vorgegangen wäre, würde der Stufe entsprechen, die Konfuzius selbst bezeichnet hat als Anpassung des Ohrs.

Der Anerkennung des Meisters steht im 3. Abschnitt eine deutliche Verurteilung des Jüngers Dsong Schen, des Gründers einer der hauptsächlichsten »Schulen«, gegenüber.

Der 4. Abschnitt zeigt nochmals die Dilemmen, die mit dem Leben selbst gegeben sind, und gibt außerdem die Stufen der Befreiung aus dem Wahn.

Der 5. und 6. Abschnitt konnten wegbleiben, da ersterer mit II,11, letzterer mit Liä Dsï II, 15 gleich ist, ebenso der 7. Abschnitt (= XXXII, 1), der mit Liä Dsï II, 14 zusammenfällt.

Es folgen noch verschiedene kürzere und längere Abschnitte verschiedenen Inhalts.
Hervorzuheben sind der 13. und 18. Abschnitt: Zurückweisungen Dschuang Dsï's gegenüber von Leuten, die sich hochmütig über ihn erhaben dünkten. Namentlich Abschnitt 13 läßt an äußerster Derbheit nichts zu wünschen übrig. Der 19. Abschnitt enthält eine ähnliche Weigerung, ein Amt zu übernehmen, wie XII, 10, während der 20. Abschnitt, ein Bericht über den Tod Dschuang Dsï's, den würdigen Abschluß des Werkes bildet.

1. Dschuang Dsï's Lehrweise

Gleichnisreden biet' ich zumeist
Und alter Reden Worte gar viele,
Aus vollem Becher täglichen Trank,
Nur daß der Ewigkeit Licht ihn umspiele.

Unter meinen Worten sind neun Zehntel Gleichnisreden; das heißt, ich bediene mich äußerer Bilder, um meine Gedanken auszudrücken. Gerade wie ein Vater nicht selbst den Freier macht für seinen Sohn. Denn es ist besser, wenn ein Sohn von einem andern gelobt wird als von seinem eigenen Vater. Daß ich zu diesem Mittel greifen muß, ist aber nicht mein Fehler, sondern der Fehler der andern. Wer eins mit uns ist, wird uns verstehen; wer nicht eins mit uns ist, wird uns widersprechen[2]. Denn jeder billigt das, was ihm entspricht, und tadelt das, was von ihm abweicht.
Unter meinen Worten sind sieben Zehntel Zitate von Worten, die von andern schon früher ausgesprochen sind. Solche Leute nenne ich meine verehrten Vorgänger. Wer aber nur den Jahren nach vorangeht und nicht erfahren ist im Getriebe des Webstuhls der Zeit, der ist deshalb,

weil er älter ist, noch lange kein Vorgänger. Ein Mensch, der nichts hat, worin er andern voraus ist, ist kein Führer[3] der Menschen. Wer kein Führer der Menschen ist, ist aber einfach ein Mensch der Vergangenheit. Die Worte endlich, die täglich wie aus einem Becher hervorkommen und gestimmt sind auf die Ewigkeit, sind solche, die einfach hervorquellen und dadurch erhaben sind über die Zeit. Jenseits der Worte herrscht Übereinstimmung. Diese Übereinstimmung aber kann durch Worte nicht zum übereinstimmenden Ausdruck gebracht werden, und die Worte decken sich mit dieser Übereinstimmung niemals ganz übereinstimmend. Darum gilt es ohne Worte auszukommen. Wer sich auf diese Rede ohne Worte versteht, der kann sein ganzes Leben lang reden, ohne Worte gemacht zu haben; er kann sein ganzes Leben lang schweigen und hat doch geredet. Die Möglichkeit[4] hat ihren Grund, und die Unmöglichkeit hat auch ihren Grund; das So-Sein hat seinen Grund, und das Anders-Sein hat auch seinen Grund. Der Grund für das So-Sein liegt in dem So-Sein selber; der Grund für das Anders-Sein liegt in dem Anders-Sein selber. Der Grund für die Möglichkeit liegt in der Möglichkeit selber; der Grund für die Unmöglichkeit liegt in der Unmöglichkeit selber. Nun haben aber alle Einzeldinge einen zureichenden Grund für ihr So-Sein und für ihre Möglichkeit. Es gibt überhaupt kein Ding, das ohne zureichenden Grund für sein So-Sein und seine Möglichkeit bestünde.

Darum gibt es keinen andern Weg, die Dauer der Einzeldinge zu verstehen, als eben die Worte, die täglich wie aus einem Becher hervorkommen und gestimmt sind auf die Ewigkeit. Alle Einzelwesen sind als Gattungen vorhanden, die einander Platz machen infolge der Geschiedenheit ihres körperlichen Daseins. Anfang und

Ende schließen sich zusammen wie in einem Ring (obwohl jedes Einzelne unvergleichbar ist). Das ist das Gleichgewicht des Himmels. Dieses Gleichgewicht des Himmels ist die Ewigkeit.

2. Des Konfuzius Wandlung

Dschuang Dsï sagte zu Hui Dsï: »Kung Dsï hatte sechzig Jahre[5] lang gelebt, aber im sechzigsten Jahre wandelte er sich. Was er anfänglich für recht gehalten, hielt er schließlich für falsch. Wir wissen nicht, ob wir das, was wir heute für recht halten, nicht auch nach dem neunundfünfzigsten Jahre für falsch halten werden.«
Hui Dsï sprach: »Kung Dsï war mit eifrigem Entschluß dem Wissen ergeben.« Dschuang Dsï sprach: »Davon war Kung Dsï längst abgekommen, aber er hat es nie ausgesprochen. Was Kung Dsï zu sagen pflegte: ›Der Mensch hat seine Gaben vom großen Urgrund empfangen. Seine Seele muß wieder geboren werden zum Leben. Der Gesang muß zur Tonart stimmen; die Worte müssen zum Gesetz stimmen. Wenn Gewinn und Pflicht vor einem Menschen ausgebreitet sind, so kann man seine Zu- und Abneigungen beurteilen‹[6]; das alles sind Worte, die die äußere Anerkennung der Menschen finden, nichts mehr. Daß er aber die innere Anerkennung der Menschen gefunden hat, so daß niemand gegen ihn aufzutreten wagte, daß er der Welt ihre festen Ordnungen gesetzt hat – genug, genug! Ich werde ihn nie erreichen!«

3. Dsong Schen's Wandlung

Dsong Schen[7] war zweimal im Amt, und zweimal änderte sich sein Herz. Er sprach: »Ich war im Amt, als

meine Eltern noch lebten. Ich hatte nur ein kleines Gehalt, und doch war ich fröhlich im Herzen. Nachher hatte ich ein Amt mit großem Gehalt, aber meine Eltern lebten nicht mehr, und darum machte es mich traurig.«
Seine Mitjünger befragten den Kung Dsï und sprachen: »Von Dsong Schen kann man wohl sagen, daß er nicht hängen blieb an äußeren Dingen.« Der Meister sprach: »Er blieb doch daran hängen. Denn wer an solchen Dingen nicht hängen bleibt, wie kann der um ihretwillen so elegisch werden? Sonst würde er ein großes Gehalt oder ein kleines Gehalt betrachten wie einen Storch oder eine Mücke, die vor ihm vorbeifliegen.«

4. Dilemma

Zu Meister Ki von Ostweiler[8] sprach einst ein Schüler[9]: »Nachdem ich Eure Worte gehört ein Jahr lang, da kam ich zur Einfalt; zwei Jahre lang, da kam ich zur Demut; drei Jahre lang, da gewann ich den Anschluß; vier Jahre lang, da verlor ich mein Ich; fünf Jahre lang, da kam es über mich; sechs Jahre lang, da kam ich in Verkehr mit Geistern; sieben Jahre lang, da kam mein himmlisches Wesen zur Vollendung; acht Jahre lang, da wußte ich nichts mehr von Leben und Tod; neun Jahre lang, da. verstand ich das große Geheimnis.«
Das Leben braucht seine Kraft durch Handlungen auf und endet im Tod. Das ist die allgemeine Ansicht. Man nimmt an, daß der Tod eine Ursache hat; das Leben erklärt man für eine Äußerung der lichten Kraft, die keine besondere Ursache habe. Ist das aber wirklich so? Wie kommt es dann, daß es an einem Ort auftritt, am andern Orte nicht auftritt? Der Himmel hat seine bestimmten Zahlenverhältnisse, die Erde wird vom Menschen beherrscht, und dennoch vermögen wir ihre Geheimnisse

nicht zu verstehen. Niemand vermag ihr Ende zu erkennen; wie will man da behaupten, daß keine letzte Notwendigkeit vorhanden ist? Niemand vermag zu sagen, wie sie entstanden sind; wie will man da behaupten, daß eine letzte Notwendigkeit vorhanden ist? Es gibt Fälle, da die Ereignisse einander entsprechen; wie will man da behaupten, daß es keine geistigen Kräfte gebe? Es gibt Fälle, da die Ereignisse einander nicht entsprechen; wie will man da behaupten, daß es geistige Kräfte gebe?

5.

Der Abschnitt ist mit Buch II, 11 identisch.

6.
Bescheidenheit
(Liä Dsï II, 15)

Yang Dschu war im Süden von Pe. Lau Dan wanderte im Westen in Tsin. Als jener an die Grenze kam bei Liang, traf er den Lau Dan (Laotse). Mitten auf dem Wege blickte Lau Dan zum Himmel empor und seufzte: »Ich dachte erst, man könnte dich lehren, nun aber bist du doch unbelehrbar.« Yang Dsï erwiderte nichts. Als sie zur Herberge kamen und er fertig war mit Waschen, Mundausspülen, Abtrocknen und Kämmen, zog er seine Schuhe aus vor der Tür und begab sich auf den Knien vor ihn hin und sprach: »Vorhin hat der Meister gen Himmel geblickt und seufzend gesprochen: ›Ich dachte erst, man könnte dich lehren, nun aber bist du doch unbelehrbar.‹ Ich wollte gern den Meister um ein Wort der Erklärung bitten, aber beim Gehen war nicht Muße, darum wagte ich es nicht. Nun hat der Meister Muße, und ich bitte um Aufschluß über meine Fehler.«

Lau Dan sprach: »Du hast so etwas Selbstzufriedenes in deinem Blick. Da mag niemand mit dir sein.

Die höchste Reinheit erscheint als Schmach,
Das weite Leben erscheint als ungenügend.«

Yang Dsï errötete beschämt und sprach: »Ich will mirs gewissenhaft zu Herzen nehmen.«
Als er in die Herberge eingetreten, war er zuvorkommend empfangen worden, der Wirt hatte eine Matte gebracht, die Wirtin ein Handtuch, die Gäste waren von ihren Plätzen aufgestanden, und die sich wärmten, hatten ihm am Herde Platz gemacht. Als er herauskam, da machten ihm die Gäste die Matte streitig.

7.
Vergebliche Weltflucht
(Liä Dsï II, 14)

Meister Liä Dsï wollte nach Tsi, kehrte aber auf halbem Wege wieder um. Da begegnete er dem Be Hun Wu Jen. Der sprach: »Was kommst du schon wieder zurück?« Er sprach: »Ich fürchte mich.« »Ach, du fürchtest dich?« »Ich aß unterwegs in zehn Garküchen, und fünfmal setzten sie mir, ohne Geld zu nehmen, die Suppe hin.« »Nun gut, warum brauchst du dich da zu fürchten?« Er sprach: »Innere Wahrheit läßt sich nicht erraten, Gestalt und Klugheit scheint nach außen. Wenn man aber nur mit seinem Äußeren auf die Menschen Eindruck macht, so bringen sie einem leichthin allerlei Ehren dar, und daraus entsteht nur Leid und Verwirrung. Nun betreiben die Garköche den Verkauf ihrer Nahrungsmittel als Gewerbe, nicht viel haben sie übrig als Gewinn. Ihr Streben nach Vorteil und Macht ist nicht heftig. Und wenn trotzdem schon sie so zu mir waren, wie wäre es da erst

beim Fürsten des Landes ergangen, auf dessen Person die Last des Reiches ruht und dessen Weisheit zu Ende ist in seinen Staatsgeschäften. Der würde mich sicher mit Staatsgeschäften betraut und große Taten von mir verlangt haben. Darum habe ich mich gefürchtet.«
Be Hun Wu Jen sprach: »Du zeigst eine prachtvolle Vorsicht! Aber wenn du dich auch zurückziehst: sieh zu, die Leute werden dich doch überlaufen.«
Nicht lange danach ging er zu ihm. Da war vor der Tür alles voll von Schuhen. Be Hun Wu Jen blieb mit dem Gesicht nach der Tür stehen und stützte das Kinn auf seinen Stab. Nach einer Weile ging er weg, ohne ein Wort zu sagen. Der Pförtner sagte es dem Liä Dsï. Liä Dsï nahm seine Schuhe auf und lief ihm barfuß nach.
Er holte ihn am Hoftor ein und fragte ihn: »Meister, da du doch einmal gekommen bist, willst du mir nicht einen heilsamen Rat spenden?« Jener sprach: »Es ist zu spät! Ich habe dir ja gesagt, daß die Menschen dich überlaufen werden, und nun ist's richtig so, daß sie dich überlaufen. Darum handelt sich's nicht, daß du verstehst die Leute anzuziehen, daß sie dich überlaufen, sondern darum, daß du es nicht verstehst zu machen, daß sie dich nicht überlaufen. Was brauchst du auf sie zu wirken? Sobald einmal die Wirkung auf andere sich erstreckt, gibt es sicher eine Gegenwirkung. Dein eignes Ich wird schwankend, und du merkst es nicht. Die mit dir wandeln, sagen es nicht. Ihr leer Gerede ist für Menschen Gift. Bewußtlos, achtlos, wie kann man so einander zur Reife helfen!«

8.

Geschichte zweier Brüder, von denen der eine die Lehren des Konfuzius, der andere die Lehren des Mo Di studiert hatte.

9. Himmlisches und Menschliches

Die Berufenen suchen ihren Frieden in dem, was Frieden gibt; sie suchen ihren Frieden nicht in dem, was keinen Frieden gibt. Die Menschen der Menge suchen Frieden da, wo es keinen Frieden gibt; sie suchen ihren Frieden nicht da, wo es Frieden gibt.
Dschuang Dsï sprach: »Den SINN erkennen ist leicht, nicht zu reden ist schwer. Zu erkennen und nicht zu reden, das schafft die himmlische Natur in uns; zu sagen, was man weiß, dazu verführt uns unser Menschliches. Die Alten waren himmlisch gesinnt, nicht menschlich.

10. Drachentöter

Es war einmal ein Mann[10], der lernte das Drachentöten und gab sein ganzes Vermögen dafür hin. Nach drei Jahren hatte er die Fertigkeit erlangt, aber er fand keine Gelegenheit, seine Kunst anzuwenden.

11. Aufregung

Der Berufene sucht auch Dinge, die sich erzwingen lassen, nicht zu erzwingen, darum bleibt er frei von Aufregung. Die Menschen der Masse suchen Dinge, die sich nicht erzwingen lassen, zu erzwingen, darum sind sie fortwährend in Aufregung. Weil sie ihrer Aufregung freien Lauf lassen, so haben sie immer etwas zu machen und zu erstreben. Die Aufgeregtheit aber richtet auf die Dauer zugrunde.

12. Erkenntnis der großen Ruhe

Die Weisheit der Streber beschränkt sich auf die Mittel zur Erreichung guter Verbindungen[11]; sie verkümmern ihren Geist in Nichtigkeiten und möchten doch gleichzeitig die Welt beherrschen[12]. Aber das große Eine ist unsichtbar. Was jene betreiben, führt sie nur irre in der Welt der Sichtbarkeit. Sie sind äußerlich verstrickt und erkennen nicht den großen Uranfang. Der höchste Mensch wendet seinen Geist zurück zur Ewigkeit und genießt die Geheimnisse des Jenseits. Er ist wie das Wasser, das fließt, ohne Formen anzunehmen. Er ergießt sich in die große Ur-Reinheit. Wehe euch, deren Erkenntnis sich abmüht mit Haarspaltereien und die ihr die große Ruhe nicht erkennt!

13. Dem Verdienste seine Krone

Es war einmal ein Mann in Sung[13], den der König von Sung nach Tsin schickte. Als er ging, besaß er nur wenige Wagen, aber der König von Tsin hatte eine Freude an ihm, so daß er ihn mit hundert Wagen beschenkte. Als er nach Sung zurückkam, besuchte er den Dschuang Dsï und sprach: »In einer elenden Gasse eines armen Dorfs zu wohnen in äußerster Dürftigkeit, Strohsandalen an den Füßen und im Gesicht verrunzelt und blaß: das ist mir freilich nicht gegeben. Aber mächtigen Herrschern die Augen zu öffnen und mit einem Gefolge von hundert Wagen aufzutreten, das ist's, worauf ich mich verstehe.«

Dschuang Dsï sprach: »Der König von Tsin hatte eine Krankheit, und er berief seine Ärzte. Der eine, der ihm seine Geschwüre aufschnitt und den Eiter ausdrückte, bekam einen Wagen; der andere, der ihm die goldene

Ader leckte, bekam fünf Wagen. Je niedriger der Dienst, desto mehr Wagen. Herr, wie müßt Ihr ihm die goldene Ader geleckt haben, daß Ihr so viele Wagen bekommen habt! Geht weiter, Herr!«

14.

Eine Unterhaltung des Fürsten Ai von Lu mit Yen Ho über die Unratsamkeit, dem Konfuzius die Regierung des Staates Lu zu übertragen.

15. Versuchungen

Kung Dsï sprach: »Das Menschenherz ist gefährlicher als Berg und Wildbach und schwerer zu erkennen als der Himmel. Der Himmel hat doch wenigstens seine Jahres- und Tageszeiten; des Menschen Äußeres aber ist dicht verhängt, und sein eigentliches Wesen ist tief verborgen. Mancher scheint äußerlich ehrbar und ist doch ausschweifend; mancher, der fähig ist, sieht aus wie untauglich; mancher scheint den Schwätzern zuzustimmen und ist doch weise; mancher scheint stark und ist doch schwach; mancher scheint langsam und ist doch hastig; die sich der Pflicht nahen wie dürstend, lassen sie doch fahren, als hätten sie die Finger verbrannt. Darum versucht der Edle seine Leute: Er schickt sie nach auswärts, so kann er sehen, ob sie treu sind; er gebraucht sie in der täglichen Umgebung, so kann er sehen, ob sie gewissenhaft sind, er gebraucht sie in schwierigen Geschäften, so kann er sehen, ob sie Fähigkeiten haben; er fragt sie unvermittelt, so kann er sehen, ob sie Kenntnisse besitzen; er setzt ihnen eine bestimmte Frist, so kann er sehen, ob sie Wort halten; er vertraut ihnen Reichtum an, so kann er sehen, ob sie gütig sind; er schickt sie in Gefahren, so kann er sehen, ob sie Selbstbeherrschung besitzen; er macht sie trunken mit Wein, so kann er sehen, welcher Art sie sind; er bringt sie in gemischte Gesellschaft, so kann er sehen, ob sie sittlich sind. Wendet man diese neun Proben an, so findet man sicher die untauglichen Menschen heraus.«

16. Demut und Hochmut

Unter den Vorfahren des Kung Dsï[14] war einer, der, als er den ersten Rang erhielt, mit gebeugtem Haupt umherging; als er den zweiten Rang erhielt, da ging er mit gebeugtem Rücken; als er den dritten Rang erhielt, da duckte er sich und drückte sich der Wand entlang. Wer möchte nicht ihn zum Vorbild nehmen! Aber die gewöhnlichen Menschen, wenn sie den ersten Rang bekommen haben, gehen stolz erhobenen Hauptes umher; wenn sie den zweiten Rang erhalten haben, so sitzen sie voll Anmaßung im Wagen; haben sie den dritten Rang erhalten, dann nennen sie alle ihre Oheime beim Vornamen. Wer billigt ein solches rohes Benehmen![15]

17. Aphorismen

Es gibt keinen schlimmeren Räuber als Tugend mit Bewußtheit, und noch dazu, wenn die Bewußtheit blinzelt. Die blinzelnde Bewußtheit betrachtet sich selbst, und wer sich selbst betrachtet, ist verloren.
Üble Eigenschaften gibt es fünf, und die schlimmste davon ist, von sich selbst nicht loskommen[16]. Was heißt nicht loskommen von sich selbst? Die nicht loskommen können von sich selbst, die finden alles gut, was sie selber tun, und tadeln alles, was nicht von ihnen stammt.
Acht Dinge gibt's, die zu Mißerfolg führen, drei, die si-

cher zu Erfolg führen, und das Leben kann sich sechs verschiedene Wohnungen schaffen. Schönheit, Schnurrbart, Größe, Beleibtheit, Kraft, Eleganz, Mut und Wagelust: wer in all diesen acht Stücken die andern Menschen übertrifft, der ist sicher zu Mißerfolg verdammt.
Fügsamkeit, Biegsamkeit und die Furcht, hinter andern zurückzustehen: alle diese drei Dinge führen zum Erfolg.
Die Klugheit durchdringt nur das Äußere. Mutiges Handeln zieht viele Mißgunst nach sich. Liebe und Pflicht wird viel beansprucht. Wer des Lebens Verhältnisse versteht, ist groß. Wer die Grenzen des Wissens durchschaut, ist geschickt. Wem ein großes Schicksal zuteil wird, der mag ihm folgen; wem ein kleines Schicksal zuteil wird, der mag es nehmen, wie er es trifft[17].

18. Zufallsgaben

Es war einmal ein Mann, der trat vor den König von Sung[18], und dieser schenkte ihm zehn Wagen. Weil er nun zehn Wagen hatte, behandelte er den Dschuang Dsï hoffärtig und kindisch.
Dschuang Dsï sprach: »Am gelben Flusse lebte eine Familie, die war arm und ernährte sich von Schilfflechten. Der Sohn tauchte einmal an einer tiefen Stelle und fand eine Perle, die tausend Lot Silber wert war. Da sprach der Vater zu dem Sohn: ›Bring einen Stein und schlage sie entzwei! Eine solche Perle gibt es nur im tiefsten Grunde am Halse des schwarzen Drachen[19]. Daß du sie erlangt hast, kommt sicher daher, daß du ihn schlafend getroffen. Laß den schwarzen Drachen erwachen: was wird es dann für Folgen für dich haben!‹ Nun ist der Staat Sung ein Abgrund, so tief wie kein anderer, und die Weisheit des Königs von Sung ist schlimmer als die

des schwarzen Drachen. Daß Ihr die Wagen erhalten konntet, kommt sicher daher, daß Ihr ihn schlafend getroffen. Laßt den König von Sung erst aufwachen, so werdet Ihr zu Pulver zermahlen.«

19. Der Festochse

Ein Fürst[20] hatte eine Botschaft an Dschuang Dsï gesandt, um ihn zu sich einzuladen.
Dschuang Dsï empfing die Gesandten und sprach: »Habt Ihr schon einmal einen Opferstier gesehen? Er wird bedeckt mit köstlichen Stickereien und wird gemästet mit Gras und Kräutern. Aber wenn es dann so weit ist, daß er zum Tempel geführt wird, da möchte er wohl gerne mit einem verwaisten Kalb tauschen. Aber dann ist's zu spät.«

20. Der Tod des Dschuang Dsï

Dschuang Dsï lag im Sterben, und seine Jünger wollten ihn prächtig bestatten[21].
Dschuang Dsï sprach: »Himmel und Erde sind mein Sarg, Sonne und Mond leuchten mir als Totenlampen[22], die Sterne sind meine Perlen und Edelsteine, und die ganze Schöpfung gibt mir das Trauergeleite. So habe ich doch ein prächtiges Begräbnis! Was wollt ihr da noch hinzufügen?«
Die Jünger sprachen: »Wir fürchten, die Krähen und Weihen möchten den Meister fressen.«
Dschuang Dsï sprach: »Unbeerdigt diene ich Krähen und Weihen zur Nahrung, beerdigt den Würmern[23] und Ameisen. Den einen es nehmen, um es den andern zu geben: warum so parteiisch sein?«

Anmerkungen

von Richard Wilhelm

Zur Einleitung

1. Mong gehörte zum Staate We (Liang), einem der drei Staaten, in die sich kurz vor seiner Zeit das Reich Dsin aufgelöst hatte.
2. Dschuang Dsï, Buch XXXI, XXIX, X.
3. Es scheint der Ort We Le in Buch XXIII, 1 gemeint zu sein, ebenso wie unter Gong Sang Dsï der dort genannte Schüler Lau Dan's, Gong Sang Tschu, zu verstehen ist. Es existiert übrigens ein Werk unter dem Namen dieses Mannes, der auch sonst unter den Schülern des Laotse erwähnt wird.
4. Erzählt ist hier noch die Geschichte vom Festochsen, Buch XXVII, 19, die mit der Geschichte von der Schildkröte, Buch XVII, 10, vermischt ist.
5. Über Dsï Hia's Wirksamkeit in We und seinen Verkehr mit dem Fürsten Wen, dem Vorgänger des Königs Hui von Liang, der zur Zeit des Dschuang Dsï regierte, vgl. Liä Dsï II, 12.
6. Es existiert eine berühmte Inschrift Su Dung Po's (1036–1101) in der Ahnenhalle des Dschuang Dsï, die damals errichtet wurde. Er zitiert zunächst Sï Ma Tsiën und wirft ihm vor, daß er nur eine oberflächliche Kenntnis Dschuang Dsï's habe. In Wirklichkeit habe Dschuang Dsï die Prinzipien des Konfuzius unterstützt, wenn auch auf eine Weise, die nicht zur allgemeinen werden könne. Er führt dann ein Gleichnis an von einem Fürsten von Tschu, der von einem Torhüter aufgehalten worden sei und nur dadurch der Gefahr des Erkennens entgangen sei, daß ein Diener ihn als Sklaven behandelt habe. Ebenso wie dieser Diener seinen Fürsten gerettet habe auf eine Weise, die dem gewöhnlichen Herkommen widerspreche, so habe auch Dschuang Dsï

dem Konfuzius auf seine Art gedient. Daran anschließend führt Su Dung Po aus, daß der Schluß von Buch XXVII sich unmittelbar an Buch XXXII anschließe, während die dazwischen stehenden vier Bücher sich stilistisch und sachlich von Dschuang Dsï's Schriften unterschieden und als spätere Fälschung zu bezeichnen seien.

7. Aus der Darstellung bei Si Ma Tsiën geht deutlich hervor, daß es die Ränkesucht und vorlaute Beurteilung, die allen Regierungsmaßregeln des Ministers Li Sï entgegentrat, gewesen ist, die Tsin Schi Huang zu seinem energischen Schritt, der auch einigen Dutzend dieser Gelehrten das Leben kostete, veranlaßt hat. Daß diese »Bücherverbrennung« in ihrer schädlichen Wirkung auf die chinesische Literatur weit überschätzt wurde, indem man ihr alles zuschrieb, was im Lauf von kriegerischen Jahrhunderten zerstört wurde, ist ohne weiteres klar.
8. Der große Yü ist der sagenhafte Ordner der Wasserläufe Chinas. Among Schan steht ein Denkmal, das eine Inschrift in seltsamen Zeichen enthält, über deren Herkunft die Untersuchungen noch nicht abgeschlossen sind. Es ist nicht ausgeschlossen, daß Yü ein Heros nichtchinesischer Volksstämme im Süden war, der später in das chinesische Pantheon aufgenommen wurde. Dafür spricht der Umstand, daß seine Wirkung der Sage nach sich auf Gebiete erstreckt, die in den ältesten historischen Zeiten vollständig außerhalb des Bereiches Chinas liegen.
9. Hui Schï war Zeitgenosse des Dschuang Dsï und einer der hervorragendsten Sophisten der Zeit.
10. Gung Sun Lung soll mit Dsï Schï, dem Schüler des Konfuzius, identisch sein, der, dreiundfünfzig Jahre jünger als der Meister, diesem durch Dsï Gung zu-

geführt worden sein soll. Es existiert ein Werk logischen Inhalts unter seinem Namen. Er war der Lehrer des weiter unten genannten Yin Wen Dsï, der zu den Rechtsgelehrten gehörte.

11. Diese Theorie wird in Buch II zitiert.
12. Wörtlich Yüo (Staat im äußersten Süden), ebenfalls in Buch II erwähnt.
13. Im Text folgt hier noch eine weitere Ausführung der Art Hui Dsï's, in der u.a. das Problem von Liä Dsï I, 11 erwähnt wird.
14. Wir dürfen vielleicht das später eingefügte Kapitel 31 im Taoteking auf die Kreise dieser Pazifisten zurückführen.

Zum Text

Buch I

1. Der chinesische Ausdruck ist Kun. Vgl. zu dem Gleichnis Liä Dsï V, 2. Der erste Abschnitt steht in doppelter Version da. Die erste Version enthält noch einige Zwischenbemerkungen, die dem Gedankenfortschritt in den Augen des europäischen Lesers hinderlich sind. Es ist daher von ihrer Wiedergabe abgesehen worden. Die wiedergegebene Version ist im Text eingeleitet mit den Worten: »In den Fragen Tang's an Gi steht das schon.«
2. Chinesisch: Pong. Vgl. Liä Dsï a. a. O.
3. Chinesisch: Taischan, der bekannte heilige Berg in Schantung, der im alten China als der höchste Berg der Erde galt.
4. Chinesisch: Sung Ying Dsï. Han Fe Dsï berichtet über ihn, daß er ein Gegner des Konfuziusschülers Tsi Diau Kai gewesen sei. Als Quintessenz seiner Lehre gibt er an: »Man mache Neuerungen ohne Streit, nehme ohne Feindschaft. Gefängnis ist keine Schande, Beleidigung kein Schimpf.« Vgl. das in der Einleitung über Sung Giën Gesagte (S.).
5. Anspielung auf die Geschichte Liä Dsï II, 3.
6. Chinesisch: Hü Yu. Vgl. Liä Dsï VII, 1. Er wird in Dschuang Dsï ziemlich häufig erwähnt. Er soll sich in die Verborgenheit im Berge Gi zurückgezogen haben. Yau ist der berühmte Herrscher des Altertums.
7. Zeitgenosse des Sun Schu Au (vgl. XXI, 10), der Kanzler in Tschu war unter König Dschuang (613–591). Über eine Begegnung Giën Wu's mit

Dsiё Yü ist berichtet in VII, 2. Der Name wird auch erwähnt als Gott des Taischan (vgl. VI, 1 Anm.).

8. Über Liёn Schu ist nichts weiter bekannt.
9. Dsiё Yü, der »Narr« von Tschu, der in Kungfutse Gespräche XVIII, 5 erwähnt ist. Sein eigentlicher Name soll Lu Tung gewesen sein. In Dschuang Dsï wiederholt erwähnt.
10. Vgl. die Schilderung in Liä Dsï II,2. Der Name des Berges ist übrigens bei Dschuang Dsï verschieden. Er lautet Mau Gu I (Schê lies I).
11. Wörtlich: Yau's und Schun's.
12. Chinesisch: Yüo, barbarischer Staat im Süden des damaligen China. Die Seidenhüte wurden in der Yindynastie bei großen Staatsfesten getragen.
13. Chinesisch: Fen Schui, Nebenfluß des Huang Ho.
14. Über Hui Dsï vgl. die Einleitung.
15. We war Dschuang Dsï's Heimatstaat. Seine Hauptstadt war Liang. Er war einer der Teilstaaten, in die der Staat Dsin ca. 400 v. Chr. zerfiel, im Süden der heutigen Provinz Schansi zu beiden Seiten des Huang Ho. Vgl. Mong Dsï Ia, Hf.
16. Sung, das Land der Sagen, im Zentrum des damaligen China.
17. Wu war ein mächtiger, halb barbarischer Staat an der Seeküste in der Gegend des Yangtse.
18. Yüo lag südlich von Wu (vgl. oben Anm. 12). Die Schiffsschlacht zwischen Wu und Yüo fand wohl auf dem Yangtse statt. Die Leute von Wu, deren Hände durch die Salbe vor dem Rissigwerden bewahrt wurden, trugen durch diesen Vorteil den Sieg davon.
19. Ailantus glandulosa. In China »Stinkbaum« genannt und wenig geschätzt.

Buch II

1. Nan Go Dsï Ki. Der Name des Philosophen, der noch mehrmals erwähnt wird, ist nicht genannt. In Liä Dsï IV, 5 ist erzählt, daß Liä Dsï in einem Südweiler sich niedergelassen und dort mit einem Nan Go Dsï zusammen getroffen sei. Ob es sich um dieselbe Persönlichkeit handelt, ist ungewiß.
2. Yen Tschong Dsï kommt auch in XXVII, 4 als Schüler des dort als Dung Go Dsï Ki bezeichneten Meisters vor.
3. Und erzeugt so die Träume, von denen der berufene Heilige frei ist.
4. Anhänger der konfuzianischen Lehre und Anhänger des Mo Di, deren Kämpfe damals die Zeit erfüllten, wie deutlich aus Mong Dsï's Werken erhellt.
5. Bezieht sich auf Theorien des Gung Sun Lung, eines Sophisten der Zeit, mit dem Hui Dsï viel disputiert hat (vgl. Einleitung). Es sind die Namen einiger seiner Aufsätze erhalten: »Auf Dinge deuten«, »Weiße Pferde«. Es werden ihm Äußerungen zugeschrieben, die auf sophistischen Künsten beruhen. »Was deutet, ist nicht der Finger«, »Ein weißes Pferd ist kein Pferd« usw.
6. Chinesisch: Si Schï, Name einer berühmten Schönheit, die von dem König von Yüo seinem Feind, dem König von Wu, geschenkt wurde und dessen Untergang herbeiführte.
   Die Geschichte vom Affenvater zum Schluß des Abschnittes steht in Liä Dsï II,19.
7. Wörtlich: des Dschau Wen Zitherspiel, des Musikmeisters Guang Takt schlagen, des Hui Dsï Ergreifen des Dryandrabaums war dieser drei Meister Weisheit.

Dschau Wen und der Musikmeister Guang waren berühmte Musiker im Staate Dsin. Über den letzteren vgl. Liä Dsï V, 2 und 11 (dort aus Versehen verschieden geschrieben). Was mit der Praxis des Hui Dsï gemeint ist, ist nicht ganz klar. Der einen Deutung nach handelt es sich auch um Zitherspiel. Es scheint jedoch, daß die Musik des Hui Dsï mit seinen wissenschaftlichen Theorien in Verbindung stand. Vgl. Buch V, 6, Anm.15. Mit den Schülern, die sich in die Fäden ihrer Worte verstricken, scheinen Leute wie Hui Yang (vgl. Liä Dsï II, 21) gemeint zu sein.
Im Text sind als Verwirrung die spitzfindigen Unterscheidungen der Begriffe »hart« und »weiß« genannt. Damit ist auf Schulbeispiele logischer Distinktionen angespielt. Die Härte ist nach jenen Philosophen etwas, das zum Begriff des Steins hinzukommt (synthetisches Urteil?), daher der Satz: »Der Stein ist nicht hart.« Ebenso die weiße Farbe zum Begriff des Pferdes: »Ein weißes Pferd ist kein Pferd.« Vgl. Anm. 5 zu diesem Buch.
Derartige Aussprüche sind auch in Abschnitt 6 von »Auf der ganzen Welt … .« bis »alle Dinge sind mit mir eins« zitiert.

8. Chinesisch: de = Qualitäten.
9. Wörtlich: »In den Frühlings- und Herbstannalen.« Die Stelle ist interessant, insofern als Dschuang Dsï durch Vermittlung der Schule des Dsï Hia mit Konfuzius in Fühlung ist. In Si Ma Tsiën's Abhandlung über Kung Dsï steht der Passus: »Als er die Frühlings- und Herbstannalen machte, schrieb er, was zu schreiben nötig war; er unterdrückte, was zu unterdrücken war, so daß Dsï Hia und seine Schüler nicht einen einzigen Ausdruck kritisieren konn-

ten« (vgl. Chavannes, Se-ma Tsien, Band V, Seite 423). Es scheint, daß die Schule Dsï Hia's in besonderer Beziehung zu jenem Werk stand.

10. Diese fünf Dinge sind rund mit Annäherung an das Viereckige. Das Runde ist das Symbol des in sich geschlossenen Kreislaufs, das Viereckige (auch = korrekt) ist das, was der Wirklichkeit das Maß gibt.
11. Genannt sind die Herrscher von Dsung, Gui und Sü Au, kleinen Staaten zur Zeit Yau's. Die Erwähnung der zehn Sonnen bezieht sich auf die Sage, daß in uralter Zeit einmal zehn Sonnen am Himmel gestanden hätten, die aber alle bis auf die richtige von einem Schützen heruntergeschossen worden seien.
12. Nië Küo, bei Dschuang Dsï häufig genannt als Vertreter des bohrenden Nachdenkens. Die Sage bringt ihn in Verbindung mit Wang I (Keimwalter) als Lehrer und Hü Yu (Freigeber) als Schüler. Vgl. XII, 5. Sie alle werden in die Zeit von Yau versetzt.
13. Chinesisch Mau Dsiang, Zeitgenossin von Si Schï, ebenfalls aus Yüo, und Li Gi, Tochter eines Grenzwarts, die vom Herzog von Dsin 672 v. Chr. gefangen und zu seiner Frau gemacht wurde. Vgl. Abschnitt 9 dieses Buches und die Anm.17 und 18 dazu. Beides berühmte Schönheiten.
14. Gü Tsiau Dsï.
15. Tschang Wu Dsï, wörtlich der Meister vom alten Päonienbaum. Tschang Wu ist Name eines Grenzpasses. Vgl. XXV, 6.
16. Vermutlich Konfuzius.
17. Vgl. Anm.13 zu diesem Buch.
18. Dsin, Staat im Süden von Schansi.
19. Die im chinesischen Text hier folgenden Worte, die in den verschiedenen Ausgaben an verschiedenen

Stellen stehen, sind wohl aus XXVII, 1, wo sie in den Zusammenhang passen, hierher versprengt.

20. Der folgende Satz ist infolge von Textkorruption unübersetzbar.
21. Das Gleichnis vom Schatten und Halbschatten steht auch in Buch XXVII. Da dort der Text klarer ist, ist jene Version wiedergegeben.

Buch III

1. Identisch mit König Hui von We (Liang), 370–335 v. Chr. Vgl. Mong Dsï Ia, Hf.
2. Wörtlich: der »Sang Lin Musik«. Sang Lin (Maulbeerwald) ist die Musik des Königs Tang, des Begründers der Schangdynastie (1766–1754 v. Chr.). Das folgende kann auch übersetzt werden: »und traf die Übereinstimmung mit der Ging Schou Musik.« Ging Schou soll danach ein Satz der Bien Tschi Musik des Herrn der gelben Erde sein.
3. Gung Wen ist der Name einer Familie in We. Bien (nicht Giën) ist Vorname. Der Abschnitt wird auch anders aufgefaßt, doch scheint die gegebene die meiste Wahrscheinlichkeit für sich zu haben.
4. Über Tsin Schï ist nichts bekannt. Diese Geschichte von Laotse's Tod widerspricht der andern Überlieferung, daß Laotse sich aus der Welt zurück gezogen habe und niemand erfahren habe, wo er gestorben sei.

Buch IV

1. Yen Hui ist der früh verstorbene Lieblingsjünger des Konfuzius, von dem in den Gesprächen Kungfutse's so viel die Rede ist.

2. Dieses We ist nicht zu verwechseln mit dem Heimatstaat des Dschuang Dsï. Es umfaßt Teile der Provinz Honan, Tschïli und Schantung. Der Fürst, um den es sich hier handelt, ist Fürst Ling von We, 534–493, der auch in den Gesprächen des Kungfutse öfters genannt ist.
3. Der Tyrann Gië ist der letzte Herrscher der Dynastie Hia, 1818–1766 v. Chr. Guang Lung Fong war einer seiner würdigen Beamten.
4. Dschou Sin ist der Tyrann, der die Schang- oder Yindynastie zu Ende gebracht hat, 1154–1122. Die historische Duplizität der beiden Tyrannen erregt gerechtes Mißtrauen. Bi Gan war ein Verwandter von ihm, dem wegen seiner Warnungen auf Betreiben der Kaiserin das Herz aus dem Leib gerissen wurde.
5. Die Staaten Tsung, Dschï und Sü Au sind vermutlich mit den in Anm.11 zu Buch II genannten identisch, wiewohl nur Sü Au in den Zeichen übereinstimmt.
6. Yu Hu wörtlich der Inhaber von Hu, alte Bezeichnung für Vasallen.
7. Im Text erwähnt sind Schun und Yü, weiterhin Fu Hi (der brütende Atem, vgl. Liä Dsï Anm. zu II, 1 und 18) und Gi Gu (vermutlich identisch mit Hua Sü, vgl. Liä Dsï II, 1).
8. Schê, im heutigen Honan, war ein Bezirk des Reiches Tschu (vgl. Lun Yü VII, 18). Der hier erwähnte Dsï Gau hieß Schen Dschu Liang. Tsi, der Nachbarstaat von Lu, im N. O. des heutigen Schantung.
9. Yen Ho, ein Mann aus Lu, aus derselben Familie, der Yen Hui entstammte.
10. Über den Fürsten Ling von We vgl. Anm. 2 zu diesem Buch.

11. Gü Be Yü, Freund des Konfuzius und Minister in We. Vgl. Lun Yü XIV, 26 Anm. (pag. 161) und XV, 6 Anm. (pag. 172).
12. Eine Fangheuschreckenart, Mantis religiosa, sehr häufig in China.
13. Vgl. Liä Dsï II, 7.
14. Ortsname, nicht identifizierbar, vermutlich an einer Biegung der Straße.
15. Vgl. II, 1. obwohl der chinesische Ausdruck etwas abweicht (Nan Be Dsï Ki), ist doch vermutlich dieselbe Persönlichkeit gemeint.
16. In Honan, heute Gui De.
17. Ging Schi, Lage unbekannt.
18. Menschenopfer für den Gott des gelben Flusses waren in alter Zeit keine Seltenheit.
19. Dschï Li Schu, eine Gestalt aus Dschuang Dsï's Werkstatt.
20. Dieselbe Geschichte wie Lun Yü XVIII, 5 (pag. 208). Nur ist das Lied des Narren ausgeführter.

Buch V

1. Wang Tai. Über die Existenz eines derartigen Philosophen in des Konfuzius Heimatstaat Lu wird sonst nichts berichtet. Statt wu (mit abgehackten Füßen) ist wohl zu lesen gië (einbeinig).
2. Tschang Gi ist wohl ein Schüler des Konfuzius.
3. Über Schen Tu Gia ist nichts bekannt.
4. Dsï Tschan, der Minister von Dschong, war ein persönlicher Freund des Konfuzius, gest. 522. Sein Name war Gung Sun Kiau. Vgl. Lun Yü V, 15, Liä Dsï VII, 8. Der Staat Dschong, Heimatstaat des Liä Dsï, lag im heutigen Honan.

5. Über Be Hun Wu Jen, dessen Name hier eigenartig geschrieben ist, vgl. Liä Dsï I, 1; II, 5, 14.
6. Im Text ist genannt der sagenhafte Schütze I aus der grauen Urzeit.
7. Schu Schan, Name eines Berges als Patronymicum. Die Familie Schu gehörte zu den drei berühmten herrschenden Geschlechtern in Lu, daher die Übersetzung Fürstenberg. Zehenlos (Wu Dschi) scheint ein Spottname gewesen zu sein. Es handelt sich bei ihm ebenso wie bei Schen Tu Gia um einen als Verbrecher Gebrandmarkten. Abhacken der Füße gehörte im Altertum unter die körperlichen Strafen.
8. Fürst Ai von Lu regierte von 494–468 v. Chr. Vgl. Lun Yü passim.
9. We ist der östliche We-Staat. Vgl. Anm. 2 zu Buch IV.
10. Ai Tai (Tai) To. Der Name ist symbolisch.
11. Der halbbarbarische Staat im Süden.
12. Im Text sind noch einige nur aus den Zeitsitten erklärbare Beispiele beigefügt.
13. Min Dsï Kiën ist der Konfuziusjünger Min Sun. Vgl. Lun Yü XI, 2, Anm.
14. Fürst Huan von Tsi, einer der fünf Fürsten, die zeitweilig die Hegemonie in China hatten. Sein Kanzler war der berühmte Guan Dschung. Regierte von 684–643 v. Chr. Vor diesem Passus ist im Text noch ein ähnlicher Fall unter Fürst Ling von We eingefügt, der aber einfach eine Häufung der anderweitig erwähnten Häßlichkeiten ist. Wohl späterer Zusatz.
15. Anspielung auf die Gewohnheiten Hui Dsï's. Vgl. Anm. 7 zu Buch II.

Buch VI

1. Wörtlich: sie atmen mit den Fersen.
2. Wörtlich: durchdringt.
3. Genannt wird im Text: 1. Hu Bu Gie; die Kommentare wissen nur von ihm, daß er ein großer Mann in alter Zeit war. 2. Wu Guang; lebte der Sage nach zur Zeit des Herrn der gelben Erde und hatte sieben Zoll lange Ohren. 3. Be I und 4. Sehu Tsi, die berühmten Helden aus dem Ende der Hiadynastie, die lieber verhungerten, als sich der aufkommenden Dschoudynastie zu fügen, und in denen Kung Dsï Muster höchster Selbstlosigkeit sieht. 5. Der Herr von Gi, Oheim des Tyrannen Dschou Sin, gleichzeitig mit den beiden vorigen. Vgl. Lun Yü XVIII, 1 (201). 6. Sü Yü, nach den einen der Name des Herrn von Gi, nach den andern identisch mit Bi Gan, dem andern Oheim des Tyrannen Dschou Sin, der wegen seiner Heiligkeit hingerichtet wurde. 7. Gi To; die Kommentare schweigen über ihn. Legge nennt ihn irrtümlich Ki Tah. 8. Schen Tu Di; Sün Dsï berichtet über ihn, daß er sich einen Stein um den Hals gebunden und sich im gelben Fluß ertränkt habe. Zeit: Yindynastie.
4. Wörtlich: kantig. Vgl. Laotse 58, Schluß.
5. Wörtlich: Flügel.
6. Vgl. Laotse 17.
7. Vgl. Liä Dsï V, 2. Mit dem Berg im tiefen Meer ist wohl auf jene Geschichte angespielt. Vielleicht ist der Text unvollständig.
8. Textkorrektur.
9. Im Text findet sich folgender Zusatz: Hi We erlangte ihn und ordnete Himmel und Erde; Fu Hi erlangte ihn und erspähte die mütterliche Urkraft; das

Sternbild des großen Bären erlangte ihn und irrt ewig nicht ab von seinem Platz; Sonne und Mond erlangten ihn und ziehen ewig rastlos ihre Bahn; Kan Pe (der Geist des Kun-Lun-Gebirges mit Menschenantlitz und Tierleib) erlangte ihn und erspähte den Kun Lun; Fong I (der Gott des gelben Flusses) erlangte ihn und wandert im großen Strome; Giën Wu (der Gott des Tai-schan-Gebirges) erlangte ihn und wohnte auf dem Tai-schan; der Herr der gelben Erde erlangte ihn und stieg auf zum Wolkenhimmel; Dschuan Sü (Gau Yang, der zweite der »fünf Herrscher«) erlangte ihn und weilte im dunklen Palast; Yü Kiang (wohl identisch mit Yü Giang, Liä Dsï V, 2, Gott des Nordpols) erlangte ihn und steht am Nordpol; die Königin-Mutter des Westens (Si Wang Mu) erlangte ihn und sitzt in ihrem Schloß zu Schau Guang, niemand kennt ihren Anfang, niemand ihr Ende; Pong Dsu erlangte ihn und lebte von den Zeiten des Erzvaters Yü an bis auf die Zeiten der fünf Beherrscher des Reiches (800 Jahre); Fu Yüo (zur Zeit der Schangdynastie) erlangte ihn und war Kanzler des Kaisers Wu Ding, der durch ihn im Handumdrehen das Reich gewann, dann bestieg er das Sternbild des Schützen und ritt auf dem Sternbild des Skorpions und ward so unter die Sterne versetzt.

10. Nan Be Dsï Kui, wohl derselbe wie Nan Go Dsï Ki und Nan Be Dsï Ki in Buch II und IV. Frauenarzt, chinesisch Nü Yü. Weiter unten: Sorglos Geratewohl, chinesisch Bu Liang I.
11. Weil außerhalb der Kausalität.
12. Zur ausgelassenen Krankheitsbeschreibung vergleiche IV, 7. Hier wohl ein Zusatz.
13. Vergleiche III, 4.

14. Die hier ausgelassenen, im Text folgenden Worte sind aus Abschnitt 1 in den Text eingedrungen. Das im folgenden als »Balmungschwert« bezeichnete Schwert heißt chinesisch Mo Yê, ein berühmtes Schwert des Königs Ho Lü von Wu 514 – 494 v. Chr.
15. Die hier ausgelassenen, im Text folgenden Sätze sind eine Parallelstelle zum Anfang von Abschnitt 3. Die drei Freunde werden von manchen identifiziert mit Dsï Sang Be Dsï (Lun Yü VI, 1), Mong Dschi Fan (Lun Yü VI, 13) und Lau (Lun Yü IX, 6). Dsï Gung (weiter unten) ist ein bekannter Konfuziusjünger. Sang kommt auch in Abschnitt 8 vor.
16. Wörtlich: sie vergessen ihre Leber und Galle und lassen dahinten ihre Ohren und Augen.
17. Wörtlich: nicht durch die Nase. Die Trauer ist erst dann völlig, wenn die Tränen auch durch die Nase fließen. Mong (nicht Meng) Sun Tsai, ein Glied der in Lu berühmten Mongfamilie.
18. I Erl Dsï.
19. Siehe Buch I, 2.
20. Strafen des Altertums.

Buch VII

1. Nië Küo und Wang I. Vgl. II, 8. Die Geschichte hier ist offenbar eine Fortsetzung jener.
2. Pu I Dsï, der Sage nach der Lehrer des Wang I. Schun verehrte ihn. Nach einem dem Dschuang Dsï zugeschriebenen Ausspruch hat ihn Schun als Achtjährigen als Lehrer begrüßt.
3. Yu Yü Schi, d.h. der Inhaber von Yü, die Bezeichnung Schun's nach seinem Feudalgebiet.
4. Tai Schi, ein mythischer Herrscher der grauen Vorzeit, über den sonst nichts bekannt ist.

5. Vergleiche I, 3.
6. Ji Dschung Schi.
7. Unter den Geisthügel. Geisthügel ist ein Bergname.
8. Tiën Gen, Name eines Sternes.
9. Yin=Blutrot, Name eines Berges.
10. Liau Schui.
11. Wörtlich: in dem, was keine Sinnesempfindung hervorruft. Im nächsten Abschnitt (4) ist Yang Dsï Gü= Yang Dschu. Vgl. Liä Dsï passim.
12. Wörtlich: der Leichenknabe des Ruhms.
13. Die Übersetzer nehmen das »wu we« im allgemeinen zusammen als »das Nichthandeln«, wobei sie dem Passus einen Sinn geben müssen, der im direkten Gegensatz zur Lehre des Dschuang Dsï steht. Gewiß darf das »wu« nicht imperativisch genommen werden (vergleiche Legge S. 166, Anm. 1), die Schwierigkeit hebt sich aber aufs einfachste durch Voranstellung des Satzes: »Der höchste Mensch…«, der im Text nachhinkt. Textumstellungen finden sich ja im Dschuang Dsï auch sonst.
14. Wörtlich: er zeigt sich nicht als einer, der bekommen hat.
15. Die Namen der drei Herrscher Schu, Hu, Hun Dun sind allegorisch. Hun Dun bedeutet den Zustand der Ungetrenntheit vor Beginn der Welt. Die Übersetzung mit »Chaos« läßt insofern zu wünschen übrig, als der Begriff des Ungeordneten in dem chinesischen Ausdruck nicht enthalten ist.

Buch VIII

1. Wörtlich: Liebe und Pflicht, die Kardinaltugenden des Konfuzianismus.
2. Es ist als Beispiel genannt Li Dschu (vgl. Liä Dsï V, 2),

der Sage nach ein Zeitgenosse des Herrn der gelben Erde, der auf hundert Schritte Entfernung noch einen Sommerfaden zu unterscheiden vermochte.

3. Genannt ist Musikmeister Guang. Vgl. Buch II, 5.
4. Genannt sind Dsong Schen, der eifrigste Schüler des Kung Dsï, und der Geschichtsschreiber Yü (vgl. Lun Yü XV, 6, pag. 172), von Kung Dsï wegen seiner Gerechtigkeit gelobt.
5. Wörtlich: »daß man sein Herz spazieren gehen läßt zwischen Hart und Weich, Gemeinsamkeit und Verschiedenheit.« Diese Begriffe waren Lieblingsthemen der damaligen Sophisten.
6. Wie Yang Dschu (vgl. Liä Dsï II, 15 und sonst) und Mo Di (vgl. Liä Dsï II, 12 und sonst). Die beiden sind die Hauptfeinde des Mong Dsï. Zu den folgenden beiden Absätzen: Bei der Geburt vorhandene überzählige Finger und Zehen sollen abgebissen werden, damit keine Verblutung eintritt.
7. Wörtlich: seit den drei Dynastien Hia, Schang und Dschou, vom 23. Jahrhundert v. Chr. bis zur Zeit des Autors.
8. Wörtlich: des SINNS und LEBENS.
9. Bruder des Schu Tsi, der bekannte Held aus dem Ende der Schangdynastie.
10. »Räuber Sohle«, eine von Dschuang Dsï häufig erwähnte Figur, der Sage nach Bruder des berühmten Hui von Liu Hia. Das unechte Buch XXIX enthält eine lange Geschichte von ihm (vgl. die Übersetzung von Gabelentz).
11. »Wie Schu Erl«, zur Zeit des Herrn der gelben Erde. Er konnte das Wasser zweier Flüsse dem Geschmack nach unterscheiden. Bei der Überfeinerung der Pflege der Töne und Farben sind im Text wieder der Meister Guang und Li Dschu genannt.

12. Korrigiert für »Moral« im Text.
13. Wörtlich: des SINNS und LEBENS.

Buch IX

1. Bo Lo, ein mythisches Wesen, Name eines Sterns.
2. Wörtlich: »Zur Zeit des He Sü«, möglicherweise identisch mit Hua Sü der Mutter des Fu Hi. Vgl. Liä Dsï II, 1.
3. Der Abschnitt ist in doppelter Rezension vorhanden. Wir haben die stilistisch klarere und kürzere zweite Rezension übersetzt. Aus der ersten Rezension verdient noch Erwähnung die hübsche Schilderung des goldenen Zeitalters: »Die Leute waren beständig in ihrer Natur. Sie webten und hatten Kleidung; sie pflügten und hatten Nahrung; sie stimmten überein in ihrem Leben; sie waren einig und kannten keine Parteiungen: es war ein Zustand, den man als natürliche Zufriedenheit bezeichnen kann. Darum war es ein Zeitalter höchsten LEBENS. Sie wandelten ruhig und gelassen und blickten gesammelt vor sich hin. In jener Zeit gab's auf den Bergen noch keine Pfade und Steige und in den Seen noch keine Schiffe und Dämme. Alle Wesen waren friedlich vereinigt, und alle sammelten sich in ihrer Heimat. Tiere und Vögel lebten in Herden beieinander; Kräuter und Bäume wuchsen in ungestörter Üppigkeit. So konnte man die Tiere am Halfterband spazieren führen und konnte ungehindert auf die Bäume klettern und in die Vogelnester hineinsehen. Zu jener Zeit höchsten LEBENS wohnten die Menschen zusammen mit den Tieren und bildeten eine Familie mit allen Wesen. Niemand kannte den Unterschied von Gut und Böse: sie waren alle frei

von Erkenntnis. Darum verließ sie das LEBEN nicht. Sie waren alle frei von Begierden in unschuldsvoller Einfalt. In dieser unschuldsvollen Einfalt hatten die Leute alle, was sie brauchten.« Vergl. hierzu Laotse, Taoteking No. 80 und die Paradieserzählungen der Bibel.

Buch X

1. Derselbe wie Tiën Hong. Vgl. Liä Dsï VI, 1; VII, 1; VIII, 28 und Lun Yü XIV, 22. Der Mord fand statt 482 v. Chr.
2. Stelle aus Dso Dschuan, dem Kommentar zu den Frühlings- und Herbstannalen.
3. Über die zugrunde liegende Geschichte sind sich die Kommentatoren nicht einig. Nach Huai Nan war eine Fürstenzusammenkunft beim König von Tschu. Lu brachte schlechten Wein, Dschau guten. Der Fürst von Dschau versäumte jedoch, den Kellermeister zu bestechen, worauf dieser den Wein vertauschte. So wurde der König zornig auf Dschau und belagerte dessen Hauptstadt Han Dan. – Nach Nan Hua Dschen Ging Pang Dschu Ping Lin war König Hui von Liang schon lange auf dem Sprung, Han Dan zu belagern, hatte es aber aus Furcht vor dem mächtigen Tschu unterlassen. Als daher der König von Tschu nach Lu zog, um dieses für seinen schlechten Wein zu bestrafen, benützte er die Gelegenheit, um seine Pläne gegen Han Dan auszuführen. – Über Han Dan (nicht Gan Dan) vgl. Liä Dsï VIII, 18, 27.
4. Taoteking No. 36. Von hier aus fällt Licht auf den Ausspruch Laotse's.
5. Taoteking No. 19.
6. Wörtlich: des blinden Guang. Vgl. II, 5; VIII, 1 und

Liä Dsï V, 2. Die Musiker im Altertum waren meist Blinde.

7. Li Dschu. Vgl. VIII, 1 und Liä Dsï V, 2.
8. Kui, ein Mechaniker zur Zeit Yau's; wird andererseits mit dem sagenhaften Gung Gung (vgl. Liä Dsï V, 1) identifiziert.
9. Das im Text hier stehende und von uns weggelassene Zitat aus Taoteking No. 45 ist späterer Zusatz.
10. Dsong Schen und Schï Kiu (= der Geschichtsschreiber Yü) vgl. VIII, 1 und Anm.4 zu Buch VIII.
11. Yang Dschu und Mo Di.
12. Es folgt nun eine Schilderung des goldenen Zeitalters, die zum Teil wörtlich übereinstimmt mit Laotse, Taoteking No. 80.

    Als Herrscher jener Zeit werden genannt: Yung Tschong, das ist die Bezeichnung der acht auf den Feuerspender folgenden Generationen; Da Ting = »Große Halle«; Be Huang oder Huang Be, der älteste der fünf »Drachen«; Dschung Yang, Herrscher der Mitte; Li Lu = »Kastanienland«; Li Tschu = »Ernährer der schwarzen Pferde«; Hiën Yüan, der Wagenbauer; zuweilen mit dem Herr der gelben Erde identifiziert, kommt der Name auch für einen noch älteren Gott vor; He Sü oder Hua Sü, Mutter (?) des Fu Hi (vgl. Liä Dsï II, 1); Dsun Lu, der Fertiger von Becher und Schalen? vielleicht = Feuerspender? Dschu Yung, von manchen identifiziert mit Nü Gua (vgl. Liä Dsï II,18); Pu Hi, »der brütende Atem« (vgl. Liä Dsï II,18); Schen Nung, »der göttliche Landmann« (vgl. Liä Dsï II, 18).

    Leider sind die kosmogonischen Sagen Chinas noch nicht genügend auf ihr Alter hin erforscht. Es ist wohl möglich, daß sich mit der Zeit daraus noch manche Zusammenhänge entdecken lassen. Charakteristisch ist an dieser Aufzählung, daß ihr die Systematisierung der späteren Zeit und auch Pan Gu als Demiurg noch unbekannt ist.

Buch XI

1. Wörtlich: Die Taten des Räubers Dschï und des Dsong Schen und des Geschichtsschreibers Yü. Über alle diese Persönlichkeiten vergl. Buch VIII, Anm. 4 und 10.
2. Wörtlich: Von der Zeit der drei Dynastien (Hia, Schang und Dschou) an.
3. Vgl. Laotse, Taoteking 13, wo der Text jedoch etwas abweicht.
4. Wörtlich: »und der Drache wird sichtbar«. Anspielungen auf die Wirkungen des Gewitters; der Drache ist das Symbol der Erhabenheit und Würde.
5. Wörtlich: »und der Donner ertönt«. Die beiden Gleichnisse sind von der Zauberkunst des Wettermachens hergenommen.
6. Tsui Kü, wörtlich: »drängend und ängstlich blikkend«. Wohl eine allegorische Gestalt.
7. Die Sage macht aus den drei Genannten Minister des Kaisers Yau, die sich in verschiedener Weise vergangen und deshalb von seinem Nachfolger Schun verbannt wurden (siehe Schu Ging II, I, 3). Es liegen wohl alte Göttermythen, ähnlich der griechischen Gygantensage von der Beseitigung finsterer Mächte durch Lichtgottheiten zugrunde. Über Gung Gung vergl. Liä Dsï, Anm. zu V, 1.
8. Wörtlich: der Tyrann Giё und der Räuber Dschï; s. Anm. 4 und 10 zu Buch VIII.
9. Wörtlich: Dsong Schen und der Geschichtsschreiber Yü; s. Anm. 4 und 10 zu Buch VIII.

10. Wörtlich: der Konfuzianer und der Anhänger des Mo Di. Es ist klar, daß alle diese Zitate im Munde Laotse's Anachronismen wären.
11. Freies Zitat nach Laotse, Taoteking 19.
12. Guang Tschong Dsï, nach manchen Sagen eine frühere Inkarnation des Lau Dan.
13. Kun Tung, der Überlieferung nach der höchste Punkt im Sternbild des großen Bären.
14. Wörtlich: mit dem Gesicht nach Süden, d.h. er beanspruchte den Ehrenplatz, was einer gänzlichen Nichtachtung des kaiserlichen Gastes gleichkam.
15. Yün Dsiang, Repräsentant eines einzelnen Luftgebildes.
16. Wörtlich: am Zweig eines Wirbelwindes.
17. Hung Mong, Repräsentant des Uräthers.
18. Wörtlich: die Steppe von Sung. Sung heißt »wohnen«. Hier symbolisch gemeint.
19. Wörtlich: die neun Gebiete. Der Ausdruck wird gewöhnlich angewandt auf die neun »Provinzen«, in die der große Yü das Reich geteilt haben soll. Hier hat er jedoch eine umfassendere Bedeutung.

Buch XII

1. Das sich stufenweise Anpassen der einzelnen Daseinsstufen an die jeweils nächst höheren ist auch ausgesprochen in Taoteking, Abschnitt 25; was hier Himmel heißt, heißt dort das Selbstwirkende, das Spontane.
2. Das »Merkbuch« wird von manchen dem Laotse zugeschrieben, doch ist nichts weiter darüber bekannt.
3. Es ist fraglich, wer der »Meister« ist. Manche nehmen an, es sei Laotse. Wohl eher ist Dschuang Dsï

gemeint, da dieses Buch wahrscheinlich späteren Ursprungs ist.

4. Wörtlich: Metall und Stein, eine Sammelbezeichnung für Musikinstrumente. Hier als Gleichnis gebraucht für körperliche Form, die durch den SINN belebt wird. Vgl. das Orgelspiel der Erde II, 1.
5. Der Parallelismus dieser Stelle mit Joh. 1,4 ist augenfällig und rechtfertigt aufs neue die Wiedergabe des Begriffs »de« durch LEBEN. Vgl. dazu Laotse, Vom SINN und LEBEN, Einleitung (XVI).
6. Wörtlich: vermag er zum Objekt zu machen.
7. Der Text scheint hier verdorben zu sein. Er wurde ergänzt nach Lin Si Yi.
8. Wörtlich: nördlich des roten Wassers, eines mythischen Flusses bei dem Schloß der Si Wang Mu. Vgl. Anm. zu Liä Dsï III, 1.
9. Wörtlich: Kun Lun. Vgl. Anm. zu Liä Dsï III, 1.
10. Wörtlich: Li Dschu. Die Namen sind alle allegorisch gemeint. Die Zauberperle ist der SINN.– Selbstvergessen: chinesisch = Siang Wang.
11. Hü Yu.
12. Nië Küo.
13. Wang I. In einer offenbar späteren einleitenden Bemerkung ist der Versuch gemacht, die häufig vorkommenden allegorischen Figuren aus der Zeit des mythologischen Herrschers Yau untereinander in Beziehung zu setzen: Yau's Lehrer war Hü Yu (Freigeber), Hü Yu's Lehrer war Nië Küo (Lückenbeißer), Nië Küo's Lehrer war Wang I (Keimwalter), Wang I's Lehrer war Pe I (wohl identisch mit Pu I, Strohmantel).
14. Hua, Name eines Platzes, doch ist nichts über seine Lage bekannt.

15. Bo Tschong Dsï Gau, auch von manchen als frühere Inkarnation des Laotse angesehen.
16. Bekannter Jünger des Konfuzius (Duan Mu Si). Vgl. Lun Yü XI, 2, Anm.
17. Der Staat Tschu lag im Süden, er war der Heimatstaat Laotse's. Der Staat Dsin lag nördlich davon, so daß man auf dem Wege von Tschu nach Lu hindurchkam. Der Staat zerfiel später in die Teilstaaten We (die Heimat Dschuang Dsï's), Dschau und Han. Han Yin, die Gegend nördlich vom Hanfluß, kommt auch Liä Dsï V, 3 vor.
18. Dschun Mang. Der Name ist gewählt im Anschluß an Taoteking 6 und bezeichnet zugleich den Geist der Luft im Unterschied zu dem örtlich beschränkten Wirbelwind.
19. Yüan Fong, der »Ostwind«. Die Personifikationen sind ähnlich wie in XI, 4.
20. Gemeint sind die Menschen, eine Ausnahme von den Tieren, die die Augen auf beiden Seiten haben. Der Ausdruck bezeichnet den außermenschlichen Standpunkt des Redenden.
21. Men Wu Gui.
22. Tschï Dschang Man Gi. Die beiden sind sonst nicht genannt.
23. König Wu, der historische Begründer der Dschoudynastie, einer der konfuzianischen Heiligen, ca. 1100 v. Chr.
24. Die Pflicht des Sohnes, seinen Vater durch Mahnungen von ungeschickten Handlungen abzuhalten, wird vonseiten des älteren Konfuzianismus sehr stark betont. Vgl. dazu das Buch von der Ehrfurcht.
25. Möglicherweise heißt das Wort auch nur »häßlich«.
26. Die Fünfzahl ist taoistisch. Der Buddhismus hat die Sechszahl.

Buch XIII

1. Das Wort für »Herr« bezeichnet einerseits »Gott«, andererseits aber auch die göttlichen Herrscher des Altertums. In diesem Sinn ist es hier gemeint, im Unterschied zu den »Berufenen«, den »ungekrönten Königen«.
2. Gut soviel wie tüchtig; vgl. Taoteking 2, 8.
3. Wörtlich: Bart und Augenbrauen.
4. Es folgt nun ein Abschnitt, der sich im wesentlichen übereinstimmend in Buch XV findet und deshalb hier übergangen ist.
5. Im Text sind hier die Worte »Freigebers« aus VI, 6 als Worte Dschuang Dsï's eingefügt. Daran schließt sich ein Abschnitt, der sich aus Stücken von Buch XV und vom Taoteking zusammensetzt. Beides ist übergangen.
6. Die antike Musik war mit rhythmischen Tanzbewegungen verbunden, daher gehörte die Anordnung der Federbüsche und Pelzquasten, die bei den Tänzen gebraucht wurden, ebenfalls zur Ausführung der Musik. Es handelt sich bei all diesen Aufzählungen um Fachwissenschaften der damaligen Zeit. Die vorhergehenden Sätze sind korrigiert nach dem Zusammenhang. Die Philosophen, die das Verhältnis von Bezeichnungen und Dingen zu ihrem Objekt machten, bildeten eine ausgebreitete Schule. Vgl. 0. Franke, Von der Richtigstellung der Bezeichnungen.
7. Es läßt sich nicht feststellen, welches Buch hier gemeint ist.
8. Wörtlich: Leute Eines Winkels, Fachgelehrte.
9. Dsï Lu (Dschung Yu), der tapfere, aber zufahrende Schüler des Konfuzius, vgl. Lun Yü XI, 2 Anm.
10. Es ist schwer festzustellen, was diese zwölf Schrif-

ten waren. Zu Konfuzius' Zeit gab es nur sechs: Lieder, Urkunden, Riten, Musik, Wandlungen, Frühlings- und Herbstannalen. Möglicherweise liegt ein Anachronismus aus der Zeit Dschuang Dsï's vor.

11. Schï Tschong Ki. Es ist nichts bekannt über den Mann. Wenn die in diesem Abschnitt gegebenen Details auf guter Tradition beruhen, was an sich schon möglich ist, so wären sie ein Beitrag zur Kenntnis der äußeren Verhältnisse, in denen Laotse lebte.
12. Der Schüler soll dem Lehrer nicht das Licht verdecken. Durch Laotse's Worte erst wurde der Mann aufmerksam auf die Erfordernisse seiner Stellung zu Laotse.
13. Dieser »Meister« scheint Laotse zu sein, der in einer Ausgabe auch direkt genannt ist.
14. Wörtlich: die Verhältnisse des »andern«.
15. Vgl. Laotse, Taoteking 56.
16. Herzog Huan von Tsi regierte von 685–643 v. Chr., der erste Fürst zur Zeit der streitenden Reiche, der die Hegemonie an sich gerissen.

Buch XIV

1. Im Text ist noch als Zusatz eine Antwort auf diese Frage von Wu Bien Dschau, einem sagenhaften Minister aus der Schangdynastie, die jedoch keine Beziehung zu den Fragen des Abschnitts hat und wohl ursprünglich nicht hergehörte.
2. Schang. Die Nachkommen der Schangdynastie waren mit dem Staate Sung belehnt worden. Die Frage des Ministers bezieht sich auf die Liebe (Sittlichkeit), die Kardinaltugend des konfuzianischen Systems.
3. Ying, die Hauptstadt des Südstaates Tschu, nicht zu

verwechseln mit dem Ying, Lie Dsï V, 1, das im äußersten Osten liegt.

4. Ming Schan, Berg im Nordmeer.
5. Be Men Tschong.
6. Bien Tschï, Name der Musik des Herrn der gelben Erde.
7. Die Larven der Zikaden leben in der Erde. Vor dem Ausschlüpfen kommen sie hervor, kriechen auf einen Baum und schlüpfen zu einer Öffnung im Rükken aus. Die leere Schale bleibt hängen. Sie wird häufig als Bild des zur Unsterblichkeit eingegangenen abgestreiften Leibes verwendet.
8. Die Worte, die hier als eine Äußerung des Herrn des Wirbels (Biau Shï) zitiert sind, finden sich ähnlich im Taoteking 14c.
9. Das östliche We.
10. Der Musikmeister Gin wird sonst nicht erwähnt.
11. Die strohernen Opferhunde werden auch im Taoteking 5 erwähnt. Unsere Stelle trägt zur Erklärung jener Erwähnung bei.
12. Vgl. Lun Yü VII, 22; Lie Dsï VII, 12.
13. Vgl. Lun Yü XV, 1.
14. Schang = Sung. Vgl. Lie Dsï VII, 12. In Lun Yü wird ein derartiger Vorfall in Schang und Dschou nicht besonders erwähnt. Vielleicht summarisch gemeint.
15. Vgl. Lun Yü XI, 2; XV, 1; Lie Dsï VI, 1.
16. Eine in Nordchina heimische Crataegus Art mit säuerlichen Früchten.
17. Der Bruder des Begründers der Dschoudynastie, der für dessen Sohn Tschong nach seines Vaters Tod die Regierung geführt hat. Der Stammvater des Fürstengeschlechtes von Lu.
18. Die chinesische Helena; vgl. Anm. 6 zu Buch II.
19. Vgl. Buch XIII, 7.

20. Es folgt der Satz von den Fischen auf dem Trockenen aus VI, 4.
21. Vgl. die Erzählung über den Besuch des Konfuzius bei Laotse, die bei Sï Ma Tsien steht. Dort wird ihm die Äußerung ebenfalls in den Mund gelegt.
22. Vergl. Anm. 4 und 5 zu Buch XI. Es handelt sich um eine stehende Redensart.
23. Es scheint hier vorausgesetzt zu sein, daß die Geburt in alter Zeit später erfolgte. Vgl. auch die Sage, daß Laotse erst mit 80 Jahren zur Welt gekommen sei.
24. Hier sind als klassische Schriften nur sechs genannt, nicht zwölf. Vgl. Anm. 11 zu Buch XIII. Die 72 Herrscher beziehen sich auf die in den Frühlings- und Herbstannalen behandelten.
25. Fürst von Dschou: vgl. Anm.17. Fürst von Schau war der Bruder von König Wu und Fürst von Dschou; er war an Tugend und Weisheit seinen Brüdern ähnlich. Er wurde mit dem Nordstaat Yen (im heutigen Tschïh) belehnt. Gestorben 1053 v. Chr.
26. Schilderung der verschiedenen Naturvorgänge, die – jeder nach seinen Gesetzen – frei sind von allem Staub geschichtlicher Vergangenheit.
27. Sc. weil er die Mutterbrust mit ihm teilen muß.

Buch XV

1. Die Bergeinsamkeit ist ein Symbol der verbitterten Abkehr von der Welt.
2. Anspielung auf die Wanderungen des Konfuzius, vielleicht auch des Mong Dsï, der bekanntlich auch in der Hauptstadt von Dschuang Dsï's Heimatstaat sich eine Zeitlang aufgehalten hat.
3. Vgl. Lie Dsï IV, 11, wo eine Begegnung eines

Vertreters der Staatslehren mit einem Eremiten erzählt ist.

4. Die Eremiten am Wasser sind weniger schroff als die in den Bergen. Das Wasser ist das beweglichere Element.
5. Pong Dsu, der chinesische Methusalah, der achthundert Jahre gelebt haben soll.
6. Charakteristisch für die Form des Buches ist die mosaikartige Zusammensetzung aus lauter Zitaten.
7. Wörtlich: ein Schwert von Gan und Yüo. Gan lag im Staate Wu. Die Staaten Wu und Yüo im Süden des damaligen China waren wegen ihrer guten Schwerter berühmt.

Buch XVII

1. Die Regenzeit in Nordchina ist im Spätsommer, so daß im Herbst die Flüsse besonders viel Wasser haben.
2. Wörtlich: der Flußgraf, Ho Bo. Es wird erzählt, daß sein Name Fong I sei. In alter Zeit wurden ihm Menschenopfer dargebracht, indem alljährlich ein schönes Mädchen in den Fluß geworfen wurde. Die Praxis kam 424 v. Chr. an ihr Ende, als ein aufgeklärter Gouverneur die Zauberin, welche diese Unsitte am meisten gefördert hatte, selbst in den Fluß werfen ließ. Vgl. zu diesen Menschenopfern auch Anm. 18 zu Buch IV.
3. Der Gott des Nordmeeres Jo. Nichts Näheres ist über ihn bekannt.
4. Wörtlich: ich habe Leute gehört, die die Erfahrung des Dschung Ni (Konfuzius) und die Gerechtigkeit des Bo I (Bruder des Schu Tsi) gering achteten.
5. Sc. den Meistern des SINNS.
6. Wörtlich: mit einem »Winkelgelehrten«, d.h. einem

Gelehrten, der nur von seinem Winkel aus seine Ansichten sich bildet.

7. We Lü, ein großer Fels in Fu Sang im Ostrneer, an dem das Meerwasser verdunstet. Vgl. »Orplid« bei Mörike.
8. Sc. die in den vier Himmelsrichtungen alles Land umgrenzenden Meere.
9. Ursprünglich die neun »Provinzen« des großen Yü, dann ausgedehnt auf die verschiedenen Erdteile.
10. Genannt sind die fünf Di und die drei Königsdynastien.
11. »Bo I hat sie verschmäht und ward dadurch berühmt, Dschung Ni hat darüber geredet und gilt darum für gelehrt.«
12. Wörtlich: »pflückt, ohne sich auf die Zehen zu stellen.«
13. Dieses »Darum« klingt für Europäer zunächst sehr fremd. Wir sind nicht gewöhnt, aus solchen theoretischen Erklärungen praktische Folgerungen zu ziehen, wie sie hier gegeben sind.
14. Vgl. Taoteking 38.
15. Es ist hier der Versuch gemacht, den konträren Gegensatz reinlich vom kontradiktorischen zu trennen; dadurch ist die Grundlage gewonnen zu einer Überwindung der Verwirrungen, die die Sophisten der Zeit in das Denken gebracht hatten.
16. Yau entsagte zugunsten des Schun und dieser zugunsten des Yü. Möglich ist auch die Auffassung: »Yau und Schun versuchten dem Thron zu entsagen und blieben Herren.« Damit wäre angespielt auf den Versuch Yau's, den Thron an Hü Yu abzutreten, und den Versuch Schun's zugunsten Dsï Gau Dschï Be's oder Schau Güan's oder des Landmanns von Schï Hu, die alle ebenso wie Hü Yu abgelehnt ha-

ben. Die Sage ist in der nicht übersetzten Stelle XXVIII, 1 erwähnt.

17. Dschï Kuai oder Dsï Kuai war ein schwacher und törichter Herrscher des nördlichen Staates Yen zur Zeit des Dschuang Dsï. Er verzichtete auf den Thron zugunsten seines Ministers Dsï Dschï in der Hoffnung, daß dieser ablehnen und er in den Ruf eines Yau und Schun kommen würde. Der Minister nahm jedoch an. Der Sohn Dsï Kuai's suchte dann den Thron wiederzugewinnen, wodurch Verwirrung im Land entstand, die der Nachbarstaat Tsi benützte, um Yen zu annektieren. Vgl. über die Geschichte und die Rolle, die Mong Dsï dabei spielte, Mong Dsï II, b, 8.
18. Tang, der Begründer der Yindynastie, der den Tyrannen Gië aus der Hiadynastie stürzte. Wu, der Begründer der Dschoudynastie, der in ähnlicher Weise gegen den Tyrannen Dschou Sin aus der Yindynastie vorging.
19. Der weiße Prinz war ein Prinz von Tschu zur Zeit des Konfuzius. Über seine Geschichte vgl. Liä Dsï VIII, 11, 33.
20. Die Di's oder Herren (gemeint sind Yau und Schun) entsagten dem Thron, während die Könige der drei Dynastien Hia, Yin und Dschou den Thron vererbten. Darin besteht die Verschiedenheit.
21. Außer dem Himmel werden auch den Geistern der Erde (Dschï) Opfer (Schê) dargebracht. Die Erde verteilt ihre Gaben unparteiisch. Vgl. Matth. 5, 45.
22. Kui, eine Drachenart, geformt wie eine Pauke mit Einem Bein. Vgl. Buch XIX, 7.
23. Vgl. Liä Dsï II, 3.
24. Vgl. Lun Yü IX, 5; XI, 22.
25. Dschung Yu, der tapfere, aber zufahrende Jünger aus der nächsten Umgebung des Konfuzius.

26. Vgl. Lun Yü XVII, 1; dort Yang Ho genannt.
27. Gung Sun (Herzogsenkel). Name der Nachkommen der Fürsten von Dschau (eines Teilstaates des alten Dsin). Gung Sun Lung ist einer der bekannten Sophisten.
28. Der Prinz Mau von dem Heimatstaat Dschuang Dsï's, dem westlichen We (ebenfalls ein Teilstaat des alten Dsin), war Anhänger Dschuang Dsï's.
29. Die Überschwemmungen zur Zeit des großen Yü waren der Anlaß zu der allgemeinen Flußregulierung, die Yü zugeschrieben wird.
30. Tang ist der oben genannte Begründer der Yindynastie.
31. Wörtlich: Gelbe Quelle, Ausdruck für den Hades.
32. Die Geschichte ist nicht klar. Es ist offenbar eine Anspielung auf eine Volkssage. Die Hauptstadt, die genannt ist, heißt Han Dan, die Residenz des Staates Dschau.
33. Der Fluß Pu ist ein Nebenfluß des Huang Ho.
34. Gemeint ist wohl der König We, 339–330 v. Chr.
35. Die Götterschildkröten wurden zu Orakeln benützt; auf der Rückseite der Schalen wurden Einschnitte gemacht, die angebrannt wurden. Aus den Rissen, die so entstanden, wurden die Orakel abgelesen. Gute Orakel spendende Schildkröten wurden sorgfältig aufbewahrt. Vgl. Lun Yü V, 17.
36. Liang, die Hauptstadt von Dschuang Dsï's Heimatstaat We, der auch nach ihr Liang genannt wurde.
37. Yüan Tschu, vielleicht der Argusfasan.
38. Dryandra cordifolia.
39. Liën. Von den Kommentaren als Bambussamen bezeichnet. Legge ändert das Zeichen in Melia azederach.
40. Der Fluß heißt Hau, in der heutigen Provinz Anhui.

41. Kleine, lange Fische. Legge nennt sie Thryssa.

Buch XVIII

1. Wu Tsï Sü, Minister von Tschu, ca. 475 v. Chr., ging elend zugrunde, nachdem der König seine Warnungen nicht mehr hatte hören wollen.
2. Vgl. Taoteking 39.
3. Vgl. Taoteking 21.

Buch XIX

1. Über Tiën Kai Dschï ist nichts bekannt, ebensowenig wie über den Herzog We von Dschou oder Dschu Schen. Im Stil erinnert die Geschichte an Liä Dsï I, 1.
2. Schan Bau, ein Eremit.
3. Dschang I, unbekannt.
4. Im Text steht eine verschieden ausgelegte Stelle über die Todesart. Die einen fassen die Ausdrücke als prächtige Beisetzung auf, die andern als schmähliche Hinrichtung. Ersteres paßt besser in den Zusammenhang.
5. Der bekannte Herzog von Tsi, 685–643 v. Chr.
6. Über Guan Dschung, den berühmten Kanzler, vgl. Liä Dsï VI, 3.
7. Huang Dsï Gau Au.
8. Schwarzfuß = Li (Lou): Wassergeist, schwarze Farbe. Scharlachfee = Gië: Feuergeist, gestaltet wie ein junges Mädchen mit roten Kleidern. Poltergeist = Le Tin: ein kleines Geistchen, das Kinder schreckt. Talzwerg = Pe A: seine Gestalt ist wie ein vier Fuß kleines Kind, schwarz gekleidet mit einem großen, roten Turban, hält Schwert und Speer in der Hand. Hornfrosch = Wa Lung: sieht aus wie ein Schwein,

ist gehörnt und schreit »hau«. Pantherkopf = I Yang: mit Pantherkopf und Pferdeschwanz. Vampir = Wang Siang: Gestalt wie ein kleines Kind, schwarze Farbe, rote Klauen, frißt den Toten das Gehirn aus. Scheckiger Hund = Sin: Gestalt wie ein Hund, gehörnt und bunt gestreift. Einbein = Kui: sieht aus wie eine Pauke mit Einem Bein. Vgl. Buch XVII, 7. Irrlicht = Pang Huang: ein Geist mit flatternden Haaren, der die Menschen irre führt; nach andern eine zweiköpfige, bunte Schlange. Hüpferling = We I.

9. King, der Meister in Rottleraholz.
10. Dsï vom Ostfeld = Dung Yê Dsï. Herzog Dschuang von Lu, 693–662 v. Chr. Yen Ho, wohl kaum derselbe wie in Buch IV, 3.
11. Schui, vgl. Schu Ging V, 22, 19. Berühmter Pfeilmacher.
12. Sun Hiu.
13. Biën King Dsï.
14. Wörtlich: er vergißt seine Leber und Galle und hat keine Gedanken an seine Ohren und Augen.
15. Der hier fehlende Satz kommt wörtlich in Buch XX, 4 wieder.
16. Wörtlich: eure neun Öffnungen.
17. Wörtlich: die neun Schau = die Musik des Kaisers Schun, von der Konfuzius so hingenommen war, daß er drei Monate Essen und Trinken darüber vergaß.

Buch XX

1. Der Drache hat zwei Erscheinungsformen, eine irdische als schlangenartiger Saurier und eine himmlische als atmosphärische Erscheinung im Gewitter.

2. Im Text Zusatz: das war die Art des göttlichen Landmanns (Schen Nung) und des Herrn der gelben Erde (Huang Di).
3. I Liau war ein Verwandter des Königshauses von Tschu, Schï Nan (südlich vom Markt) ist eine Bezeichnung vom Wohnort her. Er wird in Dso Tschuan erwähnt im Jahre 479 v. Chr.
4. Vermutlich der Fürst Ai, 494–468 v. Chr. Vgl. Lun Yü II, 19 und sonst.
5. Im fernen Süd: wörtlich im Süden von Yüo. Das Reich ist natürlich Utopia.
6. Be Gung Schê Be Gung = Nordpalast, ebenfalls Ortsname als Eigenname.
7. Herzog Ling von We, 533 – 492 v. Chr. Vgl. Lun Yü XIV, 20; XV, 1.
8. King Gi, der Sohn des Königs Ging von Dschou (544–529).
9. Über die Gefahr des Konfuzius zwischen Tschen und Tsai vgl. Lun Yü XI, 2. Der Kanzler Jen: chinesisch Tai Gung Jen.
10. Über Sang Hu vgl. Buch VI, 4.
11. Die bei Dschuang Dsï und Liä Dsï typische Aufzählung der Leiden des Konfuzius.
12. Lin Hui aus dem Staate Gia soll zur Zeit der Yindynastie gelebt haben.
13. Das chinesische Wort bedeutet eine runde Platte aus Jade, wie sie im Altertum als Abzeichen fürstlichen Ranges gebraucht wurde.
14. König Hui von »Liang«.
15. Genannt sind I und Pang Mong. Pang Mong war der beste Schüler des Schützen I, der ihn, nachdem er ausgelernt, tötete, damit er keine Konkurrenz mehr habe. Vgl. Mong Dsï IV, b, 24. Eine ähnliche Geschichte ist in Liä Dsï V, 15 erzählt.

16. Vgl. Anm. 4 zu Buch IV, Anm. 3 zu Buch VI und Anm. 1 zu Buch XXVI.
17. Chinesisch Diau Ling. Legge übersetzt »Adlerberg«, was auf einer verschiedenen Schreibung des »Diau« beruht.
18. Mantis religiosa.
19. Lin Dsu (Aussprache nach Pang Dschu Ping Lin).

Buch XXI

1. Tiën Dsï Fang ist nach Han Tschang Li ein Schüler Dsï Hia's, des bekannten Konfuziusjüngers. Von ihm wiederum habe Dschuang Dsï gelernt.
2. Fürst Wen von We regierte von 425 – 387 v. Chr., der erste selbständige Fürst des von Dsin abgesplitterten Staates We. Er hatte auch Verkehr mit Dsï Hia.
3. Ki Gung ist nicht weiter bekannt.
4. Dung Go Schun Dsï. Dung Go (Ostweiler) Ortsbezeichnung.
5. Wen Bo Süo Dsï, vermutlich aus Tschu, dem Heimatstaat des Laotse.
6. Der Drache ist das Symbol der geheimnisvollen Macht der Atmosphäre, der Tiger ist der König der Tiere.
7. Dsï Lu oder Dschung Yu, einer der nächsten Jünger des Konfuzius.
8. Yen Hui, der Lieblingsjünger des Konfuzius.
9. Das Ernste und Stille gehört dem trüben Prinzip (Erde) an, das Mächtige und Wirksame gehört dem lichten Prinzip (Himmel) an. Die Wirkung entsteht daraus, daß jedes Prinzip der Anlage nach im andern vorhanden ist und aus ihm hervorgeht.
10. Gien Wu ist in Buch I, 3 und sonst verschiedene Male genannt.

11. Sun Schu Au war Minister des Königs Dschuang von Tschu, 613 – 591 v. Chr. Vgl. Liä Dsï VIII, 17; Mong Dsï VI, b, 15. In Lun Yü V, 18 wird die Tatsache des dreimaligen Kanzlertums in Tschu von Dsï Wen erwähnt.
12. Genannt sind Fu Hi (der brütende Atem) und Huang Di (der Herr der gelben Erde).

Buch XXII

1. Vgl. XII, 4. Die Namen sind alle allegorisch.
2. Im Text ist hier noch ein offenbar später eingeschobener Zusatz.
3. Im Text ist hier eine längere Abhandlung über das Wirken von Himmel und Erde angehängt.
4. Vgl. Buch II, 8; VII, 1 usw.
5. Vgl. Nietzsche, Also sprach Zarathustra: Der freiwillige Bettler.
6. Vgl. Laotse, Taoteking 39.
7. Genannt sind als Beispiele Yau und Gië.
8. Das weiße Roß bzw. Füllen stammt wohl aus Schï Ging II, IV, 2. Der Ausdruck ist sprichwörtlich geworden.
9. Dung Go Dsï. Dung Go (Ostweiler) wieder Ortsname. Der Mann hat mit dem Dung Go Schun Dsï XXI, 1 nichts zu tun.
10. Wörtlich: der SINN ist die Grenze des Unbegrenzten, die Grenzenlosigkeit des Grenzenlosen.
11. A-Ho Gan. Der göttliche Landmann ist Schen Nung. Der alte Drache ist wohl der älteste der »fünf Drachen«, die nach der Zeit des Himmelsherrn, Erdherrn und Menschenherrn regierten (vgl. Mayers Reader's Manual, pag. 364). Deckeltopf: Yen Gang.
12. Hier ist eine Parallelgeschichte zu Abschnitt 1 an-

gehängt, nur daß die Namen hier Unklarheit, Unendlichkeit, Nichtstun und Ewigkeit (Nichtanfang) heißen.

13. Lichtglanz = Guang Yau, Nichtsein = Wu Yu. Allegorische Namen.
14. Meister Eckhardts Nichtesnicht.
15. Jan Kiu, Schüler des Konfuzius, in Lun Yü oft genannt.
16. Vgl. zu der Frage Lië Dsï V, 1.
17. Ein Beispiel für die Lehre ohne Worte.
18. Der Lieblingsjünger des Konfuzius.
19. Im Text genannt sind: der Park von Schï We (vgl. Anm. 9 zu Buch VI), der Garten des Herrn der gelben Erde, der Palast des Herrn von Yü (Schun's), die Häuser von Tang (Yindynastie) und Wu (Dschoudynastie).
20. Wörtlich: die Meister der Orthodoxen und der Anhänger des Mo Di.
21. Vgl. Laotse, Taoteking 58.

Buch XXIII

1. Vgl. Liä Dsï IV, 2. Sï Ma Tsiën bezeichnet ihn als eine Erfindung Dschuang Dsï's, was er nicht ist. Es ist ein Werk unter seinem Namen erhalten. Er soll sich auf den Yü-Berg zurückgezogen haben.
2. We Le Schan, von manchen mit Yü (in Schantung) identifiziert.
3. Vgl. Shakespeare, Julius Cäsar.
4. Eine sehr hohe Ehrung. Vielleicht hängt dieser Bericht zusammen mit der Ehrung, die ihm von dem König Ging widerfahren sein soll, der ihn als Lehrer geehrt habe.
5. Es ist fraglich, ob das »nach Süden blicken« hier

wörtlich zu verstehen ist, oder ob damit der Herrscherplatz, den er demnach eingenommen hätte, gemeint ist. (Der Herrschersitz ist nach Süden gerichtet.)

6. Wörtlich: der also als Stiel benützt werden kann. Möglicherweise ist unter dem Stiel der Schwanz des großen Bären gemeint.
7. Über diesen ist sonst nichts bekannt.
8. Nach einem alten Glauben haben die Schlupfwespen keine Jungen, sondern verwandeln Raupen in Schlupfwespen. Vgl. Buch der Lieder II, V, 2, Vers 3 (von Viktor Strauß falsch übersetzt).
9. Wörtlich: zwischen Augenbrauen und Augenwimpern.
10. Vgl. Taoteking 55. Hier ist der Text abweichend.
11. Wörtlich: vermöge des Gleichgewichts des Himmels.
12. Wörtlich: das andere.
13. Mo Yê, Name eines berühmten Schwertes.
14. Vgl. Yin Fu Ging.
15. Wörtlich: Tor des Himmels.
16. Vgl. dazu die »Rettung«, die Mong Dsï diesen beiden Persönlichkeiten angedeihen ließ. Mong Dsï V, a, 7 und 9.
17. Es sind noch eine Reihe von Ausführungen angefügt, doch scheint der Text verdorben.

Buch XXIV

1. Sü Wu Gui war ein Eremit im Staate We, Nü Schang ein geschätzter Minister.
2. Wu von We regierte von 386 – 371 v. Chr. Er war der Vater des bekannten »Königs« Hui von Liang.
3. Wörtlich: Wildkatzen.

4. Wörtlich: Yüo, Barbarenstaat im Süden.
5. Da Gui, hier allegorische Bezeichnung für den SINN.
6. Gü Tsï, allegorische Bezeichnung der Vollkommenheit aller Dinge.
7. Der Passus scheint buddhistisch beeinflußt. Die sechs Begleiter des Herrn der gelben Erde scheinen identisch zu sein mit den Vidyñana. Die Steppe am Ende der Weh, Siang Tschong, ist der Zustand, da die körperliche Welt vor dem Forschenden versinkt.
8. Tiën Schï, der Titel, den der taoistische Papst gegenwärtig führt.
9. Wörtlich: I; ein berühmter Schütze aus dem 22. Jahrhundert v. Chr.
10. Wörtlich: Yau's.
11. Der in Dschuang Dsï häufig genannte Sophist. Hier mit seinem Vornamen Bing genannt, derselbe, der in Buch XXI, 1 als Sung Li Tschen vorkommt.
12. Ein Weiser aus dem Anfang der Dschouzeit.
13. Der Text ist sehr dunkel, vielleicht defekt. Der Sinn ist klar. Das erste Gleichnis gibt dem Hui Dsï zu verstehen, daß er das Wichtigste, das not tut, über Äußerlichkeiten versäume. Das zweite Gleichnis deutet an, daß es vergeblich ist, nach der Wahrheit zu suchen, wenn man sich dabei beschränken will auf die sichtbare Welt. Das dritte Gleichnis endlich beleuchtet die Wahrheit: wer selbst in einem Glashaus sitzt, soll keinen Stein auf einen andern werfen. Torhüter waren im alten China bekanntlich Krüppel, für die ein Kampf mit den Bootleuten eine sehr ungleiche Sache sein mußte.
14. Wörtlich: mein Material ist lange tot. Ebenso unten: seit Hui Dsï tot ist, habe ich niemand mehr, der

mir zum Material dienen kann, niemand mehr, mit dem ich reden kann.

15. Yangtsekiang.
16. Der »Zweifelsfreie«.
17. Es ist fraglich, ob es derselbe ist wie in II, 1 und den dort erwähnten Stellen.
18. Der Sage nach ein berühmter Pferdekenner.
19. Wörtlich: nach Yen (im heutigen Tschïli).
20. Nië Küo.
21. Hü Yu.
22. Mong Dsï V, a, 2, 3.
23. In die Gegend von Dong.
24. Wörtlich: mit dem Auge schaut er das Auge, d.h. sein Blick ist nicht nach außen gerichtet. Die beiden folgenden Sätze sind auf dieselbe Weise konstruiert.
25. Wörtlich: sie gewannen es und lebten, sie verloren es und starben, sie verloren es und lebten. Im Text folgen noch einige Beispiele von der Relativität, erstens der Wirkung der Arzneipflanzen, zweitens der Klugheit eines Feldherrn, drittens der Eulenaugen und Kranichbeine.

Buch XXV

1. Regierte von 370 – 335 v. Chr., derselbe, der in Mong Dsï I, a, 1 u. f. als König Hui von Liang bezeichnet ist. Yung war sein Name, Hui sein posthumer Ehrentitel. Liang war die Hauptstadt von We.
2. Regierte von 378–343 als König We im Staate Tsi. Über die Kämpfe der Staaten Tsi und We vgl. Mong Dsï I, a, 5.
3. Wörtlich: Rhinozeroskopf, der Amtstitel des

Kriegsministers in We. Zu jener Zeit hatte Gung Sun Yen das Amt inne. Über die Minister Gi und Hua ist sonst nichts bekannt.

4. Dai Dsin Jen, kann übersetzt werden mit: Paukenträger, oder aber: Erhalter des Reiches Dsin.
5. Tschang Wu, Name eines Ortes. Der Mann ist wohl derselbe wie in II, 9.
6. Schüler des Konfuzius; vgl. Lun Yü IX, 6.
7. Schüler des Laotse, sonst unbekannt.
8. Schau Dschï.
9. Tai Gung Tiau; wie Schau Dschï allegorische Bezeichnung.
10. Die beiden folgenden, im Text weggelassenen Sätze nehmen die Erklärung des folgenden Abschnitts unnötigerweise voraus. Offenbar späterer Zusatz.
11. Über Gi Dschen ist sonst nichts bekannt.
12. Dsië Dsï wird von Sï Ma Tsiën als Taoist im Staate Tsi erwähnt.
13. Vgl. Kants vierten Widerstreit der transzendentalen Ideen.

Buch XXVI

1. Im Text sind eine Reihe historischer Beispiele gegeben: Guan Lung Fong, Bi Gan, der Graf von Gi aus der Zeit des Gië, O-Lai aus der Zeit Dschou Sin's, ferner Gië und Dschou Sin.
2. Genannt ist Wu Yün und Tschang Hung.
3. Genannt ist Hiau Gi und Dsong Sehen.
4. Wörtlich: Sophorabäume, die in China etwa die Rolle unserer Eichen spielen.
5. Wu und Yüo.
6. Jen war wohl ein Distrikt in Tschu.
7. Gui Ki im heutigen Tschekiang.

8. Wörtlich: östlich von Dschï Ho = Tschekiang und nördlich von Tsang Wu (das Grab des Schun).
9. Bezieht sich wohl auf den König Hui von Liang, der durch ausgesetzte Belohnungen Weise an den Hof zu ziehen suchte und dessen Preisausschreiben bekanntlich auch den Mong Dsï angelockt hatte.
10. Die Geschichte wird von manchen Kommentatoren als unecht bezeichnet. Das Lied findet sich im Schï-Ging nicht. Es erinnert an die Lieder aus der Handynastie.
11. Im Text steht statt Lau Dan Lau Lai Dsï, der der Sage nach ein Taoist aus Tschu war. Vgl. die vierundzwanzig Beispiele kindlicher Pietät. Die Worte, die er hier spricht, werden anderweitig von Lau Dsï erzählt, so daß die Annahme chinesischer Kommentare, daß für Lau Lai Dsï hier Lau Dsï zu setzen ist, sehr viel Wahrscheinlichkeit besitzt. Vgl. Sï Ma Tsiën zur Sache.
12. Bestieg den Thron um 530 v. Chr.
13. Wörtlich: Dsai Lu.
14. Tsing Giang, der Gott des Yangtsekiang.
15. Ho Bo, Gott des gelben Flusses. Vgl. Buch XVII, 1.
16. Das Wahrsagen aus den Schildkrötenschalen geschah in der Weise, daß man die Schalen auf der Rückseite ausschnitt und dann versengte. Aus den Rissen, die dadurch entstanden, wurde dann das Orakel bestimmt, und der Priester notierte es auf der Schale.
17. Die Schule des Hi We. Vgl. Buch VI, Anm. 9.
18. Vergl. Goethe, Westöstlicher Divan, Buch I, 4: Im Atemholen sind zweierlei Gnaden.
19. Im Text steht noch ein Zusatz über die richtige Verteilung der Ämter.
20. Es wird eine Methode angegeben (Reiben der Au-

genwinkel), die aus dem Text nicht ganz klar wird, offenbar eine Manipulation zur Verlängerung des Lebens.

Buch XXVII

1. Im allgemein übernommenen Text sind zwischen die Abschnitte dieses Buches, die wohl ursprünglich zusammengehört haben, vier Bücher eingeschaltet, die aber von den chinesischen Kommentatoren seit Su Dung Po allgemein als später eingefügt angesehen werden. Sie weichen im Stil recht merklich von den echten Teilen des Werkes ab und bieten auch sachlich nichts Neues mehr, so daß wir auf ihre Wiedergabe verzichten.
   Buch XXVIII, »Könige, die auf den Thron verzichten«, enthält Geschichten von Weisen, die sich von der Welt zurückgezogen hatten oder in Armut und Verkennung lebten, anfangend mit »Freigeber«, dem Weltflüchtigen unter Yau, und endigend mit Bo I und Schu Tsi aus der Zeit der beginnenden Dschoudynastie.
   Buch XXIX, »der Räuber Dschï«, enthält eine Verhöhnung des Konfuzius durch den Räuber Dschï, den er zwecks Bekehrung aufgesucht hatte. Zwei andere Unterhaltungen der Art sind beigefügt.
   Buch XXX, »Freude an Schwertern«, ist eine Geschichte von Dschuang Dsï, wie er einen Fürsten, der am Waffenspiel eine unmäßige Freude hatte, bekehrte. Die Geschichte ist eine weitere Ausspinnung von Liä Dsï II, 21. Derartige Geschichten von klugen Rednern waren wohl in der Zeit gegen Ende der Dschoudynastie im Umlauf.
   Buch XXXI, »der alte Fischer«, enthält ebenfalls

eine Zurechtweisung des Konfuzius durch einen alten Fischer, mit dem er zusammentrifft.
Buch XXXIII endlich enthält einen Abriß der Geschichte der chinesischen Philosophie bis auf die Zeit Dschuang Dsï's. Dieses Buch ist in der Einleitung verarbeitet, so daß eine Übersetzung in extenso unterbleiben konnte.

2. Vgl. Matthäus 13, 13.
3. Die Übersetzung beruht auf einer Lesart, die von Legges Text verschieden ist.
4. Die hier folgende Stelle steht auch in II, 10, wo sie aber nicht am Platz und daher ausgelassen ist.
5. Vgl. Lun Yü II, 4.
6. Hier enden die Zitate der Konfuziusworte. Das Folgende ist Beurteilung des Dschuang Dsï.
7. Einer der berühmtesten Konfuziusjünger. Die Geschichte wird gewöhnlich angeführt als Illustration seiner pietätvollen Gesinnung.
8. Vermutlich derselbe wie Meister Ki von Südweiler II, 1.
9. Yen Tschong Dsï vgl. II, 1, wo er ebenfalls neben Meister Ki erwähnt ist.
10. Dschu Ping Mau. Der Meister, bei dem er lernte, wird Dschï Li Yi genannt. Unter dem Drachentöten wird der Besitz des SINNS verstanden. Dieser Besitz schafft keinen »Nutzen« äußerer Art.
11. Wörtlich: Geschenke machen und Eingaben schreiben.
12. Textabweichung gegenüber Legge.
13. Genannt ist Tsau Schang.
14. Tschau Fu, der Rechte, ein berühmter Ahn des Konfuzius im achten Jahrhundert.
15. Die gewöhnliche Erklärung, die Hü Yu und Yau (Herr von Tang) hier einzieht, ist vollkommen sinnlos. Hü heißt billigen, Tang = Roheit!

16. Wörtlich: die hauptsächlichste ist die Mitte (d.h. sich selbst als Mitte ansehen).
17. Der Abschnitt scheint textlich nicht ganz in Ordnung zu sein, namentlich die Aufzählung der verschiedenen »Wohnungen« des Lebens.
18. Der König von Sung, um den es sich hier handelt, ist der schlimme König Kang, 328–286, der auch in Liä Dsï II, 21 erwähnt ist. Die hier erzählte Geschichte ist wohl eine Parallele zu Abschnitt 13.
19. Der Drache hat der Sage nach eine kostbare Perle zwischen den Haaren seines Bartes.
20. Es ist nicht gesagt, wer. Die Geschichte ist eine Parallele zu XVII, 10. In jenem Zusammenhang stehen ja auch sonst ähnliche Geschichten wie hier.
21. Diese Geschichte ist ein würdiges Gegenstück zu Lun Yü IX, 11.
22. Im Chinesischen heißt es wörtlich: Sonne und Mond sind die runden Jadetabletten (die als Zeichen der Würde den Herrschern mit ins Grab gegeben wurden). Die freie Übersetzung schließt sich an Heines bekanntes Gedicht an.
23. Wörtlich: Maulwurfsgrillen. Am Schluß dieser Geschichte ist von späterer Hand noch eine Reihe von Aphorismen angehängt, die hier weggelassen sind.

Nachwort

von Richard Wilhelm

Indem ich die vorliegende Übersetzung aus den Werken des Dschuang Dsï der Öffentlichkeit übergebe, möchte ich eine Schwierigkeit nicht unerwähnt lassen, die sich der Beschäftigung mit dem chinesischen Taoismus entgegenstellt. Während zu den konfuzianischen Werken chinesische Kommentare aller möglichen Richtungen existieren, die mit philologischer Akribie auf die dunklen Stellen eingehen, so daß man sich in den meisten Fällen eine wohlbegründete Meinung bilden kann, liegt bei den taoistischen Werken eine empfindliche Lücke vor. Die Kommentatoren beschränken sich meist darauf, ihre anläßlich der Texte entstandenen Gedankengänge zu reproduzieren, ohne irgendwelches grammatische und philologische Material beizuschaffen. Ja, manche haben es direkt ausgesprochen, daß es nicht wichtig sei, wenn man einen oder den anderen Satz von Dschuang Dsï nicht verstehe. Diese Auskunft ist für einen Übersetzer natürlich nicht möglich. Er sieht sich daher oft vor eine heikle Aufgabe gestellt. So kann ich denn auch von meiner Übersetzung nur behaupten, daß sie Dschuang Dsï so wiedergibt, wie ich ihn verstehe. Immerhin sind mir die Zeitumstände zu Hilfe gekommen. Unter den chinesischen Beamten, die sich infolge der Unruhen in das sichere Tsingtau zurückgezogen haben, befindet sich auch einer, der wohl zu den besten Kennern Dschuang Dsï's unter den gegenwärtigen chinesischen Gelehrten gehört. Ich war in der Lage, ihn bei schwierigen Stellen, wo die gewöhnlichen Literaten gänzlich zu versagen pflegen, zu Rate zu ziehen, und verdanke ihm manche wertvolle Aufklärung.

Bei der Wiedergabe der chinesischen Namen habe ich mich bemüht, die allegorischen Bezeichnungen nach

Möglichkeit ins Deutsche zu übersetzen. Die chinesischen Namen sind dann in der Anmerkung gegeben. Historische Persönlichkeiten, die erwähnt werden, mußten natürlich unübersetzt bleiben. Die Anmerkungen habe ich aufs Nötigste beschränkt. Mag Dschuang Dsï für sich selber. sprechen! Und wenn es dann dazu kommt – wie das bei mancher freundlichen Besprechung Laotses der Fall war –, daß aufmerksame Leser mehr entdecken, als geschrieben steht, so wird mir das zu ganz besonderer Genugtuung gereichen.
Das Bild Dschuang Dsï's stammt von demselben Spender wie das von Liä Dsï. Herr Oberlehrer Boie hat wiederum das Lesen der Korrekturen freundlicherweise übernommen.

Tsingtau, 21.März 1923

Nachwort zur Neuausgabe

Philosophischer Essay

von Ulrich Holbein

Vergiß die Zeit!
Vergiß die Meinungen!
Und erhebe Dich ins
Grenzenlose!

Wie Dschuang Dsi, Tschuang-tse

und Zhuangzi sich unterscheiden

Alle sind sich einig, dass über sein Leben wenig bekannt sei. Doch dass es ihn deshalb, genau wie Laotse (Lao Dsi; Lauzi), nie gegeben habe, bleibt unwahrscheinlich. Solche wie ihn gab's ab und zu mal irgendwo, also auch ihn. Mit Vornamen hieß Dschuang Dse (sprich: Dschwang-ds) Dschou. Er lebte vage zwischen den exakten Daten 369 – 286 v. Chr. Er stammte aus Meng, im Osten der Provinz Henan, Zeitgenosse der Könige Hui von Liang, Xuan von Qi und Wei von Tschu, des karthagischen Feldherrn Hamilkar, des Numidenkönigs Jugurtha, Seleukos I., Alexander des Großen, Tschandragupta, zudem zeitgleich mit Seleukiden, Ptolemäern, Markomannen, Zeitgenosse der Denker Menzius (Mengzi; Mong Dsi), Chü Yüan, Kallimachos u.v.a.

Anonyme Dschuang-Dsi-Bearbeiter, deren Texte um 200. v.Chr. mit hineingelangten in Dschuang Dsis Buch, schrieben:

> »Mit widersinnigen Formulierungen, überspannten Worten und ungezügelten Sätzen überließ er sich oft seinen Launen, doch er war nie voreingenommen und betrachtete die Dinge nicht nur von einem einzigen Blickwinkel. Da er glaubte, alle unter dem Himmel seien der Dummheit anheimgefallen, so daß man nicht ernsthaft mit ihnen reden könne, benutzte er Stegreifworte für seine ausufernden Darlegungen, Zitate zum Beleg der Wahrheit und Sinnbilder, um in die Breite zu gehen.«

Der Geschichtsschreiber Sï Ma Tsiën (Sima Quian; Simatschiän; Ssu-ma Ch'ien), der chinesische Herodot, schrieb 104 v.Chr. über Dschuang Dsi:

> »Selbst die größten Gelehrten seiner Zeit konnten sich seiner nicht erwehren. Zu seinem eigenen Vergnügen sprudelten seine Worte ungebremst hervor. Deshalb konnten die Mächtigen bis zu den Königen und Fürsten sich seiner nicht bedienen.«

Entweder arbeitete Dschuang zeitweise rangniedrig als Beamter, oder als Aufseher einer Lackbaum-Plantage. Oder der Ort, wo er zeitweise lebte, hieß bloß Lackbaum-Plantage, ohne dass Dschuang dort arbeitete. So oder so, meist ungebeutelt von Berufspflichten, unbegütert, aber frei, lebte er belesen und verheiratet nur seinen überaus abgelegenen, überirdischen Allotria, nüchterner gesagt: seinen philosophischen Interessen. Die er mit vielen teilte, in damaliger pluralistisch spätzeitlicher Gemengelange, poetischer gesagt: im Blütezeit-Wirrwarr schamanistisch illustrer Wundermänner, Magier, Gymnosophisten, Druiden, Windreiter à la Zamolxis, Astrapsychos, Gobryas, Pazatas, Liä Dsi bis Pythagoras sowie diszipliniert naturwissenschaftlich engagierten, teilweise chinesisch eingekleideten Vorsokratikern, Pazifisten, Aufgeklärten und Aufklärern, Weltverbesserern, Kosmologen, Weltformelaustüftlern, Epistemologen, Bürokraten und Sophisten à la Pöng Möng, Song Jian, Yin Wen, Qin Guli, Demokritos, Herostratos, Euklid, Epikur, Xenophon, Zeno (siehe Diogenes Laertius, 400 n.Chr., sowie das von Richard Wilhelm beiseite gelassene, erst 1998 von Mair/Schuhmacher übersetzte Kapitel 33 des »Zhuangzi«, 200 v.Chr.).

Dschuang entragte dem emphatisch grübelnden Gesamtknäuel, indem er, als einer der ersten Schriftsteller überhaupt, nicht so holzig und humorfrei schrieb wie fast alle vorchristlichen Autoren. Während andere Widerspruchsgeister, Relativisten, Zersetzer, Auflöser, Verwerfer, Alleszermalmer und Umwerter stets am Ende ganzer Etappen und Äonen Sahne abschöpften und einen I-Punkt draufsetzen, trat der früheste Daoist bereits als Spätzeitler auf, unverkennbar, und zeigte, wie man echt hammermäßig mit dem Florett philosophiert, gewandter und sublimer als Cyrano de Bergerac, warmblütiger und irrationaler als der kalte rationale Kritikus Wang Tschung (27 – 97 n.Chr.). Den Essay, dessen Erfindung die nachhinkende Literaturgeschichte dem französischen Frei- und Schöngeist Michel de Montaigne zuzuschreiben sich angewöhnt hat, ließ der vorauseilende Dschuang, ein vollbürtiger Dekadent, bereits in vorzeitigen Feuilletonismus übergehen: bunt, glänzend, sprühend, moussierend. Dschuang Dsi erscheint als ein um Jahrtausende verfrüht erscheinender Spätzeitler.

Den kleinen Unterschied zwischen Übermensch und Massenware riss Dschuang gleich am Anfang seines Buchs so weit wie möglich auseinander: Riesenvogel Peng, mythologisch mit des persischen Sufi-Dichters Fariduddin Attars Simurg, Sindbads Vogel Roch, also ursprünglich mit dem hindustanischen Göttervogel Garuda verwandt sowie dem antiken Phoenix, flog als Überflieger majestätisch – ein Flügelschlag, und hinter ihm Äonen, über den ewig beschränkten Brunnenfrosch hinaus, eine Konstellation, die er ständig abwandelte: Auch der Flußkönig sah nicht so recht hinaus über den Tellerrand in die herrliche Unendlichkeit des wahrlich uferlosen Meerkönigs. Als nutzloser Baum stand Dschuang

Dschou in umtriebiger, lärmiger, pragmatischer Korruptionswelt. Geistreich relativierte er im Stillen alle Lehrströmungen und Geistesrichtungen seiner Zeit: Mohismus, Agrarkommunismus, Legalismus und andere Ismen: Asketische Eremiten und Weltverächter nannte er kahle Strünke am Abhang; Konfuzianer und Staatsreformer verachtete und verhohnepiepelte er so apolitisch wie möglich als oberflächlich; lebensverlängernde Gesundheitsapostel und Atemtechniker verglich er faul sich rekelnden Bären. Thesen und Antithesen zerpflückend, relativierte er seine überlegen überwölbende Panazee, die er allen Mitbewerbern und Teilaspektlern entgegensetzte, nie. Sein erstes und letztes Wort, vorsokratisch gesagt: sein Ein und Alles, modern gesprochen: sein Zentralbegriff, ein aus inzwischen unbekannten südchinesischen Traditionen übernommenes, ihm sichtlich unhinterfragt leuchtendes, hochattraktives Dao (Tao), eine sowohl omnipräsente wie unsagbar unkonkrete Entität, ein atavistisches Zauberwort, magische Kurzformel und monosyllabische Universalmarke und Weltformel, viel abstrakter, monistischer und also neuzeitlicher als jeder spätgeborene Alleinherrscher Allah, hielt zugleich ein Minimum an Dualistik fest, das dao- und dschidurchflutete Arm-in-Arm-Gleichgewicht von Himmel und Erde, Yin und Yang. Auch gegenüber Disputierfreund Meister Hui, einen seinerseits mit vielen sophistischen Wässerchen gewaschenen Kopf, behielt Meister Dschuang gern und oft recht, gern per Ausbruch aus üblicher Logik.

In seinen Allegorien, wo Schatten und Halbschatten sich Schlagabtäusche liefern, oder auch Abstrakta wie Lükkenbeißer, Selbstbeißer oder Wang I, Keimwalter, und Hü Yu, Freigeber, wird Guang Yau, Lichtglanz, beschämt und besiegt von Wu Yu, Nichtsein, bzw. ziehen erdnahe Dialogpartner wie Doktor Absichtsvoll stets den kürzeren Schafgarbenstängel; hingegen behalten die vergeistigtsten, abstraktesten Wesen, wie Absichtslos, stets am rechtesten, oder Selbstvergessen, so als sei Alzheimer Mnemosyne überlegen. Stets variierte Dschuang eine meist dreistufige tendenziöse Stufenleiter. Zwischen Eck- und Extrempunkte, dumpfe Bass- oder Mineralreich-Instanz und hochschwebend luzide Diskantstimme, schaltete er eine mittlere Wesenheit, genau wie später die Sufis den Menschen zwischen Tier und Engel platzierten. Im Round-Table-Fachgesimpel, Pingpong und Hickhack zwischen Tausendfüßler, Einbein, Schlange und Wind – zum Thema Beinlosigkeit! – wird als letzter Trumpf und Clou ein Dao-Synonym aus allerletzter Hintertasche gezogen, eben jener Wind, der über die am Boden haftenden, kreuchenden, vor lauter verhedderten Beinchen nicht vorwärtskommenden, bessenrenfalls einbeinig hüpfenden oder auch beinlos sich vorwärtspeitschenden Gestalten frei und leicht hinwegsaust, nicht nur beinlos, sondern wunderbar körperlos, Auge und Herz entgegen, wobei Herz auch mal mit Geist übersetzt wurde, oder vice versa. Othellos »I'm not, what I am«steht schon bei Dschuang Dsi, wo der Schatten seinen eigenen Rändern erklärt: »Ich sehe aus wie etwas, aber bin es nicht.«

In Dschuangs angenehm hinkenden Gleichnissen wimmeln amorphe Wesenheiten, die sich gegenseitig gukkende und hörende Löcher bohren und sofort deshalb – sterben. Und von Krüppeln, die als Vehikel unantastbaren Geistes herumhumpeln.

Lästerzungen mochten Dschuangs Reaktion beim Tod seiner Frau, sein Musizieren, das sogar den abgebrühten Meister Hui irritierte, als ventilmäßiges Aufatmen beim Tod einer chinesischen Xanthippe deuten. Doch den Tod seines wortgewandten Disputierfreundes Meister Hui nahm er genauso gelassen, bedauerte allenfalls, dass er nun keinen ebenbürtigen Sparringpartner mehr habe. Und schier noch beiläufiger nahm er seinen eigenen Tod, anlässlich dessen er nicht mal auf traditions- und ordnungsgemäße Beerdigung Wert legte; weder wollte er seinen Leib bei Erdbestattung den Krähen vorenthalten, noch bei Nichtbestattung den Würmern.

Jahrhunderte vergingen. Kommentatoren schrieben ihren Senf nachträglich ins Buch »Zhuangzi«hinein. Dieser Traditionsfluss enthält ein Treibgutgemenge echter, späterer und fraglicher Stellen. Die man aber für alle Fälle beisammen ließ, seit 300 n.Chr. Einerseits reichte ihm jahrhundertelang keiner an die Schulter, laut Lin Yutang, der seinen Lieblingsphilosophen Tschuangtse mit Blaise Pascal verglich und behauptete, erst vierzehnhundert Jahre später habe wieder ein Geist – Su Tungpo (Su Dung Po) – eine vergleichbare intellektuelle Brillanz und humoristische Anmut wie Tschuangtse besessen. Andererseits tönt die beizeiten (d.h. vorchristlich) nachgeschobene Geschichte über die Freude der Fische durchaus plastischer, poetischer, schöner als einige Dschuang Dsi'sche Originalpassagen. Und Dschuang Dsi selber gab zu, dass er die meisten seiner Weisheiten, so den Spruch »Sprich ohne Worte!«besseren, vordaoistischen, vorbuddhistischen, verloren gegangenen Vorgängern entnahm. Folglich tauchen solche luziden Hirne und schrägen Vögel viel öfter auf als nur alle tausend Jahre.

Ob Dschuang Dsi vom Konstitutionstypus her eher als dürres Männlein umging oder als Pykniker, bleibt unerschließbar, denn Bildnisse, die ihn mal als knubbelig-knorzelig zerfalteten Kropfträger mit Knotenstock zeigten, mal als glatt- und weißbärtig gottähnlichen Weltweisen mit stromlinienhaft fliehender Stirn, entstanden in späteren Jahrtausenden. Rollbildmaler, die Laotse den Büffel zuordneten, ordneten Dschuang Dsi den Schmetterling zu.

Jahrtausende vergingen. Viele gruben ihn aus. Einige knüpften an ihm an. 742 n.Chr. verlieh ihm ein Tang-Kaiser den Ehrentitel: »Wahrer Mensch vom südlichen Blütenland«. Buddhistisch angehauchte Märchen malten seine drei Heiraten aus und wie er seinen Schmetterlingstraum von Laotse gedeutet bekam und wie er die Kunst der Doppelgängerei übte, Zauberer wurde und seine dritte ungetreue Ehefrau mit Auferstehungsschabernack in den Selbstmord trieb. Jeder, der in der Tang-Dynastie sich aus niederdrückender Beamtenkarriere herausheben konnte und sich als Aussteiger, ja, Einsiedler zurückzog, berief sich mehr oder minder auf Dschuang Dsi. Von Dschuang Dsis Dao-Theoremen griffen Li Tai Bo oder Han Schan wenig auf, aber seine Absage an berufliches Vorwärtskommen wurde sowohl zum Wunschtraum derer, die im Pflichtverhältnis leidend steckenblieben, wie derer, die es schafften, sich abzuseilen. Dschuang Dsi wurde zum altehrwürdigen Urmodell des Eremiten, der sich die Ohren wäscht, weil er das Angebot des Kaisers, in die Politik zu gehen, nicht gehört haben will.

Wang Wei (699 – 759 n.Chr.) schrieb in seinem Gedicht »Der Lackbaumgarten«über Dschuang Dsi: »Statt eingeklemmt zum Oberbonzen aufzuschwellen / hielt er sich raus aus allen Staatsgeschäften. / Sein Halbtagsjob rieb ihn nicht auf. / Er hatte nur beim Schlendern auf und ab die Lackbaumstämme durchzuzählen.«Historische Parallelen zum Rückzug in ländliche Natur: Leukippos, der sich aus Großstadtlärm auf sein Tusculum zurückzog; Henry David Thoreau, der am See im Waldhaus wohnte und dessen Satz »Wer einen Beruf ergreift, ist verloren«praktisch immer noch von Tschuang-tzu stammt; bis hin, auf breiter flacher Front, in Richtung Schrebergarten- und Gartenstadtbewegung.

Im Gesamtrückblick rückten die hochfliegenden Geister Dschuang Dsi und Platon dicht zueinander: zwei dialogisch angelegte Denk- und Sprachkünstler, geographisch 8000 km und zeitlich nur ein, zwei Generationen voneinander entfernt, die beide »aus den Grenzen des Staubes jagten«(Dschuang Dsi), um entbunden im Reich der Ideen zu schweben, z.B. der Dao-Idee. Höhlengleichnis versus Schmetterlingstraum: Platon saß in seiner Fernsehhöhle, das Sein im Rücken, unerfreut abgespeist von flimmerndem Schein; Dschuang Dsi verkehrte zwischen Schein und Nichtsein, im geträumten Hin und Her zwischen sich, der von einem Schmetterling träumt, und eben diesem Schmetterling, der symmetrischerweise von Dschuang Dsi träumt, was man auf Europäisch und Philosophisch mit Termini wie solipsistisch, anthropomorph, pantheistisch und mystizistisch umflattern würde. Dschuang und Platon funktionierten also viel ähnlicher als so ungleiche Paare wie Aristoteles und Platon, respektive das heterogene Dao-Duo Laotse und Dschuang Dsi.

Karl Siegismund von Sekkendorff wußte in seinem Opus »Die Geschichte Tchoan=gsees«, von 1784/94, zu berichten, daß Tchoan=gsees Schmetterlingstraum so lebhaft sich gebärdete, dass der Träumer oft noch beim Erwachen Flügel zu haben glaubte, aber beim Ausbreiten derselben von seinem Lager fiel und sich hierbei sogar gefährlich verwundete, um alsdann zu seinem Lehrer Lao=tsee zu humpeln und ihn um die Auslegung dieses Traums zu bitten. Typisches Zitat aus dem bukolischen Zeitalter der Empfindsamkeit:

> »Ehrfurchtsvoll neigte Tchoan=gsee sein Antlitz zur Erde. Ein Strom niegefühlter Empfindungen drang in seine Seele; denn nie hatten die duncklen Haeyne Laot=sees ihm ein aehnliches Schauspiel gezeigt. Mit jedem neuerhobenen Blik schien auch vor ihm ein neuer Vorhang aufgezogen; mit jedem aufwachenden Sonnenstrahl, eine neue Gegend aus unuebersehbaren Fernen ihm entgegen zu schwimmen. Tausendmal wuenschte er sich seine geträumten Flügel, um diese reichen Gegenden zu durchstreichen; tausendmal den feineren Gaumen des Schmetterlings, um seinen Hunger in dem Duft der blühenden Landschaft zu stillen.«

Selbst anders gebauten Köpfen wie Hugo von Hofmannsthal, Ludwig Klages (der Tschuang Tse/Bubers »Wahn-Wirbel«zitierte), Paul Gurk, Henry Miller, Elias Canetti hatte Tschuang Tse etwas zu sagen. Viele Taofans und Dao-Freunde deuteten ihn nach ihrem Gusto um. Aubrey Moore verglich ihn mit Heraklit, Oscar Wilde (außer mit Plato) mit Dionysius, Scotus Eurigena,

Jakob Böhme, Philo, Johann Tauler, Meister Eckhart, Herbert Spencer, Charles Darwin und Rousseau; Lin Yutang mit Voltaire; Martin Buber mit Paulus; Richard Wilhelm mit Nietzsche. Osho, so quellenuntreu wie möglich, projizierte problemlos seine eigene Take-it-Easy-Lehre in Chuang-tzu hinein und feierte ihn als eindeutig zen-meisterförmigen Meditationslehrer und dessen verbalen Paradoxe als Koans – nicht ganz abwegig im Angesicht des Faktums, dass ab dem 6. Jahrhundert n.Chr. aus dem fruchtreichen Zusammenprall von chinesischem Mahayana-Buddhismus und reanimiertem Tschuangtse tatsächlich die Vorstufen spezifisch japanischen Buddhismusses hervorsprangen. Bei Osho genoss der von Chuang-tzu träumende Schmetterling ein Nickerchen auf einem Rosenstrauch – wie erfreulich naheliegend. Chuang-tzus »Wenn du den Fisch gefangen hast, vergiß das Netz«übertrug der US-philosopher und Tao-fan Alan Watts passend in unsere Zeit: »Wenn du die Botschaft verstanden hast, leg den Hörer auf.«

Sehr realistisch funktionierenden Köpfen hingegen, vom Machiavellisten Hanfezius (Meister Han Fei; Hanfeizi; Hanfetse; ca. 280 – 233 v.Chr.) bis zum Fährmann Mao Zedong, war Zhuangzi naturgemäß von Anfang an und von grundauf suspekt bis unsympathisch, unerträglich unernst, unseriös, verspielt, unwissenschaftlich, antirationalistisch, esoterisch. Han Fei schrieb: »Ausschweifende, tiefgründige, großartige und überwältigende Worte sind nutzlos, darum sind Männer wie Wei Mou, Zhang Luzi, Zhan He, Chen Bing und Zhuangzi genauso wie Maler von Geistern und Dämonen.«Selbst Albert Schweitzer kritisierte an Tschuangtse, den er einen »quietistischen Mystiker«nannte und mit Spinoza verglich, das tatenlose Ethik-Manko. Das Philosophen-Lexikon der DDR, 1982, äußerte sich sehr mißliebig zu Zhuang-zi:

> »In seiner Lehre wird der Daoismus zu extremem Subjektivismus. Das dao wird letzten Endes mit dem Ich identifiziert. Für Zhuang-zi ist die Welt ein undifferenziertes Chaos. Der Mensch soll sich von der äußeren Welt zurückziehen, um sich in einer eingebildeten inneren Freiheit zu sonnen.«

Dschuangs Dsis Ankunft in deutscher Sprache verlief in drei Haupt-Etappen: Der weniger für Taoisten als für Chassidim zuständige Martin Buber übertrug aus H. Giles Übersetzung Chuang Tsus ins Englische, von 1889, Passagen ins Deutsche, die 1910 erschienen, als »Reden und Gleichnisse des Tschuang Tse«(Manesse Verlag; auch heute noch erhältlich), mithilfe chinesischer Mitarbeiter. 1912 kam dann Richard Wilhelms »Dschuang Dsi: Das wahre Buch vom südlichen Blütenland«, dreimal ausführlicher als Buber, aber immer noch nicht komplett. Wilhelm sah Giles‘ Übersetzung recht kritisch und nannte Bubers Auswahl von oben herab »hübsch«, ohne ihn sprachlich zu überbieten. Bubers Tschuang-Tse drückte sich hochelegant aus: »Man befragt ja einen Blinden nicht über ein Gemälde und lädt einen Tauben nicht zum Singfest ein.«– Wilhelms Dschuang Dsi sprach an derselben Stelle, vergleichsweise etwas hölzern: »Einem Blinden kann man nicht den Anblick eines Kunstwerks verschaffen. Einem Tauben kann man nicht die Klänge von Musik vernehmbar machen.«– Bubers Tschuang-Tse brillierte sprachmächtig: »Und doch möchtest du, daß er sich zu den Einzelheiten eines Reiches herablasse, weil ein erbärmliches Geschlecht nach

Umgestaltung schreit!«– Wilhelms Dschuang Dsi sprach an derselben Stelle, etwas unpointiert: »Wie könnte er, weil ein einzelenes Geschlecht in seiner Verwirrung ihn anruft, sich damit abmühen, die Ordnung des Reichs zu seiner Aufgabe zu machen?«– Buber: »...wo Nieswurz den Pfad des Wiesels hemmt«. – Wilhelm: »...wo Dorngestrüpp des Wiesels Pfad umrankt«. Dafür aber konnte Richard Wilhelm hauptberuflich chinesisch und galt für achtzig Jahre unangefochten als die konkurrenzlose, fast vollständige Dschuang-Dsi-Übersetzung auf Deutsch.

Allenfalls könnte ihm vorgeworfen werden: dass er ab und zu gute alte abendländische Bildung einfließen und raushängen ließ: Er nannte Kapitel »Stilles Bescheiden«(Reminiszenz an/Anspielung auf Eduard Mörikes »holdes Bescheiden«!), »Kampf ums Überleben«, »Großer Geist in gebrechlichem Leib«, »Sub species aeternitatis«, nannte den Vogel Peng »Vogel Rokh«(als unnötigen Querbezug zu den Tausendundeinen Nächten), oder übersetzte den Riesenfisch kun allzu überregional mit »Leviathan«, und wu wei mit »Quietismus«.

Abendländische Philosophen des 20. Jahrhunderts, auf Buber und Wilhelm fußend, ließen Dschuang Dsi weitgehend unbeachtet. Einzig Karl Jaspers schrieb in »Die großen Philosophen«, 1. Band, 1956:

> »Laotse fesselt durch die Ursprünglichkeit, den Ernst, das Uneitle, die Wahrheit des tiefen Leidens wie der Ruhe. Tschuangtse dagegen erregt durch die Überraschung, verblüfft den Leser, gibt sich als Ironiker und Skeptiker, hat die Gedanken Laotses wie ein Material seiner literarischen Erfindungen zur Verfügung.

Er läßt die Absichtlichkeit der Formung von Literatur spüren. Damit wird jedes Wort Laotses in seinem Sinne verwandelt. Was schmerzvolle Paradoxie, unerläßlicher Umweg im Versuchen des Unmöglichen war und dadurch eindringlich anzusprechen vermochte, wird nun literarische Methode und artistisches Leben des Weisen. Daher ist Laotse nur durch anhaltende Besinnung zugänglich und unerschöpflich. Tschuangtse dagegen läßt im Schein der natürlichen Verstehbarkeit das, wovon in der Nachfolge Laotses die Rede sein kann, sich faktisch verlieren. Die Stimmung Laotses ist friedlich, die des Tschuangtse polemisch, voll Hochmut und spottender Verachtung. Tschuangtse scheint nichts zu wissen von dem, was Laotse als die Stärke der Schwachheit, als die sanfte Gewalt des Niedrigen, als die Kraft des immer nach unten, an den verachtetesten Orte fließenden Wassers zeigt und als die ihm eigene Stimmung überall bewährt. Laotse trägt das unermeßliche Leiden der Tao-Ferne in der Welt. Tschuangtse spricht nur die natürliche Trauer des Menschen um Vergänglichkeit und Tod aus und um die Klage in der vergeblichen Frage: woher und wohin und wozu? Die bewunderungswürdige Erfindungsgabe Tschuangtses, seine eindringenden Gedanken über Welt und Wirklichkeit, über Sprache, über die mannigfachen psychologischen Zustände, sein Reichtum machen ihn zu einem der interessantesten chinesischen Autoren. Aber man darf ihn nicht mit Laotse

> verwechseln und ihn nicht als einen zureichenden Kommentator Laotses verstehen.«

Spätere Autoren, die sich über den Yin-Yang-Gegensatz von Laozi und Zhuangzi äußerten, hatten sichtlich nie etwas von Jaspers gehört und drückten ihre Sicht der Dinge also viel unparteilicher und unbrisanter aus, so Lin Yutang 1961:

> »War für Laotse das Wasser die sanfte Gewalt, das Symbol des ›Sich-unten-Haltens‹ – Tschuangtse sah in ihm eher die ungeheure latente Kraft des Ruhenden. Wo Laotse lächelt, lacht Tschuangtse. Laotse drückt, was er zu sagen hat, konzis aus, Tschuangtse spielt mit dem Wort. Beide beklagen die menschliche Torheit, aber Tschuangtse kann sarkastisch werden.«

Auch der Sinologe Günther Debon, 1961, ging mit Gerechtigkeit an die Sache: »Dschuang-dse schwelgt in Allegorien; das Tao-Te-King ist völlig frei davon. Dschuang-dse ist der Genialere, Witzige, die Bande der Welt mit einem Auflachen Zerreißende; Lau-dse der Ernstere, in gewisser Weise Engere, auch im Ausdruck Naivere.«Der Sinologe Wolfgang Bauer schrieb in »China und die Hoffnung auf Glück«, 1971:

> »Das in prägnanter, einfacher Sprache geschriebene Tao-te-ching zeichnet gleichsam die Umrisse des Bildes, denen das Buch Chuang-tzu mit seiner rauschhaften Fülle an Worten und Allegorien Farbe und Feuer verleiht; das Tao-te-Ching entwirft politische

> Programme, während das Buch Chuang-tzu sich aufschwingt in eine verzauberte Höhe der Phantasie.«

J.C. Cooper in: »Der Weg des Tao«, 1977: »Während Lao-tzu die Dichte des Diamanten hat, schreibt Chuang-tzu mit elastischer Gewandtheit und Geläufigkeit, mit Freude, gewaltigem Schwung und einer Spur von Koboldhaftigkeit.«Der Klappentext von Mair/Schuhmachers »Zhuangzi«, 1998, drückte das so aus:

> »Anders als Laozi, der die überlieferte Weisheit des Daoismus zu eher trockenen epigrammatischen Sprüchen verdichtete, umspielt Meister Zhuang sie in schillernden Geschichten, skurrilen Parabeln und ironisch pointierten Lehrgesprächen. Die schrägste Truppe von Weisen, die je einen Klassiker fernöstlicher Philosophie bevölkert hat, macht uns hier mit der heiteren Lebenskunst der daoistischen Weisen bekannt.«

Eine Antwort auf Jaspers ernstzunehmende Tschuangtse-Kritik blieb aus und wird erstmals hiermit gegeben: Jaspers wertete Tschuangtse nach einem gewissen traditionellen, gern auch von Ludwig Klages, Oswald Spengler u.a. ausgebeuteten Schema ab, wonach das Ursprüngliche stets das Tiefere sein soll. Klassische Beispiele für solche Argumentation sind G.F.W. Hegel, der Homer gegen Ovidius ausspielte; Ovid sei »unursprünglich«. Oder der gestrenge J.G. Herder, der nach demselben Kunsttrick dem jungen Goethe dessen Ovid vermieste. Tatsächlich stehen Lao Dse und Dschuang Dse einander so weltenfern gegenüber wie der lapidarmonotone, introvertierte Hesiod – oder auch der wortarme, handwerklich einfältige Jesus von Nazareth – und dessen Zeitgenosse, die weltstädtisch eloquent blitzende Plaudertasche Publius Ovidius Naso.

Bei Martin Buber und Richard Wilhelm lebte Tschuangtse 250 Jahre nach Laotse, so dass also einem archaisch wortkargen Spruchdichter ein vergleichsweise mondän quecksilbriger Flattergeist folgte und orphische Urworte amplifizierte, umdeutete und auch verwässerte. Nur sind die ältesten Teile des »Zhuangzi«, des später sogenannten »Buchs vom südlichen Blütenland«, neueren Forschungen zufolge, älter als Laotses Daodejing, so dass also auf einen hochelastischen Literaten, Brausekopf, Wendehals, Chamäleon und Tausendsassa ein förmlich neolithisch einherklotzender Ursprungsdichter folgte, so als käm Romanik erst nach Rokoko.

Laotse glich in ungelenker Urtümlichkeit den zeitlich gleichzeitigen Ghostwritern des Mahabharata und des Buchs Habakuk. In späteren Inkarnationen variierte sich diese Konstellation und Relation im allzu kunterbunten Jean Paul (bzw. Ernst Bloch) und des allzu farblosen Weimarer Klassizismus (bzw. allzu wortarmen Ludwig Wittgenstein), kurz: Dschuang Dsi illustriert das ewige Gefälle zwischen Linie und Fläche, Zeichnung und Gemälde, Solopart und Orchestertutti, Wort und Wortschwall, Lufthauch und Tornado. Leonardo da Vinci war (laut Oswald Spengler) der erste Impressionist; Dschuang Dsi schrieb (laut Richard Wilhelm) impressionistisch. In seiner lautmalerischen Barockprosa vom Mundorgelbrausen des Himmels irrlichterierte Dschuang exklamatorischer herum als manch ein Expressionismus, und insgesamt so oder so nicht nur daoistischer, sondern auch surrealistischer als so bierernste Surrealisten wie André Breton, und dadaistischer als so biedere Dadaisten wie Hugo Ball. Nämlich einerseits so espritreich wie Voltaire, umfasste Dschuang Dsi in einem Aufwasch aber zugleich, in überdisziplinärem Übergriff, auch solche Voltairegegner und voltairegeschädigte Leute, die Voltaires Defizit an religiöser Ader und Saite nicht teilen durften und konnten.

Doch im Gegensatz zum antiken Dandy Alkibiades, oder auch zur pazifistischen Sekte oder Sektion um Song Jian und Yin Wen, die mit ihrer auffälligen Hutform die Formation des Berges Hua imitierten, lief Wortjongleur Dschuang Dsi relativ abgerissen herum, mit lädierten Latschen, also vom Schlabberlook-Outfit her eher seinem Zeitgenossen Diogenes von Sinope verschwägert. Snobistische Allüren und Attribute arrangierten sich hier mit mystischen Talenten innerhalb ein und desselben Gehirns. Falls sich da nichts ausschließt. Als Fortschrittskritiker und Maschinenfeind, genauer: als einer, der lieber mit Eimerschleppen sich anstrengte, als mit Ziehbrunnen sich die Arbeit erleichterte, wurde Dschuang Dsi als vorauseilender Früh-Rousseauisten vereinnahmbar von jeder energiesparenden Stadtflucht-, Aussteiger-, Alternativbewegung und Subkultur, um 1970 n.Chr., und also bekämpfbar als rückständlerisch, reformfeindlich, konservativ, reaktionär.

Erst Jahrzehnte später, 1998, kam Dschuang Dsi, der sich inzwischen Zhuangzi schrieb, in kompletter Gestalt im Deutschen an, über den Umweg USA. Victor H. Mairs 1994 kommentierte Übersetzung ins Amerikanische wurde 1998 von Stephan Schuhmacher ins Deutsche übersetzt: »Zhuangzi – Das klassische Buch daoistischer

Weisheit«(Wolfgang Krüger Verlag). Erst ab da ließ sich ermessen, was Richard Wilhelm alles beiseite gelassen hatte, nicht nur Kapitel, die im Liä Dsi ebenfalls vorkommen, nicht nur Redundanzen, sondern auch so rätselhafte und aristotelisch verquere Naturkunde-Abschnitte wie den, wo aus Samen Keime werden, Keime zu Fäden, Fäden zu Algen, diese zu Wegerich, dieser zu Hahnenfuß, dessen Wurzeln zu Mistkäferlarven, Hahnenfußblätter zu Schmetterlingen, die dann zu Vögeln werden, deren Speichel zur Essigmutter wird, woraus Mücken ausschlüpfen, und aus Wein Taumelkäfer, und aus Schlammkäfern Kribbelmücken, während Ziegenschwänze sich mit Bambus paaren und Grünhörner gebären, die wiederum pferdezeugende Panther zeugen etc.

Wilhelms angenehm altertümliche, kaum bildungslastige, wohltemperierte, klassische Übersetzung wurde nun wissenschaftsjargon- und esoterikjargonlastig. Auf einmal hatte Zhuangzi so neuzeitliche und unangenehm aktuelle Termini wie Profit, Transformation zu benutzen, Evolution, Verhaltenskodex, instabil, identifizieren. Was Buber und Wilhelm dezent und einhellig mit »Unkraut«und »Kothaufen«übersetzten, übersetzten Mair/Schuhmacher mit »Hirsegras«und »Scheiße und Pisse«. Wilhelms lapidarer »Strohmantel«wurde zum umständlich unspezifischen »abgetragenen Gewand«. Dschuang Dsis »Rechtgläubige«mutierten zu Zhuangzis »Intellektuellen.«Dann klang Zhuangzi so: »Metaphern sind in neun von zehn Fällen effektiv und Zitate in sieben von zehn Fällen; Stegreif-Worte jedoch sprudeln jeden Tag hervor und sind im Einklang mit den Rahmenbedingungen der Natur.«Hier spricht Zhuangzi so streamlined und up to date, als würden Lukianos aus Samosata oder Apuleius von Madaura von Finanzminister Hans Eichel und Bischof Karl Lehmann synchronübersetzt. Wie auch der eingedeutschte Milarepa 1120 n.Chr. Termini draufhatte, à la dualistisch und Energiebahnen, als hätt er die Esotera abonniert.

Wie altertümlich, poetisch und schön klang diesselbe Passage bei Richard Wilhelm: »Gleichnisreden biet' ich zumeist / Und alter Reden Worte gar viele, / Aus vollem Becher täglichen Trank, / Nur daß der Ewigkeit Licht ihn umspiele.« Desgleichen konnte Wilhelms »Edle Musik paßt nicht für Bauernohren. Wenn sie aber irgendeinen Gassenhauer hören hören, so brechen sie in brüllendes Gelächter aus«von Mair/Schuhmacher nicht überboten werden: »Klassische Musik wird auf die Ohren eines Dörflers keine Wirkung haben, aber er wird strahlen, wenn er ›Am Brunnen vor dem Tore‹ oder ›Heideröschen‹ hört.«Wilhelms schöne Passage »Vergiß die Zeit! Vergiß die Meinungen! Und erhebe dich ins Grenzenlose! Und wohne im Grenzenlosen«lautet bei Mair/Schuhmacher viel unlebendiger: »Vergiß, wie viele Jahre eine Lebensspanne ausmachen, vergiß Rechtschaffenheit. Wenn ihr im Reich der Unendlichkeit umherschweift, dann werdet ihr im Reich der Unendlichkeit wohnen.«Wilhelms »Wachtel«übersetzten Mair/Schuhmacher mit »Sumpfsperling«; was Sinologen klären mögen. Die komischen Alter Egos Dschuang Dsis, die er zwischen Pöbel und Geist einsetzte, den kein Feuer sengt, und kein Wasser netzt, erkennbar versteckt, und deren einer bei Martin Buber »Wahn-Wirbel«geheißen hatte und bei Richard Wilhelm »Willkür«, heißt bei Mair/Schuhmacher »verrückter Stammler«. Und Hung Mong, der mit Wolkenfürst bzw. Wolkengeneral konferiert und den Buber und Wilhelm mit »Urnebel«eingedeutscht hatten und Günther Debon mit »Allweit-Ungefunden«, gaben Mair/Schuhmacher mit »Endlose Finsternis«wider. Die Tätigkeit von Wahn-Wirbel Tschuangtse, der mit umschlungenen Beinen wie ein Spatz herumhüpfte und Lautmalerei à la »Bah!«ausspie, ward abwechselnd eingedeutscht mit wandern, schlendern, schweben und lustwandeln.

Dschuang Dsi wurde im 20. Jahrhundert weltberühmt, fast überall, außer in Asien usw. Sein oft von sich selber abweichender Name wich noch mehr ab, changierte, flottierte, fluktuierte elastisch zwischen Meister (= Dsi) Dschuang, Tschuang Tse, Shuang-tse und Chuang Tsu, niederländisch: Tsjwang-Tze, polnisch: Chuang-tsz, französisch: Tchouang-tseu. Hingegen den heutigen 1,3 Milliarden Wirtschaftswachstums- und Power- und Dollar-Chinesen, die seit 1919 ein Art versimpeltes Küchenlatein reden, modernes Standardmandarin, liegt die stille Idylle Zhuangzi so weltenfern hieroglyphisch wie bundesdeutschen Pisa-Studien-Opfern und Karrieretypen althochdeutscher Wurmsegen, Parsifal und Frühgotisch. Kompetente Bildungsschicht aus Sinologen und Exegeten hingegen befleckt und behelligt den elaborierten Sprachcode Zhuangzis mit Lob und hermeneutikgeschädigtem Jargon – und warum? Weil ein erbärmliches Geschlecht, von guten Geistern verlassen, akademistisch evozierenden Dünnschiß loswerden, Zhuangzis Denkansätze und nachdrücklichen Postulierungen analysieren will und also ihn, auf der Ebene des Diskurses und der Konzeptualisierung, in einen heterodoxen, ambivalenten, dialektischen Relativismus, Komplexismus, Intellekualismus einsperrt.

Dschuang Dsi liefert das ungefähr einzige Beispiel, dass ein einzelner Geist sowohl als atypisches Beispiel in die Religionsgeschichte hineingehört, zugleich in die Philosophiegeschichte und obendrein in die Literaturgeschichte, und überall als eine Nr. 1, und dies unablässig seit Jahrtausenden. Während Normalmystiker wie Meister Eckhart und spirituell unbegabte Spaßmacher wie Ephraim Kishon üblicherweise auf völlig konträren Schienen laufen, weil zwischen Esoterik und Normalhumor selten Querverbindungen fluktuieren, gehört Dschuang Dsi zu jener äußerst seltenen Geistesmischung, die hochgradig spirituell und trotzdem höchstgradig subtil funktionieren, nämlich alles andere als humorlos, also die Religion und Humor zusammen- und ineinanderzubiegen vermögen, ja: sozusagen mystisch zu verschmelzen sich imstande zeigen. Seine tatsächlichen Seelenverwandten findet Dschuang Dsi eher außerhalb Chinas: in heiligen Narren und spirituellen Clowns wie Maulana Dschelaluddin Rumi, Jean Paul, Franz Kafka, Salvador Dali, Paul Scheerbart, Karl Valentin, Osho und sehr wenigen anderen.

Editorische Notiz

Der Text der vorliegenden Ausgabe von Dschuang Dsis »Das wahre Buch vom südlichen Blütenland« gibt den Text der Originalausgabe von 1912 im Eugen Diederichs Verlag in Jena wieder. Es ist die berühmte Übersetzung von Richard Wilhelm, der den Text aus dem Chinesischen ins Deutsche übertragen hatte.

Erweitert wurde der Text nun durch 13 Kapitel aus dem »Liä Dsi – Das wahre Buch vom quellenden Urgrund – Tschung Hü Dschen Ging – Die Lehren der Philosophen Liä Yü Kou und Yang Dschu«, ebenfalls 1911 erschienen im Eugen Diederichs in Jena und ebenfalls von Richard Wilhelm aus dem Chinesischen übersetzt. Über die einzelnen Kapitel gibt das Inhaltsverzeichnis Auskunft. Richard Wilhelm hatte in der Originalausgabe mehrere Kapitel nicht übersetzt, sondern nur als Titel genannt und dann auf ein Kapitel ähnlichen Inhalts im selben Buch (»Das wahre Buch vom südlichen Blütenland«) oder eben auf ein entsprechendes Kapitel im »Liä Dsi« verwiesen. Nun liegt erstmals eine Ausgabe vor, in der die fehlenden Kapitel durch die Texte aus dem »Liä Dsi« ersetzt sind.

Gegenüber der Originalausgabe wurden nur drei Dinge verändert: Zum einen wurde die Interpunktion behutsam einem neueren Standard angepasst, der so genannten alte Rechtschreibung, wie sie bis 1998 gültig war. Zum anderen wurden einige Schreibweisen korrigiert bzw. vereinheitlicht, und zwar »Spontaneïtät« nun immer in »Spontaneität«, »Kücken« in »Küken« und »Lië Dsi« in »Liä Dsi«. Und schließlich wird Laotse, den Wilhelm im Original oft auch mit »Lau Dan« und selten mit »Lau Dsï« benennt, in dieser Ausgabe ausschließlich mit »Laotse« oder mit »Lau Dan« bezeichnet (aber nicht mit »Lau Dsï«).

Zum Autor des Nachwortes

Ulrich Holbein, geboren 1953, Autor von 16 Büchern, 4 Heften und 780 Zeitungsartikeln und Radiosendungen. Mystisches Hauptwerk: »Isis entschleiert«, Elfenbein Verlag, Berlin. Besonderer Schwerpunkt: asiatische Literaturen und Religionen und hier besonders Sufismus, Taoismus und heilige Narren. Bekannt und berüchtigt für rücksichtslos undidaktische, wunderbar schwer- bis unverständliche, dafür trotzdem vielfach sehr erhellende, überdifferenzierte, hochkritische, trotzdem kompetente, farbige, wortmächtige, stellenweise wahnwitzige Prosa und Nachworte.